法理
Fali Series
文丛 03

法理复兴之光

BRILLIANCE OF FALI REJUVENATION

主　编 | 张文显
副主编 | 丰　霏　　彭　巍

法律出版社 LAW PRESS · CHINA

图书在版编目(CIP)数据

法理复兴之光 / 张文显主编. -- 北京 : 法律出版社, 2019
(法理文丛 ; 03)
ISBN 978 -7 -5197 -3921 -8

Ⅰ. ①法… Ⅱ. ①张… Ⅲ. ①法理学－研究 Ⅳ. ①D903

中国版本图书馆 CIP 数据核字(2019)第 216864 号

法理复兴之光
FALI FUXING ZHIGUANG

主　　编　张文显
责任编辑　陈　慧
编辑统筹　法律教育出版分社
装帧设计　乔智炜
责任印制　沙　磊
出　　版　法律出版社/北京市丰台区莲花池西里 7 号(100073)
网　　址　www.lawpress.com.cn
总 发 行　中国法律图书有限公司/北京市丰台区莲花池西里 7 号(100073)
经　　销　新华书店
印　　刷　固安华明印业有限公司
版　　本　2019 年 10 月第 1 版
印　　次　2019 年 10 月第 1 次印刷
字　　数　310 千
开　　本　710 毫米 ×1000 毫米　1/16
印　　张　21
定　　价　65.00 元
书　　号　ISBN 978 -7 -5197 -3921 -8
投稿邮箱　info@lawpress.com.cn
维权邮箱　jbwq@lawpress.com.cn
咨询电话　010 -63939796
销售客服　400 -660 -8393/6393
销售电话　010 -83938432/8433(北京)　021 -62071639 /1636(上海)
029 -85330678(西安)　023 -67453036(重庆)　0755 -83072995(深圳)
(如有缺页或倒装,中国法律图书有限公司负责退换)

序　言

自2017年年底以来,“法理研究行动计划”已经成功召开了十次例会,从“法理”的整体性面向逐渐走到了“分领域”研究,从“初识法理”慢慢开始“懂得法理”,从“发现法理”渐渐学会“挖掘法理”。这一路走来,虽然“摸着石头过河”,边探索、边前行,但是法理研究却取得了惊喜的成果,得到了法学界同仁们的点赞和鼓励,得到了法理学和部门法学的热议和支持,法理研究不仅是一个新的学术热点,也步入了法学研究的新常态。“推进法理学理论创新”“新时代中国法理研究”“新时代法理的理论想象”这前三次会议,以新时代精神点燃法理研究的理论热情;“公法中的法理”“私法中的法理”“经济法中的法理”“知识产权法中的法理”这四次会议,以分领域问题激活法理基因;“法理思维与法律方法”“法理研究的方法论”这穿插其中的两次会议,则以方法论创新注入理论活力;第十次会议再次回到了理论的起点、思想的初心,回到了法理研究最根本、最核心、最原点的问题,即“法理的概念”。作为收录并展示“法理研究行动计划”代表性成果的主要载体,“法理文丛”系列丛书也见证了法理研究的不断发展,从第一卷“法理复兴之端”透出的熹微晨光,到第二卷“法理复兴之路”时已然走出的光明大道,再到现在的第三卷“法理复兴之光”,“法理研究行动计划”系列研究成果经过十次例会锤炼,焕发出越来越闪耀的智慧光芒。

本卷收录的十二篇论文,前九篇是法理研究的最新代表性成果,从法理的思维层面，到宪法修订和国家政治中的基础法理和核心法理，再到穿梭于民法、刑法体系以及司法实践之中的具体法理，呈现了法理研究由思维到存在、由一般到特殊、由抽象到具体的体系性和融贯性；后三篇是法理研究行动计划三次会议的述评，集中呈现了法理研究行动计划在公法法理、私法法理以及法理思维和法律方法三大领域凝聚的共识。《法理思维及其与逻辑的关联》一文指出，推进法治建设不仅需要法律思维、法治思维，还需要法理思维。法理思维是建立在尊重法律规范、法治秩序之上的综合决断方式，它既强调思维决策过程的法治之理，又主张对所有的法律假定和拟制使用批判思维、体系思维和反省思维，以保证决断的正当性。《论法理思维的特性》一文进一步指出，法理思维是一种普遍性思维、一种理论思维、一种价值思维、一种理想思维、一种求真思维、一种辩证思维、一种综合思维。法理思维的特性决定了从法律思维、法治思维到法理思维的必要性。《新时代首次修宪的法理基础》一文提出，良法善治是中国特色社会主义法治的灵魂，演绎出新时代首次修宪清新而深厚的法理脉络。法理的三频共振支撑着新时代首次修宪，而修宪也启蒙着新时代法理中国的成长。《国家政治的法理：以合法性概念为核心的分析》一文，论证了合法性是国家政治法理的核心议题。政治发展中的合法性危机主要源自社会转型时期经济发展、社会治理与政治认同的复合效应，其法理重建须着眼于提升对政治制度的法理认同，强化对政治过程的法治规范，建构政治有效性的法理基础。《论我国契约法理体系的构成：来源、原则与教义》一文，将我国契约法理划分为三个层面：理论来源、基本原则和法律教义。三个层面的契约法理之间具有融贯性、一致性，共同构成了一个被我国契约实在法所认可的由抽象到具体的法理体系。《融贯民法典外在体系和内在体系的编纂技术》一文指出，由于民法典既包括外在体系，又包括内在体系，因此，需要立法者通过特定的编纂技术熟练地运用不同的语词、不同的概念和不同的规范类型，将内在体系的价值理念在外在体系的规范中融贯地表现出来。《健康作为权利的法理展开》一文提出，健康作为权利，兼具治理功能和司法救济功能，前者关涉健康作为权利之于人类发展、个体平等与尊严等福祉的增进，后者指向权利救济的个体主义机制及其自下而上的运作方式所具有的制度功能。《法理在指导性案例中的实践运用及其效果提升》一文提出,在司法领域,虽然在法理概念的准确内涵上尚未达成普遍共识,但是其外延范围大致包括法律原则、政策和理论学说等内容,能够作为补充性法源和说理论证的重要理由。法理的实践效果借助于指导性案例而得以彰显,体现了司法改革在制度和理念上的进步。《论案件事实的层次与建构》一文认为,案件事实可以依据不同阶段的司法过程的性质被分为再现事实、证据事实、裁判事实三个层次。三个层次的事实在司法活动中具有不同的位次、属性,对应不同的义务。理清案件事实的层次,明确不同层次的事实的建构义务,既可以避免理论混淆,也有助于减少冤假错案。

一人之心,千万人之心也。自《法理:法理学的中心主题和法学的共同关注》长文发表以来,仅仅两年光景,星星之火已成燎原之势,一人的信念点燃了千千万万法学研究者的梦想,法理研究越来越深入人心,成为整个法学界踊跃探讨并竞相参与的主题。相信在法理研究行动计划的持续推进下,在中国法学界、法律界全体同仁的热忱关注中,会有越来越多的法学研究者和法律实务工作者加入法理的研究、交流和传播,让我们勠力同心、砥砺前行,构建新时代属于法律人的法理中国。

法理文丛的出版,获得了学界同仁的热情关注和大力支持,并一如既往地得到了法律出版社的精心编辑,在此由衷感谢法律出版社教育分社丁小宣社长和陈慧编辑。此外,《法制与社会发展》编辑部苗炎副主编、杨雪编辑为本卷采稿提供了便利,南京师范大学法学院硕士生陈天翔承担了本卷初稿编校工作。在此,谨致以诚挚的感谢!

《法理文丛》编辑部

2019 年 7 月

目 录

法理精义

法理泛在

法理精义

陈金钊*

法理思维及其与逻辑的关联

| 提　要 |

法律思维、法治思维和法理思维,分别强调了法律规范、法治秩序和思维决断的重要性,构成了较为完整的法学思维方式。传统的规范法学比较重视对法律思维的研究,政治法理学则重视对法治思维的研究。然而,两者都对与逻辑关联度较高的法理思维重视不够,以至于经常出现逻辑断裂的思维现象。推进法治建设不仅需要法律思维、法治思维,还需要法理思维。法律思维注重法律规范的作用,对法治的实施主体不够重视,属于法律决断论。法治思维虽然强调政治、治理主体的重要性,试图运用法律化解社会矛盾,但往往忽视逻辑思维规则的运用,以致很多决断不符合法理。法理思维是建立在尊重法律规范、法治秩序之上的综合决断方式,它既强调思维决策过程的法治之理,又主张对所有的法律假定和拟制使用批判思维、体系思维和反省思维,以保证决断的正当性。

| 关键词 |

法理思维　逻辑思维　批判性思维　反省性思维　体系性思维

“法理思维”作为一个复合概念,由“法理”和“思维”两部分构成。法理思维的话语重心究竟是“法理”还是“思维”,会产生概念不同的意义。对法治建设来说,我们既要重新审视“法理”的意义,又要重视思维规则的应用。对法理与思维的交叉研究,不仅凸显出了法理学逐步清晰的研究对象,更能张扬出法理学对“限权法治”的意义。[1]笔者认为,法理学与法哲学有着不同的研究对象和方法,法哲学可尽情探究法律的本体、认识、价值、方法等法律的一般问题,但法理学重点研究的则是作为思维规则的“法理”,讲述法治得以实现的法治之理。法治之理的核心是融法律知识、法律价值、法学原理、法治运行机理于一体的法律思维规则。法律本来就是调整行为和社会关系的规范,具有方法的属性。但法律运用的背后还有基于法治要求的思维方法,这被有些法学学者称为“方法的法”,[2]即法律思维规则。然而,把法理学研究的重心定为法律思维规则,目前只得到了部分法律方法论研究者的认同,多数法理学者还是把当代法理学的研究对象界定为法律现象及其演化规律。这意味着当今法理学的主流没有把研究对象聚焦于法律思维及其规律。并且,法律方法论对思维规则的关注,基本停留在对行为规范及其意义的研究,而对法律如何运用的思维过程以及思维规则的概括总结研究不足。从这一角度看,探究法律运用以及法律思维规则运用的法理思维,一定会开辟一片法理学研究的新领域。对法理思维的重视会显现出修辞转化的力量。现在,人们已经接受了“把权力关进制度的笼子里”的思想,但在如何限权的问题上,更多的人都是在言说“以权力制约权力”的西方法治机制。可是,如果没有法理思维对正确决断的支撑,那么,任何机制体制都难以被限权。当下中国的法治建设需要法理思维对人治思维的矫正。

一、法理思维研究的问题意识

对中国法理学来说,张文显教授提出的法理思维,既是新的概念,也是新的命题。新的概念意指,在汉语世界中,虽然有法理、法理学的概念,但由于研究起步较晚,并且多属对法律本体、认识、价值等的宏观研究,所以基本没有使用过法理思维的概念。新的命题意味着,全面推进法治中国建设不能仅在中西、古今体制机制比较上做文章。应注意到,思维方式的改变是中国社会现代化转型的前奏;重视法理思维的研究,顺应了社会法治化转型的需求。实际上,所有的政治和社会变化都会促使某种修辞体系的创建。法理思维的法治化及体系化建构,迎合了全面推进法治中国建设的时代需求。虽然中国古代没有现代意义上的法治概念,但经过近百年的传播,在主流的意识形态中,法治获得了认同。法治之理已经成为"效果历史"的组成部分。作为法治话语体系的重要概念或命题,法理思维也会逐步被镶嵌在思维方式之中。当今中国研究法理思维的问题意识有二:

第一,从法治中国建设的需要来看,人们目前的思维方式还难以适应全面依法治国的要求,因而需要塑造法理思维。

传统思维方式已经不能适应今天的法治中国建设,因为在整体、辩证和实质思维方式之下,根据法律的思考常常被各种关系思维打乱。在法律与其他规范、社会因素的关系辨析中,人们对法律、法治的认识反而越来越模糊。法律的独立性、一般性、体系性等这些支持法治的法理概念,至今还没有成为法理思维的基础话语。相反,法律的不确定性、模糊性被夸大,"法律问题只有不同答案,而没有正确答案"的观点甚嚣尘上。不少人的研究不是在证成法治和法律,而是在解构法治和法律。规范法学的课堂训练使法科学生的法律思维得到了提升;党的十八大以后关于用法治思维化解社会矛盾的论断得到了普遍认同,法治思维的研究也得到了重视。然而,无论是法律思维还是法治思维,其优缺点均未受到法治之理的支持或批判,以致部分人认为,关于法律思维、法治思维、法理思维的说辞仅仅是文字游戏。这说明,目前学界的"法理思维"不乏法治之理,但在其使用中缺少逻辑思维规则的支撑。很多人还没有意识到,重视逻辑思维规则的法理思维,无论在理论建构中还是在社会的法治化转型中都扮演着极其重要的角色。

在思维传统之中,人们并不重视逻辑思维规则的运用。中国人不重视逻辑的现象,已被有些西方思想家看到。尽管他们所依据的材料未必充足,结论也未必准确,但对于当下法理思维的研究仍具有一定的启迪。例如,络德睦认为:"中国法的缺陷,正如与中国的其他事物一般,经常被归咎为一种文化上的范畴混淆。……显而易见,构建中国人知识的逻辑是一种极其独特的逻辑。"[3]马克斯·韦伯也说道:"定义与推理,这两种语言逻辑的力量,皆不能为中国人获得。事实上,就中国人而言,真正的逻辑概念仍完全是陌生的外来之物。"[4]按照西方人的观点,没有逻辑关联的法治其实就是"反法治"。缺乏逻辑的支撑,我们根本无法走向法治。可是,西方人预测的很多不可能,在改革开放四十余年后的中国已经部分得到实现。我们相信,在法治问题上,我们也能走出一条中国道路,但需改变迄今依然存在的轻视逻辑的思维倾向。

由于目前存在较为普遍的轻视逻辑的现象,因而,在法理思维中引进逻辑哲学的批判性思维、反省性思维和体系性思维就十分必要。这对于矫正传统整体性思维、辩证性思维和实质性思维的缺陷有重要意义。在一百多年的西法东渐过程中,学者们对西方的法理有两种思维倾向:一是秉承一种实用主义的取舍姿态,在理论和实践中基本都在运用传统思维方式加以理解;二是从政治学、社会学的视角诠释法理。在这两种思维方式支配下,中国人的"法理"及其思维方式被赋予了太多的政治、社会色彩,法治之理基本被政治之理所取代。很多命题只有历史与现实"逻辑"的支持,而缺乏思维逻辑的论证。这使法理思维失去了批判、矫正错误判断的功能。在中国目前的法理学教科书中,法律与其他社会现象的关系占据了很大的篇幅。法律被视为社会关系中的法律,"徒法不足以自行"等观念深深地影响了人们对法律、法治的认识。现有的思维方式不足以支持法治建设,因而需要在认真研究的基础上塑造法理思维,从而为改善传统思维方式做好准备。法理思维在中国的重要使命就是摆脱传统思维对法律和法治的"扭曲",矫正关系思维对根据法律进行思考的干扰,强化主体对法律、法治的认同,为法治寻找恰当的思维方式。

第二,从理论研究的需要来看,有两个方面的原因促使我们研究法理思维。

其一,关于判断、命题或者说社会问题的决断是否正确,是不是仅靠政治正确就能解决?案件裁判在何种程度上是正当的,是不是仅靠法律就能实现?诸如此类的问题其实可以被归结为一个问题:判断是不是需要正确的法理标准?法理作为标准究竟是静态的规则,还是动态的思维塑造过程?如果从静态角度的标准开展追问,作为正确的标准会不会陷入循环论证?

如果从动态的角度,在实践、经验和正确标准的互动中整合,法理标准会不会模糊?当我们把正确的标准都交给实践、社会等来检验,人类的文明还能走多远?与此相关,诸如法治建设这一类问题是不是只有起点,而没有终点?什么样的决策思维方式是法治思维方式?这一系列问题始终萦绕于法理学人的思考当中。从批判思维的角度我们看到,历史进步就是不断改进"假定"的过程,但"假定"的改进并不能完全依赖于实践、社会、经验。如果那样的话,文明进步就会因失去理论指引而充满了不确定。实践、社会、经验等有太多的面向。理论联系实际本来是正确的论断,但权力垄断了什么是"实际"以后,理性、理论、逻辑就会出现危机。整个社会的批判性思维就会缺乏。如何解决批判性思维缺乏的问题?在理论上,需要进行现象学的还原,需要重视逻辑思维方式的建构。

法治就是要实现法律规定以及法治之理,而法治之理需要与之相匹配的法理思维。如果没有法理思维,法律思维、法治思维的缺陷就难以改变,社会的法治化转型也就无法实现。随着社会的发展进步,管理越来越复杂,在管理规范化、法律化、法治化的修辞之下,不仅法律的数量在剧增,而且国家、政府的权力以及公民的权利也越来越多。权力的增多加剧了权力冲突,因而,要求用法治限制权力的需求空前高涨。同时,公民权利的增多不仅导致权利与权利的冲突,还产生了权利与权力的冲突。权力、权利以及主体都是法律拟制的,都需要在具体的语境中重新被审视。当公权、私权、社会权构成了权利体系以后,各种权利的冲突也日益复杂,权利观念的兴起必然导致权力与权利的冲突。这使公民和政府都有了更多的法治需求,特别是作为弱者的公民对法治的需求更加旺盛。与传统的压服思维不一样,法治方式讲究的是讲法说理,而讲法说理就需要塑造法理思维规则。现在的问题并不是法理思维的概念能否成立,而是中国的法治建设需要法理思维。法治是一种被定义的生活。立法者设计的法秩序满是规范、主体的假定,对于这些假定,我们需要从法理学的角度重新进行审视、鉴定、论证和塑造。法治实践需要正确判断的思维方式。在南海诸岛的归属问题上,习近平总书记使用了"法理依据""法理事实"的概念,强化了人们对"法理"意义的探索。

对于法治建设来说,如果欠缺法理思维的决断,讲法说理则无从展开,只有有了法理思维才能开展对法治、法律命题的有效论证。法理思维是批判性思维,批判性思维的要义是论证思维。“论证把一个思想置于与其他思想的逻辑联系之中,或者从该思想演绎出进一步的结论,这一过程就有可能把自己的思想引向深刻、细致、全面和正确;对于接受方来说,论证使某个思想具有了可交流性、可理解性和可批判性,从而能够进入对方的世界,并与对方进行理性的沟通和对话。”[5]对“法理”的重视也许是思维方式转变的开端。研究法理思维的问题意识在于:以批判思维重新审视法律判断(命题),以反省思维纠偏庸俗辩证法,以体系思维矫正缺乏逻辑关联的整体思维。

其二,研究法理思维是法学思维方法分类研究的需要。近年来,人们开始重视对思维方式的研究。哲学、管理学、逻辑学、法学等都对思维方式进行了多方面的研究。借助西方的法学知识、原理,中国法学界对法律思维的研究已经相对成熟。[6]当然,这里所说的不是对“法律思维”的概念研究已经成熟,而是说分散在部门法学的法律思维与方法研究较为成熟。现在直接以法律思维命名的很多文章并没有借鉴法学原理,里面充斥了大量个人的想象。然而,当下法理学以及部门法学所主张的法律思维,主要是对法律规范与案件事实之间关系的描述,是对法律规范进行意义诠释,重点是运用法学原理解决具体案件纠纷。十八届四中全会以后兴起的法治思维研究,多是对法治要求的陈述、对法治精神的尊重,包含着对政治思维的路径依赖。这些都需要法理思维予以矫正。

尽管关于法律思维、法治思维的研究已经蔚然成风,然而至今还没有对法学思维方式的分类研究,对法学思维的体系研究也不够深入。其实,与法理思维相近的概念很多,也都是从不同的角度研究法学思维,诸如法律意识、法律心理、法律思维、法治思维、法治思想、法律思想、法律分析、法理分析、法哲学分析、法律观念、法治观念、法制思想、法制观念、法治理念,等等。对这些近似的概念需要分类研究,不能只在模糊的意义上使用。如果我们仔细推敲的话就会发现,四十余年来,中国的法理学话语经历了由法律意识(法律心理)、法律思想、法律理念、法治观念、法律思维、法治思维到法理思维的概念演化。这一概念演化始终存在一种对法律合理化使用的激情,即

"在'法治'观念下强调尊重法律合理性的现代法律模式内,使用规则的逻辑就成为法律的核心逻辑"。[7] 当下的法学话语已经很少使用法律意识等概念,基本是对法律思维和法治思维概念的混合使用。究其原因在于,法律思想、法治思想、法治观念、法律意识等概念的涵盖面过宽,所以现在使用较多的是包含更多逻辑规则的法律思维、法治思维概念。

我国的实务法律人以及法学研究者重视作为行为规则的法律,却忽视作为法律思维规则的法律,甚至没有意识到法律思维规则的存在。虽然很多人承认司法权主要是判断权,但对判断的对错,经常用行为规范作为衡量标准,而不是用思维规则作为衡量标准。从逻辑的角度看,断定一个命题的对错,只能用思维规范,用行为规范断定思维的对错,在逻辑上说不过去。在法学思维研究中,需要重视对法学思维的分类探究,因为这是研究判断对错的标准。比如,哈特把法律规则分为两种:初级规则和次级规则。初级规则是调整基本行为的规则,主要是告诉人们在法律上有义务做(或不做)什么以及遵守或违反规则有何结果;次级规则可以创设、废止和变更初级规则,属于方法的法,包括承认规则、变更规则和审判规则。[8] 其实,哈特所说的次级规则是动态的法律思维规则,是法理学重点研究的内容。它的主要功能是允许社会以较低的成本实现迅速的法律规范变迁,解决法律的稳定性和社会的变动性之间的矛盾。行为规则和思维规则是法律人思维的重要工具。然而必须注意到,法律行为规则主要是作为评判行为合法、违法和非法的依据,而非评判一个人判断对错的标准。

施密特对法学思维也进行过分类研究,他说:"法学思维不外三种,亦即以规范(规则或法规)为核心的法规思维方式,也就是规范性思维;其次是具体的秩序思维方式;第三种是以决定为核心的决断论思维方式。"[9] 施密特对这三种法学思维类型进行归纳的意图非常明显,就是想从法学思维的分类研究中,导出政治支配的正当性。施密特在法理中添加了政治决断的成分,迎合了法西斯对法治的破坏,这是需要警惕的。我们认为,法治的基本目标是限制权力的任意行使,而国家权力是法治最主要的调控对象。法理思维不能仅为国家权力辩护,还要追求民主法治。施密特的思维方式有反民主的倾向,但是施密特的研究方法是可以借鉴的。施密特认为:"所有法学思维都和规则、决定、秩序与型塑等概念密切相依。然而,用以延伸出所有其他概念的、法学理解上的最终概念,却只能从中选择其一:一项规范(在规则或法规的意义下)、一个决断、或是一套具体秩序。”[10]每一种法学思维都有认定何为“法”的特别想法:在很多人的法律思维中,法律就是规范,法律思维就是根据法律规范的思考。所以,在法律思维中特别强调法律规范的重要性和权威性。规范主义的法律思维的缺陷,在于孤立地看待由规则所代表的法律。规范论思维固然可以使法律在“国王”之上,始终通过去除思维的主体化因素来保持抽象性、客观性,但却漠视其他社会规范以及主体在法治形成中的作用,无法解释法治秩序是如何形成的。

我们需要意识到,法理也是“法”的一种形式,甚至是最根本的形式。然而,在“法学思维”这一类型中,施密特的“法理思维”在价值倾向上出了问题。他不是倡导法规范与主体之间的“约束”关系,而是把主权者的意志当作法秩序的根本原因,他认为规范论、秩序论都无法实现政治支配的“法理”需求。施密特为了捍卫希特勒专权的“合法性”,抛开了规范的限权意义,强调了主体决断的神秘“法理”,从而把“法理思维”引向了专制思维的方向。在施密特的法学思维的三种模式中,他所说的规则思维与我们所言说的法律思维有相同之处,而秩序思维与法治思维也比较接近。这两种思维方式是相对成熟的思维方式。只是施密特把主体决断论称为“法理思维”确实令人揪心。在精致的逻辑要素的分析中,施密特塞进了主体决断的神秘理由,成了“二战”结束后,很多德国法学家诟病逻辑、“法理”的靶子。这是我们今天研究法理思维应该警惕的。

面对法律思维的缺陷,就需要引进法治思维的概念。法治思维中的“法”其实应该是法秩序。法秩序不仅包括形式标准的法律规范体系,还包括主体、行为以及与社会关系的互动。形式意义的“法治之理”包括:法律应当具有公开性,而不应诡秘难知;法律应当具有稳定性,而不应朝令夕改;法律应当具有连续性,而不应陡然巨变;法律应当具有严谨性,而不应破绽百出;法律应当具有灵活性,而不应过于僵化;法律应当具有实用性,而不应华而不实;法律应当具有明确性,而不应含混不清;法律应当具有简练性,而不应冗长烦琐等。[11]然而,法学思维不是彻底的唯名论,还应该包括唯实论的

"法秩序"。因而,在法学思维中,仅仅强调规范的重要性是不够的,还需要重视主体、行为以及社会因素等在法秩序形成中的作用。在法秩序的思维中,规则、规范只是构成秩序的组成部分或手段,国家组织等主体及其行为也是促成法治的要素。按照施密特的说法,如果仅仅靠规范治理国家,把法治视为纯粹的服从规则治理的事业,那么,将会形成摧毁、瓦解秩序的荒谬理论。"毫无情景关联性、毫无类型属性的纯粹规范,在施密特看来,根本就是一个'法学上的怪物'。"[12]然而,在有了规范、主体因素以后,法治也不一定能形成,还需要通过决断过程把两者连接起来。

二、法理思维与法律思维、法治思维的界分

与法理思维相近的概念很多,但关联度较大的是法律思维、法治思维。法律思维、法治思维与法理思维三者之间有很多的共同关注。第一,法律思维、法理思维都须重视逻辑思维规则的运用,因而可以被涵盖在法治逻辑之下。法治逻辑(或者说法学思维)的主要内容则是由法律思维、法治思维、法理思维构成的。第二,法治思维和法理思维都讲究正义、平等、自由等法律价值对思维方式的渗透。第三,三者都是围绕着法律、法治而展开的思维活动。虽然三者是家族相似的概念,但还是有很大的区别。其显著的区别在于:法律思维、法治思维和法理思维有不同的思维根据、方法、主体以及要解决的问题。法律思维主要是法律人根据法律规范的思考,探寻的是法律规范与事实之间的关系,解决具体案件的纠纷。法治思维主要是政治人的思维方式,主要运用法律解决社会矛盾,要求政治人都应该像律师那样思考,在思维决策活动中进行去权力化努力,忘掉权力,在政治决策中运用法律化解社会矛盾。法理思维是综合决断性思维,不仅讲究法律规范、法学原理的重要性,而且重视法治秩序的建构,将法律拟制的主体以及政治、社会等因素也纳入决断思考的范围。它不仅承认法律是行为规范体系,而且也承认法律是思维规则体系,追求的是恰当的决断。在方法上,它主要是一种根据逻辑、修辞思维规则的思考方式,不仅分析解决政治、社会问题,而且也分析具体案件,探寻的是规范思维与秩序思维的差异。从思维的总体方向来看,它是维护法治的思维方式。

（一）法律思维是法律人根据法律解决案件纠纷的思考

与法理思维关系密切的是法律思维。两者的区别在于：法律思维主要是根据法律进行思考，重点是对作为行为规范的法律进行研究，其所解决的是具体主体之间的纠纷。法理思维是对法律思维过程的研究，揭示的是法律运用的思维规律或规则。思维规则的应用场域不是行为的合法/违法评价，而是对法律人思维过程的约束，是评判思维对错的依据。法理思维重点探寻的是法律思维规则对主体思维过程的约束，描述的是法律思维规则与人的关系。然而，由于“规范论的重要特征，在于孤立地看待由规则或法规所代表的规范，并且将之绝对化。规范论眼中的法秩序，是由许多规则与法规所合成，是‘量’的概念，法秩序本身并不具有独自的性质，具体秩序因而被狭隘化为法规”。[13]在法律思维的探索之中，人们通常比较重视法律规范的作用与功能，而缺少对主体（法律体制机制）、对法律秩序建构的功能分析。法治秩序的形成不仅需要层级分明的规范，还需要法院、法官、律师、检察院、检察官、政府机关等构成的机制体制因素，离开主体的纯粹规范之治是不可能的。虽然从分析实证主义法学的角度看，法治是一种被定义的生活，但是对于法治的实现来说，仅仅探寻案件事实与法律规范之间的关系是不够的。有了规范还需要在法律实施过程中落实法治的要求。法治是一个立体动态的概念，既需要主体机制的参与，也需要法理思维在具体语境中对法律规范的重塑。

法律思维的基本特征源于依法办事的法治要求。由依法办事、依法决策，可以引申出依法思维。在执法和司法过程中，依法思维之“法”，不仅是指法律规定，还包括法律价值以及法律思维规则。法律思维有很多特征，诸如规范性、程序性、妥协性、权利本位、公平正义的价值追求等。如果把法律思维置身于法治逻辑之中，那么，其特征主要包括：第一，法律思维的基本特征是根据法律进行思考。这里的“法律”，主要是指作为行为规范的法律。法律思维的结果就是根据法律断定的合法与违法。在我国的法理学教科书中，法律一般被定义为“行为规范的总和”。因而，在对根据法律进行思考的“法律”进行界定时，有些人（特别是行政机关的有些人）认为，“法律”就是指立法者创设的法律规定。这招致学界的批评,认为这种思维定式会导致机械司法、机械执法,因而主张在法律规定之外,还需要考虑法律价值、目的等,应该把社会主义核心价值观融入法治建设。第二,法律思维是包含正义等价值的思维。法律思维所要解决的是具体案件纠纷;在一般法律与案件事实之间进行有效的法律推理;通过根据法律的思考,赋予具体事实以法律意义;目的是在个案中实现法律及其所蕴涵的正义。第三,虽然法律思维所据以思考的原理、方法、技术也是解决具体案件的依据,但对法律规定来说,主要起辅助作用。第四,虽然逻辑学研究了多种多样的推理模式,但是,法律思维的推理方法主要是演绎推理和类比推理。第五,在解释方法上,法律思维强调文义解释优先,内部证成的重要性;在思维方式上,法律思维认为一般优于个别,尊重规则的稳定性,强调以不变的法律应对千变万化的案件。第六,在价值追求上,法律思维强调个人的权利必须被尊重,自由需要规则与程序的保护。法律思维重点解决的是具体主体间的权利冲突以及权力与权利之间的矛盾。第七,法律思维主要由职业法律人所使用,根据法律进行思考是用法学的知识获取话语权,开展职业、执业活动。

(二)法治思维是政治人用法律化解社会矛盾

与法治思维相比较,法律思维的困境在于就事论事。这一特征决定了法律思维难以化解社会矛盾。所以,在探寻了法律思维方式以后,还需要探究法治思维方式。当下中国法学所引进的知识体系,基本是解决具体矛盾纠纷的法学原理,缺少化解社会矛盾的法学原理,因而不得不把这些规范法学知识原理用于分析社会矛盾。“现代法律对中国人的知识传统来说,基本是陌生的。在中国人赖以认识世界的深层语言结构中,确实没有足够的概念工具,用于把握认识现代法律。”〔14〕运用法律思维解决社会矛盾存在工具不对称的问题,所以,就需要理顺法律思维与法治思维的关系。法律思维解决的是个案,法治思维是要化解社会矛盾。直接拿法律思维化解社会矛盾并不顺手,但这不意味着法治思维与法律思维没有关联。从专业的角度看,法治思维是对法律思维的模仿。“法治思维是依据法治的要求和法治的理念来认识问题、分析问题、解决问题的思维方式。”〔15〕法律思维与法治思维之间没有截然的界限,但是,直接用法治思维化解具体矛盾也会出现一些问题,因为,就事论事的法律思维要求,在案件的处理过程中,必须考虑个别正义的实现,不能介入过多的社会因素。

法治思维是党的十八大前后使用的概念,有三个方面的原因促使人们思考法治思维的基础理论问题:其一,现在"法治思维"一词的使用频率很高,在学界、政界有着广泛的影响。用法治思维和法治方式化解社会矛盾,已经是治国理政的组成部分,但这并不意味着人们已经理解和接受了这一概念。虽然国内已经对法律方法展开了深入研究,但法治思维的基础研究依旧薄弱。这就使法治思维面临着重重质疑。其二,很多研究者缺乏法学专业知识,迎合宣传需要的法治思维大量涌现。这些研究成果由于缺乏法律方法的指引,大多沦为空洞的说教。其所言说的法治思维不仅与法治的要求大相径庭,甚至使一些人对法治思维等言辞产生负面情绪。我国法治才刚刚起步,对待法治还缺乏足够的真诚,因而,既不能用已有的偏见否定法治思维,也不能从无知的角度看待法治思维。法治思维的概念并不表征现实的法治状态,庸俗化的解读不能替代基础性研究。法治思维是政治家提出来的,并借助政治手段得以广泛传播,但也需要强调思维过程的专业性,因为法治不可能离开法律。其三,很多人之所以对法治思维不屑一顾,就是因为权力本位一直支配着他们的思想,他们把法治、法治思维仅仅当成修辞,口惠而实不至。当然,大多数人确实发自内心地认为,法治是中国长治久安之路,但他们缺乏运用法治思维的能力,不能熟练运用法治方式解决问题。

法治思维的运用需要清晰的法治概念。这并不是说以往的基础研究对于什么是法治没有界定,而是说在对法治的思考过程中,过度强调了法治与其他要素的关系。在全面、整体、辩证思维中,对法治进行了"关系化"处理,使得本来清晰的法治概念,在关系的交叉思维中又被模糊了。出现这种现象的一个原因在于,很多人错误地将作为认识论的关系思维当成方法论。辩证法本来是认识论范畴,但是在人们的思维中又把它当作解决问题的方法论。[16]由此引领的中国法理学的知识体系中,法律与其他社会现象的关系成了主要内容。法理学教科书的主要部分以及法学研究的很多文章,都是在认识论层面叙述人们该如何认识法律,而不是如何运用法律。在法律与其他社会现象的关系思辨中,对法治的认识越来越模糊,法律失去了独立性,逻辑以及立基于逻辑的法律思维规则就退出了人们的思维过程。[17]这使法律方法论在中国法理学知识体系中的重要地位没有被凸显出来。对"辩证法既是世界观又是方法论"的错误理解,导致了方法论一直被认识论所替代,直接影响了法治话语体系、法学理论体系的建构以及法治思维方式的形成。对此,很多青年学者主张将正在形成中的中国法理学推倒重来。由于没有对中国法理学的生成机制、思维方式缺陷以及已经取得的成就等进行认真梳理,只想在厘清教义学法学和社科法学关系的基础上建构新的知识体系,并没有找到重构中国法理学知识体系的现实路径,所以,这难以实现中国法理学理论体系的脱胎换骨。

法治思维有很多特征,比如,法治思维兼具法律、政治双重属性,但其主导思维是政治思维,主要用于化解社会矛盾;法治思维是整体性思维,既需要关注法律效果,也需要讲究社会效果、政治效果;法治思维是限权思维,实现社会公平正义是其基本目标等;法治思维追求法律的整体性、辩证性、实质性、变动性、原则性和灵活性的结合等,属于政治治理意义上的大格局思维。如果我们从思维方式的角度观察,可以发现法治思维的特点主要包括:第一,尊重法治的基本格调,主张用简约应对复杂,即用简约的法律调整复杂的社会关系。第二,尊重法律的稳定性,强调以不变的法律调整千变万化的社会。[18]第三,适应社会的变化性,持法达变。[19]法治思维在思维方式上认同辩证逻辑、历史逻辑、现实逻辑,在法律运用过程中可以实现情理法结合。其所使用的方法有目的解释、社会学解释、政治解释、外部证成、德法结合、政法结合、分配正义、持法达变、通法达理等。

(三)法理思维、法治思维、法律思维的关系

法理学的方法论意义,不在于探究法律的本质,而在于澄清法律的概念,建构法律思维规则。有了清晰的法律概念以及法律思维规则,才能有根据法律思维规则开展的思维活动。当然,法理思维并不排斥法律价值,而是强调在普遍正义的基础上构建法治逻辑或者法律思维规则。法理思维能重塑人们的日常思维,从而为社会的法治化转型提供法理依据。法理思维也

不排斥政治思维,只是要求在政治决策中尊重法理思维。法理思维排斥的是政治对思维决断的垄断。在前一阶段的法理学研究中,许多学者对政治法理学进行了批评,尽管没有在整体上改变这种思维方式,但法理学者们对其已经有了较为清醒的认识。他们认为,过于强调政治决定的法理学,在"国家真正需要进行法治建设的时候……法理学就显得力不从心了,因为其苍白的理论分析框架根本不能胜任政治的重托:它不能清楚而有说服力地解释法治国家建设面临的问题,更无从设计建构的方案。当政治再次可能需求理论的时候,法理学反而不能担当职任了"。[20]

虽然法学研究需要注意法理思维、法治思维、法律思维的区分,但三者之间并没有截然的界限。法律思维是根据法律进行思考(或者说像牧师那样思考,只是思维者不是表达对上帝的忠诚,而是要表达对法律的忠诚);法治思维是像律师那样思考(因为律师不掌握公共权力),在思维过程中进行去权力化努力;法理思维则是像逻辑学家和伦理学家那样思考,表达对法治之理、公正、自由价值和逻辑思维规则的尊重。这三种思维方式有着很多交叉之处,我们只能在大的方面分辨出其各自的特点。"所有法学思维类型的演变,都处在历史与体系的巨大脉络之中,这项脉络,将思维的演变安置进政治的各该情势之内。"[21]法律思维、法治思维、法理思维之间有很多交融之处,相互渗透也时常出现。区分三者的目的仅仅在于进一步明晰法律、法治的相关概念,从而为理顺法治逻辑作点滴贡献。现在的基本状况是,在人们心目中,无论是法律思维、法治思维,还是法理思维都没有扎根。从总体来看,人们还没有意识到法治逻辑的研究传播对法治中国建设的重要意义。由法理思维衍生出来的是法律、法治地位的提升,以及法治逻辑走向法学研究的前沿。

三、法理思维的逻辑方法

法理思维是批判性思维,具有重要的理论意义和实践意义。法理思维的目标是实现法治。法治逻辑所构建的意义世界,需要通过对决断前提的批判来实现。法理思维在一定程度上就是通过法治逻辑的设计,解决权力冲突,实现法治国家;化解权力与权利的矛盾,实现法治政府;解决权利冲突，实现法治社会。而法治国家、法治政府和法治社会都需要司法予以监督、平衡。对于法治实现来说，话语系统最大的问题是法律、法治的概念混淆，以致法治无法按照基本的逻辑思维规则继续推演。[22]例如，把所有的社会规范都视为规范要素，这就是缺乏逻辑思维的表现，而法治、法律缺乏可操作性也就是无视逻辑的必然结果。如果在模糊意义上使用法律、法治概念，就等于在起点上扼杀了有关法律、法治的定义。这里并不是说法学界不清楚法律、法治的含义，而是说，受整体辩证思维的熏陶，人们在有意无意之中把法律、法治引向了不确定、不好说、说不清的境界，从而影响了法律、法治功能的正常发挥。

（一）法理思维是对所有假定命题的批判性思维

从逻辑的角度观察，法治就是一种被法律定义的生活，因而，研究法理思维需要认真对待拟制思维及法律拟制。[23]如果抛开假定、拟制，那么，几乎所有的法律概念都是不能成立的。例如，法理不是思维的主体，如何进行思维？正是有了拟制的主体、概念、规范、思维方式等，才有法治理论与实践衔接的可能性。法律拟制作为法律变迁的推动者，是推动主体间交流的认知形式、一种谨慎实验的工具、一种引入规则等才能衡量恰当的思维方式。[24]法律拟制定义了法治的主要框架：诸如，有了法律规范，才有了法律推理的前提；有了法律渊源，才引出法律思维、法律发现；有了司法主体的拟制，才有了法律实施、解释的机制；有了拟制的立法主体，才可能有明晰的法律体系；有了法律规范构成的假定，才有了严密的法律规范构成；有了法律拟制，才有了教义学法学或法律解释学等学科的基础；有了上述拟制，才有了法治话语体系，等等。因而，证成法治、实践法治都需要对法律拟制有所了解。法律拟制是法治、法理思维展开的逻辑前提。

法理思维是对各种“假定”进行缜密精确的思考。法理思维之“思维”其实就是围绕“假定”而展开的活动。“假定”是为了论证而给出的前提和承诺，是为了推导并检验而提出的设想。“假定”在苏格拉底教学法中扮演着重要角色。[25]学生一开始就要知道法律以及法律思维与假设有密切联系。从规范的角度看，如果推倒了假设，就可能失掉了法治。然而，仅有假定还不能成就现实的法治秩序。由假定所构成的是一种不成熟的法秩序。当然,这种不成熟恰恰给了批判性思维发挥作用的机会。批判性思维秉持的不是法律决断论,而是法律意义的探究论。决断论把拟制的法律当成了合法性的唯一来源,不容反驳,形式上好像是重视法律规范的权威,但实际上法律解释的独断论也是一种假定。法律解释的独断性的基本含义就是假定解释者释放出来的意义就是法律的意义,而不能是个人的意志。然而,由于法律不是人,所以,其自身不可能有意义。离开解释者,法律文本不可能自己释放出意义。所以,批判性思维设想了法律意义的悬置状态,其意义生成需要经过批判性思维的验证。拟制的法律只是框定了意义的大致范围,具体语境中的法义则需要借助批判性思维重新界定。从这一角度看,规范性法律不是具体的指令、命令,因为在法律规范体系之中存在可供选择的空间。当然,这种选择是需要理由的,理由的建构则需要论证探究。因而,对法治来说,法律拟制是极其重要的。法学家可以借助拟制思维,在主体、规范、事实、社会之间建构法理思维规则,发挥批判思维、反省思维、体系思维的作用。

法理思维的总体思路是,法治所要求的行为规范、主体机制、事实认定等都可以被拟制,但拟制的法律规范、主体等不是最终的权威,而是一个实践推理的运用框架,在法庭上以及在政治决策过程中都需要接受挑战和修正。[26]然而,现在有一些学者把法律、法治所拟制的"理想情景"当成现实,在研究中把理想的法律与社会现实进行简单比较,然后得出一般法律规范的虚假性、法治的不可能性这样的结论。这种批评虽然拿出了很多的材料、数据等来支撑自己的观点,但只不过揭示了原本就是如此的假定。近年来,关于"法治等问题的真相"的追问是非常时髦的,构想出各种宏大命题。然而这种提问貌似深刻,其实没有太大的意义,因为费了很大气力揭示的不过是原本"拟制"的事实。法律拟制在具体的语境中确实有批判的必要,否则就没有假定的必要性。批判性思维不仅包括社会学意义上的现实批判,还包括运用逻辑思维规则的批判。如果没有批判思维,这些拟制、假定的法律的适用就可能会出现差错。法理思维需要法理对思维的指引,但也离不开逻辑思维规则的介入。法学思维就是批判性思维,是在语境中建构决断的正确性和恰当性。

（二）法理思维是对庸俗辩证思维的反省性思维

法理思维是一种基于逻辑思维规则的反省性思维。罗尔斯为我们提供了一种提炼反思的直觉性方法——反思性平衡，即可以用一般的原则来整合原始的道德直觉。“一旦拥有这样一套原则，我们就可以借助一般的道德原则来修正我们对某一个个案的判断。此外，我们也可能发现某条一般规则与我们原先所固守的某个个案判断不相容，在这种情况下我们可以改变我们的原则。”[27]同理，在法律问题上，我们不能用行为规范来衡量思维结论是否正确，但可以用法律思维规则来确定思维结果的错误。然而，现在的法学不承认法律思维规范的存在，只承认在法律问题上，只有不同答案而没有正确答案。这其实是缺乏反省性思维的表现。辩证思维、整体思维和实质思维是建构正确思维的认识论，然而在中国却被错误地当成方法论。[28]辩证思维能使我们对法律、法治有正确的认识，然而用辩证思维去解决问题，失去的是法律的明确性，本来明确的规范在辩证思维中可能又变得模糊；原来限权的法治，在辩证思考中失去了法治的刚性。法治的基本前提是法律的独立性，但整体、辩证思维却强调了法律不可能独立地发挥作用。

当然这也不是说，法律规范能够孤立地发挥作用，而是说法律的权威地位不能在辩证、整体思维中被消解，其他社会规范融入法律（诸如价值、道德等）需要经过反思性论证，契合法源识别的正确性或恰当性要求。所以，法理思维的构建有一个重要的任务就是引入逻辑思维规则，用逻辑思维改善传统思维对法治的干扰。“逻辑思考是反省性的思考……我们所谓清晰的法律思考，就是运用反省性思考来解决法律问题。”[29]反省性思考是从已知到未知的推理过程，反省性思考的能力主要体现在能否识别被反省对象的逻辑关联，用已知来检验判断的正误。[30]法治是需要依据逻辑规则思考的法理思维。

反省性思维与批判性思维具有同源性。批判性思维，作为一个技能的概念，可被追溯到杜威的“反省性思维”。反省性思维是对任何信念或被假定的知识形式，根据其支持的理由以及它所指向的进一步的结论，予以能动、持续和细致的思考;[31]它是对决定相信什么或做什么进行的合理的、反省的思维,本质上是假说的系统检验。法理思维是反省性思维,具有鲜明的逻辑方法属性。法律推理就是一个反思的过程。在这个过程中,规则和概念既产生真实和假设叙事情景,又受其检验。[32]所有假设都需要自我反省和自我校正。只不过批判性思维是要获得正确的判断,而反省性思维是要指出判断错在何处。要想获得正确的认识,就需要使用批判性思维,质疑先入之见。而要获得审查和评估先入之见的意识,就需要反省性思维,从而为消除错误做好准备;认真而持续地评估自己的推理,将逻辑思维规则作为错误与否的标准。反省性思维以法理以及逻辑思维为依据,对既有判断或命题进行辨析。批判性思维与反省性思维并无根本区别。

由于人们把更多的精力投向了法律思维、法治思维,因而忽视了对作为法治逻辑组成部分的法理思维的研究,很多学者甚至否定"法治逻辑"的存在。从逻辑学所探寻的一般思维规律来看,不可能有法治逻辑、法律逻辑这类东西。但是,逻辑的运用有不同的场景,法治领域就是应用逻辑思维规则最重要场景之一。或者说,法律思维规则、法治思维规律、法理思维规则都是一般逻辑在特殊领域的运用。这种特殊的思维规律并不否定逻辑思维的一般性,而是作为普遍规则的具体形态。这种运用是在言明法治的基本要求,不是一般逻辑思维规则的"例外"——其特殊仅仅意味着运用场景的特定性。在法治场景中,法治逻辑所探寻的是法律运用的思维规律,属于捍卫、实现法治的思维方式。

法理思维是使用逻辑规则的反省性思维。但是,很多法治理论设计并不关注法治逻辑,相关法治命题也就难以在逻辑基础上展开。一方面,法治现象成为法治研究的重点;另一方面,现象研究却没有确定的法治概念和基本立场。这导致很多研究结果又回到了法治逻辑原初的基本假定。后现代法学、批判法学、法律社会学等揭弊式的研究导致了思维方式的混乱,致使法治因没有逻辑论证的支持而陷入困境。"法理思维"若因没有逻辑而显得混乱,就难以成为指引法治决策的思维方式。法治逻辑和法理思维研究的重要任务就是塑造明确的、一般的、体系性的法律,并在此基础上证成法治在思维方式上继续推论的可能性。法理思维就是为法律实施、法治实现寻找理由的方法论。狭义的法理就是法治之理,法治逻辑首先需要明确法治的概念,进而探寻法治的实现方法。

(三)法理思维是对整体思维改造的体系性思维

法律拟制是克服法律僵化的有效方法,在法治形成过程中发挥着特殊作用。拟制的优点在于,当法律不发生剧烈变化时,其既考虑了法律的约束作用,又考虑了社会的变化情境,从而使法律能够被恰当地运用于社会。恰当决断的形成,不仅需要批判性思维、反思性思维,还需要体系性思维。由是观之,法理思维也是体系思维。虽然体系建构所塑造的法律具有创造性,可能威胁法律意义的安全性,乃至衍生出更多的不确定性,但是,能够在法律与社会之间寻求出更恰当的决断,也是接近法治的重要方法。整体思维模式下的体系思维是能被中国人接受的法律推理模式,是弥补规则僵化、脱离社会语境,适应社会变迁的折中思维。法理思维的体系要求是要处理好法律思维、法治思维和法理思维的关系。体系思维需要建构体系的要素,如果没有要素,体系思维很可能就成了没有逻辑关联的整体思维。符合法治要求的体系思维起码有三个要素,即规范要素、主体要素和思维规则要素。对法律规范要素的理解、解释都要在语境中进行,因为法律不是纯粹的逻辑思维。规范要素皆须被附加法治的基本原则,既要考虑语境,又不能在语境中丢失法律,更需要在思维过程中持法达变。

1. 行为规范要素

行为规范要素即法律或法源规范体系。体系思维中规范要素解决的是法律规范与具体案件之间的关系。在体系思维的要素中,法律规范体系具有最为重要的意义。但是由于规范都是立法者抽象化的表达,要想把法律规范转化为法治,有两个方面的紧张关系需要处理好:一是法律所要调整的社会事实与行为之间有很多缝隙需要弥合。这种弥合的复杂性在于,法律所欲调整的社会不仅是复杂的,而且是不断发展变化的,这就使法律规范体系需要不停地调适与社会的关系。“法律主要表现为一套规范体系,通过严谨的法律语言形成相应的法律概念、规则和原则,进而构成融贯的法律规范体系,这使法律必然形成逻辑/规范性质的问题。”[33] 但是,法律规范体系不是孤立存在的，现有法律规范可能原本是其他社会规范，新创设的规范也可能与其他社会规范有较大出入。所以，在体系思维的规范体系之中，不仅包括法律规范体系，还包括被视为“法律”的法律渊源体系。体系思维、体系解释不仅需要协调法律规范之间的内部关系，还需要协调好法律规范与其他社会规范之间的关系。

二是体系思维需要调和不同规范之间的紧张关系。即使出现法律与其他社会规范的关系断裂，也需要“以法律的名义”开展活动，这使法律成为法律渊源。在法律渊源体系中探索法律的意义，可使人们的思维重回理性、社会。法律规范体系要素的断裂需要逻辑弥合，制定法体系与其他法律渊源之间的关系需要逻辑衔接，法治体系要素之间的协调也需要逻辑。法治逻辑要想实现就需要拟制法律；规范不能自动落实为行为，因而需要逻辑思维。法律逻辑需要解决人与法律之间的关系；法治逻辑需要解决人、法律与社会之间的关系。体系思维需要考虑构成体系要素之间的逻辑关系。这实际上是一种体系性的检验，需要考虑陈述、论点、原则、假说和推测的含义，关注陈述之间的一致性与确证性；确保基于诸要素得出结论的正当合理；构建一个融贯的论证或反论证；使用要素间的联系构建自己的论证；最终形成有充分理由的判断。体系解释和体系思维也需要使用批判性思维技能，生成和证成理性决策。

2. 主体要素

“法治”一词虽然省略了主体，但法治离不开主体的参与。实际上，法律发现、法律推理等法律方法都是对断裂的法律逻辑的弥合。思维的逻辑断裂意味着主体的思维出现了问题。虽然所有破坏法治的思维几乎都体现为思维过程中逻辑的中断，然而，正是逻辑思维的中断才为法律方法发挥作用提供了机会。在法律体系中，法律规范具有非常重要的作用，是法治能够实现的前提，但是法治不会因为有了法律规范体系就能够实现。与法律规范体系不同，法治是一个立体的概念，不仅需要规范体系，还需要实现的机制体制。“徒法不足以自行”说明，在法治实现的机制体制中，主体是一个重要的因素。所以，体系思维不能不考虑主体的体系问题。对主体权力、权利的范围设定以及主体如何行使权力、权利，特别是如何处理权利、权力以及权力权利之间的冲突,是法治的重要组成部分。当下的法学研究非常关注对法律规范体系的研究,但对主体如何运用法律、怎样守护法治的研究不够。特别是对主体权力采取模糊化处理,致使法治在中国步履维艰。

“法律适用者必须自力更生,根据手头案件,在现行法律给出的框架内——法治的底线要求——寻找合适的法律依据(法规范),若找到模糊不清,或者若干相关但相互冲突的法律规范,则必须亲自动手予以解释,然后适用于再审案件。”[34]然而,在很多人心目中,法治就是简单的依法办事,这就使法治国家、法治政府、法治社会的意义区分难以显现。法律方法是对简单的依法办事的完善。依法办事的悲剧就是机械司法、执法的大量涌现;遗忘体系解释的要求,使依法办事成了单一的拘泥文义的推理。法律的实施过程可能确实存在与社会撕裂的风险:一是不按法律办事该如何?二是依法办事之法与其他法律发生冲突该如何?法律拟制是立法,立法之后就需要司法、执法。这样,法律就不仅是规范,还包括了主体因素。主体因素的介入会使法律思维、法治思维的断裂更为频繁。所谓断裂,主要就是指逻辑关系的断裂。没有逻辑关联不可能成为体系。体系思维的重心就是在诸要素间搭建逻辑关联,法治的魅力就在拟制规范和主体以后,使法律调整成为可能。

法理思维存在的必要性,在于我思故法在。如果没有对法律拟制的主体、规范的一般性、体系性、独立性作用的认同与论证,那么,就几乎是在做无用功。“法治国家、法治政府、法治社会三者各有侧重、相辅相成。全面推进依法治国需要全社会共同参与,需要全社会法治观念增强,必须在全社会弘扬社会主义法治精神,建社会主义法治文化。”[35]但仅仅有法律规范、法律文化还不够,还须重视由政党、国家、政府、社会组织、公民、法人等构成的法治机制。如果仅关注法律的原则和规范,不注意主体及其权力配置在法治机制体制中的地位,那么无论是法治理论,还是法治实践都会出现很多困顿。主体的缺失会导致没有法治机制体制。缺少主体的体系思维是不完整的。只有在体系思维中重视主体要素的建构,才能呈现对法治的全面理解。法治思维是用法律化解社会矛盾,思考的是法律与社会(包括主体)之间的关系。在处理社会矛盾时,首先需先找出主体之间的矛盾,其次才能找出相应的法治思维方式。

法治所需要的以简约应对复杂,以不变应万变的思维方式已经初现端倪。虽说以简约应对复杂也会出现一些问题,例如,简单化是以丧失精确为代价的,但只有这样的思维方式才能实现法治。法教义学的任务有三:一是法律概念的逻辑分析;二是将分析综合为一个体系;三是将分析用于判决的论证。以教义学为特征的法学研究是对有效法律的描述,串联法律之概念体系,提供建议以解决案件。教义学法学指在体制内或有效的法律之内进行逻辑推演。[36]从整体辩证的思维方式中解放出来,"需要用到'整体/体系解释'方法,将不同的理论立场与命题放入……现有的整体思路'接着讲'"。[37]体系思维是根据法理的综合构建,是在整体思维中引入逻辑思维规则。这里的法理思维包括对法治之理、法治之法、法治伦理、法治理论、法治政治、法治价值等的尊重。但这种尊重不是根据自己的偏好,在整体中考虑所确定的重点,而是在构成整体的体系要素之中寻求逻辑一致的关系。

法理思维强调在整体思维中讲究法律逻辑,对新的判断进行体系性构造,是法律规范运用的思维规则。在法律实施过程中强调整体思维并没有错,整体思维对全面认识事物有重要意义,但由于中国传统的整体思维缺乏对逻辑的尊重,整体思维遂转变成了矛盾论中的重点论。而对重点的确定,如果不是根据逻辑思维规则开展论证,法治就难以约束权力。在认识法律、法治的过程中,整体地看待法律与其他社会现象的关系是正确的思路,只是我们不能忘记法治是对法律权威的尊重,需要进行有效的法律论证。

3. 思维规则要素

无论是具体矛盾的处理还是社会矛盾的处理,都需要遵循法理思维规则。所以,体系思维的运用不仅要考虑法律规范的要求,还要考虑法治的要求。无论是个案中的法律决断,还是化解社会矛盾时的法治思维,都需要遵循法理思维规则。只有通过体系思维,在要素间建立逻辑关系,才能形成正确恰当的断定。关注法律规范体系、价值体系、主体体系,以及法律思维规则的体系思维才是法理思维的研究重点。没有规范体系的比较,就不可能有法律至上;没有解释方法的比较,就不可能有文义解释优先。当简单的依法办事难以继续推论时,西方法学拟制了"法律渊源"的概念,以"法源"的名义把众多的制定法外规范纳进来，成为法治能够推论下去的逻辑假定——法源也是法律。这意味着，法律外的社会规范如果想在实践中得到运用，需要获得法律发现方法和法律论证方法的支持。关于“法律渊源也是法律”的假定，对法治理论和实践具有十分重要的意义。法源的概念，一方面解决了法律与其他社会规范的冲突，使法律更能适应社会；另一方面也捍卫了法律的权威和尊严，因为其他社会规范融入法治实践需要凭借法律的名义。这一点完全不像我国学者在思考法律与其他社会现象的关系的时候，不讲逻辑理由，不附加对“法”的拟制，直接用其他社会规范代替法律。这种实质主义的思维方式对法治危害极大。

拟制的法律规范都是较为明确的法律（其中虽然由于语言本身的模糊性以及立法会故意设置一些模糊的法律），然而当法律规范遭遇案件事实时，法律就会出现不确定性，会产生解释的空间，法律又开始变得不确定。为了使法律实施能够从逻辑上被贯彻下去，就需要用法律方法予以弥补。法律方法的任务就是在思维过程中把不确定的法律变得确定。这样，法律方法就成了弥合法律不确定性的技术。在法律方法中，法律思维规则是其核心内容。然而在我国，由于受立法中心主义倾向的影响，在法学之中只承认法律是行为规范，而不承认法律思维规则也是法律的组成部分。这种姿态深深地影响了法治思维和法治方式的塑造。实际上，法治视野下的法律规则包括两部分：一是作为行为规则的法律规范体系；二是法律运用的思维规则体系。如果承认法律的运用主要是思维活动，如审判主要是判断、解释、推理、论证、论辩，那么，无论是判断还是推理都不可能随便进行，都应接受思维规则的约束。

法律推理、解释、论证、论辩、修辞等都存在相应的思维规则。虽然行为规则和思维规则在很多方面有重合之处，但也应注意两者之间的差异。例如，行为规则是评判行为的标准，而思维规则是对法律人思维过程的指引和评判。在执法和司法过程中，行为规则主要是对他人行为的评判，得出的主要是合法/违法结论；法律思维规则主要是对法律人行为的指引和评判，得出的结论主要是思维的对错。承认法律思维规则，对运用法治思维和法治方式化解社会矛盾有重要的意义，因为法律思维规则如果不能成立，法治思维也就会存在问题。

判断法律与其他社会现象的关系,不能简单地依据二者之间是否存在关联性。不是说法律与什么有关,法律的权威就应让位于其他。若断定某一命题的重要性,需要作出解释性论证并说明改变法律意义的理由,没有必要的理由就必须尊重法律。在法律之中融进价值,需要充分的论证,需要考虑是否有充足的理由支持法律意义的改变。在法律与其他社会现象的关系辨析中,需要注意它们之间的必要和充分条件的差异。在体系思维中,无论是权力改变法律,还是价值融入法律都具有正当性。但从法理思维的角度来说,它们都需要借助论证来获取正当性。没有理由、论证的判断很可能是偏见,会与法律思维、法治思维产生冲突。

对于法律与其他社会关系体系性关联的界定,需要追问一致性和差异性,若只强调一个方面的重要性,比如说,强调政治或道德的重要性,那么,可能会对法治造成伤害。因而,通过对关系的思辨而得出的断定,需要给出其之所以是正确的说明。正确的说明需要评价性论证。评价性论证既可探查出推理中的错误(包括论证中的缺陷、某些常见谬误),也可以找出推理的正确性。体系思维需要结论得到整个论证的支持或证明。在整体思维之中,如果没有基于逻辑的论证,就难以转变为体系思维。缺少逻辑论证会使法律的意义越来越模糊,法律越来越没有权威。中国法理学的知识建构离不开整体思维,但需要引进体系的观念和形式逻辑的要素。没有对逻辑的重视,建构在权力意志基础之上的修辞只是压服的手段,不会产生恒久的说服力。因而,我们需要在法理思维中引进逻辑,以弥合因思维断裂而衍生的各种问题。

对体系性的法律只能运用体系思维来解释,尽管体系难以避免"私货"的渗入。当法律价值、社会因素、政治因素介入法律体系以后,如果坚守对法治逻辑的尊重,那么就可能模糊法治的意义。在法治的名义之下也可能产生专制专断的内容,例如,法西斯德国的所谓法治国。因而,我们需要用逻辑的方法明确法律、法治的概念,以便使法治思维能够在逻辑上有实现的方法。我们发现,在法治思维问题上,由于法治的概念不清,专权与法治难以区分。在法律思维问题上,由于法律的概念不清,法律推理难以展开,法律与事实之间的衔接常会出问题。在法理思维问题上,由于不承认法律包括法律思维规则,因而行为规范与思维规范之间经常出现断裂,人们搞不清楚什么样的思维是正确的,而只能用行为规范衡量思维的对错,虽然这在逻辑上是讲不通的。各种思维的断裂预示着失去逻辑的法治悲剧会经常上演。因而,我们不仅要研究法律思维、法治思维,还需要研究重视逻辑的法理思维。

结　语

拉兹有一个判断似乎在叙说本文的研究。他说:“如果一种法律理论符合两项标准,那么它就是成功的:首先,它由必然为真的有关法的命题组成;其次,这些命题说明了法律是什么。”〔38〕无论是法律思维、法治思维,还是法理思维,其实都是在叙说法律是什么。只不过法律思维主要是针对个案确定法律是什么,突出了法律规范的作用;法治思维则主要是面对社会矛盾的化解确定法治之法;由法理学研究所衍生的法理思维,只不过是为法律思维和法治思维准备了确定什么是法律的思维规则。法理思维的批判性、反省性和体系性,其实是法理思维的三种思维向度,目的是为准确、恰当的判断提供思维工具。法理思维的这三种向度,虽然各具特点,但是却有不同的目标。批判性思维是把逻辑规则作为辨识工具,目标在于建构正确的判断;反省性思维则是把逻辑思维规则作为评判标准,目标在于发现错误的判断;体系性思维也是运用逻辑思维规则,但其目标是弥合断裂的要素之间的逻辑关系,寻找恰当的判断。这三种法理思维都是为法治服务的,都是以思维方式的形式探寻具体语境中的“法律”是什么。总之,本文试图解决的问题是:如何获得正确的法律判断,如何辨识错误的法律判断,如何弥合断裂的法律/法治思维要素。

注　释

* 　陈金钊,华东政法大学法律方法研究院教授。本文原载《法制与社会发展》2019 年第 3 期。本文系国家社会科学基金重大项目“新兴学科视野中的法律逻辑及其拓展研究”

(18ZDA034)的阶段性成果。

〔1〕 笔者在撰写本文时发现,关于法律思维、法治思维和法理思维这三种思维方式的研究在国外已经有所涉及,只是还没有直接使用"法理思维"的称谓。如德国法学家卡尔·施密特的《论法学思维的三种模式》一书所讲的三种法学思维方式,与笔者所谈的法律思维、法治思维和法理思维在"定义"上近似。估计还有不少类似的研究。参见[德]卡尔·施密特:《论法学思维的三种模式》,苏慧婕译,中国法制出版社2012年版。

〔2〕 参见[奥]恩斯特·A. 克莱默:《法律方法论》,周万里译,法律出版社2019年版,第7页。

〔3〕 [美]络德睦:《法律东方主义——中国、美国与现代法》,魏磊杰译,中国政法大学出版社2016年版,第29页。

〔4〕 [美]络德睦:《法律东方主义——中国、美国与现代法》,魏磊杰译,中国政法大学出版社2016年版,第29页。

〔5〕 陈波:《回归哲学的爱智慧传统》,载[美]保罗·蒂德曼、霍华德·卡哈尼:《逻辑与哲学:现代逻辑导论》(第9版),张建军等译,中国人民大学出版社2018年版,总序2页。

〔6〕 当然,这里所说的不是对"法律思维"的概念研究已经成熟,而是说分散在部门法学的法律思维与方法研究较为成熟。现在直接以法律思维命名的很多文章并没有借鉴法学原理,里面充斥了大量个人的想象。

〔7〕 [英]尼尔·麦考密克:《法律推理与法律理论》,姜峰译,法律出版社2018年版,前言第2页。

〔8〕 参见[美]劳伦斯·索伦:《法理词汇》,王凌皞译,中国政法大学出版社2010年版,第202、203页。

〔9〕 [德]卡尔·施密特:《论法学思维的三种模式》,苏慧婕译,中国法制出版社2012年版,导读第8页。

〔10〕 [德]卡尔·施密特:《论法学思维的三种模式》,苏慧婕译,中国法制出版社2012年版,第45页。

〔11〕 参见张文显主编:《法理学》(第5版),高等教育出版社2018年版,第314页。

〔12〕 [德]卡尔·施密特:《论法学思维的三种模式》,苏慧婕译,中国法制出版社2012年版,导读第20页。

〔13〕 [德]卡尔·施密特:《论法学思维的三种模式》,苏慧婕译,中国法制出版社2012年版,导读第11页。

〔14〕 泮伟江:《当代中国法治的分析与建构》,中国法制出版社2017年版,修订版序言第8页。

〔15〕 段秋关:《中国现代法治及其历史根基》,商务印书馆2018年版,第98页。

〔16〕 参见陈金钊:《用体系思维改进结合论、统一论——完善法治思维的战略措施》,载《东方法学》2018 年第 1 期。

〔17〕 参见陈金钊:《法律人思维中的规范隐退》,载《中国法学》2012 年第 1 期。

〔18〕 参见陈金钊:《法律如何调整变化的社会——对“以不变应万变”思维方式的诠释》,载《扬州大学学报》(哲学社会科学版)2018 年第 5 期。

〔19〕 参见陈金钊:《法律如何调整变革社会——对“持法达变”思维方式的诠释》,载《清华法学》2018 年第 6 期。

〔20〕 舒国滢:《在历史丛林里穿行的中国法理学》,载《政法论坛》2005 年第 1 期。

〔21〕 [德]卡尔·施密特:《论法学思维的三种模式》,苏慧婕译,中国法制出版社 2012 年版,第 112 页。

〔22〕 我们也很清楚,法治并不是完全按照逻辑的设计来发生的,法治实现是一个系统工程。但是,在这一系统工程中,离不开法治逻辑的运用。法治是对世界的改造。社会的进步离不开法理思维的批判,因而不可能用现实主义定义法理思维。

〔23〕 关于法律拟制的理论及其意义,作者将另撰文《法理思维的批判性及逻辑思维规则的引入》予以论述。

〔24〕 See Maksymilian Del Mar, “Legal Fictions and Legal Change”, *International Journal of Law in Context*, Vol. 9, Issue. 4 (Dec, 2013), p. 442.

〔25〕 参见[美]劳伦斯·索伦:《法理词汇》,王凌皞译,中国政法大学出版社 2010 年版,第 6 页。

〔26〕 See Postema Gerald, “Classical Common Law Jurisprudence (Part II)”, *Oxford University Commonwealth Law Journal*, Vol. 3, Issue. 1 (Summer, 2003), p. 14.

〔27〕 [美]劳伦斯·索伦:《法理词汇》,王凌皞译,中国政法大学出版社 2010 年版,第 53 页。

〔28〕 参见陈金钊:《用体系思维改进结合论、统一论——完善法治思维的战略措施》,载《东方法学》2018 年第 1 期。

〔29〕 [美]鲁格罗·亚狄瑟:《法律的逻辑》,唐欣伟译,法律出版社 2007 年版,第 29 页。

〔30〕 对于反省性思维与批判性思维的区分,笔者另文论证。笔者的基本看法是,两者具有较大面积的重合,但批判性思维是建构正确的判断,反省性思维是指出错误的判断,体系思维是找出恰当的思维。

〔31〕 参见武宏志:《批判性思维:多视角定义及其共识》,载《延安大学学报》(社会科学版)2012 年第 1 期。

〔32〕 See Maksymilian Del Mar, “Legal Fictions and Legal Change”, *International Journal of Law in Context*, Vol. 9, Issue. 4 (Dec, 2013), p. 453.

〔33〕 瞿郑龙:《如何理解“法理”? ——法学理论角度的一个分析》,载《法制与社会发展》2018 年第 6 期。

〔34〕 黄卉:《法学通说与法学方法》,中国法制出版社 2015 年版,第 3 页。

〔35〕 《习近平谈治国理政》(第 2 卷),外文出版有限责任公司 2018 年版,第 120 页。

〔36〕 参见舒国滢:《走出概念的泥淖——“法理学”与“法哲学”之辨》,载《学术界》2001 年第 1 期。

〔37〕 王凌皞:《中国法理学应立足古典面向当代》,载《中国社会科学报》2017 年 2 月 22 日,第 5 版。

〔38〕 [英]约瑟夫·拉兹:《法律理论是否可能?》,杨贝译,载《比较法研究》2012 年第 4 期。

邱　本*

论法理思维的特性

| 提　要 |

法律思维、法治思维与法理思维是三个相互关联但又有所区别的重要概念。其中,法理思维是一种普遍性思维、一种理论思维、一种价值思维、一种理想思维、一种求真思维、一种辩证思维、一种综合思维。法理思维既是法律思维、法治思维的原理和基础,又是法律思维、法治思维的指导和引领。法理思维的特性决定了从法律思维、法治思维到法理思维的必要性,这是一个逐步递进和不断升华的过程,我们迫切需要促进这种递进和升华。

| 关键词 |

法理思维　法律思维　法治思维

人是一种有思维、会思维的动物,人的思维直接支配人的行为,人有什么样的思维就有什么样的行为。法律是人的行为规范,法律要有效地规范人的行为,关键是要规训好人的思维,使人们依据法律思维,进而实现法治。但法律要规训好人的思维,就需要研究法律思维。

关于法律思维,人们已经做了许多广泛而深入的研究,并取得了丰硕的成果。在此基础上,党的十八大报告《坚定不移沿着中国特色社会主义道路前进 为全面建成小康社会而奋斗》、十八届三中全会《关于全面深化改革若干重大问题的决定》以及十八届四中全会《关于全面推进依法治国若干重大问题的决定》等又提出或重申了"法治思维"。至于两者的关系,有人认为,法律思维是根据法律进行思考,法治思维是以法律规范为基础、围绕法律及其相关社会规范进行思考。相较而言,法治思维更加全面和综合。法治思维能够弥补法律思维的不足,二者的区别主要表现在法律主体、评价标准、作用范围和学科属性上。法律思维与法治思维共同指向中国法治建设的实践。从法律思维到法治思维展现了法治的拓展和深化。[1]也有人认为,法律思维就是法治思维,法治思维是法律思维的政治化,是法律思维向政治思维的延伸,要求政治人也应该像法律人那样思考。法律思维的目标与法治思维是一样的,都是要达到法治目标的实现。两者的不同在于,法律思维主要是指法律人的职业思维,它的作用范围主要是司法领域,而法治思维主要是想把法律思维推广到政治和社会领域。从法治发展的历史来看,法律思维是法治思维的楷模,是政治人对法律人思维和行为方式的模仿。[2]还有人认为,法治思维是基于对法治的崇尚、信仰、敬畏而形成的治理实践思维,[3]等等。张文显教授在法律思维、法治思维的基础上进一步提出了法理思维,认为法理思维是法律思维和法治思维之上的高级思维,属于真理性、价值性、普适性思想。[4]限于论题,本文也将涉及法理思维与法律思维和法治思维的一些关系,但主要论述法理思维,特别是法理思维的特性。

一、法理思维是法律思维、法治思维的基础

许多人认为,法律思维就是"依(根)据法律思维"。如郑成良教授认为:"法律思维是在公共决策和私人决策的过程中按照法律的逻辑来观察、

分析、解决社会问题的思考模式或叫思维方式。”[5]梁慧星教授认为:“法律思维的本质特征是,严格按照法律条文进行判断。”[6]林来梵教授认为:“法律思维就是以法律规范为准据的思维。”[7]陈金钊教授认为:“法律思维就是根据法律的思考。”[8]

大家之所以如此认为,不仅是望文生义,而且是为了法律至上的法治原则和宗旨。因为信仰法律是法治的前提,也是法律思维的目的。法律思维是为了信仰法律、实现法治,而不是贬损法律、妨碍法治。法律思维是为法律、法治而思维。就此而言,法律思维与法治思维并无二致。

这里的问题是怎样界定其中的“法律”,但人们对“法律”的界定并不统一。许多人仅把法律思维局限于司法思维或法官思维,因此,他们所界定的“法律”主要是法律规则,并不包括法律理念、法律目的和法律原则。虽然也有人把“法律”界定得比较宽泛,不仅包括法律规则,而且包括法律思维规则、法律目的、法律理念、法律价值,甚至还认识到,“目的、理念和价值等在很多场景下也发挥着极为重要的、甚至是决定性的作用。没有法治理念很难做出符合法治原则的解释和论证”。[9]但由于他们坚持形式法治,以规则为中心、以尊重规则为宗旨,且认为法律目的、法律理念、法律价值具有不确定性、不可操作性而大都被排斥在“法律”之外。此外,在司法实践中还有一条戒律,叫作“不可轻易向一般原则逃避”,这就进一步限制了法律原则在司法实践和司法思维中的适用。有人也看到了法律规则的局限性,如滞后性、僵化性、漏洞性等,但“两害相权取其轻”,仍然坚持在法律思维中法律规则优先。这样一来,“依据法律思维”就被简化为“依据法律规则思维”。

这就涉及对法律(规则)及其适用的正确理解。

法律规则是抽象的、一般性的,但法律规则所要适用的个案是具体的、特殊性的,两者很难一一对应,更不是天造地设的绝配,两者之间存在不可避免的不对应性,甚或脱节性。如曾有一则广告说:“买一套仕奇西服赠一套杉杉西服。”杉杉西服状告仕奇西服不正当竞争,要求其赔偿自己的损失。但法官查遍了我国的《反不正当竞争法》,它只规定了 11 种不正当竞争行为,[10]其中并不包括上述特定情形。如果人们只会机械地照抄照搬适用法律,那么,许多案件不是无法审判,就是审判不当。要克服这种情况,就不仅需要法律思维，而且需要法治思维，更需要法理思维。因为理为法源，法在理中；思及法理，自有法律。

法律是固定的、稳定的，而法律所要调整的社会关系是变动不居的。这就使法律具有滞后性，甚至法律制定之日就是法律与社会关系脱节之际。要克服法律的滞后性，使法律能够与时俱进，就不能仅仅依据法律思维、法治思维，还要精通铭记法理，依据法理思维。否则，法律调整社会关系，就犹如刻舟求剑，不仅不能调整好社会关系，反而会束缚社会发展，甚至损害法律的形象和权威。如我国《刑法》等规定的“投机倒把罪”就是如此。确立社会主义市场经济体制都很长时间了，我们的一些法律还一直规定着“投机倒把罪”，直到2009年的《刑法》修改才将其予以废除。又如2004年我国就“人权入宪”了，但直到2012年我国《刑事诉讼法》的修订才将“尊重和保障人权”写入其总则，整整晚了9年。当时还被许多人认为这是《刑事诉讼法》修改的最大亮点，但笔者看这恰恰是最大缺点。

法律规则是有限的，但法律规则所要调整的领域是无限的，这就使有限的规则难以完全把握无限的世界。要真正做到“天网恢恢，疏而不漏”，不是贪多法律规则，规则再多也无济于事，而是诉诸法律原则，法律原则是兜底条款，是万法之源，也是万能之法，是没有法律时的法律。如《瑞士民法典》第1条规定：“（1）凡本法在文字上或解释上有相应规定的任何法律问题，一律适用本法。（2）如本法没有可以适用的规定，法官应依据习惯法，无习惯法时，应依据他作为立法者所制定的规则裁判之。（3）于此情形，法官应遵循公认的学理与惯例。”这就在立法上确立了学（法）理作为法律渊源的地位，具有重大意义。在法律（典）中规定法律的基本原则也是我国法律的一个优良传统。如我国的许多法律都首先规定了基本原则。在英美法系国家也非常倚重法律的基本原则或法律的基本理念，如美国联邦最高法院作出的那些著名判例，它们援用最多的就是宪法（原则）及其修正案。实践证明，只有诉诸法律原则、法律原理，才能用有限的法律把握无限的世界，真正实现法治。

法律是死的，法官是活的。所以我国古谚云：“徒法不足以自行”“有其法尤贵有其人”，死的法律只有依靠活的法官才能灵活运用。但灵活运用又不能乱用滥用,这就需要法理思维。西方法谚说:“法律是不会说话的法官,法官是会说话的法律。”[11]法官就是要将法律不能说的话说出来。当然,法官不能胡说乱说,而要说得合乎法律(治)的宗旨、说得合乎逻辑、说得有道理,能以理服人,这就需要法理思维。法理思维具有弥补法律漏洞、续造法律、指引法律等重要功能。所谓的法律思维、法治思维,归根结底都离不开法理思维,甚至均要上升为法理思维。

所以,依据法律思维不限于、不等于依据法律规则思维,还应包括依据法律原则思维以及法理思维。信仰法律不等于迷信法律规则,更不能“恶法亦法”。这里需要评论一下法律实证主义。霍姆斯说:“法律是法律人的圣经。法律人只有一个共同准则,那就是法律。”但我们对霍姆斯大都只是正面评价,其实他在美国法律史上也是一个充满争议的大法官。他在司法中有时也是选择性司法,如他对反垄断法的司法就是如此。霍姆斯基于他的历史哲学观念,对《谢尔曼法》非常反感,在 1904 年北方证券公司诉美国一案中,霍姆斯就投了反对票,认为裁定北方证券公司违反《谢尔曼法》是站不住脚的。他的异议令提名任命他为大法官的老罗斯福总统极为光火,以至于气愤地说:“我用香蕉都能雕刻出一个比他更有骨气的法官。”[12]之所以如此,与其说是与其依法思维有关,不如说是与其法律理念、法理思维有关。有什么样的法律理念,就有什么样的法律思维,也就是说,是法理思维决定着法律思维。

仅仅笼统地说法律思维、法治思维是不充分的,它没有突出法理思维的重要性。仅有法律思维、法治思维也是不全面的,还要有超越它们的法理思维。没有法理思维,法律思维、法治思维都会不可避免地存在漏洞、陷入片面、处于僵化。法理思维既是法律思维、法治思维的基础,又是它们的指导,还是它们的升华。法律思维是奉法,法治思维是践法,法理思维是明理,明理才能更好地奉法、践法。因此,法理思维超越法律思维、法治思维。

二、法理思维是一种普遍性思维

在法律思维中普遍性优先于特殊性,这是由法律的属性决定的。

我国的黄老学派要求法律“不苛细小”,陈亮认为“法深无善治”,王夫之主张“无定法”，黄宗羲所谓“法愈密而天下之乱即生于法之中”；西方的亚里士多德指出，“法律始终是一种一般的陈述”，卢梭认为，“法律的对象永远是普遍的，它绝不考虑个别的人以及个别的行为”，[13]黑格尔说，“法对于特殊性始终是漠不关心的”，[14]等等。这些观点都深刻地揭示了法律的普遍性这一基本属性。

如立法，就是从纷繁复杂的特殊性中抽象概括出能够普遍适用的一般性法律规则。所以，柏拉图指出，立法者“无法为种种情况立法，而只能用一般性的立法方式”；[15]保罗说：“立法者并不关注那些只发生过一两次的情形。”[16]黑格尔在其《法哲学原理》中曾引用了这么一个例证：“依据法律规定，传唤病人到法庭作证，只供给他‘jumentum（驮兽）使用’。”这里的“jumentum（驮兽）”就是一般性的规定，可能是马，也可能是二轮车或四轮车，但如果法律规定得这样详明，“不仅区别了马和车，而是还区别了这种车和那种车，即有蓬的并装饰起来的车和不很舒适的车”。黑格尔认为：“这种事情甚或对这种事情所作博学的说明是琐屑的，这将是对这种或那种博学的一种最大的触犯。”[17]只有普遍性的法律才能普遍适用，而特殊性的东西只能特定适用。

又如司法，即是将一般性的法律规则适用于特殊性的案件，尽管其中法官享有自由裁量权，可以具体案件具体分析，但也要保证对特殊性案件的判决合乎一般性的法律规则，特别是合乎法律的基本原则或基本精神。对于判例来说，就尤其如此。法官所确立的判例，要能够成为通例，今后可以在类似案件中被援引通用。法官不仅在审判眼前这个特定的个案，但同时也在确立和重申一条普遍的法律规则，或创设一个先例，向社会宣布一项法律规则和一种预期，以后类似的案件将得到类似的处理。所以司法思维是一种普遍性思考而不是特殊性思考。[18]如果司法思维过于考虑特殊性，就会特事特办，“一事一议”，因事（案）而异，因人而异。这样就不能普遍地适用法律，就不能保证司法判决的公平正义。

可见，无论是立法思维还是司法思维都是一种普遍性思维或规律性思维。这正是“法律”与“规律”在英文中都是“law”的一个重要原因。但要达到这种普遍性思维，就需要法理思维。普遍性寓于特殊性之中，从特殊性到普遍性,是一个抽象、归纳、概括的过程,这一过程就是(法)理论思维的过程。不会抽象、归纳、概括,就不会(法)理论思维。仅仅局限于特殊性,不能上升到普遍性,"见树不见林",还不是(法)理论思维。普遍性寓于特殊性之中,从特殊性到普遍性,也是一个去粗取精、去伪存真、由此及彼、由表及里的过程,这一过程也是(法)理论思维的过程。仅仅就事论事、事不至理、理不服人,还不是理论思维。(法)理论思维的目的是提炼、获得理论、法理。反过来,是否获得理论、法理也是检验是否(法)理论思维的"试金石"。可见,普遍性的东西正是理论性的东西,普遍性的规(原)则正是法理思维所追求的东西。追求普遍性是法理思维的基本方法和基本内容,在很大程度上,普遍性思维与法理思维是一致的。

与特殊性思维相比,普遍性思维是一种高级思维,比较难掌握,需要无穷的思维训练。毋庸讳言,我们的许多法律思维还没有达到理论思维、法理思维的程度或高度。我们的一些立法,其普遍性就不够。如《民法总则》第9条规定:"民事主体从事民事活动,应当有利于节约资源、保护生态环境。"这条规定被一些人大加赞赏,认为它体现了21世纪保护环境、"绿色发展"的时代精神,是中国民法的特色,使我们的民法成为"绿色民法"。但恰恰相反,这条规定太局限于时代、太有特色了,以至于普遍性不够,甚至没有普遍性。民法调整的主要是人与人的关系,而不是人与自然的关系。要是这也算是民法的"基本原则",那么民法的基本原则就太多了,甚或就无所谓民法的基本原则了。事实上,民法的主体制度、物权制度、债权制度和责任制度等本身就"有利于节约资源、保护生态环境"。特别是该条规定完全可以被第8条这一普遍性的规定所吸纳或涵盖。《民法总则》第8条规定:"民事主体从事民事活动,不得违反法律,不得违背公序良俗。"因为"节约资源、保护生态环境"早已成为社会公认的、不言而喻的"公序良俗"。

法律的制定特别是法典的编纂是一种高超的理论思维、法理思维,也是一个民族理论思维、法理思维能力和水平的标志。一个民族的理论思维、法理思维能力和水平的高低决定着该民族有无能力以及能否制定自己的法律或法典。这也是当时萨维尼反对制定德国民法典的重要原因之一。我们要编纂好我们的民法典,也亟须大力提高我们的理论思维和法理思维能力和水平。至于我们的许多判决,也许由于缺乏判例法传统,但更多的是由于理论思维、法理思维能力和水平的限制,使我们的判决大多是就案论案,不要说从中概括出普遍性的规则或原则来,就连其中的道理、法理都不能说清道明,以至于我们只有判决,而没有判例,一些指导性案例实质上也无多少指导性意义。正因如此,所以我们的司法对立法的反馈和促进作用还远远没有充分发挥出来。

三、法理思维是一种理论思维

法律是人的行为规范,法律表面上规范的是人的行为,但人的行为直接受人的思想观念支配,因此法律要有效地规范人的行为,关键是要做通做好人的思想工作,把道(法)理说清道明,并说到人们的心坎里去,使人们心服口服。这就说明,法学归根结底是一门(思想)理论性的学问。虽然任何一门学问或学科都应讲理,但鉴于法律是一种强制性规范,它以国家强制力保证执行,而越是强制性的东西,就越要讲理,最具强制性的东西,就应最讲理,这就要求法学不是一般地讲理,而应是一门最讲理的学问。法律和法学的属性决定了法律思维归根结底是一种理论思维。"有理讲倒人",没有理论思维,没有很高的理论思维,就只能就法论法、强词夺理、以力压人,而不可能讲出理、讲好理、讲倒人。

马克思说:"分析经济形势,既不能用显微镜,也不能用化学试剂,二者都必须用抽象力来代替。"[19]其实,不仅分析经济形势如此,分析许多问题包括法律问题也要如此。面对纷繁复杂的无限世界,人类理性和知识是有限的,人类只能通过抽象力去把握纷繁复杂的无限世界,透过现象抓住本质,经由特殊达到一般,进而以简驭繁、以少胜多。这正是理论思维的过程和特点,也是理论思维的优势和长处,还是人类的力量所在和伟大之处。人类正是通过理论思维才克服了人类理性的局限和知识的不足,能够在理论上整体地把握无限世界,用理论思维认识、解释、改造和统合无限世界。理论思维是人类的一种高级思维形式。

恩格斯曾指出,当经验研究积累了庞大的实证知识材料以后,要对其进行系统的整理,并需要在各知识领域之间确立正确的关系时,便进入了理论领域,在这里,经验的方法就不管用了,而只有理论思维才管用。[20]并认为:“一个民族要想站在科学的最高峰,就一刻也不能没有理论思维。”[21]这对于法律思维、法理思维也具有重要的指导意义。法律(典)是全社会集思广益的结果,是全民族集体智慧的结晶,是整个民族精神的体现,因此法治文明就是一座科学的最高峰。拉德布鲁赫说:“法学对人的智识愿意提供也许是最好的科学思维技巧的训练——任何人,当他从法学转向其他科学时,都会感谢曾有过这种法学的润养。”[22]综观世界法治大国强国,如法国、德国、英国和美国,它们之所以如此,虽然有各种各样的原因,但其中有一个共同的原因,那就是这些民族都非常擅长理论思维,出现了一代又一代里程碑式的思想家、理论家、科学家和哲学家,并且都特别重视和强调理论思维。否则,它们不可能制定出鸿篇巨制的法典,不可能作出彪炳万世的判例。法律(典)制定得如何,是一个民族和国家理论思维的集中体现和具体标志。

所谓的理论思维,主要包括概念、判断、逻辑、推理等环节和过程,核心和宗旨是理论或论理,“什么也大不过理去”。理论思维的目的是训练人们的理论能力和理论水平,使人们能够合乎理论思维的规律、特点和要求去理论或论理,如提出概念、作出判断、合乎逻辑、正确推理等,它们构成一个具有解释力的解释系统。博登海默曾指出:“概念乃是解决法律问题所必不可少的工具,没有限定严格的专门的概念,我们便不能清楚地和理性地思考法律问题。”[23]还有,以权利义务为基石范畴,将纷繁复杂的社会关系具结为各种权利义务关系进行思维,也是法律(理)思维的内容和特点,等等。但理论思维不是轻易能够达到的,需要经过长期的理论思维训练。正如恩格斯所指出的:“理论思维无非是才能方面的一种生来就有的素质。这种才能需要发展和培养,而为了进行这种培养,除了学习以往的哲学,直到现在还没有别的办法。”[24]法理思维是理论思维在法律思维中的具体贯彻和直接体现,法理思维的培养,除了热爱法理、学习法理、研究法理外,也没有别的办法。厌恶法理、不学法理、拒绝法理就不可能培养法理思维。

法理思维当然要围绕法理而思维,并且要思及法理、获得法理,否则就不是法理思维。但法理思维不仅是为法理而法理,而且要思及人间正道、人生至理,因为“有理走遍天下,无理寸步难行”,归根结底,法律是靠有理而不是靠强制力走遍天下(普遍适用)的。法理思维的根本目的是对法律问题,如法律的基础、法律的本质、法律的规律、法律的适用、法律的宗旨、法律的使命等,作出超越经验思维、表象思维、常识思维更普遍、更科学、更有效的把握、理解和说明,做到有根有据、合情合理、以理服人。如果不是为了把丰富的法治实践提高到应有的(法)理论高度,并以(法)理论指导法治实践,那么我们根本就没有必要进行什么法理思维。虽然如此,但不能直达法治实践目的而抛弃法理思维,因为有了法理思维才能更好地达到法治实践目的。正如"理论联系实践",前提是首先要有理论,否则拿什么去联系实践?

四、法理思维是一种价值思维

长期以来,人们都将法学视为一门应用性学科,强调它的实用性,同时又进一步将实用性理解为"可操作性",适用法律就是运用法律、操作法律。一段时间以来,法学界和法律界近乎偏执狂地迷恋法律的可操作性,将法律理解为明确的、可操作性的规程和技术,将法律工具化、手艺化、技术化了。"法律可操作性"的标签化蔓延导致了严重的后果。[25]其中之一就是将价值判断与法律思维对立起来,因为公平正义等价值判断粗疏笼统、含糊不清、见仁见智,被视为不可操作而排斥在法律思维之外。似乎一旦价值判断,就会妨碍法律思维,法律思维就没有客观公正性可言。因此,许多人拒绝法律中的价值判断,进而否认法律思维中的价值思维。

之所以会出现这种情况,有许多原因,如受后现代主义等各种思潮的影响,再如反本质主义、反基础主义、反根源主义、反价值判断,消解一切"神圣的偶像",奉行中立主义、多元主义和相对主义,不问目的,甚或没有目的,"怎么都行"。对于这些主义,早已有人批判地指出:它们只不过是"没有目标而造反,没有纲领而拒绝,没有未来应当如何的理想而不接受当前的现状"。[26]实质上是只会破坏,但不会建设;看似"怎么都行",其实无处可行。

当然,许多法律人并没有那么深厚的哲学素养,只不过是对上述主义有所耳闻而已,甚至闻所未闻,或者充耳不闻。一般来说,人们自己缺乏什么就讨厌什么、拒绝什么。他们拒绝价值判断恰恰源于他们自己缺乏哲学素养、理论思维。由于这种人往往占绝大多数,"在少数服从多数"的"民主"

机制下,“多数人的意见”往往就是“真理”。多数人的意见足以影响法律,也足以影响人们的法律思维,或者将他们的思维视为法律思维。但“真理往往掌握在少数人手里”。没有价值思维就无法区分大是大非,只能陷于细枝末节,“锱铢必较”,结果因小失大;不做价值判断往往就流于表面,不明就里,甚至颠倒是非。人间事物早就打上了人类的深刻烙印,已没有什么或多少纯粹客观的事实,事实判断也无法拒绝价值判断,就像人无法拒绝呼吸空气一样。而且拒绝价值判断本身就是一种价值判断。实际上,根本就没有不受价值判断支配的事实判断,有的只是受何种价值判断支配的事实判断。一是在历史和现实中,不少人做了错误的价值判断,有些人借口价值判断做了许多扭曲价值的判断,甚或违背人类基本价值的判断(决),使许多人对价值判断失去了信心,不愿再做价值判断。二是价值判断是“高难度动作”,深受人们的价值观念的影响,见仁见智,捉摸不定,不易操作,一般人难以“精于此道”,于是“自觉”地放弃了价值判断,干脆“就事论事”,只做事实判断。三是许多人之所以反对价值判断,确实是“客观实际的反映”,与我们许多人的法理思维能力和水平不高相适应。其实,主张“依据法律规则思维”是按照目前我国法律人素质的现状设计的,不要说价值判断或价值思维,能够照抄照搬适用法律规则就不错了。结果导致恶性循环,法律人成了机械的技工,只能照抄照搬法律,对一切“不确定性的东西”都无所适从,因而只好将其排斥在外,而原则、价值、法理恰恰就是一种“不确定性的东西”。但我们不能因为目前许多人不能或不会价值思维就拒绝价值思维。恰恰相反,正是因为目前我们许多人价值思维能力和水平不高,甚或还不会价值思维,才需要大力加强和提倡价值思维。我们在警惕价值思维弊端的同时,也要看到价值思维的优点,不要“泼洗澡水时把孩子一起泼掉”。如越是可操作性的法律规则因其过于明确具体也往往越难普遍操作,反而被人操作,看似有用实属小用;而越是价值规范因其普遍抽象往往越具普适价值,因而也越有价值,看似无用却有大用。价值思维的缺点不是证成法律思维的理由,恰恰是提倡法理思维、价值思维的根据。

不明目的的手段是可怕的,缺乏价值指导的工具是会异化的,脱离价值思维的法律思维是会脱轨的,甚至会违背法律的宗旨。公平正义等价值既是法律思维的基线、准线和中轴线,也是法律思维的底线、红线和高压线。一些冤假错案往往就与法理思维、价值思维的缺失密切相关。

看看美国的一些著名判例,特别是那些推翻先例的判例,就足以说明法理思维、价值思维的重要性。如1803年马伯里诉麦迪逊案、1908年马勒诉俄勒冈案、1966年米兰达诉亚利桑那州案、1973年罗伊诉韦德案、1989年德克萨斯州诉约翰逊焚烧国旗案,等等。这些著名的判例恰恰主要不是"以法律规范为准据的思维",其中根本就没有多少法律,特别是具体的法条,而大都是"摆事实,讲道理",并且总是"上纲上线",是典型的法理思维、价值思维,在价值判断上作最终判决。美国许多著名判例都是5∶4通过的,之所以如此,不是事实判断的结果,而是价值判断的结果,归根结底是各位大法官所持价值观念不同造成的。有什么样的价值判断往往就有什么样的法律判决。所以美国大法官的选任,主要判断的不是其业务水平等事实,而是判断其立场观念等价值,本身就是价值判断的结果。

不知道有些人是根据什么理由得出"法律思维要形式法治优先"或"法律思维以形式法治为主"的结论。其实,无论是大陆法系国家还是英美法系国家,法律思维都不是如此,更不是一贯如此,而总是因时制宜、与时俱进,并且越来越趋向实质法治。如在大陆法系国家,出现了"法律社会化"运动,民法典的修订越来越趋向实质正义,劳动法、社会法、经济法等也因此而应运而生。司法大案如"纽伦堡审判""东京审判",就不是依据"形式法治"审判的,而是按照"实质法治"审判的,否则就无法追究那些罪大恶极战犯的法律责任。小案如"妻子告发丈夫案"[27]"枪口抬高一厘米案",[28]也是如此。美国许多著名判例,特别是那些推翻先例的判例,不但不是"依(具体)法律规则思维",而恰恰是"违(反具体)法(律规则)"思维。如美国1954年布朗诉教育委员会案就推翻了1857年斯科特诉桑弗特案,该案的判决不仅废除了奴隶制,而且否定了种族隔离制度。正是这些"违法"思维推动了法律的进步和法治的文明。这种"违法"思维违反的是一些具体法律规则或判例,但更合乎法律精神和法治原则,这种"违法"思维不是形式法治而是实质法治,不是法律思维而是法理思维、价值思维。

许多主张形式法治优先或为主的人,都承认一个前提,那就是法律本身优良,否则,形式法治无从谈起。对于恶法来说,无论形式多么优美、程序如何完善,都不可能得到善治。就像劣质原料即使经过再好的工序也不可能产出优质产品一样。他们所谓的良法,其实就包含着价值判断,只有价值理念优良的法律才可能是良法。但目前我国的实际情况是,虽然法律体系基本建成了,但远不能说我们的法律及法律体系优良了。在这种情况下,形式法治优先或为主,不仅没有了坚实的前提,而且会有严重的后果。在司法实践中,不少案件程序走完了,但结果并不正义,甚至出现了不少冤假错案。程序是道道把关、层层过滤、步步设防,本质上是一种纠错机制。程序正义是为了保证实体正义,但未必始终如此。有时形式正义反而成为了掩盖实质不正义的合法借口。那种游离于实体正义之外的程序正义,或者为程序正义而程序正义,是本末倒置的,也是没有意义的。这种形式法治,是法治中的形式主义,但同样是形式主义,一切形式主义都有其固有的局限和弊端。这种程序优先往往是"按程序办事",走过场,官僚主义。形式法治沦为"依法办事""就法论法""照抄照搬",其实是一种偷懒法治、懒汉法治。如当前的学术评价,只看论文所发刊物的级别,而不看论文本身的内容,就类似于"形式法治"。许多人特别是管理者之所以崇拜这种"形式法治"而不喜欢"实质法治",就因为这样省事、可以偷懒。据此,只要翻翻刊物的级别就可以了,不必劳神费力去审阅论文的实质内容。更何况"形式法治"还避免了不必要的纷争,因为"文无第一",文章好坏,本来就言人人殊,难以评判。

法理思维不满足于形式法治,还要追求实质正义,要"上纲上线",要分清"大是大非"。只有"上纲上线",分清"大是大非",才能经得起法律的审判、实践的审判以及时间的审判和历史的审判。具有价值判断并合乎价值判断的法律思维才是有价值的。法律思维离不开价值思维的指导和规训。正如拉德布鲁赫所告诫的:"某些法律职业人在其学习期间,也许终其一生都还不一定知道:法不仅是生活之需,而且也是一种精神;法律学术,不仅是一门手艺,而且也是一种陶冶价值。"法律思维并不是目的,经由法律思维的训练,进而培植法律信念、树立法律信仰、体现法治精神、促进法治建设才是更为重要的目的和价值。

五、法理思维是一种理想思维

许多人基于法律是实践规则,法学是应用性学科,因而他们所主张的法律思维非常现实。如他们之所以主张形式法治,其实是降格以求适应目前我国的法治实践,依法思维比违法思维更好而已,但并不是法律思维的理想思维和最佳思维。目前我国进入了"诉讼社会",[29]诉讼案件剧增,但我国的司法机关人员不足,案多人少,还要按时审结,给司法人员造成巨大的工作压力,他们能依法思维、依法办案就不错了,岂有时间进行理论学习和理论思考,岂能从事法理思维?那是一种理想化的追求。

特别是一些先是法学教授后从事司法实务最后又回归法学教研的人士,他们经过"理论联系实践",结果放弃了理论,皈依他们所理解和认同的"实践",以至于丧失了理想。"实践出真知",他们这种"实践转向"似乎更有说服力,经由他们提倡司法思维比纯粹学院派主张法律思维更有说服力。理论与理想密切相关,在很多时候和很大程度上可以说,谈理论就是谈理想,没有理想追求,就没有理论情怀。其中,讲法治也是讲理想,也需要理想。

我们要警惕司法实践中的"务实主义"("现实主义"),这种"务实主义"往往是"事务主义""功利主义"。人们忙于事务,流于事务,陷于事务,无暇思考,怠于思维,缺乏理想,反而被现象所迷惑而不得要领。熟知非真知,熟知反而影响真知,真知恰恰要突破熟知,即所谓的"不识庐山真面目,只缘身在此山中"。所以,要认识事物(务),既要深入其中,但更要出乎其外。马克思创立唯物史观就是如此。[30]人们常说"实践出真知",其实准确地说是"实践出经验",但即使是经验也是总结出来的,不经总结或者不会总结,连经验都未必有,更不要说思想、理论了。而经验只有经由思想抽象、理论概括,才能普遍化,才有普适性,否则,就是狭隘的经验主义,这种狭隘的经验主义只能适用于一时一地一事,不能普遍适用,正如毛泽东所批评的,"在延安学了,到富县就不能应用"。[31]这种不能普遍适用的东西,对于法律而言就没有价值,因为法律是一种普适性规则。法律思维的根本目的,就是要思考这种普适性规则,要思考这种普遍性规则。否则,法律思维就是多此一举。如果经验不能经由法理思维而达到普遍性,“放之四海而皆准”,那么,霍姆斯所说的“法律的生命从来不是逻辑而是经验”,就未必正确。一切思维包括法律思维,其实都不应是就事论事,而应是由事至理、由表及里、由特殊性的经验上升到一般性的理论。这种思维就是法理思维。要改变弥漫于法学界和法律界的现实主义,迫切需要法治理想、法理思维和理想思维。

过于现实化的法律思维,往往局限于现实、屈从于现实,把现实作为法律思维的基础和目的,这种现实化的法律思维是“唯现实而思之”,甚至为现实辩护或辩解,而不致力于提供一种理想思路、理论设计和改革措施,更无意于改革现实,很容易蜕变成一种“犬儒主义”“无为主义”“不作为主义”。这是一种懒汉思维。与之不同,法理思维要确立法治愿景、描绘法治蓝图、指明法治方向、树立法治信心、作出法治努力、实现法治目标。

自从人直立行走以来,人的视野就扩大了。人不只看眼前和脚下,“还有诗和未来”。人是有理想的,并不满足于现实,因为现实世界并不能令人满意,更不能满足人的需要,因而人要改造世界、征服世界。人类基于现实不是为了屈从现实、服务现实,而是为了超越现实、将理想变成现实。这是人类理性和思维的根本使命之所在。如果现实与理想是一致的,那么一切学术研究都是多余的。所以,自柏拉图始,就提出了理念的问题,所谓的理念就是某种超越现实的东西,就包含着理想,这是西方哲学的一贯传统,以至于怀特海认为:“对构成欧洲哲学传统最可靠的一般描述就是,它是对柏拉图学说的一系列脚注。”[32]康德说:“有两样东西,人们越是经常持久地对之凝神思索,它们就越是使内心充满常新而日增的惊奇和敬畏:我头上的星空和我心中的道德律。”[33]这两样东西就是人的理想,恰恰是人的本性之体现和要求。人既要立地,也要顶天,如果局限于现实、屈从于现实,那么一切人类理性活动、思维活动就都失去了意义。

法治本身就是人类的伟大理想。对于无法无天的人治,法治所要求的依法而治就是理想;对于独裁专制,法治所要求的民主自由就是理想;对于身份特权,法治所要求的平等人权,就是理想;等等。为了实现法治的理想,人类经过了长期的奋斗牺牲,法治的历史,就是一部人类不断追求理想并逐步实现理想的历程。但法治是一种崇高远大的理想,不仅在中国,即使在世界范围内,都还没有完全彻底实现,因此,讲法治也是讲理想,也需要理想。我们不需要司法浪漫主义,但也不能满足于司法事务主义,还需要司法理想主义。法治建设永远在路上,并且在前进路上仍然充满着艰难险阻,必须坚定理想、追求理想。特别是对于法治建设正处于"爬坡过坎"阶段的我国来说,更不能安于现状,尤其不能用不能令人满意、不甚合理的现状来联系理论,并要求理论去屈从它。相反,既要理论联系(适用于)实际,也要实际联系(上升到)理论。

六、法理思维是一种求真思维

法律思维、法治思维之所以必要、之所以重要,归根结底是为求真而思维,即为了追求真实、真相、真理和真法而思维。正因如此,才需要将法律思维、法治思维提升为法理思维。与法律思维、法治思维相比,法理思维更要求真,也更能求真。

求真就要实事求是。但有人把法律思维与实事求是对立起来,认为"多年我们强调实事求是原则,这是不对的。要反实事求是"。[34]这是基于笔者对实事求是的理解去对应法律思维所得出的结论。但笔者对实事求是的理解并不完全准确。

如认为合法性优先于客观性。其实,合法性与客观性并不是完全对立的,在许多情况下,合法性与客观性是一致的,合法性建基于客观性,并包含着和意味着客观性,否则,就没有合法性可言。不客观也往往不合法,"以事实为根据,以法律为准绳",就要求判决结果要达到客观性与合法性相统一。这是绝大多数情况,也是理想状态。但由于各种原因,在特定条件下,人们难以完全达到客观性,所以不得不追求合法性。但这不等于说,法律思维就放弃了客观性,合法性不必符合客观性。虽然有合法性与客观性难以两全的少数情况,但不能因为少数情况而否定多数情况。

法律思维与实事求是并不是对立的。实事求是,并不要求"未经查明事实,不能作出审判"。由于审判期限等原因,要求法庭"无论真相是否查明,都要即时下结论"。这样做也不违背实事求是,如按照现有的认识作出目前的判决,正是实事求是。不可能完全查明事实却硬要完全查明事实,要求及时审结而不及时审结,那才是违反实事求是。有条件地尊重客观事实,也没有违背实事求是。按条件审判,是什么条件就按什么条件审判,正是实事求是。站在法律立场也能审查客观事实,并不必然与客观事实相左。不顾条件、无条件地追求或奢求客观事实才是违背实事求是。如关于法律真实与客观真实之争,大多是多余的,陷入了一个迷局而不能自拔。不是说客观真实与法律真实没有区别,也不是要放弃客观真实而追求法律真实。如果能够追求客观真实,仍要追求客观真实,并且力求法律真实与客观真实相一致。如果能够追求客观真实而不追求客观真实而止于法律真实,那就不是实事求是。放弃客观真实而追求法律真实,也不是说客观真实有什么不好,而是陷于各种原因难以追求客观真实,所以退而求其次追求法律真实,这正是实事求是。明知不可为而为之与明知可为而不为之,都不是实事求是。

无罪推定也不违反实事求是。因为无罪推定并不是虚拟事实,一个人犯没犯罪,既不能证实,也不能证伪;或者既可以证伪,也可以证实。这就是一种事实状态,就是一种客观存在,只是鉴于"两害相权取其轻",推定其无罪而已。这正是实事求是。相反,既然不能证实,就推定其有罪,那才违反了实事求是。不仅法律中存在"二律背反"的情形,现实中许多事情都存在"既不能证实,也不能证伪"或者"既能证实,也能证伪"这种"二律背反"的情形。如上帝就是如此,既不能证实,因为谁也没有见过上帝;也不能证伪,因为冥冥之中总有上帝的影子(响)。所以康德说,这不是科学(知识)问题而是信仰问题,科学(知识)要为信仰留地盘。无罪推定类似于此,或许与此有关。又如举证责任、法律推定(如产品合格推定)、"视为送达"等,这是一种立法技术,既是一种虚拟事实的技术,也是一种确定客观事实的技术,即形式上是虚拟事实,但并不是为了否定事实,而恰恰是为了更好地确定事实。"说事实尚未查明,认识活动就不能停止",实事求是并非如此。认识活动和认识结果包括真理都是有条件的,因而也是相对的,正如作者所言:"实事求是是有条件的,在合理的使用范围内才是好的,出了合理的范围以事实求是的名义可以干出好多坏事。"[35]根据条件就是实事求是,脱离条件就不是实事求是。像"超期羁押"就是不顾条件,甚至不讲条件,就是违背了实事求是。

所有这些都说明,法律思维不能将合法性与客观性对立起来,更不能说法律思维要反实事求是。

这也涉及真理观的问题。长期以来,许多人都认为真理就是主观符合客观。其实这是一种奴隶性的真理观,并非主体人的真理观。由于客观世界并不能完全满足人的需要,人们决心认识世界,人们认识世界是为了改造世界,使世界更好地满足人的需要,所以,客观也要符合主观,符合人的真善美的要求或追求。这就决定了,真理不仅是事实判断,还是价值判断,两者是不可割裂的,而且应是统一的。如真善美就应是统一的,所以李泽厚主张"以美启真""以美储善"。在法律思维中尤要追求真善美的统一。我们常常称一个好的判决是客观公正的判决,其中就体现了真善美的统一,即它不仅确乎事,而且酌乎情;不仅合乎法,而且明乎理;不仅向善,而且尚美,因而才不仅客观,而且公正。法律思维不仅是求真,而且要向善,还要尚美。或如张文显教授所说的"法律是求真向善尚美的艺术"。这就超越了法律思维,而要求法理思维。

还要指出的是,法律上的真,法律思维之求真,并不等于法律人所求之真,或法律人所认为之真。这是由法律的属性决定的。对于法律来说,常识、共识往往就是真理,就是法理。正如老子曰:"知常容,容乃公,公乃王,王乃天,天乃道,道乃久。"[36]所以法律既要"求真",又要"寓俗"。但有些人借口法律的专业性而将法律与常识对立起来,总是将法律思维与(日)常识思维对立起来,发誓要掘深法律的"专业槽",免得外行人也能到里面吃上一口,以凸显法律思维的专业性(垄断性)。其实这是一个误区。不合常情常理、常识共识的往往也是不合理、不合法的。话说回来,仅凭常识共识就能解决的问题,又何必诉诸法律思维呢?法律要"入乡随俗",不可"卓尔不群"。法律思维不是"奇思妙想",守正即可,不必出奇。法律思维不是为了突破常识共识,而是为了更好地合乎常识、寻求共识,是否合乎常识、能否寻求共识,恰恰是法律思维的一个重要内容。还有人将科学与常识的关系套用到法律与常识的关系上来,据此认为法律思维也可以突破常识、不顾常识。其实,科学与常识也不是天敌,科学可以突破常识,变成新的常识,并用科学的常识取代错误的常识。但法律是保守的,不是急先锋,法律不能违背常识,因为“习惯是法律之母”“国法莫大乎人情”;法律是社会的行为规范,法律是“社会共识”,是“约定俗成”的。法律应当遵循常识共识并经得起常识共识的检验,连常识共识都不合乎的东西,就颠倒了最起码的是非观念和真理标准,是不可能合乎法律的。法律思维不是少数法律人的专业思维而是社会公众的共同思维,法律思维要力求人同此心、心同此理。实践证明,社会公众并不都是法盲,社会常识共识并非对法律一无所知,社会舆论并非都在“绑架”司法,有时恰恰相反,“当局者迷,旁观者清”。“当今的中国似乎正在走过悖论的峡谷:由于缺少有效的法律评价机制,公众的一些朴素的正义感与见解,反而比法律人更敏锐地看到了法律本身的缺陷。”[37] 如“许霆案”就得益于社会常识共识,因为社会常识共识告诉人们,没有几个人能够经得起类似的考验。即使换做检察官或法官,如果他们一时糊涂,也可能如此。因此,换位思考,将心比心,就不会按照“盗窃金融机构罪”判处许霆无期徒刑,而应按照《刑法》第 63 条中有关特殊减刑的规定(实质上就是法理)对其从轻改判。还有 2003 年的“刘涌案”。刘涌犯有“组织领导黑社会性质组织罪”“故意伤害罪”“故意毁坏财物罪”“非法经营罪”“行贿罪”“妨害公务罪”“非法持有枪支罪”,情节特别恶劣,罪行极其严重,社会危害极大,引起了社会公愤,以至于不杀不足以平民愤。但十四位“一流法学家”却起草了一份《沈阳刘涌涉黑案专家论证意见书》。在这份意见书里,这些“一流法学家”们认为可能存在刑讯逼供,“刑讯逼供影响了有效打击犯罪”“应尽快建立刑讯逼供举证责任倒置制度”“应从打击犯罪至上到保障人权至上”“坏蛋也要被公正对待”“改判是为了保障人权”等。这些法律专家的意见与公众的观点相距甚远。那么究竟谁是谁非呢?当然,某些法学家自视甚高,认为中国的法官水平比中国的法学教授低下,公众的水平就更低下了,因此民愤不能够代替法律。但不管怎么样,最后还是公众出于“杀人偿命”的常识共识判断所引发的公愤判处了刘涌的死刑。这正是社会公众战胜专家,常识共识战胜歪理。因此,大可不必将法律人的法律思维视为高人一等,也不要对社会舆论置若罔闻。我们不要忘记美国联邦大法官杰克逊的“实话实说”:“不是因为我的判决是正确的,所以它才是终局的,恰恰相反,我的判决之所以是正确的,是因为它是终局的。”[38] 社会公众对法律、司法的舆论，恰恰是社会公众法治意识增强的重要标志，也是社会公众关心司法公正和法治建设的主要表现。一个恪守公正司法的人，不但不必惧怕社会舆论，而且应该欢迎社会舆论，因为这是集思广益、接受社会舆论监督的基本方式和重要路径。

现在一些法律人非常热衷于法教义学，并且将其搞得非常“高精尖”，把它看作法律人的独门绝活和看家本领。但无论什么法教义学，其最终目的也是“千教万教教人求真，千学万学学做真人”。如果不能求真，那它就仍然是屠龙之技。

七、法理思维是一种辩证思维

许多人在谈论法律思维或法治思维时，在很多方面都是两极思维，如将形式法治与实质法治对立起来，将合法性与合理性对立起来，将客观性与合法性对立起来，将程序正义与实体正义对立起来，将普遍正义与个案正义对立起来，等等，并且常常将前者置于后者之上或之先。所有这些，正说明我们在法律思维和法治思维中不懂辩证法，缺乏辩证思维，同时也说明，辩证思维之于法律思维和法治思维的重要性。辩证思维是一种理论思维，法理思维是辩证思维在法律思维中的具体贯彻和集中体现。

如普遍正义高于个案正义，也许可以抽象地这么说，但不能具体地这样说。否则，就是“抽象肯定，具体否定”，就像“为人民服务”，但不是“为你服务”一样。因为并没有孤立的、脱离个案正义的普遍正义，普遍正义是由各个个案正义形成的，没有一个个的个案正义，或者个案不正义多了，就不是普遍正义，就没有普遍正义。每个法官每次审理的案件都是个案，而对普遍正义并没有明确的概念。如果每个法官每次审理个案时，都秉持普遍正义高于个案正义，或者为了普遍正义可以牺牲个案正义，那么，他们就会以为自己审理的个案正义与否并不重要，甚至不必考量该个案是否正义，即使该个案不正义也不会影响普遍正义，这样就会使法官怠于思维、疏于审理，结果就会导致许多个案的不正义，其后果不堪设想。此外，普遍正义固然重要，但个案正义同样重要，甚至更为重要，就像“一颗老鼠屎坏了一锅粥”一样，也像“千里之堤溃于蚁穴”一样，一个个案不正义足以损害普遍正义，乃至使普遍正义化为乌有。再说,对于许多当事人来说,也许他们一生只能遇到这么一个个案,但一个即全部,一次即终身,足以影响其整个人生。如“呼格案”“聂树斌案”等个案,这样的个案落到谁头上,谁都难以承受。所以,对于当事人来说,并不存在普遍正义与个案正义之分,对于他们来说,个案不正义,普遍正义就失去了意义。所以,我们不能借口普遍正义高于个案正义而不顾个案正义,甚至牺牲个案正义,而要“让人民群众在每一个案件中都感受到公平正义”。

法律思维充满着辩证法。如立法思维有其特定要求,立法要体现社会公意,社会公意是经过发扬民主、协商妥协、集思广益、去异求同达成的,其中就需要“面面俱到”、兼听则明、综合概括、辩证思维。司法思维有其特定环境,如两造俱备,针锋相对,权义争执,利害相关,司法思维就是为了实现他们之间的利益平衡,为此法官就需要态度中立、不偏不倚、兼顾各方、中和平衡。辩证法既是认识论,也是方法论,还是“基本法”,法律思维本质上就是辩证思维。辩证思维符合法律的属性,因为法律本质上就是一种平衡术,一种“善良公平之术”。英美法系有一种法叫衡平法,准确地揭示了法律辩证思维的要求和特点,不过,具有辩证思维要求和特点的法律不仅仅是衡平法,一切法律都应如此。辩证思维才能防止和纠正法律思维中的两极思维。法律思维最忌两极思维、好走极端、偏颇偏袒、有失公平。

辩证法的核心和灵魂是“具体问题具体分析”。但有人反对在法律思维中进行“具体案件具体分析”,因为法律思维就是要“法律至上”,要“一准乎法”或“一断于法”。这一方面存在对法律的误解。法律是抽象性规范,一般性规定,它舍弃了各种特殊性,并没有也不可能写尽一切细节,所以古人云:“法者存其大纲,而其出入变化固将付之于人。”[39]法律赋予法官自由裁量权,法官可以根据具体案情酌情考量审理。另一方面也没有看到案件的特殊性。世界上连两片相同的树叶都没有,对于个案就更是如此了,每个案件都具有特殊性,这就使司法审判不可能“一刀切”,而需要“具体案件具体分析”。正因如此,所以,永远不可能通过机器人或计算机去审判案件,虽然这样还更能保证审判的客观性。但审判案件,不仅要求其真,还要酌乎情。没有酌乎情,就不可能求其真。这虽然扩大了审判的繁难程度,但也增加了审判的艺术魅力。只有辩证法才能使固定刻板的法律以不变应万变,活而不乱地正当适用。但"具体案件具体分析"并不一定会妨碍甚至侵蚀法律的公平性和法治的统一性,因为"具体案件具体分析"只是其一,同时还要"万变不离其宗"——法治精神。法律就是一种辩证法。高明的审判艺术就在于两者之间保持必要的张力并寻求微妙的平衡。这就要求辩证思维,这就是辩证思维。

由于辩证法是一种高超的思维艺术,一般人难以掌握,故辩证法在许多人那里确实变成了变戏法,甚至是诡辩法,结果损害了辩证法的名声,以至于许多人反感辩证法。在谈论法律思维时,有人在评论"实体公正和程序公正并重说"时就认为,"并重说"是废话,两者不矛盾时,当然要并重,能并重谁不知道并重啊!甚至连错误都够不上,不值得讨论。但发生矛盾时再说并重就没意义了,可供讨论的只能是两种选择,或者实体公正优先或者程序公正优先,当然优先到什么程度,是可以讨论的。[40]这就将实体公正优先与程序公正优先两极化、对立化、极端化了。推而广之,就会导致法律思维的非辩证性。其实,在司法实践中,法官所审理的绝大多数案件并不是那种势不两立、不可调和的矛盾,所以才要求调解甚至"大调解"。我们常常将调解贬为"和稀泥",但因其能够使当事人相互让步、达成妥协、握手言和而不失为一种理想的解决矛盾的方法。调解就是辩证法的具体运用,甚至就是一种辩证法。虽然辩证法无处不在、无事不有,但唯有在处理矛盾时,方显辩证法的特色和本色;越是"鱼与熊掌不可得兼"时,越显辩证法之重要和可贵;在看似非此即彼的两极对立中达到两全其美,方是辩证法的行家和里手。辩证法就是解决矛盾的方法和艺术,审判具体案件就是解决矛盾,应该辩证思维、两极并重、两头兼顾、中道而行、公平正义。

但这并不意味着"这种话说了等于没说",也不等于"说一些类似的不解决实际问题的套话、空话、大话,甚至假话"。人们之所以会如此思维,其实也是没有正确理解辩证思维。辩证思维克服了物性思维,物性思维是因果必然性思维方式,以为掌握了物质世界的因果必然性,就抓住了物质世界的本质及其规律。这是一种直线思维或线性思维,只能认识死的物质,不能把握活的思维,尤其不能把握曲折复杂、变动不居的人的思维。辩证思维也克服了知性思维,黑格尔的重大哲学贡献就在于将知性思维发展为辩证思维。知性思维具有僵死性、两极性、有限性,最典型的就是:“是就是,不是就不是,除此之外,都是鬼话。”但世界事物并非都是非此即彼、一清二楚、两极对立的,相反,“是又不是,不是又是,唯有如此,才是人话”。辩证法克服了概念的隔绝性、固定性、僵死性,而使概念联系起来、活动起来和转化起来,进而使人能够真正思维,并且达到主观思维与客观世界的同一性(统一性)。辩证思维具有灵活性、两栖性和转化性,才能认识和把握矛盾的事物。辩证思维是人性思维,辩证的人——人具有两面性、矛盾性和灵活性——决定了辩证思维。人性思维是自为创造发展的思维方式,人只能辩证地认识人、对待人。辩证的人只能辩证地认识、辩证地思维。只有高度发达的人类思维才是辩证思维。

如果说过去的法盲是不知法律规定为何物,那么现在的法盲是不知道法律思维为何物,尤其不懂得法律思维是辩证思维。要克服这种思维方式,就需要提倡辩证思维,将法律思维升华为辩证思维。

八、法理思维是一种综合思维

许多人把法律思维简化为依据法律规则思维,这是深受纯粹法学派的影响,把除了法律规则之外的其他一切东西特别是价值判断都“纯粹”(排除)掉了,使法律纯粹为法律规则,一种肯定、明确的、可操作的规则。据说在哈佛大学法学院有句名言:“在这里,没有男人和女人之分,只有原告与被告。”这形象地体现了一切围绕着法律进行思考的思维方式。还有一个“小狗撞上法科学生”的笑话。小狗撞人跑了,这个法科学生的法律思维习惯根深蒂固,就想到“交通肇事后逃逸,处3年以上7年以下有期徒刑”,但他转而一想,天啊,狗的寿命根本就没有7年。走了两步又想:“这狗是初犯?还是累犯,是否有前科,是否经常撞人?这狗在假释期间吗?这狗是否喝酒了?因为酒驾已经入刑。”走了几步再想,“估计不满十六周岁,不予追究。它是否精神正常?精神不正常的可以不负刑事责任。”这个笑话虽然滑稽,但也形象地表现了通过法言法语进行思考的法律思维习惯。[41]这虽然把法律思维与其他思维如日常思维、道德思维、经济思维、政治思维等区别开来了,但也把法律思维孤立化、简单化,甚至戏剧化了。这种思维方式是“一根筋”,还是“精神病”,甚至是“偏执狂”,不但滑稽可笑,而且荒诞不经,还极其可怕。埃利希就曾说:“如果生活由法律独自规范,那么生活将会变成地狱。”[42]

纯粹法学派的观点早已有人批判过,并且一直与自然法学派、社会法学派等争论不休。这本身就说明纯粹法学派并没有一统天下,自第二次世界大战以后,甚或不再占主导地位。现在许多人不再坚持纯粹法学派,转而信奉法教义学。但如果法教义学是纯粹法学派的翻版乃至升级版,如有人也主张法教义学的“纯粹性”,那么这种法教义学,无论是概念界定、文义解释、规范分析、逻辑推理、体系构建、实证研究、职业训练,都仍然只是在法律规则(范)内打转转,还是就法论法,闭门造车。法律不是孤立的、封闭的、纯粹的,法律源自事物之间的必然联系,这就决定了法律不能求诸内而要诉诸外,套用一句话,“尔要学法律,功夫在法外”。如此就法论法,自证其法,循环论证,是论不了法、教不了法的。这种“纯粹”学的“封闭”“自大”的法教义学根本就不能教给人们法律的真谛或真义,最多只能教给人们以法条甚或教条,最多只能培养一些法匠,不可能培养法学家。培养法律人才决不能等同于培养技术人才,就是培养技术人才,也要“又红又专”,更何况培养法律人才呢?法律人才是一个社会纠纷最高最后的裁判者,理应“德艺双馨”。所以卢埃林指出:“只有技术而欠缺价值是罪恶,空有价值而没有技术是愚昧。”[43]但两者相比,还是价值先于且高于技术(巧),所以西方法谚告诫:“永远别让你的技巧超越你的美德。”如果这种法教义学只是注(解)释法律而不批判法律,只讲法律规则而不论法律价值,那么它与其说是法教义学,不如说是法教条学。

以纯粹法学或法教义学为基础或指导的这种法律思维——以法律规则思维——是不全面的、不敷运用的。荀子曰:“不知法之义而正法之数者,虽博,临事必乱。”[44]沈家本说:“法之修也不可不审,不可不明。而欲法之审、法之明,不可不穷其理。”[45]“法律为专门之学,非俗吏之所能通晓”,[46]因为“律者,民命之所系也,其用甚重而其义至精也。根极于天理民彝,称量于人情世故,非穷理无以察情伪之端,非清心无以祛意见之妄。设使手操三尺,不知深切究明,而但取办于临时之检按,一案之误,动累数人,一例之差,贻害数世,岂不大可惧哉”。[47]一个只懂得法律的人,拿布朗律师的话来说,“只是一个十足的傻瓜而已”。[48]不仅如此,美国联邦最高法院大法官布兰代斯还严厉地指出:“如果一个法律工作者不曾研究经济学与社会学,那么他就极容易成为一个社会公敌。”[49]对于法律人来说,不仅要专,专于法律,更要通,要“世事洞明,人情练达”。为了使法律人真正成为百科全书式的通才,法学教学应是通才教育。孙晓楼先生早就指出:“我们研究法律,决不可以闭关自守,专就法律来研究法律,应当由社会人事的各方面来推求法律之所以然。”为此,他认为,“我们研究法律的学生,至少于法律以外的各种学科,都有些相当的涉猎,其中比较重要的,要推经济学、心理学、逻辑学、哲学、历史学、生物学、人类学、伦理学、社会学、政治学等几门”。[50]因为事实上并没有纯粹的法律问题,所谓法律问题就是与上述众学科有关或者从中产生的法律问题。如果学生没有修习以上几种基本科目,那么他(她)“一定不配研究种种关于以上各课所发生的法律问题,便不配在现代做一个完善的法律学生”。[51]我们虽然不赞成“社科法学”,因为在历史上法学曾是社会科学的代表,甚至是社会科学之王,现在的法学也不只是社会科学之一,而是百科全书,它包含着其他社会科学。[52]如法学要进行经济分析、政治分析、伦理分析、宗教分析、文化分析、社会分析,等等,但法学不能停留于此,越俎代庖,本末倒置,而要集其大成,则成律令,归结于法,以法为本。不过,它的方法是可参考的,并已为法学所经常运用,以至于日用而不知了。法律思维的正当性、权威性取决于法律人知识、思想和理论的广度和深度。

许多人把法律思维缩减为司法思维或法官思维,他们所讲的法律思维主要就是司法思维、法官思维。虽然一切法治国家均如在美国一样,“几乎所有政治问题都要变成司法问题。因此所有的党派在它们的日常论战中,都要借用司法的概念和语言”。[53]司法思维至关重要,法官就其司法来说,应当“法律至上”或“依据法律思维”。但法律思维不仅仅是司法思维、法官思维,还有立法思维、执法思维、守法思维、法学思维,这些法律思维均与司法思维、法官思维大有不同。如立法思维,恰恰不是“依法思维”,尤其不是依法律规则思维,因为此时还没有制定出具体的法律规则,法律规则不是法律思维的前提和依据,而是法律思维的结果和产物,立法者只能依据所立法律欲调整社会关系的性质、法律的价值理念、目的宗旨等进行思维,这种思维就是法理思维。并且,立法的时候,需要发扬民主、充分讨论、反复争辩、集思广益,这不是"信仰法律",而是"批判法律",并且要全方位地批判法律,最后将经过批判且批判不倒的东西上升为法律。所以洪仁玕说:"立法之人必先经磨炼,洞悉天人性情,熟谙各国风教,大小上下,源委重轻,无不了然于心中者,然后推而出之,乃能稳惬人情也。"[54]立法思维是一种批判思维,一种综合批判的思维。执法思维的性质和特点是由执法的性质和特点决定的。其中,执法的一个重要性质和特点就是执法享有比司法更大的自由裁量权。因为"法律不苛细小""事急无法律",使依法行政非常困难,"愚忠"法律就可能无法执法。但广泛的行政自由裁量权会侵犯公民权利、破坏社会自由,必须予以限制。不过这种限制,重要的不是详尽规定行政所执之法,而是健全行政执法程序。这是行政法是限权法和程序法的根本原因,也是依法行政是法治的关键所在。守法思维,顾名思义,就是遵守法律的思维,即想方设法遵守法律,按理说,守法思维应该与司法思维、法官思维最相类似,但仍有不同。由于公民不同于法官,许多公民就是一介平民,"无官一身轻",也往往"轻举妄动",如规避法律,选择性守法,钻法律的空子,甚至以身试法。需要特别指出的是,绝大多数公民并不怎么熟悉法律,甚至许多人还是法盲,或与法盲差不多,他们守法,显然不是"依法律思维守法",而是依人之常情、常识、常理守法,实质上也是依法理思维守法。幸亏法理与常情、常识和常理相同或相通,大大减少了公民守法的成本。法理思维又是法律思维的基础和指导,没有法理思维作基础和指导,公民将无法守法。至于法学思维就更复杂了,因为它包括了立法思维、执法思维、司法思维和守法思维,是它们的总概括和集大成者。但我们似乎也把它简化为司法思维、法官思维,如有人认为,法教义学在立场和方法上的一个突出特点,是其司法中心主义。[55]要是我们的法学教研人员也和法官一样思维,那是法学的悲哀,法学就无法进步,法学人才就无法培养。法学思维不同于法官思维,要是我们培养的法律人才只知道孤零零的法律,眼里心里只有法律而没有其他东西,只会就法论法,只会奴隶般地服从法律、机械地适用法律,那是法学教育的失败。法学教育归根结底是要培养法律人的独立思考能力，树立正确的世界观、人生观和价值观，他们不仅知其法而且知其所以为法。法教义学并没有错（只是一些人把它弄错了），因为它并不排斥上述内容。如法律解释是法教义学的重要内容，但法律解释也包括目的解释、学理解释，并不排斥价值判断。我们对引进不久的西方法教义学推崇备至，但对古已有之的中国法教义学数典忘祖。殊不知，我国古代的"引经决狱"、《唐律疏议》等就是一种法教义学，并且是一种具有法理思维的法教义学。虽然"经"和"狱"可以与时俱进，但"引经决狱"的方法不能丢弃。

有人甚至认为，法律思维就是"律师思维"。[56]理由是律师最无权，只能说法讲理。其实，律师也是经济人，他们追求利益极大化，甚至是自身利益极大化而不是当事人利益极大化。对许多律师来说，无利就可能无辩，但如果有利可图，那么无理也要辩三分，导致一些人好讼、怂讼、缠讼，损人利己，损公肥私。如同样一个案件，咨询律师与咨询法学教授，得到的建议往往大有不同。"呼格案"不是哪个律师发现的，而是记者发现的。人都有道德风险，在所有的法律人中，律师的道德风险可能是最高的，因此，像法律人那样思维，最不能像律师那样思维。

无论是法律思维、法治思维，还是司法思维、法官思维，甚或法学思维、律师思维，都只是整个法的思维的一个方面。为了避免概念混乱和以偏概全，也为了综合它们并指出它们共同的基础——法理（上述各种思维都要思及法理并维之或对法理思且维之），就有必要在它们的基础之上确立一个上层级概念。这个概念就是法理思维。

注　释

*　邱本，江西宁都人，温州大学法政学院教授，吉林大学兼职教授。本文原载《理论探索》2019 年第 1 期。本文系国家哲学社会科学基金重点项目"商土中国及其法治建设研究"（16AFX014）成果。

〔1〕　参见孙光宁：《从法律思维到法治思维：中国法治进程的拓展与深化》，载《学术交流》2015 年第 1 期。

〔2〕 陈金钊:《法学意义上的法治思维》,载《国家检察官学院学报》2017 年第 1 期。

〔3〕 参见张文显:《深入开展法理研究的基本问题》,载 http://mp. weixin. qq. com/s/JTAReCbGAWEc8IPeG0j0dA,2018 - 02 - 11;张文显教授于 2017 年 12 月 5 日在苏州大学"法理研究行动计划"系列活动第一期上的报告。

〔4〕 参见张文显:《深入开展法理研究的基本问题》,载 http://mp. weixin. qq. com/s/JTAReCbGAWEc8IPeG0j0dA,2018 - 02 - 11;张文显教授于 2017 年 12 月 5 日在苏州大学"法理研究行动计划"系列活动第一期上的报告。

〔5〕 郑成良:《法律思维及其基本规则》,载王亚新等:《迈入法学之门》,中国人民大学出版社 2008 年版,第 62 页。

〔6〕 梁慧星:《法官和仲裁员怎样进行法律思维》,载 http://www. iolaw. org. cn/showArticle. asp? id = 3110。

〔7〕 林来梵:《谈法律思维模式》,载《东南学术》2016 年第 3 期。

〔8〕 陈金钊:《法学意义上的法治思维》,载《国家检察官学院学报》2017 年第 1 期。

〔9〕 陈金钊:《法学意义上的法治思维》,载《国家检察官学院学报》2017 年第 1 期。

〔10〕 参见《中华人民共和国反不正当竞争法》第 6 ~ 12 条。

〔11〕 [古罗马]西塞罗:《国家篇 · 法律篇》,沈叔平、苏力译,商务印书馆 2002 年版,第 224 页。

〔12〕 任东来:《影响美国的宪政历程》,中国法制出版社 2013 年版,第 144 页。

〔13〕 [美]博登海默:《法理学——法哲学及其方法》,邓正来译,华夏出版社 1987 年版,第 225 ~ 226 页。

〔14〕 [德]黑格尔:《法哲学原理》,范扬、张企泰译,商务印书馆 1982 年版,第 58 页。

〔15〕 西方法律思想史编写组:《西方法律思想史资料选编》,北京大学出版社 1983 年版,第 18 页。

〔16〕 [美]博登海默:《法理学——法哲学及其方法》,邓正来译,华夏出版社 1987 年版,第 225 ~ 226 页。

〔17〕 [德]黑格尔:《法哲学原理》,范扬、张企泰译,商务印书馆 1982 年版,第 8 ~ 9 页。

〔18〕 参见郑成良:《论法治理念与法律思维》,载《吉林大学社会科学学报》2000 年第 4 期。

〔19〕 《马克思恩格斯文集》(第 5 卷),人民出版社 2009 年版,第 8 页。

〔20〕 参见《马克思恩格斯文集》(第 9 卷),人民出版社 2009 年版,第 435 页。

〔21〕 《马克思恩格斯文集》(第 9 卷),人民出版社 2009 年版,第 437 页。

〔22〕 [德]古斯塔夫 · 拉德布鲁赫:《法律智慧警句集》,舒国滢译,中国法制出版社 2001 年版,第 138 页。

〔23〕 [美]博登海默:《法理学——法哲学及其方法》,邓正来译,华夏出版社 1987 年版,第 465 页。

〔24〕 《马克思恩格斯文集》(第 9 卷),人民出版社 2009 年版,第 435 ~ 436 页。

〔25〕 参见陈金钊:《警惕"可操作性"在法律思维中的标签化蔓延》,载《国家检察官学院学报》2012 年第 1 期。

〔26〕 [美]L. J. 宾克莱:《理想的冲突》,马元德译,商务印书馆 1986 年版,第 47 页。

〔27〕 本案的案情参见林来梵:《谈法律思维模式》,载《东南学术》2016 年第 3 期。

〔28〕 冷战期间,一道柏林墙将德国一分为二。就东德政府而言,防止本国人民越墙逃往对方是重要目的。柏林墙倒塌前夕,东德士兵英格 · 亨里奇射杀了一名越墙偷渡者后,柏林墙很快倒塌,这名东德士兵被推上法庭。柏林法庭最终的判决是:判处开枪射杀克利斯的卫兵英格 · 亨里奇三年半徒刑,不予假释。他的律师辩称,他们仅仅是执行命令的人,罪不在己。但法官当庭指出:不执行上级命令是有罪的,但是打不准是无罪的。作为一个心智健全的人,此时此刻,你有把枪口抬高一厘米的权利,这是你应主动承担的良心义务。

〔29〕 参见张文显:《联动司法:诉讼社会境况下的司法模式》,载《法律适用》2011 年第 1 期。

〔30〕 马克思说:"1842 ~ 1843 年间,我作为《莱茵报》的编辑,第一次遇到要对所谓物质利益发表意见的难事。"为此,他"便从社会舞台退回书房","为了解决使我苦恼的疑问,我写的第一部著作是对黑格尔法哲学的批判性的分析,这部著作的导言曾发表在 1844 年巴黎出版的《德法年鉴》上。我的研究得出这样一个结果:法的关系正像国家的形式一样,既不能从它们本身来理解,也不能从所谓人类精神的一般发展来理解,相反,它们根源于物质的生活关系,这种物质的生活关系的总和,黑格尔按照 18 世纪的英国人和法国人的先例,概括为'市民社会',而对市民社会的解剖应该到政治经济学中去寻求"。参见《马克思恩格斯文集》(第 2 卷),人民出版社 2009 年版,第 588、591 页。

〔31〕 《毛泽东选集》(第 3 卷),人民出版社 1991 年版,第 798 页。

〔32〕 [英]怀特海:《过程与实在:丰富论研究》,李步楼译,商务印书馆 2012 年版,第 63 页。

〔33〕 [德]康德:《实践理性批判》,邓晓芒译,人民出版社 2003 年版,第 220 页。

〔34〕 郑成良:《法律思维的基本规则》讲座文字整理稿,载 http://www. docin. com/p - 1609274519. html。

〔35〕 郑成良:《法律思维的基本规则》讲座文字整理稿,载 http://www. docin. com/p - 1609274519. html。

〔36〕 饶尚宽译注:《老子》,中华书局 2006 年版,第 40 页。

〔37〕 林来梵:《谈法律思维模式》,载《东南学术》2016 年第 3 期。

〔38〕 周永坤:《杰克逊大法官究竟说了什么?——关于终局性与正确性》,载 http://blog.caijing.com.cn/expert_arti-cle-151500-32362.shtml#_ftn1。

〔39〕 (明)邱浚:《大学衍义补》(上册),京华出版社 1999 年版,第 201 页。

〔40〕 参见郑成良:《法律思维及其基本规则》,载王亚新等:《迈入法学之门》,中国人民大学出版社 2008 年版,第 78 页。

〔41〕 参见蒋海松:《口口声声高喊"正义",却可能亵渎司法》,载《新京报书评周刊》2018 年 1 月 9 日。

〔42〕 [奥]埃利希:《法律社会学基本原理》,叶名怡译,中国社会科学出版社 2009 年版,第 41 页。

〔43〕 原文为:"technique without value is wickedness, value without technique is foolishness."参见 Grant Gilmore. What is a Law School?. 转引自聂鑫:《美国法学教育模式利弊检讨》,载《环球法律评论》2011 年第 3 期。

〔44〕 张觉:《荀子译注》(卷八),上海古籍出版社 2012 年版,第 118 页。

〔45〕 (清)沈家本:《历代刑法考》,中华书局 1985 年版,第 2234 页。

〔46〕 (清)沈家本:《历代刑法考》,中华书局 1985 年版,第 2060 页。

〔47〕 (唐)长孙无忌等:《唐律疏议》,法律出版社 1999 年版,第 669 页。

〔48〕 [美]博登海默:《法理学——法哲学及其方法》,邓正来译,华夏出版社 1987 年版,第 490 页。

〔49〕 [美]博登海默:《法理学——法哲学及其方法》,邓正来译,华夏出版社 1987 年版,第 490 页。

〔50〕 孙晓楼:《法律教育》,中国政法大学出版社 1997 年版,第 7 页。

〔51〕 孙晓楼:《法律教育》,中国政法大学出版社 1997 年版,第 18 页。

〔52〕 参见张文显、郑成良、徐显明:《中国法理学:从何处来?到何处去?》,载《清华法学》2017 年第 3 期。

〔53〕 [法]托克维尔:《论美国的民主:上卷》,董果良译,商务印书馆 1988 年版,第 310 页。

〔54〕 叶恭绰:《太平天国官书十种》,华文书局股份有限公司 1948 年版,第 270 页。

〔55〕 参见凌斌:《什么是法教义学:一个法哲学的追问》,载《中外法学》2015 年第 1 期。

〔56〕 参见陈金钊:《法学意义上的法治思维》,载《国家检察官学院学报》2017 年第 1 期。

法理泛在

郭　晔　张文显*

新时代首次修宪的法理基础

| 提　要 |

良法善治是中国特色社会主义法治的灵魂，它演绎出新时代首次修宪清新而深厚的法理脉络。以习近平中国特色社会主义宪法观为载体的前提性法理奠定了良法善治的基调并树立起“修宪之善”的标杆，是整个修宪工程的拱顶石。程序性法理与实质性法理则构成修宪的两个支点，实现了过程之美与结果之善合奏、合规律之理与合目的之善共鸣、形式之精与内容之善统一，使前提性法理实至名归。法理的三频共振支撑着新时代首次修宪，而修宪也启蒙着新时代法理中国的成长。

| 关键词 |

新时代　修宪　法理　中国特色社会主义　良法善治

2018年的第五次修宪是中国特色社会主义进入新时代以来的首次修宪，是我国宪法发展史上的一座重要里程碑，是我国全面推进依法治国、建设法治中国的一个新起点。这次修宪得到了国内外的高度关注，受到了全国人民的热烈拥护，引发了法学界、法律界的广泛好评。时事评论与权威解读凝聚了社会共识、打开了理论视野、激发了理论活力，同时也推进了深层次思考：新时代首次修宪的法理支撑是什么？必须在新的历史方位上深入探究此次修宪深藏的法理根据，我们才能精准把握宪法修正案所具有的时代深意、实践价值和理论内涵，才能参透新时代坚持和发展中国特色社会主义的法治逻辑。

一、中国特色社会主义宪法观构成修宪的前提性法理

修改宪法作为国家政治生活中的一件大事，关系全局，影响深远，是国家各领域变革的指南针，是社会各环节运转的发动机。正因为牵一发而动全身，修宪就必然要三思而后行。"修"与"不修"，并非一道简单的选择题，而是要把握宪法稳定性与适应性的辩证统一，要综合考察宪法与社会的动态关系。从法理逻辑上，修或不修、可改与可不改取决于特定时代和国情下的宪法观。习近平总书记在一系列讲话中阐明了中国特色社会主义宪法观，诸如"宪法是国家的根本法，是治国安邦的总章程，具有最高的法律地位、法律权威、法律效力，具有根本性、全局性、稳定性、长期性"；[1]"维护宪法权威，就是维护党和人民共同意志的权威。捍卫宪法尊严，就是捍卫党和人民共同意志的尊严"；[2]"宪法只有不断适应新形势、吸纳新经验、确认新成果，才能具有持久生命力"；[3]"我国宪法实现了党的主张和人民意志的高度统一，具有显著优势、坚实基础、强大生命力"[4]；等等。要找准新时代首次修宪的法理逻辑，就必须从中国特色社会主义宪法观中寻找其前提性法理。

（一）宪法是国家的根本法

宪法是国家的根本法，表明了宪法在国家法律体系中的统帅地位。习近平总书记在纪念现行宪法施行30周年大会上指出："我国宪法以国家根

本法的形式,确立了中国特色社会主义道路、中国特色社会主义理论体系、中国特色社会主义制度的发展成果,反映了我国各族人民的共同意志和根本利益,成为历史新时期党和国家的中心工作、基本原则、重大方针、重要政策在国家法制上的最高体现。”[5]宪法是根本法,并不是说宪法就是一部法律大全,而是说它是国家法律体系的根基,它像是国家法律的一颗种子,蕴含着法律的一切基因,国家法律就是这颗种子有逻辑有秩序的展开。在我国,“宪法居于中国特色社会主义法律体系的最顶端,具有最高的法律效力,是一切法律赖以产生的法律根据,一切法律法规都不得与宪法相矛盾、相抵触或不一致”。[6]宪法是根本法,还意味着国家的一切重要活动都必须“于宪有据”,宪法是一切行为的逻辑大前提,是一切权力的初始来源,是“基础规范”。[7]宪法的根本法特质,使中国特色社会主义法律体系的完善要从宪法入手,使中国特色社会主义事业和人民福祉的法治保障要从宪法起步。新时代坚持和发展中国特色社会主义的总目标、总任务、总体布局、战略布局和发展方向、发展方式、发展动力、战略步骤、外部条件、政治保证等,必须获得根本法的认可,才能在法治的轨道上迈出稳健的步伐。

(二)宪法是治国安邦的总章程

宪法是治国安邦的总章程,体现出宪法在治国理政中的杠杆作用和执政活动中的纲领属性。它包含两个层面的意义:第一,宪法规定国家内部各种关系和国家权力体系,为国家治理提供法律指南;第二,宪法本身就是“国家治理体系的基石,是国家基础性治理制度的定型化”,[8]体现出国家治理能力的现代化水平,为国家治理提供法治资源。在制定我国第一部宪法时,毛泽东指出,“一个团体要有一个章程,一个国家也要有一个章程,宪法就是一个总章程”,[9]实际上就强调了宪法第一个层面的意义。党的十八大以来,习近平总书记创造性地赋予“总章程”新的时代精神,多次指出“宪法是治国理政的总章程”,把“总章程”的定位从第一个层次提升到第二个层次,就是突出了宪法在国家的动态治理中应起到的作用,使宪法不仅面向过去确认实践经验,而且面向未来指引治理方向。随着全面深化改革的不断深入,我国以中国共产党党章为统领的党内法规制度体系日益完善,而以宪法为基石的法治体系也应该日臻完美。只有把具有中国特色和实践智慧的治国理念、治国道路、治国经验、治国思路和治国优势,转化为实实在在的宪法规定,并依据宪法推进国家治理体系的法律化、规范化和定型化,才能够促进国家治理体系的携手共进和治理能力的显著提升。同时,只有不断提高宪法的品质、丰富宪法的内涵,使其成为国家治理体系和治理体制高效运转的统领,才能加快推进国家治理法治化和国家治理现代化。“治强生于法”,[10]正是治国安邦的现实需要和迫切要求,让修宪成为新时代走向新征程、迈向现代化的不二选择。

(三)宪法是依法治国的总依据

宪法是依法治国的总依据,突出了宪法在全面依法治国、建设社会主义法治国家中的导航功能,是对宪法之根本法观念的再次升华,是对依宪治国和法治中国建设的法理凝练,是对法治运行中宪法实施的科学认识。“举一纲而万目张,解一卷而众篇明”。[11]宪法明,则法治兴,宪法与法治彼此依存、休戚与共,宪法水平的高低决定着法治前景的盛衰。党的十九大报告指出:“明确全面推进依法治国总目标是建设中国特色社会主义法治体系、建设社会主义法治国家。”[12]中国特色社会主义法治体系的每个方面都离不开宪法,法律规范体系的基石是宪法规范,法治实施体系的关键是宪法实施,法治监督体系的保证是宪法授权,法治保障体系的前提是宪法统领的法律制度体系,法治体系的良性运行来自良好宪法的有效驱动。同样,建设社会主义法治国家,就必须坚持在法治的轨道上推进改革,尤其要保证法治领域的重大改革于宪有据,增强改革的合宪性和公信力。党的十八大以来,全面推进依法治国的进程不断加快,法治各领域改革取得明显成效,亟须宪法对这些成果进行确认和保障。于是,建设社会主义法治国家,完善法治仍需先行,要为那些经得住实践考验、经得起历史论证的改革之措和创新之举铺设宪法宪治的轨道,要为那些蕴含着法治新思路、彰显着法治新气象的理论话语和思想体系建设制度性基础。全面推进依法治国总目标内含着宪法更新的需求,完善中国特色社会主义法治体系的现实目的推动着宪法修改的步伐,宪法必须与依法治国、建设社会主义法治国家合奏,法治才能与富强民主文明和谐美丽的社会主义现代化强国伟业共鸣。

(四)宪法是党和人民共同意志的结晶

习近平总书记关于“宪法是党和人民共同意志的结晶”的论断,阐明了党的意志、人民意志、国家意志的有机统一,揭示了社会主义宪法的阶级属性。一方面,中国共产党是马克思主义政党,其阶级基础是工人阶级,“党除了工人阶级和最广大人民群众的利益,没有自己特殊的利益”,党的意志就是中国人民和中华民族的意志;另一方面,我国是人民民主专政的社会主义国家,无产阶级专政的性质决定了国家利益与全体人民群众的根本利益相等同,国家意志与人民的意志相一致,国家就是“人民国家”。这样,共同的阶级属性决定了党、人民、国家在意志和利益上的统一性,而宪法作为国家意志的法理载体,当然也就凝结了党和人民的共同意志。

三种意志的统一性正是通过宪法实践得以实现的:党领导人民制定和修改宪法,把党的主张和人民的意志通过国家权力机关融合在宪法文本上,党领导人民实施和遵守宪法,把党和人民的共同意志落实在法治运行中。但是,这三种意志并不是自然生成的,也不是一成不变的,而是在党领导人民进行社会主义建设和改革实践中不断发展的,体现着广大人民群众的利益需求,并很大程度上依赖于社会主要矛盾的转变。党的十八大以来,我国社会主义现代化建设取得历史性成就,党和国家各项事业发生历史性变革,社会主要矛盾也产生了历史性转变。在深刻把握矛盾变化、深入分析发展规律、广泛总结实践经验的基础上,以习近平同志为核心的党中央提出了一系列新理念新思想新战略,它们构成了党和人民意志的新的成长要素,并被科学概括为习近平新时代中国特色社会主义思想,体现在党章修正案中。而作为党和人民共同意志之最高体现的宪法,则相对滞后于党章规定,未能及时反映党和人民共同意志的新变化、新需要和新理念。在这种情况下,修改宪法,使其与党章相衔接,使其与党和人民意志相同步,正是社会主义宪法的成长规律所在,也是无产阶级专政国家的本质要求。

(五)宪法是时代发展的写照与引领

“事随势迁,而法必变。”[13]我国宪法制定和修改的每一步,都与时代主题相伴、与时代发展同步、与时代需求相应。《共同纲领》和1954年《宪法》开辟了中国历史的新纪元,引领和保障了新中国的社会主义革命和建设;1982年《宪法》开创了改革开放和社会主义现代化的新时期,引领和保障了中国特色社会主义建设和改革实践。现行《宪法》颁布以来经历了四次修改,1988年修宪承认了私营经济的合法性和土地使用权的有偿转让,推动了国家经济体制改革;1993年修宪确立了市场经济的合法地位,为以市场为导向的改革开放和社会主义现代化建设提供了有效保障;1999年修宪把“依法治国、建设社会主义法治国家”写入宪法,实现了从人治到法治的关键转型,标志着我国法治事业发展的新节点;2004年修宪把人权保障原则和私有财产权受保护原则写入宪法,是社会主义政治文明新的里程碑。修宪历程真实记录了我国自成立以来的社会变迁,描绘了我国社会主义革命、建设、改革的前进道路,是时代发展的一个缩影。

宪法记载着时代前进的轨迹,时代也培育着宪法的成长。在新的时代需求下,宪法只有不断适应新形势、吸纳新经验、确认新成果,才能跟上时代前进的车轮、保持持久的生命力、实现与社会的良性互动。本次修宪是对现行宪法的第五次修改,是在新时代坚持和发展中国特色社会主义的时代主题下展开的,确认了党的十八大以来统筹推进“五位一体”总体布局、协调推进“四个全面”战略布局的新成就、新经验,同时也必将引领“两个一百年”奋斗目标的实现和中华民族的伟大复兴。新的时代课题蕴含着新的历史使命,新的历史使命呼唤着宪法迈出新的步伐。

二、总体要求和基本原则彰显修宪的程序性法理

修宪不是一个简单的活动,而是一个动态的制度运行过程,也是一个宪法法理逐渐实现自身的过程。2017年9月29日,习近平总书记主持召开中央政治局会议,决定启动宪法修改工作,修宪以此为开端。2018年3月11日,十三届全国人大一次会议通过《中华人民共和国宪法修正案》,修宪圆满

画上句号。

在修宪伊始,党中央就提出了修宪的总体要求和基本原则,总体要求的核心是把党的十九大确立的、党章已载明的党的主张、基本理论、基本方略、大政方针转化为根本法规定,实现宪法与党章有机衔接、相辅相成;基本原则是坚持党对宪法修改的领导,依法按程序推进宪法修改,充分发扬民主、广泛凝聚共识,坚持对宪法作部分修改、不作大改。对总体要求的贯彻和对基本原则的遵循,使五个多月的修宪进程有条不紊、有理有据,彰显程序性法理的真理力量。

(一)坚持党的领导,掌舵修宪方向

我国宪法的政治根基是中国共产党的领导,坚持这个根基不动摇,是修宪最大的政治原则和底线要求。党中央集中统一领导为修宪指明了正确方向,避免了政治风险。习近平指出:“中国特色社会主义法治道路,是社会主义法治建设成就和经验的集中体现,是建设社会主义法治国家的唯一正确道路。”[14]只有坚持党的领导,才能保证修宪工作沿着中国特色社会主义法治道路前进,保持宪法的社会主义本色。只有中国共产党才能立党为公、执政为民,才能领导人民制定出符合人民利益、促进社会主义发展的好宪法,保证宪法的人民性和先进性。党中央领导修宪也是我国社会主义宪制的基本经验。自中华人民共和国成立后第一部宪法颁布以来,我国就形成了由中国共产党中央委员会根据社会实际情况的发展变化,向全国人大常委会提出宪法修改建议,然后由全国人大常委会形成宪法修正案草案,再提交全国人民代表大会审议的宪法惯例。[15]而我国宪法修改活动也一直处于党中央的直接领导之下,1982 年《宪法》实施以来的四次修宪,均是由中共中央向全国人大提出修改宪法的建议而启动修宪程序的,实践充分证明了党领导修宪的政治优势、民主优势和效率优势,体现了党领导修宪的政治逻辑、历史逻辑和实践逻辑。

本次修宪始终没有离开党中央集中统一领导和部署,体现在:修宪工作的启动是由中央政治局会议决定的,并由习近平总书记主持召开;宪法修改小组是在中央政治局常委会的领导下工作的;征求对修改宪法部分内容意

见的通知是由党中央发出的;修宪的总体要求和基本原则是党中央确定的;中央修宪建议草案稿是由中央政治局常委会会议、中央政治局会议分别审议的;中央修宪建议草案稿下发党内一定范围征求意见是在党中央部署下进行的;征集党外人士意见和建议的座谈会是由习近平总书记主持召开的;《中共中央关于修改宪法部分内容的建议》是由中共第十九届中央委员会第二次全体会议审议并通过的,是由中共中央向全国人大常委会提出的;中共中央政治局常委、宪法修改小组副组长栗战书就中央修宪建议向常委会作出说明,是受中共中央委托进行的;等等。正是在党中央集中统一领导下,此次修宪旗帜鲜明、立场坚定、方向精准、线路清晰、高效有序。

(二)充分发扬民主,广泛凝聚共识

人民群众是历史的创造者,人民是权力的唯一来源。"政之所兴,在顺民心。政之所废,在逆民心。"[16]在我国,宪法具有人民性,人民主体地位是宪法的原则,人民共同意志是宪法的灵魂,维护和发展人民根本利益是宪法的目的。因而,修宪也是民心工程,必须为了人民、依靠人民,反映人民意志,得到人民拥护。只有在程序上充分发扬民主,宪法才能发挥社会主义的政治优势;只有在内容上广泛凝聚共识,宪法才能得到人民的真诚拥护和遵行。

民主原则贯穿此次修宪始终:一方面,人民代表大会制度确保修宪权牢牢掌握在人民手中。"人大代表来自人民、生活在人民中间、同人民群众保持着密切联系,人民性是人民代表的内在品质。"[17]全国人大常委会对党中央关于修改宪法的建议的讨论和审议、法律委员会对宪法修正案(草案)和相关议案的拟定、十三届全国人大一次会议对宪法修正案的审议和通过,均是人民当家作主的生动实践。另一方面,最大范围征集修宪建议,听取人民意见,为修宪争取了最大支持。修宪逐步展开的过程也是各地区、各部门、各阶层进一步凝聚共识的过程,宪法修正案(草案)正是在研究了来自各方面的修改意见之后形成的,覆盖面宽、覆盖率高,修改内容在党内外具有广泛的、高度的共识。充分发扬民主,广泛凝聚共识,使修宪最大限度上实现了人民主体性价值,让修正案代表了最广大人民的根本利益,从程序上夯实了宪法的价值根基。

(三)尊重科学规律,彰显国家法理

本次修宪尊重宪法的稳定性、继承性和权威性,以问题为导向,从实际出发,科学运用了“变”与“不变”的辩证法,既尊重宪法修改的历史规律,又坚持宪法自身的法理逻辑,做到稳定而不僵化、继承而不守旧、创新而不否定。修宪立基于科学的分析和判断之上,反映了党和人民对历史、时代、实践和法理的理性认识。

从修宪形式上来说,本次修宪依然采用了 1988 年以来的修正案方式,保持了现行宪法的有效性和稳定性。因为三十多年的发展历程充分证明,现行宪法是符合国情、符合实际、符合时代发展要求的好宪法,是充分体现人民共同意志、充分保障人民民主权利、充分维护人民根本利益的好宪法。我国的基本国情没有变、社会发展的基本实际没有变、时代发展的基本要求没有变,现行宪法仍然具有显著优势、坚实基础、强大生命力,必须坚决维护、长期坚持、全面贯彻。延续前四次修宪经验,采用宪法修正案方式,正是对现行宪法的肯定和拥护,是对宪法权威的尊重和捍卫,是对宪法要义的坚持和拓展。

从修宪方法上来说,此次修宪坚持对宪法作部分修改、不作大改的原则。第一,对各方面普遍要求修改、实践证明成熟、具有广泛共识、需要在宪法上予以体现和规范、非改不可的进行适当修改,使宪法能够适应新形势、新需求、新实践,保持活跃的开放性和持久的生命力。第二,对可改可不改、可以通过有关法律或者宪法解释予以明确的,原则上不改,最大限度地保持宪法的稳定性、安定性。第三,对不成熟、有争议、有待进一步研究的不作修改,体现了党中央在修宪问题上求真务实、慎之又慎的科学态度。这些阐明了我国宪法发展的一条基本规律,即完善宪法要以实践为依据,既要适应实践需求与时俱进,又不能罔顾国情脱离实际。这也是马克思主义实践观在我国修宪程序上的科学性映射,从法理上强调了客观规律性与主观能动性的辩证统一。

（四）严依法定程序，维护宪法权威

守程序是法治之始，是法治区别于人治的首要特征。修宪严格依法按程序进行，使党和人民的共同意志通过法定程序上升成为国家意志，既遵循了宪法发展的内在规律，恪守了宪法蕴含的法治精神，又维护了宪法的权威。

我国历次宪法修改的实践，已经形成了由党中央领导、全国人大主导、人民广泛参与的修宪惯例，实践已经证明了这种修宪工作程序和机制的科学性、有效性、成熟性。本次修宪，严格依据宪法和修宪惯例，在党中央统一领导下，先形成《中共中央关于修改宪法部分内容的建议（草案）》，经党中央全会审议和通过，并以中共中央的名义向全国人大常委会提出修宪建议；由全国人大常委会依据宪法规定形成《中华人民共和国宪法修正案（草案）》，提请全国人民代表大会审议，全国人大全体会议以超过三分之二以上的多数通过；并由全国人民代表大会公告公布实施。严格规范的修宪工作是中国特色社会主义政治优势的生动体现，是坚持党的领导、人民当家作主、依法治国有机统一的生动表达，既传递着实践智慧，又闪耀着理论创新。同时，本次修宪特别突出了修宪的神圣性，党中央用一次全会（十九届二中全会）专门讨论宪法修改问题，是有史以来的第一次，充分表明了党中央对修宪的高度重视、对宪法权威的尊崇。

三、宪法修正案体现修宪的实质性法理

“法律是治国之重器，良法是善治之前提”，这是对中国特色社会主义法治作为形式法治与实质法治相统一的法治模式的精辟定性。[18]“法理是良法善治的晶体，良法善治是当代中国法理体系的精髓”，[19]良法善治构成了中国特色社会主义法治的核心法理，奠定了此次修宪的法理根基。宪法修正案的问世，展现出新的时代特色，涵养着良法品质，为善治提供了条件。修宪的一小步，反映着中国法治在新时代征程中迈出的一大步。修正案的价值导向诠释着修宪的实质性法理，它们是新时代中国特色社会主义法治的内在价值要求，是社会主义核心价值观在宪法发展历程上的投射，是良法善治

以宪法为契机的播扬和延伸。实质性法理不仅明示了修正案的外在价值，而且论证了其内在价值，即宪法自身的优质成长，是此次修宪真正的源头活水。

（一）党的指导思想增强宪法定力

党的指导思想是中国特色社会主义事业的灵魂，它随着国内外形势的变化和我国各项事业的发展而不断创新发展。科学发展观是中国特色社会主义理论成果的深化。习近平新时代中国特色社会主义思想是马克思主义中国化的最新理论成果，它们的政治意义、理论意义、实践意义、时代意义已被实践所充分证明，并被写入党章修正案。本次修宪将宪法序言第七自然段中“在马克思列宁主义、毛泽东思想、邓小平理论和‘三个代表’重要思想指引下”，修改为“在马克思列宁主义、毛泽东思想、邓小平理论、‘三个代表’重要思想、科学发展观、习近平新时代中国特色社会主义思想指引下”，党的指导思想转化为国家的指导思想、宪法的指导思想，体现了宪法与党章的同步更新、有机衔接，尤其是习近平新时代中国特色社会主义思想入宪，为宪法注入了时代精神，让法治建设有了定盘星。

习近平新时代中国特色社会主义思想入宪并非仅仅是一个概念或命题入宪，而是整个思想内涵注入宪法之中。宪法修正案关于坚持和加强中国共产党全面领导、贯彻新的发展理念、倡导社会主义核心价值观、推动构建人类命运共同体、设立监察委员会等内容，都闪耀着习近平新时代中国特色社会主义思想的光芒。

（二）党的领导地位铸就宪法本质

我国现行宪法在序言中已经宣布了中国共产党的领导地位，其回顾了党领导全国人民取得新民主主义革命胜利和社会主义建设成就的历史，并确认了党在社会主义现代化建设中将继续发挥领导作用，还确认了中国共产党对爱国统一战线与多党合作和政治协商制度的领导。但关于党的历史地位和领导作用的规定仅出现在序言中，且表述不够鲜明，规范性意义不足、权威性不够强。站在新的历史方位上，面对国内外复杂的局势和全球化的各种风险挑战，面对改革发展稳定的艰巨任务和推进国家治理体系和治理能力现代化的历史使命,我们比任何时候都更需要全面加强党的领导,比任何时候都需要由党来统领全局、协调各方,也比任何时候都需要亮明党的旗帜、表达党的立场。在新时代坚持和发展中国特色社会主义,坚持党的领导必然是第一方略。

这次宪法修正案在宪法第一章《总纲》第 1 条第 2 款“社会主义制度是中华人民共和国的根本制度”之后,增加“中国共产党是中国特色社会主义最本质的特征”,丰富了我国社会主义制度属性和国体内涵,增强了党的领导意识,有利于落实党在社会主义现代化建设的各个环节和各个方面的领导,有利于发挥党的领导在全面依法治国中的保证作用,坚定中国特色社会主义政治的道路自信和制度自信。从形式上看,把党的领导从序言规定扩展到正文规定,并充实到国体条文之中,使党的领导在宪法中更加鲜明、更有力量、更加规范,使党的领导地位的历史逻辑、理论逻辑和实践逻辑更明确为法理逻辑,强调了领导党与执政党的统一性,显示出我国社会主义宪法制度的规律。从内容上看,在宪法中把党的领导明确为中国特色社会主义最本质的特征,使中国共产党与中国特色社会主义的内在联系明确为宪法法理,更突出了我国宪法的马克思主义哲学立场、无产阶级的阶级本质和社会主义的政治方向,也为党的领导、人民民主和依法治国相统一的实践智慧找到了法理根脉。

(三)人民主体价值夯实宪法根基

人民主体价值,既是以民为本的中华传统美德的延伸,也是当代中国社会主义核心价值观的基本理念;人民主体地位,既是马克思主义唯物史观的科学结论,也是中国共产党执政的根本理念。本次修宪通过贯彻民主立法原则,以“充分发扬民主,广泛凝聚共识”的程序性法理诠释了人民主体价值,使其成为渗透于修宪全过程的基石理念。除了程序性法理之外,人民主体价值还充分地蕴含在修正案内容之中,即把体现以人民为中心发展思想的新发展理念写入宪法。“创新、协调、绿色、开放、共享”的新发展理念呼应着新时代人民对美好生活的新需要,契合了发展为了人民、依靠人民、造福人民、保护人民的发展思想,而这一发展理念和发展思想正是人民主体价值的具体化。

以人民为中心的发展思想就是把人民作为一切发展的目的,发展方向与人民需求保持一致。进入新时代,“人民美好生活需要日益广泛,不仅对物质文化生活提出了更高要求,而且在民主、法治、公平、正义、安全、环境等方面的要求日益增长”。[20]那么,以人民为中心,就必然指向更高质量、更广领域、更加平衡的发展,以新发展理念为核心要义。新发展理念虽直接面向生产力范畴,却并非仅停留在经济领域,而是囊括了政治、文化、社会、生态等方面。“创新、协调、绿色、开放、共享”对应着新时代人民广泛的现实要求,且表现为多元的权利需求,包括知识产权、参与权、环境权、健康权、信息权、发展权、共享权等新兴权利。新的发展理念写入宪法序言,不仅是为新经济的发展提供了宪法保障,而且是为新兴权利诉求及其立法准备了根本法前提,更把人民主体价值这一社会主义宪法价值的根基凸显出来。

(四)国家纲领引领宪法进步

我国宪法的一大鲜明特色就是在序言中规定了国家的根本任务和奋斗目标,它既反映着人民对未来美好生活的憧憬,也体现出国家未来发展的方向、方针和方略,是国家奋斗纲领的集中表达。党的十九大报告提出“决胜全面建成小康社会,夺取新时代中国特色社会主义伟大胜利,为实现中华民族伟大复兴的中国梦不懈奋斗”,[21]是对国家奋斗纲领的全新概括。此次修宪把“社会主义现代化强国”和“实现中华民族伟大复兴”及时载入宪法,用以引领全面依法治国,夯实了“奉法者强则国强”“法治梦与中国梦一脉相承”[22]的法理根基,升华了宪法作为强国之重器、兴国之大略的角色定位。

国家纲领的更新,折射到法治领域,必先引起国家法理的革新,体现为“法治国家”到“法治中国”的思维升级。回顾我国法治建设的历史,中共十五大提出“依法治国,建设社会主义法治国家”,十八届三中全会提出“推进法治中国建设”,十八届四中全会指出“全面依法治国是一个系统工程,是国家治理领域一场广泛而深刻的革命”,全党全国人民必须“向着建设法治中国不断前进”“为建设法治中国而奋斗”。党的十九大报告提出“全面依法治国是中国特色社会主义的本质要求和重要保障”,并提出“成立中央全面依法治国领导小组，加强对法治中国建设的统一领导”。这些变化生动体现了国家纲领对法理思维的引领作用。法理思维的转型又必将引领法治建设的进步，其最明显的表征就是宪法的进步。正是通过完善宪法这个根本法，国家奋斗的新纲领才能影响国家法理的新转型，进而作用于国家法治体系的各环节、推进法治中国建设，打造法治强国。因而，国家奋斗新纲领载入宪法，是以法理的升级带动宪法的进步，是以宪法的进步统领法治的进步，即“以良宪促进良法之治”。

（五）五大文明蓝图拓展宪法内涵

党的十八大以来，我国逐步形成了经济建设、政治建设、文化建设、社会建设、生态建设“五位一体”的总体布局。它并不是一个并列结构，而是一个内在互生的有机系统，体现出我国社会主义现代化国家奋斗目标的内在价值基础。中国特色社会主义进入新时代，人民对美好生活的需要日益广泛，经济文明的进步仍然是社会主义初级阶段的重要任务，但是人民对政治、文化、社会、生态的需求同样强烈，对人的全面发展的期盼和对社会全面进步的期待更加突出。在这种情况下，“五位一体”的总体布局就不仅仅是一种生产力现代化的布局，而是更加深入现代化的文明维度中来，更加提升至人的全面发展和社会全面进步的层次上来。

这次修宪将宪法序言中“推动物质文明、政治文明和精神文明协调发展”修改为“推动物质文明、政治文明、精神文明、社会文明、生态文明协调发展”，并相应地把“把我国建设成为富强、民主、文明的社会主义国家”修改为“把我国建设成为富强民主文明和谐美丽的社会主义现代化强国”。这一修改，使五大建设归结于五大文明，对应于社会主义现代化强国的五大要素，彰显中国特色社会主义总体布局的文明指向，标识了我国长远发展的历史使命。[23]从建设至文明的跃进拓展了宪法的内涵，释放出以法治促进文明的信号。作为根本法的宪法是法治文明的一个表征，是国家政治文明的一个符号，进而也是社会全面文明的一个基准。将文明理念植入宪法，升华了宪法的价值境界，预言了宪法的新时代法理格局。

（六）德法共治理念提升宪法品质

德法共治既是对中国古代治国理政智慧的传承，又是对现代国家治理理念的丰富和发展。[24]“法不仁不可以为法”，[25]没有价值依据的法律是没有说服力的，当然称不上良法；“刑者，礼之门；礼者，道之根”，[26]法律必须要合乎道德、合乎规律，才能成为社会治理的良器。西谚“宪法是国家道德之帆”道出了宪法中浓重的道德底色。“没有道德滋养，法治文化就缺乏源头活水，法律实施就缺乏坚实的社会基础。”[27]我们要实现国家治理体系现代化，就必须让宪法统领的法律体系闪耀着价值的光辉；我们要实现国家治理能力现代化，就必须要让法治的运行承载美德的重量。“既重视发挥法律的规范作用，又重视发挥道德的教化作用，实现法律和道德相辅相成、法治和德治相得益彰。”[28]

本次宪法修改张扬了德法共治精神，提升了宪法的良法品质，焕发了以宪法为统领的法律体系的价值光彩。在宪法第一章《总纲》第 24 条第 2 款中增加“国家倡导社会主义核心价值观”，把社会主义核心价值观渗透于宪法中，让以宪法为统帅的法律体系有了更坚实的价值基础，让社会主义核心价值体系有了最高的根本法守护，实现了法律与道德的联姻，促进了德治与法治的互动。此外，把“致力于中华民族伟大复兴的爱国者”纳入爱国统一战线，把“平等、团结、互助的社会主义民族关系”修改为“平等团结互助和谐的社会主义民族关系”，明确了同胞之间、民族与民族之间关系的新定位，“中华民族”是中华儿女的心灵故乡，“复兴”成为中华儿女共同的夙愿，“和谐”成为中华儿女的价值共识。这不仅展现出我国同胞关系和民族关系在观念上的进步，而且也论证着“和而不同”“人人相亲”之“和”文化传统的当代价值。这些修改从法理上把中华传统美德、社会主义核心价值、法律体系和法治体系融贯于一，增强了宪法内在的价值感染力，是名副其实的良法之变，这是对中国传统“统治”和西方传统“治理”的超越，必将推动宪法走向善治。

(七)善治实践理性催生宪法活力

依靠宪法法律把重要领域和关键环节上成熟的改革成果定型化,让运行良好的治国理政实践固化为系统完备、科学规范、运行有效的制度体系,是我国国家治理和法治建设的一条基本经验,是治国理政规律和依宪治国思维的统一。本次修宪将善治的实践理性传递至宪法规范,使宪法与改革交相辉映,催生了宪法确认、规范、指引治国理政的巨大活力。此外,修正案补充了监察委员会的相关内容,反映了党的十八大以来深化国家监察体制改革的成果,具有坚实的政治基础、理论基础、实践基础和充分的法理支撑。[29]宪法对国家监察体制改革阶段性成果的确认,也为《监察法》立法提供了根本法依据和效力渊源。宪法对这两项重要体制予以肯定,释放了国家治理的制度空间,既涵盖过去,又面向未来,有利于党和国家的长治久安。

(八)全球治理思维创新宪法理念

统筹国内法治与国际法治、国家治理与全球治理两个大局,推动全球治理体系和治理规则变革,构建新型国际关系和人类命运共同体,是中国共产党在正确把握国际形势新变化、科学判断全球发展新趋势、深刻反思国际关系新秩序的基础上,提出的具有时代性、科学性、实践性、先进性的全球治理命题。这一命题颠覆了传统的"统治与支配"的国际关系定位,更新了全球化时代人类共同的价值共识,使全球治理思维由封闭走向开放,使世界格局由对立走向统一,对人类历史命运作出了前瞻性判断。

宪法修正案在宪法序言"中国坚持独立自主的对外政策,坚持互相尊重主权和领土完整、互不侵犯、互不干涉内政、平等互利、和平共处的五项原则"后增加"坚持和平发展道路,坚持互利共赢开放战略",相应地将"发展同各国的外交关系和经济、文化的交流"修改为"发展同各国的外交关系和经济、文化交流,推动构建人类命运共同体",使全球治理命题转化为宪法的规范性表达。"运用法理思维来解决国家之间的矛盾、区域之间的矛盾、利益集团之间的矛盾,通过积极开展法律外交来推进国际法治,有助于在扩大共识、求同存异的前提下维护和平、促进发展和加强合作。"[30]作为国内根本法的宪法,也是国家对外关系的宣言,宣布了我国倡导全球法治的法理主张,表达了构建人类命运共同体的世界情怀、大国担当。这本质上也体现出我国宪法在理念上的自觉和在理论上的创新,即把宪法价值从国内法治的层面跃升至国际法治层面,把良法善治的法理火种传播至世界各地,使我国宪法发展参与到世界宪法发展进程中。这一理念与“中华民族伟大复兴”的强国目标相呼应,世界情怀与民族精神有机融合于宪法之中,显露出我国宪法法理的前进趋势和高远视野。

(九)宪法实施制度守护宪法权威

宪法权威的树立,决定着法治权威,决定着党和人民事业的顺利发展。“宪法的生命在于实施,宪法的权威也在于实施。”[31] 在新的时代条件下,坚持全面依法治国基本方略,加快建设社会主义法治国家,首要的就是要全面贯彻实施宪法。[32] 宪法的最高效力必须落实到法治体系的各领域和各环节,否则便成了一纸空文,宪法权威和尊严也就荡然无存。宪法实施必然是法治运行的首要环节,也必然是维护宪法权威的关键任务。本次修宪的重点之一就是从制度上保障宪法的有效实施,切实捍卫宪法的尊严和守护宪法的权威。

此次修宪将《宪法》第 70 条全国人大“法律委员会”的名称修改为全国人大“宪法和法律委员会”,强调了全国人大在履行宪法监督、合宪性审查、宪法解释、宪法宣传等方面的职权职责,为宪法有效实施提供了制度保障和组织保障,使宪法的至上权威在宪法实施和监督过程中更丰富地表达出来。宪法修正案在宪法第一章《总纲》第 27 条增加 1 款规定“国家工作人员就职时应当依照法律规定公开进行宪法宣誓”,通过制度化仪式强化了宪法权威,抓住了领导干部这个依法治国、依宪治国的“关键少数”,有利于国家工作人员树立尊重宪法、敬畏宪法的意识,坚定依宪执政、依法执政的信念,提高执法、用法、守法的水平。这两处修改,一方面,从宏观的制度设计上为宪法实施量身定制,确保宪法实施和监督有法可依、有权可凭、有责可究;另一方面,从微观的实施细节为宪法权威锦上添花,让法治运行中的执法者和参与者都感受到宪法权威的力量。此外,把党的领导写入国体条款,强调了党统揽全局、协调各方的地位,也是加强宪法实施的重要方面。

(十)法理思维逻辑开启宪治新征程

我国法治事业的发展经历了不断与时俱进的过程,党的十五大将依法治国确立为党领导人民治理国家的基本方略,党的十八大将法治明确为治国理政的基本方式,党的十九大报告首次将“坚持全面依法治国”作为新时代坚持和发展中国特色社会主义的基本方略之一。法治定位在历史脉络中的递进,展现出法治从局部的治国理政方略到全局的坚持和发展中国特色社会主义方略的提升,显示出法治从工具性价值到目的性价值的升华,反映出静态法制到动态法治的法理思维升级。

中国特色社会主义法治的统领是宪法,中国特色社会主义法治的核心是宪治,正如习近平总书记所精辟指出的:“依法治国首先是依宪治国,依法执政首先是依宪执政。”[33]宪法修正案将“健全社会主义法制”修改为“健全社会主义法治”,“法治”替代“法制”,意味着不但要有法可依,而且要良法善治;意味着不但要依法治国,而且要全面依法治国;意味着不但要厉行法治,而且要实现党的领导、人民民主和依法治国的有机统一。一字之变,却包含着规则之治到良法善治的法理思维转换。而宪法对“法治”的确认,也抓住了法理思维逻辑这把密匙,使宪法角色从法制之首转身成为法治之帅,使宪法功能从确认扩展至确认、保障、引领,使依宪立法向更高层次的依宪治国迈进。

四、结语

现行《宪法》的第五次修改并非只是法律条文的改动,也并非只是一次例行公事,它沉淀了厚重的历史,在中华人民共和国宪法发展史上,在全面推进依法治国、建设法治中国的征程中,在坚持和发展中国特色社会主义的新时代,均具有非凡的历史意义。同时,它也刻画下深刻的时代法理:前提性法理回答了“为什么修”,程序性法理阐释了“怎样修”,实质性法理论证了“哪些应该修”,法理之题构筑了修宪之善。前提性法理是修宪工程的拱顶石,它嵌入程序性法理和实质性法理之中,并沟通着后两者,后两者也以它为支点而更稳固。程序性法理促进了过程之美,使修宪这一国家行为有了良善意志的规定性,包括正确的方向、强大的支撑、科学的准则、合法的步骤。实质性法理促进了结果之善,使宪法修正案诸多条文有了合目的性,更及时地回答了时代课题,更丰富地体现了党和人民的意志,更有效地推进了全面依法治国,更加快了社会主义法治体系的完善,更有力地促进了国家治理现代化,更深层次地响应了前提性法理的呼声。程序性法理与实质性法理的珠联璧合,满足了过程之美与结果之善的统一,实现了合规律性与合目的性的统一,达致了良法与善治的统一,完成国家之器与历史之道的统一。新时代首次修宪,塑造了一个时代的宪法,演绎着对过去的传承、对现在的确认和对未来的引领;特写了一个中国的宪法,肯定了中国经验,闪烁着中国智慧,彰显着中国文明;开创了一个法理的宪法,以习近平新时代中国特色社会主义思想为内核的 21 世纪马克思主义的法理精华渗透在宪法修正案的文本中,凝集了党心、民意和国情,滋养着理论、制度和实践,孕育着理性、良善和公正。法理为修宪戴上了新时代的花冠,修宪也迎来了法理中国的朝霞。

注 释

* 郭晔,浙江大学光华法学院博士后研究人员;张文显,浙江大学文科资深教授。本文是中央马克思主义理论研究和建设工程重大项目、国家社科基金重大项目《全面推进依法治国重大现实问题研究》(2015MZD042),中国法学会 2018 年度部级法学研究重点委托课题《宪法修改的重大意义和主要内容》[CLS(2018)ZDWT07]。本文原载《法学评论》2019 年第 1 期。

〔1〕 习近平:《在首都各界纪念现行宪法公布施行 30 周年大会上的讲话》,载《习近平谈治国理政》(第 1 卷),外文出版社 2017 年版,第 138 页。

〔2〕 习近平:《在首都各界纪念现行宪法公布施行 30 周年大会上的讲话》,载《习近平谈治国理政》(第 1 卷),外文出版社 2017 年版,第 137 页。

〔3〕 习近平:《在首都各界纪念现行宪法公布施行 30 周年大会上的讲话》,载《习近平谈治国理政》(第 1 卷),外文出版社 2017 年版,第 136 页。

〔4〕 习近平:《更加注重发挥宪法重要作用 把实施宪法提高到新的水平》,载《人民日报》

2018 年 2 月 26 日,第 1 版。

〔5〕 习近平:《在首都各界纪念现行宪法公布施行 30 周年大会上的讲话》,载《习近平谈治国理政》(第 1 卷),外文出版社 2017 年版,第 136 页。

〔6〕 莫纪宏:《法治中国的宪法基础》,社会科学文献出版社 2014 年版,第 2 页。

〔7〕 参见[奥]凯尔森:《法与国家的一般理论》,沈宗灵译,中国大百科全书出版社 1996 年版,第 130 页。

〔8〕 参见张文显:《习近平法治思想(中)——习近平法治思想的一般理论》,载《法制与社会发展》2016 年第 3 期。

〔9〕 《毛泽东文集》(第 6 卷),人民出版社 1999 年版,第 328 页。

〔10〕 《韩非子 · 外储说右下》。

〔11〕 (汉)郑玄:《诗谱序》。

〔12〕 习近平:《决胜全面建成小康社会 夺取新时代中国特色社会主义伟大胜利》,人民出版社 2017 年版,第 19 页。

〔13〕 (清)王夫之:《读通鉴论》,舒士彦点校,中华书局 1975 年版,第 274 页。

〔14〕 习近平:《关于〈中共中央关于全面推进依法治国若干重大问题的决定〉的说明》,载《习近平关于全面依法治国论述摘编》,中央文献出版社 2015 年版,第 24 页。

〔15〕 参见王勇:《为什么由党中央提出宪法修改建议》,载《中国纪检监察报》2018 年 3 月 13 日,第 2 版。

〔16〕 《管子 · 四顺》。

〔17〕 张文显:《充分认识人民代表大会制度与西方议会制度的本质区别》,载《人民日报》2009 年 3 月 12 日,第 11 版。

〔18〕 张文显:《治国理政的法治理念和法治思维》,载《中国社会科学》2017 年第 4 期。

〔19〕 张文显:《法理:法理学的中心主题和法学的共同关注》,载《清华法学》2017 年第 4 期。

〔20〕 习近平:《决胜全面建成小康社会 夺取新时代中国特色社会主义伟大胜利》,人民出版社 2017 年版,第 11 页。

〔21〕 习近平:《决胜全面建成小康社会 夺取新时代中国特色社会主义伟大胜利》,人民出版社 2017 年版,第 1 页。

〔22〕 参见张文显:《习近平法治思想(中)——习近平法治思想的一般理论》,载《法制与社会发展》2016 年第 3 期。

〔23〕 参见张文显、郭晔:《宪法修改回应了新时代人民对美好生活新需要和新召唤》,载《光明日报》2018 年 4 月 3 日,第 4 版。

〔24〕 参见张文显:《治国理政的法治理念和法治思维》,载《中国社会科学》2017 年第 4 期。

〔25〕《墨子·法仪》。

〔26〕《白居易集·刑礼道》。

〔27〕习近平:《加快建设社会主义法治国家》,载《求是》2015 年第 1 期。

〔28〕习近平:《加快建设社会主义法治国家》,载《求是》2015 年第 1 期。

〔29〕参见新华社:《以赋予监察委员会宪法地位为契机深化监察体制改革——专访中央纪委副书记肖培》,载《新华每日电讯》2018 年 3 月 11 日,第 3 版。

〔30〕张文显:《推进全球治理变革,构建世界新秩序——习近平治国理政的全球思维》,载《环球法律评论》2017 年第 4 期。

〔31〕习近平:《在首都各界纪念现行宪法公布施行 30 周年大会上的讲话》,载《习近平谈治国理政》(第 1 卷),外文出版社 2017 年版,第 138 页。

〔32〕参见公丕祥:《新时代坚持和发展中国特色社会主义的坚强宪法保障》,载《新华日报》2018 年 3 月 14 日,第 15 版。

〔33〕习近平:《在庆祝全国人民代表大会成立 60 周年大会上的讲话》,载《人民日报》2014 年 9 月 6 日,第 2 版。

李炳烁*

国家政治的法理:以合法性概念为核心的分析

| 提　要 |

在法理成为法理学的中心主题和中国法学共同关注的新时代,法理在政治生活和公共生活中也发挥着极其特殊的作用。合法性是国家政治法理的核心议题。合法性范畴的法理意蕴不仅基于一定的文化传统和价值观念,体现民众对于政治体系正当性的认同;而且包含了在现代宪制结构下,政治制度和政治行为法治化、规范化的实践过程;以及民众对于政治治理的实际效果、社会正义实现程度、公民权利保障诉求的综合认知。政治发展中的合法性危机主要源自社会转型时期经济发展、社会治理与政治认同的复合效应,其法理重建须着眼于提升对政治制度的法理认同,强化对政治过程的法治规范,建构政治有效性的法理基础。

| 关键词 |

国家政治　法理　合法性　合法律性　合法性危机

法律与政治是人类社会生活的重要主题。在人类历史发展的进程中,法律与政治经常交织在一起,相互联结、彼此互动,“从古代社会到现代国家的发展过程中,法律与政治权力的复杂关联是其典型特征”。[1]“不论是从彼此的构造生成,还是从实际的运作实践来看,法律与政治都始终具有非常密切的内在联结,也就是说,法律与政治始终都是共生的。”[2]法学和政治学亦共享众多理论资源和研究命题,并逐渐造就和形成了具有学科交叉性质的研究范式。[3]在法理成为法理学的中心主题和中国法学共同关注的新时代,法理在政治生活和公共生活中也发挥着极其特殊的作用。尤其是在意见、主张和立场对立的场合,法理已成为抢夺话语权的工具,[4]譬如对“法理台独”的驳斥,[5]对南海仲裁案中法理的分析,[6]等等。运用法理的概念、理论与方法,来分析、证成、检验政治制度、政治行为和政治话语,为公共政策提供法理支撑,已经成为现代政治的重要内容。基于此,本文拟对国家政治的法理问题进行解析,对国家政治的核心范畴合法性展开论证,在探讨当代政治实践的合法性危机的基础上,提出政治合法性法理重建的理论逻辑,以期对上述问题的研究有所裨益。

一、国家政治法理的核心议题

(一)何为国家政治的法理?

张文显教授在《法理:法理学的中心主题和法学的共同关注》一文中提出,法理“体现了人们对法的规律性、终极性、普遍性的探究和认知,体现了人们对法的目的性、合理性、正当性的判断和共识,体现了人们对法律之所以获得尊重、值得遵守、应当服从的那些内在依据的评价和认同”。[7]法理蕴含着普遍价值和正义美德,其经常意指社会行为、公共政策的正当性根据和合法性基础,构成评判社会行为、公共政策的正当性根据和合法性基础的标准。因此,运用法理思维分析国家政治,透过纷繁复杂的政治现象,探寻其背后的正当性根据与合法性基础等问题,有助于有效回应关于政治体系存续和发展的各种复杂命题。

从本质属性来说,政治是人生存和生活的基本面向。马克思在《〈政治经济学批判〉导言》中指出,“人是最名副其实的政治动物”。[8]达尔也指出:“无论一个人是否喜欢,实际上都不能完全置身于某种政治体系之外。……政治是人类生存的一个无可避免的事实。每个人都在某一时期以某种方式卷入某种政治体系。”[9]研究表明,在社会的原始形态中就存在政治现象。[10]现代社会对政治生活的依赖更甚于古代,这是因为,随着社会规模的扩大,社会的组织化程度随之加深,与之相关联的政治体系不断扩张,由此形成了影响每个人的政治网络。

作为一种可以实际控制他人的影响力,政治能够支配他人行为,主导社会资源分配。任何政治关系实质上都是对他人的支配关系。在社会生活中,是什么因素使政治权力的拥有者具有了这种力量?政治的对象又基于何种理由服从主体的意志,并按主体的意志行事?在笔者看来,这一带有根本性的问题,即政治合法性问题,是国家政治的核心议题,它必须回答政治的来源和正当性基础、有关公民服从的道义本质等问题。换言之,如何让社会成员不是仅仅因为害怕暴力而服从政府的命令,而是出于对政府行为的认可和服从义务而自觉遵守政府的命令,这是我们理解政治现象的一个关键命题。“如果我们回忆一下传统的政治哲学中对政治义务问题的普遍关注,我们就可能得出这样的结论,没有对系统合法性的一些适度的信奉,任何系统都不能延续,至少不能延续很久。”[11]“当大多数民众认为政府实施统治是正当的,也就是政府具有合法性的时候,民众对于权力会自觉服从,即使出现抵触,也不会危及社会秩序。在这种情况下,该政权是稳固的,政府的个别过错或政策失误也不会导致政治体系的崩溃。”[12]相反,当大多数民众认为某一政治制度或政策的实施是不正当的时,即使他们被迫服从,也容易出现大规模的抗议活动。因此,合法性是现代政治无法回避的本源性问题,关涉政治秩序的持久存续以及政治体系的有效运作。一般而言,政治权力在初始阶段或许是以暴力手段获取的,但仍需经过合法性的正当化过程,以夯实其执政的道义基础。随着社会发展,人类处理政治生活的方式也在不断进步,“对于涉及社会成员整体的共同利益和诉求的公共事务通过做出决策并加以实施的方式所进行的管理和处置,就是现实的实际政治活动,而法律乃是对于社会成员整体的共同利益和诉求及其表现出来的公共事务的处置方式之一,在现代社会,还是最为重要、规范且常规的处置方式"。[13]国家政治与法律的结合使合法性问题进一步复合化。就国家政治的制度性结构而言,它需要回答的合法性问题就转化为:建构在宪法和法律基础上的政治制度、依据宪法和法律运作的政治行为、基于法律程序作出的公共政策,如何获得其合法性?在现代法治背景下,"政治合法性的获得与维持,实际上主要是由法律符号对于政治权力的意义赋予和意义展现来完成的"。[14]进而,国家政治的合法性问题就转化为与政治体制共生的法律制度的正当性依据问题。从这个意义来说,政治哲学对于法治之下的政治结构、政治行为、政治现象的正当性的探讨,与法理的丰富内涵具有内在的贯通性和一致性。

(二)合法性范畴的理论演进

在政治哲学史上,合法性问题一直是核心议题。马克·夸克认为:"合法性问题,虽然是政治中的核心问题,但却并非为某一学科的排他特性。哲学、政治学、法学、社会学、政治人类学也同样将合法性作为其优先研究对象。"[15]自柏拉图以来的学术传统所进行的有关国家政体、社会正义的探索及设计,很大程度上都在努力通过建构一种关于国家正义的道德哲学来塑造关于政治合法性的理论体系。

关于政治合法性研究的源头,哈贝马斯曾指出:"在欧洲,如果不是从梭伦开始,那么至迟也是从亚里士多德开始,政治学理论就从事于合法化统治兴衰存亡的研究。"[16]需要指出的是,马基雅维利以前的古典政治哲学在合法性问题上侧重的是古典自然法的逻辑。譬如,柏拉图强调政治秩序的首要价值是正义,"正义是智慧与善"。[17]亚里士多德通过对雅典城邦的分析以及对各种政体兴衰的研究提出,政治应该以共同体的善为目的,只有基于公正的政体才能持久。"城邦以正义为原则。由正义衍生的礼法,可凭以判断人间的是非曲直,正义恰正是树立社会秩序的基础。"[18]显然,在柏拉图的理想国和亚里士多德的优良政体观中,政治统治必须符合崇高而永恒的自然法理念,才能获得民众的终极认可。

近代以来,社会契约论成为思考政治合法性的有力工具。霍布斯、洛克、卢梭相继构建出关于公民和国家关系的社会契约理论。“即使是最强者也绝不会强得足以永远做主人。除非他把自己的强力转化为权利，把服从转化为义务。”[19]在社会契约论的逻辑中，统治者的权力合法性必须根植于被统治者通过订立契约而形成的合意(consent)，也就是说，统治者要想长久地维持统治，必须取得被其统治的公民的“同意”。这种建立在自然法基础上的契约义务，是统治者赢得公民的忠诚和自觉服从的正当性证明。在具体的政治实践中，社会契约一般外显为宪法的形式，由此，政治合法性问题经常被化约为政治治理的合法律性问题。

与上述规范主义进路不同，马克斯·韦伯开启了关于政治合法性研究的经验主义进路。他通过对社会史的研究，实证分析了各种既存政治体制对于合法性的要求，同时摒弃了合法性范畴内涵的价值判断因素。他认为，“在现实政治中，任何成功的、稳定的统治，无论其以何种形式出现，都必然是合法的，而‘不合法’的统治本身就没有存在的余地”。[20]他发现，由命令和服从所构成的每一个社会活动系统的存在，都取决于它是否有能力建立和培养对其存在意义的普遍信念，这种信念也就是其存在的合法性。“没有任何一种统治自愿地满足于仅仅以物质的动机或者仅仅以情绪的动机，或者仅仅以价值合乎理性的动机，作为其继续存在的机会。毋宁说，任何统治都企图唤起并维持对它的‘合法性’的信仰。”[21]换言之，合法性问题可以被看作社会公众对于现存政治秩序的态度和信念问题。如果被统治者相信统治他的政权是合法的，那么该政权就具有合法性。政治具备合法性主要意味着统治者有能力赢得社会的支持，建立和培养被统治者对现行政治体制的普遍信念。在此基础上，韦伯总结出政治合法性的三种理想类型：传统型的统治“建立在一般的相信历来适用的传统的神圣性和由传统授命实施权威的统治者的合法性之上”；[22]合法型的统治则“建立在相信统治者的章程所规定的制度和指令权利的合法性之上”；[23]魅力型的统治“建立在非凡地献身于一个人以及由他所默示和创立的制度的神圣性，或者英雄气概，或者楷模样板之上”。[24]合法型的统治区别于传统型的统治和魅力型的统治的特征在于，它将政治认同的对象由抽象的神圣精神或具有超凡精神的君主转换为非人格化的法律规则，从而型构出具有普遍主义精神的法理型权威。

韦伯以经验主义的方法研究政治合法性,呼应了20世纪初期科学主义思潮的兴起,对于之后的法学和政治学研究产生了重要影响。哈贝马斯曾言:“在今天,社会科学家(包括马克思主义理论家)对合法化问题的处理,大多进入了韦伯的‘影响领域’。一种统治规则的合法性乃是根据那些隶属于该统治的人对其合法性的相信来衡量的。”[25]20世纪中期以来政治科学的发展,诸如李普赛特、阿尔蒙德、戴维·伊斯顿、帕森斯等著名政治学家基本上承袭了韦伯式的经验主义研究取向。例如,李普塞特提出:“任一民主国家的稳定不仅取决于经济发展,也取决于它的政治制度的合法性与有效性。”“合法性涉及该制度产生并保持现存政治机构最符合社会需要的这种信念的能力。”[26]阿尔蒙德也认为:“如果某一社会中的公民都愿意遵守当权者制订和实施的法规,而且还不仅仅是因为若不遵守就会受到惩处,而是因为他们确信遵守是应该的,那么,这个政治权威就是合法的。……正因为当公民和精英人物都相信权威的合法性时要使人们遵守法规就容易得多,所以,事实上所有的政府,甚至最野蛮、最专制的政府,都试图让公民们相信,他们应该服从政治法规,而且当权者可以合法地运用强制手段来实施这些政治法规。”[27]戴维·伊斯顿则在韦伯的基础上,构建出一个以“散布性支持”概念为核心的分析框架。[28]他认为,政治合法性主要来自于公民长久的“散布性支持”,这种支持可归于意识形态、结构和个人品质三方面。意识形态是关于政治共同体的意义阐释,用于培养成员对于政治体制的信念和情感;结构乃是合法性赋予的制度性规范;个人品质更多地属于克里斯玛(Charisma)的范畴。这种解释方法在韦伯类型学的基础上,更加注重政治合法性的构成要素,因此也具有更大的包容性和解释力。

尽管如此,这种将政治合法性问题等同于关于政治秩序认同的事实问题的做法,还是遭到了许多学者的尖锐批评。他们认为,韦伯的形式主义法治观与法律实证主义类似,将价值判断和道德追问排除出合法性范畴,“无疑是一场灾难”。[29]不再追问政权自身的正义性,仅仅关注如何取得公众支持的技术性问题,这种统治潜藏着极权主义的危险。哈贝马斯对韦伯式的经验主义研究持否定态度。他认为,合法性不应被单纯理解为政治系统的自我论证和赢得大众支持,法律不是自洽自足的系统,“如果合法性信念被视为一种同真理没有任何内在联系的经验现象，那么，它的外在基础也就只有心理学意义了”。[30]哈贝马斯主张必须对政治秩序进行合法性评价，“关于合法性，我把它理解为一个政治秩序被认可的价值”。[31]以此为出发点，他构建了建立在话语理论和交往理性基础上的程序主义商谈理论（协商民主），将民主政治的合法性基础从形式主义的法律理性、社会主体的散布性支持中解构出来，代之以对话伦理和协商民主，推动社会文化公共领域的结构转型，实现了在合法性问题上的价值回归。

二、合法性范畴的法理意蕴

国家政治的运作，究其本质，需要取得民众的支持与认同，体现人类政治理性的内在自觉要求。在这一意义上，“任何一种人类社会的复杂形态都面临一个合法性的问题”。[32]合法性范畴不仅基于一定的文化传统和价值观念，体现民众对于政治体系正当性的认可；而且包含了在现代宪制结构下，政治制度和政治行为法治化、规范化的实践过程；以及民众对于政治治理的实际效果、社会正义的实现程度、公民的权利保障诉求的综合认知。这三者综合起来，构成了合法性范畴法理意蕴的三重维度。

（一）法理作为政治合法性获取和存续的根基

在规范政治理论看来，合法性首先且必然意味着政治制度本身蕴含正义、良善等普遍价值，内含了“一种政治统治或政治权力能够让被统治的客体认为是正当的、合乎道义的，从而自愿服从或认可的能力与属性”，[33]由此才取得社会公众根植于内心的道德认同与支持。对于政治权力的行使什么时候是合适的这一问题，罗尔斯在《政治自由主义》一书中指出：“只有当我们履行政治权力的实践符合宪法——我们可以理性地期许自由而平等的公民按照为他们的共同人类理性可以接受的那些原则和理想来认可该宪法的根本内容——时，我们履行政治权力的实践才是充分合适的。”“在立法中所提出的所有涉及或接近于宪法根本或基本正义问题的问题，也都应该尽可能地通过公民们以同样方式认可的那些原则和理想来加以解决。唯有可能理性地期许全体公民认可的政治正义观念，才能作为公共理性和公共证明的基础。”[34]这些共识性的理念与原则是政治合法性获取和存续的根基所在。民众对于政治合法性的正当性的追问,源于对自身所依赖的政治共同体价值同一性的道德需要。从寻求社会秩序、正义和自由的人的本性来说,人们只有在正义、自由的政治系统中,才能完成自我确证,建立对自我政治生活的意义解释。因此,统治和服从的合法性问题必须在由特定的政治传统、意识形态、伦理道德体系等构成的价值系统中得以建立。

前文已述,在现代社会,政治以法律作为其外观,“法律乃是另一种形式的政治,即法律以其规范化、权威化、统一性的标准化要求表达着政治的诉求”。[35]这就在客观上造成了对于政治合法性的正当性的追问,悄悄转化为对外在于政治制度的法律符号的意义的探寻。国家依据社会普遍价值观构建政治权力结构及运行机制,体现正义、秩序等价值,保障公民的基本自由与权利,在法理上即意味着合乎“融通性、普遍性”的法之公理,即规范层面上社会普遍认可的正义观、道德观、共同价值等。这种法之公理与美德,或“源于某种固定的和必然的人的自然状况”,或“根植于某种人类政治和社会生活制度的基本属性之中”,也“可能立基于人们对构成某个特定社会形态之基础的基本必要条件或前提条件的认识”。[36]具体而言,政治制度应符合人民主权、权力制约、权利保障、平等参与等原则;政治运作应体现对所有公民的“同等关怀和尊重”,[37]保障社会基本结构的正义;[38]政治权力的微观实践应该遵循正当程序原则、权利推定原则、比例原则等。这些符合人的本性、体现理性精神的价值诉求,既合乎道德理性和价值理性,[39]也符合人们普遍接受的法理,体现了法之美德与价值。简言之,法理乃是现代政治合法性获取和存续的根基。

这也同时意味着,民众并非一味消极被动地接受既定的政治统治,而是可以依据普遍的共识性法理对政治体制进行合法性评价,从而确立公民在现代政治生活中的逻辑优先性。奥克肖特认为:“许多对政府的体制和行为所作出的评判,依据的是道德标准。历史上还没有这样一个时期,评判争议不是采用下列形式:适合人类生存的正当行为应该如此这般,所以统治结构与行为也应该如此这般。”[40]日本学者加藤节指出:“在承认政治主宰人类生活沉浮的同时,必须确立能够对政治支配加以抵抗的人类价值领域,并由此确立人类对于政治的优先性。”[41]

作为政治合法性获取和存续的根基，在实际的政治生活中，法理经常表现在对一定的法治观念、政治信仰和意识形态的塑造过程中，它决定了国家政治制度的核心理念与基本发展轨迹：国家通过政治法理和核心价值观逐渐唤起民众对于政治统治的认同与支持。在中西方的发展历史中，统治者历来重视法理对政治合法性的正当化作用。孔子曾言：“道之以政，齐之以刑，民免而无耻；道之以德，齐之以礼，有耻且格。”“为政以德，譬如北辰，居其所而众星共之。”[42]亚里士多德也指出：“一种政体如果要达到长治久安的目的，必须使全邦各部分（各阶级）的人民都能参加而怀抱着让它存在和延续的意愿。”[43]一条适用于一切政体的公理是，“愿意维持其政体的部分必须强于反对这一政体的部分”。[44]

同时，我们需要注意两个问题：第一，20 世纪初期，科学主义思潮的兴起推动了实证主义与政治科学的发展，在政治合法性问题上，人们开始更多关注民主的形式与过程。政治学家们往往把统治者是否由民选产生、政治决策是否遵循多数决规则等作为政治合法性的评价标准。理论上，经过民主程序产生的政治权力比专制政权更能够遵守法律规则、实现社会正义，但这并不具有必然性，民主政体下的政治过程也可能偏离正义，历史已经反复证明这一点。因此，许多学者提出，法理中的诸多原则，譬如保护少数人权利、司法独立、合宪性审查等，乃是政治合法性的前提条件，应坚持“法治之下的民主政治”。第二，在现代社会，价值多元与分化的趋向愈加明显，诸如宗教、文化、种族等问题上的道德共识越发难以形成。这种情况要求政治制度必须保持适度的灵活性和开放性，在坚持普适性法理的基础上，区分不同价值的性质与类型，平等对待、宽容平衡；同时，政治体系要主动培塑符合社会发展需要的核心法理观，防止因价值分裂导致的社会冲突。

（二）法理作为政治合法性之合法律性的内在根据

政治和法律的内在联结反映了国家形态之下人的政治环境与空间。在此背景下，政治合法性实际上建构了政治与法律关系的一种状态。这其中，一方面，“政治作为法律的存在根基，反映出法律对于政治的事实上和逻辑上的依赖性”。[45]正如庞德所说,“作为社会控制的一种高度专门形式的法律秩序,是建筑在政治组织社会的权力或强力之上的”。[46]日本法学家川岛武宜更是坦言:“法律命题通常总是带有政治色彩的。”[47]美国学者里普森也指出:“法律的苍穹不是独立自存的,它建立在政治的柱石之上。没有政治,法律的天空随时可能坍塌。”[48]另外,更重要的是,宪法、法律是政治制度存续和运行的载体,政治合法性必须在合法律性的原则之下寻找其存在的内在根据。

人类社会政治生活进步的标志之一,就是学会以规则控制、规范政治权力的行使,以法律管理政治共同体的公共事务。传统社会以习惯、君主权威作为合法性基础的主要来源,与之相适应的政治结构也主要体现为专制政权和血缘伦理。近代以来,随着社会契约论的兴起,政治合法性开始根植于人类通过同意而形成的契约。由于社会契约论更多的是一种价值理念,在实际的政治发展中以宪法性文件为载体,于是,“基于契约对统治的同意,便悄悄转化为基于宪法对统治的同意,合法性问题在很大程度上就成为一个合法律性的问题”。[49]“与之相适应的政治结构也就必然表现为尊重多样性和保护个人自由权利的法理政治及其契约伦理。”[50]近代以来的西方社会,基本上遵循了韦伯法理型权威的理路,以宪法、法律为合法性基础。亨廷顿在谈及威权主义政体的转化时也指出,现代社会的建立,“意味着政府是人的产物而不是自然或上帝的产物,秩序井然的社会必须有一个明确的来源于人民的最高权威,对现存法律的服从优先于履行其他任何责任”。[51]在这样的意义系统中,政治与法律的逻辑被表述为:凡经过宪法、法律授权的即具有合法性。一国所有关于政治制度合法性的讨论,被内含于该国宪法和法律的框架设计之中,最大限度地降低了政治风险。

政治合法性合乎法律性的内在依据,在于国家法律是社会最基本的价值规范,维系着政治共同体的存续。作为共同体的一部分,国家也必然是法律规范的对象,必须服从共同体的整体利益及行为规则。“政治要通过法律保持与社会的内在联系,保证其与社会的内在一致性,法律在规范政治的同时也是为保证其与社会的内在一致性,防范其滥用和偏离。”[52]换言之,“法治借助规则的非人格化约束政治的恣意,并以规则的普遍性排斥特权,法律实体和程序规范敦促政治决定的审慎，从而能够造就以基本权利保障为核心的政治文明”。[53]合法律性即意味着实在法层面的合法性。“对于任何一种政治权力而言，合法律性的获得就意味着登上了合法性殿堂中的王座，这不仅是可逻辑推演的理论，也是为历史证明的实践。”[54]

但是，如果政治权力的产生和运作符合法律即具有合法性，那么，政治合法性与合法律性将融为一体。韦伯、李普塞特、戴维·伊斯顿等人即持有此种观点。在哈贝马斯看来，韦伯支持了一种实证主义的法律概念，认为“现代法必须能够仅仅根据自己的形式特征来为以法律形式行使的统治提供合法性”。[55]如前所述，韦伯等人主张以价值中立的视角看待政治合法性；他们认为，如果将价值判断引入政治议程，尤其是在宪法和法律之外植入价值评价，将为任意解释法律打开通道，这将极大损害法律的权威性和统一性。但是，问题在于，包括宪法在内的法律都是由国家制定的，虽然在政治理念上法律由多数人民的意志所决定，但在实践中必然体现国家意志。“把法律规范归结为政治立法者的命令，会意味着法律在现代可以说被消解在政治之中了。但这样一来政治这个概念也受到了破坏。在这个前提下政治权力至少不再有可能被理解为被在法律上赋予合法性的权力，因为一种完全受政治支配的法律将失去其赋予合法性的力量。”“一旦法律有效性失去与正义之诸方面的联系——这种联系是超越立法者决定的道德联系——法律的认同也就必然会分散瓦解。”[56]因此，在这一点上，哈贝马斯的追问是有道理的：“以合法律性为中介的合法性，何以可能？”[57]他认为，“韦伯的那个假设——一种独立的、与道德分离的、内在于法律本身之中的合理性，被认为是合法律性的赋予合法性力量的理由——并没有得到证实”。[58]哈耶克也曾表达出同样的忧虑，他指出：“立法这种发明赋予了人类以一种威力无比的工具——它是人类为了实现某种善所需要的工具，但是人类却还没有学会控制它，并确使它不产生大恶。”[59]换言之，合法律性可以构成政治合法性的必要条件，却非充分条件，政治权力仅仅合乎实证法律是无法完成其合法性建构的。我们必须坚持法理作为政治合法性之合法律性的内在根据的观点，将基于人和社会本质的普遍性的法之原则、法之价值等法理植入法律体系之中，实现基于法理的政治合法性重建。

(三)法理作为政治合法性之实践效果的价值标准

“人们奋斗所争取的一切,都同他们的利益有关。”[60]在现代民族国家人民主权思想的主导下,政权要想获得完整意义的政治合法性,还必须关注和回应社会公众的关切和需要,保障公民的自由与权利,实现社会制度的公平正义,这是政治合法性的实践法理基础。

李普塞特指出:“有效性是指实际的政绩。”如果一个政治制度“长时期地缺乏有效性,也将危及合法制度的稳定”。[61]这意味着政治治理的有效性与合法性之间存在密切关联。统治者要想取得民众的支持,维持其统治的持久性,就必须为实现政治治理的有效性作出更多努力。一般而言,经济发展速度越快,社会自主空间越大,人民的自由与权利保障状况良好,政权的政治合法性基础就越稳固;反之,如果经济停滞,人民的自由与权利无法得到有效保障,那么势必会对政权的政治合法性基础造成不利影响。从常识和经验来看,一个政权如果无法为民众提供基本的社会保障和公共服务,那么即使在暴力的庇护下,也是无法长久存续的。

需要明确的是,此处分析的“有效性”是一个复合概念,既指经济增长、社会物质生活水平的提升,也涵盖了环境保护、可持续发展等国家治理能力问题,更包括了社会制度基本结构的正义、公民基本权利与自由的保障、法治发展水平等问题。尤其需要强调的是,如果政治制度确立的社会结构、公民权利义务的分配模式是基于普遍主义的平等原则,体现“作为公平的正义”的法理价值,那么,该制度就能有效平衡社会主体之间的利益冲突,实现社会制度的公平正义。总之,统治者能否长期保持其统治的合法性,在实践效果层面上取决于其能否建立一套基于法理的社会制度体系,实现有效的国家治理。只有以权利为核心、以法理为基础构建政治治理的有效性,才能最大限度地提升政治合法性,抵御经济波动、社会转型等问题对政治合法性的影响和冲击。一个稳定的、正义的社会制度体系,即使出现了经济停滞,也不会危及政治体制本身的合法性。

三、政治发展中的合法性危机及其法理重建

从政治发展的角度来看,任何一个政治体系在社会变迁的过程中都可能不同程度地面临合法性危机及其重建的问题。政治认同下降,出现大规模权力失范现象,抑或社会不平等加剧等,都会导致人们对政治体系产生心理上的疏离感乃至不信任。政治整合变得难以维系,最终失去民众的支持与信任,产生现实的合法性危机。

就西方社会而言,哈贝马斯认为,合法性危机是一种直接的认同危机。[62]在西方社会,文化多元和种族差异等问题正逐渐消解启蒙运动以来同质性的自由主义权利观,民主政治所需要的共识变得愈发难以形成。多元主义价值观所滋生的政治分裂不可避免地造成政治共同体社群观念的缺失以及难以弥补的价值裂痕。同时,随着政党政治的发展,代议民主体制不断凸显经济社会资源领域的不平等,在庞大的官僚体制下,普通民众的声音被分散且无法得到充分的表达,日益远离政治参与的古典理想。查尔斯·泰勒就曾忧虑当代西方民主制度的合法性基础已经大大削弱,"公民觉得自己越来越无力影响政府的作为,也无法使自己的声音为政府所倾听"。[63]对此,吉登斯认为,"在许多自由民主制度中我们看到的是政治制度的大规模异化,或者最低程度也是对政治的冷漠,在大多数西方国家,选民的偏爱变得反复无常。许多人觉得政党政治中发生的事情与他们生活的问题或机会没有什么关系"。[64]对于处于现代化进程中的发展中国家来说,合法性危机主要源自社会转型时期经济发展、社会治理与政治认同的综合效应。[65]20世纪60年代以来,在现代化进程中,许多第三世界国家在民主政治的感召力无从恢复、政绩效应又受到经济增长乏力和社会公正缺失的困扰的情况下,出现过较为严重的合法性危机,包括认同危机、参与危机、分配危机、整合危机等。[66]

(一)提升对政治制度的法理认同

如果政治合法性意味着公众对政治制度的心理认同,那么政治制度具备合法性就意味着公众认可了该制度所蕴含的法理。无论这些法理是词

语、概念,还是谚语、格言、金句,[67]政治制度包含的正当性、合理性价值,体现于政治制度中的法治原理、理论和学说,必然成为公众评价政治制度的基本标准,成为政治权力“获得尊重、值得遵守、应当服从”[68]的内在依据。因此,提升对政治制度的法理认同,须从强化公众对政治制度的正当性的认同入手,使政治制度的设计与运行机制尽可能地体现社会主流的道德观念与法理。

就政治共同体的形成而言,除了维系整个群体所必需的组织结构和规则外,政治共识也是非常重要的社会要素。政治制度必须建立在一定的价值共识基础上,否则将无法形成凝聚力和秩序基础。在现代法治国家的背景下,政治共识首先表现为人民主权、权力制约、法律至上、权利本位等法理原则。这是宪法之下政治制度、法律体系形成的基础和前提。“法律有助于为社会提供维持其内部团结所需要的结构和完型。”[69]同时,提升以法理为基础的政治认同也是培养民众政治合法性观念、树立法治信仰、构筑法治文明的思想先导。这一点非常重要,“在任何一个社会,法律本身都力促对其自身神圣性的信念。它以各种方式要求人们的服从,不但诉诸他们物质的、客观的、有限的和理性的利益,而且求诸他们对超越社会功利的真理、正义的信仰”。[70]需要注意的是,这里存在一个转化和融合的问题。通常情况下,国家政治会通过法律体系的外观,以法律信仰的形式唤起民众对于政治制度合法性的认同。民众对国家的服从和忠诚,“无论如何表现,皆非偶然选择的结果,而是缘于具体历史过程中民族国家政治合法性的获得及其不断巩固——人们只有认同国家的政治体系,接纳国家的政治组织、制度及系列的政治符号与价值观念,才会在具体的政治与社会实践中,将国民身份意识和归属情感集中投射在国家共同体上,表现为对国家政治的服从、信任和支持”。[71]由此,提升民众对于政治制度的法理认同,主要被融合在对体现国家政治符号与法理原则的法治观念与核心政治观的培养与塑造过程中。

需要注意的是,无论就民众的接受程度而言,还是就现代政治的发展趋向而言,民众法治观念与核心政治观凝练的价值取向已经开始由以权力为中心转向以法治为中心。法律的各项制度、仪式,可以“唤起把它们视为生活终极意义之一部分的充满激情的信仰”,[72]民众因此具备共同的权利、义务观念,要求公正审理,反感法律之间的不一致,期望受到平等对待,憎恶非法行为,强烈诉求合法性。[73]在现代社会,政治家和领导者越发强调法治、法理等话语在政治合法性和政治价值观中的重要地位。所以,提升政治制度的法理认同也即意味着需要改变过去自上而下较为固定的意识形态建构方式,转而更加注重培育公民的法治观念与法治思维,实现法理意识形态信仰体系的构建,最终形成强大的凝聚力与服从政治统治的义务感。

(二)强化对政治过程的法治规范

现代政治的一个显著特征是政治法治化,即通过法治迈向民主,[74]法治、法理乃是民主政治之前提。强化对政治过程的法治规范旨在将政治系统与完善的法律规则体系相联系,把政治统治的全过程以法律形式固定下来,使政治运作的各个方面都被纳入法律的框架内。以此种方式构建起来的法理型权威,既可以克服人治之下政治权力行使的随意性,又可以将现代法治所蕴含的丰富法理,如分权制衡、法律保留、信赖保护、疑罪从无等,融入政治生活的每个领域,从而提升政治合法性的法理基础。

构建法理型权威,最为关键的是规范政治权力运行过程。政治权力是现代社会政治生活的核心,涵盖了维持社会秩序、制定法律规则、组织公共决策、管理社会事务等多个领域,也是对权力客体影响最为广泛的权力类型。政治权力通常会组织数量庞大的国家机构,同时根据行使方式的差异被分解为立法权、司法权、行政权等形态。在现代社会,立法权不仅包括制定、认可、解释、补充、修改或废止法律的权力,也涵盖了议决预算案、人事任免、质询、弹劾等监督权力。司法权的主要功能是保障权利的制度性配置,通过解决纠纷维护社会秩序。相对于立法权和司法权,行政权的主要功能是组织和管理公共事务以及提供公共服务。行政权力体系最为复杂,与普通社会公众的生活联系最为紧密,这也对行政权力的行使提出了更高的要求。按照权力制约的法理,行政机关实施行政管理、开展行政执法、提供公共服务,都应在法定范围内进行。但是,由于行政管理和行政执法的广泛性和复杂性,法定范围往往非常分散、模糊和多变,不易准确把握,这就给有效规范行政权力的行使带来困难,也容易出现权力的滥用、失职、缺位、错位。

现代政治过程还必须遵循程序性法理,这也是政治权力合法律性的重要原则。在现代社会,宪法和法律通过明确规定的方式授予公权力,公权力必须严格按照授权的范围和程序分工行使。权力有宪法和法律授权即可为,若无宪法和法律授权即不可为。权力依法行使原则要求权力主体必须依法设立并具备相应的资格。如果权力主体没有依法成立或者不具备主体资格,其所为的行为自然不应具有法律效力。同时,权力的行使必须要有明确的法律依据,无法律依据即无权力。法律为权力主体设定了职责权限范围和活动的手段、方式及程序等,权力主体只能依据法律的这些规定行为,而不得在其外行为。没有法律的授权或规定,权力主体即无行为的自由;否则,就属于无效或违法的行为。

(三)建构政治有效性的法理基础

政治有效性关注政府管理社会、保障公民福祉的实践效果。“政治体系能够并应该以其物质绩效来评判的说法为人们所熟知。”[75]政治系统产出的公共产品复杂多样,保障公共安全,维持社会秩序,提供基本公共服务与社会福利,等等,都是政治有效性的供给目标。

就经济发展而言,社会经济的稳定增长是所有政治共同体的目标,公众生活水平的不断提高是政治合法性最稳固的基础。如果经济增长只让少数人受益,加剧社会贫富差距,那么就违背了社会正义原则。因此,社会制度的正义问题成为政治有效性的基本法理。“制度正义所关切的是社会制度或法律法规是否符合社会普遍的道德伦理准则以及社会大多数成员对所处的制度是否有认同感和归宿感。”[76]国家必须通过系统的政治结构实现正义的制度安排,为每个人创造机会均等、开放、具有尊严的社会制度环境,同时在社会保障领域积极寻求基本公共服务均等化,给予社会弱势群体更多的关注,确保国家公平分配公共资源。

政治有效性的另一个法理命题是如何实现有效的社会治理。传统的社会治理以政府单向度的管理行为为主,强调政府对于社会的掌控与支配。随着后工业时代的到来,人类面临越来越多的社会风险、生态风险、信任危机等问题。社会治理开始转变为更加强调社会参与的多中心主义治理模式。国家治理体系与治理能力现代化、善治等成为提升政治合法性基础的重大命题。“在现代国家,法治是国家治理的基本方式,是国家治理现代化的重要标志,国家治理法治化是国家治理现代化的必由之路。”[77]法治化的国家治理体系可以增强国家治理的整体性、系统性和协同性。以良法促善治,以人为中心,实现国家治理体系与治理能力现代化,这也是国家治理的核心法理。

结 语

亚里士多德在《政治学》中曾经说过,人类在本性上正是一个政治动物。[78]对于人类历史上的任何一个政治共同体来说,追寻和探究其统治何以可能的合法性基础,是一项永无止境的任务。从君权神授、自然正义到法治国家,随着时代的变迁,政治合法性问题的内涵在不断发生着变化。在现代社会法治主义的背景下,政治过程更多地体现为宪制结构下的法治政治,政治系统不仅通过宪法、法律获得形式主义的合理性,更需要根据法理对其进行系统性审视,以获得价值领域的正当性与合法性。法理不仅“像精灵一样穿梭于法学体系之中,并在法律体系和法治体系中激发美德和智慧”。[79]同时,法之原理、法之公理,也已经成为人们分析、证成、检验政治制度、政治行为和公共政策的价值标准;体现法律的规律性、普遍性、终极性的法理,已经成为争夺政治话语权的主要理论工具。法理在政治生活和公共生活中发挥着越来越重要的作用,国家政治的法理时代已经到来。

注 释

* 李炳烁,南京师范大学法学院博士后研究人员,江苏大学法学院教授。本文原载《法制与社会发展》2019 年第 1 期。

〔1〕 Jürgen Habermas, *Between Facts and Norms*: *Contribution to a Discourse Theory of Law and Democracy*, The MIT Press, 1996, p. 137.

〔2〕 姚建宗:《论法律与政治的共生:法律政治学导论》,载《学习与探索》2010 年第 4 期。

〔3〕 早在 20 世纪 90 年代,张文显教授就主张建立独立的“政治法”法律部门,并进行了系统

研究。参见张文显:《建立社会主义民主政治的法律体系——政治法应是一个独立的法律部门》,载《法学研究》1994 年第 5 期;张文显主编:《政治与法治——中国政治体制改革与法制建设的理论思考》,吉林大学出版社 1994 年版。其他学者也提出过类似主张,参见卓泽渊:《论法政治学的创立》,载《现代法学》2005 年第 1 期;王立峰:《基于"法律与政治关系"的中国法政治学的前提性问题批判》,载《江海学刊》2015 年第 3 期。

〔4〕 参见张文显:《法理:法理学的中心主题和法学的共同关注》,载《清华法学》2017 年第 4 期。

〔5〕 参见徐锋:《"法理台独"与台湾政党政治的新发展》,载《中央社会主义学院学报》2008 年第 3 期。

〔6〕 参见张文显:《关于菲律宾提起的"南海仲裁案"的法理分析》,载《中国法学》2016 年第 5 期。

〔7〕 张文显:《法理:法理学的中心主题和法学的共同关注》,载《清华法学》2017 年第 4 期。

〔8〕《马克思恩格斯选集》(第 2 卷),人民出版社 1972 年版,第 87 页。

〔9〕 [美]罗伯特 · A. 达尔:《现代政治分析》,王沪宁、陈峰译,上海译文出版社 1987 年版,第 5 页。

〔10〕 参见周永坤:《规范权力——权力的法理学研究》,法律出版社 2006 年版,第 90 ~ 91 页。

〔11〕 [美]戴维 · 伊斯顿:《政治生活的系统分析》,王浦劬等译,华夏出版社 1999 年版,第 336 页。

〔12〕 俞可平主编:《政治学教程》,高等教育出版社 2010 年版,第 45 页。

〔13〕 姚建宗:《法律的政治逻辑阐释》,载《政治学研究》2010 年第 2 期。

〔14〕 姚建宗:《论法律与政治的共生:法律政治学导论》,载《学习与探索》2010 年第 4 期。

〔15〕 [法]让 · 马克 · 夸克:《合法性与政治》,佟心平、王远飞译,中央编译出版社 2002 年版,第 10 页。

〔16〕 [德]尤尔根 · 哈贝马斯:《交往与社会进化》,张博树译,重庆出版社 1989 年版,第 186 ~ 187 页。

〔17〕 [古希腊]柏拉图:《理想国》,郭斌和、张竹明译,商务印书馆 1986 年版,第 37 页。

〔18〕 [古希腊]亚里士多德:《政治学》,吴寿彭译,商务印书馆 1965 年版,第 9 页。

〔19〕 [法]卢梭:《社会契约论》,何兆武译,商务印书馆 1980 年版,第 12 页。

〔20〕 胡伟:《在经验与规范之间:合法性理论的二元取向及意义》,载《学术月刊》1999 年第 12 期。

〔21〕 [德]马克斯 · 韦伯:《经济与社会》(上卷),林荣远译,商务印书馆 1997 年版,第 239 页。

〔22〕 [德]马克斯·韦伯:《经济与社会》(上卷),林荣远译,商务印书馆1997年版,第241页。

〔23〕 [德]马克斯·韦伯:《经济与社会》(上卷),林荣远译,商务印书馆1997年版,第241页。

〔24〕 [德]马克斯·韦伯:《经济与社会》(上卷),林荣远译,商务印书馆1997年版,第241页。

〔25〕 [德]尤尔根·哈贝马斯:《交往与社会进化》,张博树译,重庆出版社1989年版,第206页。

〔26〕 [美]李普塞特:《政治人:政治的社会基础》,刘钢敏、聂蓉译,商务印书馆1993年版,第53页。

〔27〕 [美]加布里埃尔·A.阿尔蒙德等:《比较政治学——体系、过程和政策》,曹沛霖、郑世平、公婷、陈峰译,上海译文出版社1987年版,第35~36页。

〔28〕 参见[美]戴维·伊斯顿:《政治生活的系统分析》,王浦劬等译,华夏出版社1999年版,第338页。

〔29〕 David Beetham, *Max Weber and the Theory of Modern Politics*, Polity Press, 1985, p. 8.

〔30〕 [德]哈贝马斯:《合法化危机》,刘北成、曹卫东译,上海人民出版社2000年版,第106页。

〔31〕 [德]尤尔根·哈贝马斯:《交往与社会进化》,张博树译,重庆出版社1989年版,第188页。

〔32〕 [英]戴维·米勒、韦农·波格丹诺编:《布莱克维尔政治学百科全书》,邓正来等译,中国政法大学出版社1992年版,第439页。

〔33〕 [美]杰克·普拉诺等:《政治学分析词典》,胡杰译,中国社会科学出版社1986年版,第82页。

〔34〕 [美]约翰·罗尔斯:《政治自由主义》,万俊人译,译林出版社2000年版,第145页。

〔35〕 姚建宗:《法律的政治逻辑阐释》,载《政治学研究》2010年第2期。

〔36〕 [美]E.博登海默:《法理学:法律哲学与法律方法》,邓正来译,中国政法大学出版社2004年版,第474页。

〔37〕 [美]罗纳德·德沃金:《认真对待权利》,信春鹰、吴玉章译,中国大百科全书出版社1998年版,第362页。

〔38〕 参见[美]约翰·罗尔斯:《正义论》,何怀宏、何包钢、廖申白译,中国社会科学出版社1988年版,第3~4页。

〔39〕 参见张文显:《法理:法理学的中心主题和法学的共同关注》,载《清华法学》2017年第4期。

〔40〕 [英]迈克尔·奥克肖特:《哈佛演讲录——近代欧洲的道德与政治》,顾玫译,上海文艺出版社2003年版,第17~18页。

〔41〕 [日]加藤节:《政治与人》,唐士其译,北京大学出版社2003年版,第10页。

〔42〕 《论语·为政》。

〔43〕 [古希腊]亚里士多德:《政治学》,吴寿彭译,商务印书馆1965年版,第88页。

〔44〕 [古希腊]亚里士多德:《政治学》,吴寿彭译,商务印书馆1965年版,第210页。

〔45〕 姚建宗:《法律的政治逻辑阐释》,载《政治学研究》2010年第2期。

〔46〕 [美]罗·庞德:《通过法律的社会控制法律的任务》,沈宗灵、董世忠译,商务印书馆1984年版,第26页。

〔47〕 [日]川岛武宜:《现代化与法》,申政武、渠涛、李旺、王志安译,中国政法大学出版社2004年版,第230页。

〔48〕 [美]莱斯利·里普森:《政治学的重大问题——政治学导论》(第10版),刘晓等译,华夏出版社2001年版,第201页。

〔49〕 王海洲:《合法性的争夺》,江苏人民出版社2008年版,第5页。

〔50〕 潘自勉:《论法理政治及其价值基础》,载《社会科学》2000年第7期。

〔51〕 [美]塞缪尔·P.亨廷顿:《变动社会的政治秩序》,张岱云、聂振雄译,上海译文出版社1989年版,第6页。

〔52〕 周祖成:《法律与政治:共生中的超越和博弈》,载《现代法学》2012年第6期。

〔53〕 闫海:《论政治法与法政治学——从政治与法律关系的契入》,载《太平洋学报》2010年第9期。

〔54〕 王海洲:《合法性的争夺》,江苏人民出版社2008年版,第11页。

〔55〕 [德]哈贝马斯:《在事实与规范之间:关于法律和民主法治国的商谈理论》,童世骏译,生活·读书·新知三联书店2003年版,第558页。

〔56〕 [德]哈贝马斯:《在事实与规范之间:关于法律和民主法治国的商谈理论》,童世骏译,生活·读书·新知三联书店2003年版,第604页。

〔57〕 [德]哈贝马斯:《在事实与规范之间:关于法律和民主法治国的商谈理论》,童世骏译,生活·读书·新知三联书店2003年版,第591页。

〔58〕 [德]哈贝马斯:《在事实与规范之间:关于法律和民主法治国的商谈理论》,童世骏译,生活·读书·新知三联书店2003年版,第580页。

〔59〕 [英]弗里德利希·冯·哈耶克:《法律、立法与自由》(第1卷),邓正来等译,中国大百科全书出版社2000年版,第113页。这一分歧在哈特与富勒的论战中也得到了展现。参见张文显:《二十世纪西方法哲学思潮研究》,法律出版社1996年版,第37~107页。

〔60〕《马克思恩格斯选集》(第1卷),人民出版社1972年版,第82页。

〔61〕[美]利普塞特:《政治人:政治的社会基础》,刘钢敏、聂蓉译,商务印书馆1993年版,第53、56页。

〔62〕参见[德]哈贝马斯:《重建历史唯物主义》,郭官义译,社会科学文献出版社2000年版,第296~319页。

〔63〕[加]查尔斯·泰勒:《公民与国家之间的距离》,载汪晖、陈燕谷主编:《文化与公共性》,生活·读书·新知三联书店1998年版,第199页。

〔64〕[英]安东尼·吉登斯:《超越左与右:激进政治的未来》,李惠斌、杨雪冬译,社会科学文献出版社2000年版,第113页。

〔65〕参见毛寿龙:《政治社会学:民主制度的政治社会学基础》,吉林出版集团有限责任公司2007年版,第67~86页。

〔66〕参见[美]鲁恂·W.派伊:《政治发展面面观》,任晓、王元译,天津人民出版社2009年版,第75页。

〔67〕参见丰霏:《如何发现法理?》,载《法制与社会发展》2018年第2期。

〔68〕参见张文显:《法理:法理学的中心主题和法学的共同关注》,载《清华法学》2017年第4期。

〔69〕[美]伯尔曼:《法律与宗教》,梁治平译,中国政法大学出版社2003年版,第11页。

〔70〕[美]伯尔曼:《法律与宗教》,梁治平译,中国政法大学出版社2003年版,第18页。

〔71〕暨爱民、张晓燕:《政治合法性建设与国家认同危机之克服》,载《教学与研究》2016年第4期。

〔72〕[美]伯尔曼:《法律与宗教》,梁治平译,中国政法大学出版社2003年版,第22页。

〔73〕[美]伯尔曼:《法律与宗教》,梁治平译,中国政法大学出版社2003年版,第22页。

〔74〕参见季卫东:《中国:通过法治迈向民主》,载《战略与管理》1998年第4期。

〔75〕[英]安德鲁·海伍德:《政治学》(第2版),张立鹏译,中国人民大学出版社2006年版,第481页。

〔76〕麻宝斌:《社会正义何以可能》,载《吉林大学社会科学学报》2006年第4期。

〔77〕张文显:《法治与国家治理现代化》,载《中国法学》2014年第4期。

〔78〕参见[古希腊]亚里士多德:《政治学》,吴寿彭译,商务印书馆1965年版,第17页。

〔79〕参见张文显:《法理:法理学的中心主题和法学的共同关注》,载《清华法学》2017年第4期。

资　琳*

论我国契约法理体系的构成:来源、原则与教义

| 提　要 |

根据契约法理的抽象程度不同,我国契约法理可以分为三个层面:理论来源、基本原则和法律教义。三个层面的契约法理之间具有融贯性、一致性,共同构成了一个被我国契约实在法所认可的由抽象到具体的法理体系。作为理论来源的契约法理,我国大多数学者支持温和的道义论;作为基本原则的契约法理,其构建了契约法的价值体系。我国契约法学术界和实务界所认可的契约法的价值体系为:契约自由的优先性、契约公平的制衡性、契约效益的附属性。契约法教义是具体契约规则背后具有支配性地位的原理,其勾连了基本原则和契约规则,使契约原则得以具体化,让契约规则的价值承载得以体现。

| 关键词 |

契约法理　体系　理论来源　基本原则　契约法教义

《合同法》自1999年施行以来,已经近二十年。学术界关于契约法的基本理论、基本原则以及法条适用等方面的文献非常丰富,但令人奇怪的是,学术界对于什么是契约法理却鲜有人论及。在司法判决中,法官依据法理进行判决的案例非常多,在这些判决中,法官也很少论及法理是什么,而是直接阐述"依据合同法理"。张文显先生在《法理:法理学的中心主题和法学的共同关注》一文中指出,法理具有八种含义。[1]该文对法理的本质作出了宏观全面的阐述,根据文章中对法理的阐述,学者们对契约法基本理论、基本原则、契约法学说的讨论都属于对广义上契约法理的讨论。这些关于契约法理的研究可以分为三种类型:第一种以寻求契约法的正当性理论为宗旨,这些理论正当性的获得来自契约法外部;[2]第二种是对契约法的原则和价值作出具体的阐释;[3]第三种是试图探寻某项具体规则背后的通说或学理,以指导司法适用。第一种研究并不以我国的契约实在法体系为基础,很多研究旨在探寻普世的契约法正当性理论;第二种研究也并不试图为我国契约规则提供逻辑自洽的解释,当这类研究关照到具体契约规则或者契约裁判时,很大程度上是以一种评判审视的姿态进入的;而第三种类型的研究由于受部门法中法律教义学的影响,认为当契约规则有歧义或者契约案件有争议时,我们去探寻解释规则的通说即可,没必要再继续更深入地探寻立法应当考虑的价值或正当化依据,并不关注第一种和第二种关于法理的研究。[4]可以看出,我国这三种关于契约法理的研究在很大程度上彼此隔离、互不关照。这种隔离状态一方面使我们关于正当性理论、契约价值的论述缺少实在法的基础;另一方面会导致法官们在面对疑难案件时,对争议性契约规则的理解不仅难以形成通说,而且对什么是通说、通说能够起到什么作用等问题也意见相左,从而很大程度上导致了裁判混乱。

因此,阐明以上三类契约法理研究中的内在关联,并以我国契约实在法体系为基础,揭示出我国契约制度背后不同层次且具有融贯性的契约法理,俨然成为我国契约法学界不可回避的一个重要任务。本文试图为达成这个任务做一些基础性的工作,即从体系化的角度,探讨我国契约法理体系应包含哪几个要素,以及这几个要素之间的内在关联。为了能够明晰本文所要探讨的对象,有必要对以下几点作出说明:首先,要成为实质意义上的法理,除了符合法理的论域之外,还要求具有合理性和正当性,因而就这个意义而言,那些不追寻合理性的所谓契约通说或者某个法官对契约规则的理论化理解,尚不能构成契约法理。其次,本文对我国契约法理的探讨,是以我国契约实在法体系为基础的,无论哪个层面的契约法理,都应该能够对我国契约制度提供一贯的解释。最后,合理性就价值层面而言,会有多种辩护和论证方式,因而作为单个的契约法理,每个法理之间所依赖的价值或合理性依据可能是相互冲突的,但是作为体系性的契约法理,每个法理在价值层面是融贯的,因而本文探讨的是具有融贯性的不同层次的契约法理。本文正文分为三个部分,文章首先探讨作为正当性理论来源的契约法理,试图在厘清理论源流、阐明我国学者言说的基础上,探讨出隐含在大多数学者言论中,被我国契约实在法体系接受的正当性契约理论。以此为基础,本文将在第二部分中继续阐述,在正当性理论确立的前提下,我国被契约实在法认同的契约法基本原则之间的意义关联及价值序列。在第三部分,本文将对契约法教义——直接解释契约规则的原理和学说——的一些基本问题作出阐述,该部分试图通过展示契约法教义的形成过程,提炼出契约法教义与契约法的理论来源、契约法原则之间的内在勾连。

一、作为理论来源的契约法理:温和的道义论

(一)道义论契约理论和目的论契约理论的对立与融合

在现代契约正当性理论中,根据"正当"(right)和"善"(good)关系的不同,可以分为道义论契约理论和目的论契约理论两大脉络。道义论者认为正当优先于善,行为正当与否取决于行为本身的特性,与该行为的结果或者行为的目的无关。例如,诚实守信这个行为本身是正当的,则无论该行为的动机是什么,会产生什么样的结果,都不能否定该行为的正当性。现代道义论自由主义中,正当优先于善表现为"权利优先于善",这包括两层意思:首先,某些个人权利胜过或压倒共同善;其次,具体规定我们权利的正义原则不依赖于任何特殊的善的观念。[5]作为"权利"基础的正义原则独立于任何善或幸福生活的观念,是从康德的"自由意志"观念中抽象出来。关于康德

的自由意志、道德法则、正义原则和权利关系的具体论述,[6]以道义论自由主义为哲学渊源的契约理论则是道义论的契约理论,也被称为自治理论。这种理论主张,契约之所以正当,是因为契约是人们自由意志的外在表现。只要契约是当事人自由缔结的,无论该契约最终导致什么结果,也无论外在的观察者如何评价这个契约,只要该契约的缔结不伤害到其他人的自由和利益,就被断定是正当的、有效的,因此,契约义务是当事人自我设定的义务。[7]目前,代表性的契约自治理论有弗里德的允诺论[8]和本森的合意论。[9]

目的论则主张,善优先于正当,仅从行为本身无法判断该行为是否正当,只能通过行为或制度能否促进善的实现来判断该行为或制度正当与否。目的论者会认为,诚实守信这个行为本身没有对错之分,判断该行为是否正当的标准在于诚实守信的行为是否能带来好的结果。因此,目的论者是从善推出正当,以善去规定正当。目前,具有代表性的目的论理论为功利主义和共同体主义。功利主义主张,判断行为或制度正当与否的标准是大多数人的最大幸福或财富。功利主义又分为规则功利主义和行动功利主义。“行动功利主义根据行动自身所产生的好或坏的效果,来判定行动的正确或错误;规则功利主义则根据在相同的具体境遇里,每个人的行动所遵守规则的好或坏的效果,来判定行动的正确或错误。”[10]共同体主义则认为行为正当与否的判断标准是美德和共同体的公共善。[11]以目的论为基础的契约法理论则是目的论契约理论。这些理论认为,契约之所以是正当的,是因为契约的缔结有助于“善”的实现,比如可以促进财富的增加,有助于达致结果的公平或者有利于德性的发展等。具有代表性的目的论契约理论有财富最大化理论、信赖利益理论和分配正义理论。因为“善”有多种,所以不同的目的论理论所要追求的“善”是不一样的。财富最大化理论主张契约的缔结可以促使人们的财富得到最大限度的增长,这也被看作功利主义的契约法理论。有的功利主义者甚至主张,人们通过契约而获得的权利是否具有正当性,仅仅取决于这种行为的结果是否能促进善的增长。[12]在共同体主义思潮的影响下,有学者主张契约具有相互性,契约的义务要受到道德背景的限制和评估。[13]因而,共同主义理论会要求契约义务的设定要保护信赖利益或者执行分配正义。

在现代哲学的发展中,以康德的自由意志理论为代表的道义论自由主义占据着主流地位,但是道义论面临着两个很有杀伤力的责难,即规范主义和形式主义。另外,康德的道义论在面对现实情境时,对人们的道德行为缺乏有效的约束力,因而出现了温和的道义论,或者称之为实质的道义论。这种温和的道义论虽然强调行为的道义价值,却并不因此而排斥行为本身的实质性价值。或者说,温和道义论者只是将正义和个人道义行为放在优先于效率和个人价值行为的地位,并不认为前者是唯一绝对的道德考量。[14]罗尔斯是支持温和道义论的典型代表。温和道义论的出现,说明在某种程度上,道义论和目的论开始寻求融合。在契约法理论的争论和发展中,也同样出现了道义论和目的论的融合。现代契约法学者对自治理论发出了很多抨击,比如自治理论不能解释由信赖或过去利益引起的契约赔偿,自治理论中的“义务自设”原则本身就不一贯等。[15]目的论阵营中的财富最大化理论、信赖利益理论和分配正义理论也在不同程度上受到了契约法学者的批判。学者们指出财富最大化理论忽视了道德价值,在技术上不方便操作,不能解释契约法中一些与促进财富增长无关的美德,如赠与中所蕴含的慷慨。[16]而信赖利益理论和分配正义理论则对于仍占据着主流地位的契约合意制度或允诺制度不具有一贯的解释力。在两脉契约理论的对立中,有些学者试图融合两脉理论,比如有的学者认为,应该融合契约自治理论中的自治和财富最大化理论中的效益两种价值;有的则主张契约理论应该包含矫正正义功能和分配正义功能。[17]更有甚者,如多元论的代表人之一詹姆斯·戈德雷(James Gordley)在《亚里士多德学派的合同法》一文中指出,契约法应该综合考虑多种价值。他参考并结合了亚里士多德学派提出的多种美德:自由、矫正正义和分配正义,认为只有结合这些要素才能解决以单一价值为基础的契约法理论所面临的难题。[18]而有的学者则指出,任何一种契约法理论都不能完全完成契约法的任务,主张多种契约法理论并存,从不同的角度去证明契约法、解释契约法,而不是融合各种理论而构建出一种统一的体系化的契约法新理论。[19]

(二)我国学者的理论言说:温和道义论下的多元价值

傅静坤教授的《二十世纪契约法》一书是国内较早探索契约法正当性理论的代表性著作,作者详细介绍了20世纪西方的各种契约法理论,并认为我国契约法应该综合考虑各种契约法理论,注意契约体系的开放性和契约原则的现实性。作者还指出,如果契约自由不能实现当事人的事实平等,则需要国家对契约自由予以干涉,促使契约产生对双方当事人较为平等的结果,从而实现真正的契约自由。[20]郑云瑞教授则对西方契约法的正当性理论从哲学层面进行了梳理。他详细分析了古典自然法思想和实证主义法学思想如何进入到契约理论当中,并通过法典化的形式确立了契约法中契约自由的基础地位。[21]李永军教授对历史上的契约效力正当性理论作了详尽的阐述和深入的分析。针对我国契约法的现状,李教授主张,"要说明契约拘束力的根源,应从契约内在的视点和外在的视点、自律和他律两方面来说明"。[22]徐涤宇教授认为,应该从伦理上挖掘契约效力的正当化的根源,并提出借鉴原因理论,对契约效力正当化理论进行伦理上的重建。因为原因理论具有丰富的内涵,既包含着契约自由中对意志的尊重,也蕴含了目的论中对契约公平平等的追求,同时还涵括了一些美德。[23]孙良国、董彪在《契约中的主观主义与客观主义研究》这篇文章中,以主观主义和客观主义的区分为线索分析了各种契约理论,认为无论是主观主义还是客观主义,都存在其固有的缺陷,我国的契约法应该将主观主义理论和客观主义理论相结合。[24]解亘教授则是从契约拘束力这个层面出发,对契约正当性理论进行了探索。解教授在论证我国契约拘束力制度存在混乱之后,主张将契约构成理论作为我国契约拘束力制度的正当性理论基础,并指出不应当将当事人自律的合意与来自他律的规范性补充彼此对立,应当将两者融合起来把握契约的本质。[25]上述学者们在对契约法正当性理论的研究中,都或隐或明地主张我国契约法应该融合多种理论,综合各种因素,不提倡绝对的契约自由或契约公平。但是,我国有的契约理论研究者则旗帜鲜明地主张用一元论来构建我国契约法,具有代表性的学者有孙学致教授和叶金强教授。笔者认为,这两位学者从哲学渊源上而言,并不支持纯粹的道义论或目的论。

孙学致教授将契约自由推崇到极致,他通过重新阐释"契约自由"的含义,试图仍然用"契约自由"来统领现代契约法。他对契约自由给出两重解释,即当事人之间的契约选择自由和对抗国家的私人意思自治。孙教授用前者来论证自由缔结的契约即有效,用后者来论证信赖规范和显失公平规范的正当性。[26]不过,孙教授对自由的两重解释是在不同路径上进行的。第一种自由观的理论基石是道义论自由主义,即自由签订的契约有效仅仅是因为他是人们自由意志的体现。第二种自由观是哈耶克的自由观,即主张契约自由具有正当性的原因不是在于自由本身具有至高无上的价值,而是因为从整体和长久的秩序来看,自由能够带来好的结果,这是规则功利主义也即目的论的一种体现。孙学致教授所提倡的"契约自由"融合了两种不同路径的自由观,因而其本质上还是融合了多元的价值。

叶金强教授认为,传统的一元论契约解释理论即意思主义或表示主义都存在缺陷,在价值判断和技术方法两方面均难以满足现代契约解释的内在要求,但是二元论的解释模式又会分裂解释理论,因而,他主张以理性人的标准为核心建立一元论的契约解释理论。[27]表面上看,叶金强教授对二元论或者多元论的理论提出了质疑,但是他所提倡的理性人本身就是一个多种理论都使用的概念。在道义论契约理论中,理性人是抽象化、绝对化的理性人;在目的论契约理论中,理性人则是具体情境化的理性人。[28]而叶教授正是把这两种类型的理性人合二为一作为其一元论解释理论的基础。因而,叶教授的理论并非绝对的一元论,在某种程度上与温和的道义论更为相符。

还有很多学者尽管没有就契约的正当性理论作出专门的研究或阐述,但是他们在解释契约制度、阐述《合同法》的立法精神或者在分析契约原则时,都不同程度地赞同契约法理论应该融合多元价值。谢怀栻老先生曾指出:"我国的合同法是一个折中、调和的产物,这一点无可厚非。"[29]江平先生在论述《合同法》时,提到"新合同法正是希图借助合同自由原则来实现人格与意志的自由,依靠诚实信用原则来达到衡平的正义"。[30]王家福先生在称赞《合同法》的特点时指出,新合同法充分体现了意思自治,并且兼顾了经济效率和社会公正、交易便捷和交易安全。[31]梁慧星先生在谈及《合同法》

的立法指导思想时，也主张新合同法要充分体现当事人的意思自治，在价值取向上要兼顾经济效率和公平正义。[32]王利明教授在论述现代契约法的新发展时，也提出契约法的发展从形式正义走向实质正义，契约自由受到了诸多限制。[33]另外，崔建远教授、陈小君教授、韩世远教授等诸多学者也在他们的论述中体现了对多元价值的支持。[34]

综观我国契约法学者的研究和论述，可以概括为如下两个特点：第一，尽管我国学者们的论述路径、问题意识以及主要论题有所区别，但是从理论根源上而言，他们都是多元价值的拥护者。第二，在契约的多元价值中，我国学者基本都赞同自由价值具有优先性，公平、效率等价值只是兼顾考虑。因而，我国学者们尽管没有阐明其理论前提，但是从他们的阐述中可以看出，他们并不赞同激进的道义论或目的论，而是在温和的道义论的指引下，试图融合契约法的多元价值。

二、作为基本原则的契约法理：价值体系之呈现

如上文所述，多元价值的主张虽然易于解释和论证现代的契约制度，但多元价值中隐含着多重相互冲突的原则。道义论的契约理论推崇契约自由，而目的论中的财富最大化理论则将契约效益作为最终的价值追求，分配正义理论则强调契约公平的重要性。现代主流契约理论的争议焦点也是契约自由、契约公平和契约效率的冲突。如果要以多元价值为基础构建一贯的契约法体系，我国契约法内部的这些原则之间应有位阶之分，并以原则为载体形成价值体系。[35]原则并不以要么对要么错的方式来实现，不同原则之间可能相互冲突，但并不因为相互冲突而失去效力。内部体系中依然有决定性原则，决定性原则是法律的根本理念，也是构成价值体系的脉络所在。那么，以温和的道义论为前提，我国契约法领域是否形成了契约法的原则序列，这些原则序列是否能融贯地论证和解释我国的契约实在法呢？下文，笔者试图从我国的法律制度、司法实践、学者言论中整理出我国契约法基本原则的序列。

（一）契约自由的优先性

尽管契约自由在各国契约法中都受到了限制，契约的强制力也发生一

些变更,然而,这些限制或变更只是作为契约自由原则的例外,作为一般原则的契约自由原则仍然存在并发挥着决定性的作用。[36]我国契约自由原则的法律表述体现为我国《合同法》第4条的规定。[37]就理论上而言,我国学者认为,契约自由是指当事人在法律允许的范围内,就与契约有关的事项享有选择和决定的自由。[38]许多学者呼吁我国《合同法》应强调契约自由原则,并应将该原则的精神体现在全部契约法的内容之中。[39]就我国契约立法而言,学者们也同样主张,我国《合同法》中的契约自由原则以主体平等为前提,以意思自由为核心,充分体现了法律对当事人自由意思的尊重,任何机关、组织和个人都不得非法干预。[40]在我国法律制度中,契约自由的优先性体现为以下三个方面。

1. 契约自由内容的广泛性

契约自由内容的广泛性有两层含义。一是纵向而言,在契约缔结、履行的整个过程中,契约自由贯穿始终;二是横向而言,契约的各个方面比如缔约形式、缔约相对人等内容,当事人都可以自由选择。在我国,学者们一般认为契约自由包含以下内容:[41]第一,订立契约的自由。即当事人可以自由决定是否与他人订立契约。因为契约的成立包含要约和承诺两个方面,所以缔约自由也包含要约自由和承诺自由。该自由非常重要,是其他契约自由的前提。第二,选择相对人的自由。即当事人可以依据自己内心意愿选择与什么样的人缔结契约。第三,设定契约内容的自由。即当事人之间可以对契约权利义务的分配、风险负担、履约方式等具体内容自由设定,只要其内容不违背法律法规和社会公共利益,法律就承认其有效。第四,变更和解除契约的自由。在契约签订之后,当事人之间也可以自由协商变更和解除契约,这充分体现了当事人的自由意志掌控着契约的整个过程。第五,决定契约形式的自由。即对于以什么样的方式订立契约,当事人可以自由协商决定。

2. 当事人的约定优于法律

在契约与法律的关系上,当事人的合意优于任意性规范。任意性规范的主要作用在于补充当事人意思自治的不足,当事人可以通过自由协商排除任意性规范的适用,如果当事人对契约内容的有关事宜争执不一,则可以适用任意性规范予以裁决,因而当事人的合意具有优先于任意性规范而适用的效力。正如学者所言,大凡关系人之间利害的事项,法律设任意性规定,允许当事人依其自由意思,自主决定。[42]我国《合同法》中许多条文都规定"当事人另有约定的除外",这是约定优先的具体体现。例如,《合同法》第133条规定:"标的物的所有权自标的物交付时起转移,但法律另有规定或者当事人另有约定的除外。"

3.契约基本自由的充分性和平等性

契约自由的优先性并不意味着契约绝对地不受限制,即使是契约的基本自由也只能是充分的、平等的,而不是最大化的。至于基本自由,罗尔斯给出了很好的界定,[43]并且把个人财产自由列为基本自由,因为这种自由可以"给个人的独立和自尊留有充分的物质基础,而对于发展和发挥[个人的]道德能力来说,个人的独立和自尊都是根本性的"。[44]具体到契约权利而言,契约基本自由应该包含两个方面:一是自由选择自己生活计划的权利,二是自由转让自己财产的权利。这两项基本自由是充分的、平等的,而不是最大化的。首先,即使是基本自由,也不可以完全不受限制地扩充,一旦契约基本自由能够充分地获得实现,就不能再无限制地扩张。比如,《合同法》第52条对无效契约的规定,其实质就是对当事人无限制扩张契约自由的规制。其次,基本自由是平等的。这意味着人们即使行使基本自由也不能伤害到他人同等的基本自由。因而,前两项契约基本自由是建立在当事人相互尊重的基础上的,当事人不能以损害他人基本自由的方式来实现自己的基本自由。我国《合同法》中有关意思表示瑕疵的规定就是保证契约基本自由平等行使的体现。

(二)契约公平的制衡性

如上文所述,契约基本自由具有充分性和平等性,但是"不在清单上的自由,例如,在放任自由原则下的契约自由不是基本的,也就是不具有第一个原则的优先性"。[45]对于非基本自由中的契约自由,现在各国法律都予以了一定程度上的限制,其限制的目的主要是分配正义或者契约伦理的实现,在我国主要体现为契约公平原则对契约自由原则的限制。契约公平原则在我国《合同法》第5条予以明文规定。[46]契约自由原则规范契约形式上和程序上的公正,而契约公平原则强调的是契约的实质公平和结果公平。契约公平原则某种程度上是契约自由的补充,同时也对任意的契约自由作出了制衡。我国契约制度中契约公平对契约自由的制衡,主要体现为以下几个方面。

1. 显失公平规则的设置

我国显失公平规则的设置主要体现为两个条文,一是《合同法》第54条规定,二是《民法总则》第151条。[47]《民法总则》第151条融合了最高人民法院《关于贯彻执行〈中华人民共和国民法通则〉若干问题的意见》(以下简称《意见》)第70条和第72条,将显失公平和乘人之危合二为一,把显失公平的判断标准从《合同法》中规定的单一的客观显失公平,变成了主观显失公平和客观显失公平的统一。在《民法总则》出台前,尽管《合同法》对于显失公平规定得过于宽泛,但裁判机构在进行认定时,则已经是逐渐采用主客观二重要件来判断。[48]学者们的主流意见也是主张显失公平的契约是程序性显失公平与实质性显失公平的统一。[49]要求对显失公平的判断结合主观和客观、程序和结果来进行,这意味着如果当事人的自由意思表示没有任何瑕疵,那么即使结果再不公平,也不能适用该规则。可见,显失公平规则实际上仍然彰显了契约自由的优先性,其立法目的不过是用契约公平对恣意挥霍自由的行为予以限制,对明显失衡的结果予以平衡。

2. 格式条款的控制

《消费者权益保护法》(2009年)第24条[50]开启了我国法律规制格式契约条款的先河。而后,《保险法》和《海商法》也对格式条款作出了零星规制。我国法律对格式条款一般性的规定集中体现在《合同法》第39条至第41条。根据《合同法》的立法思想,《合同法》对格式条款的规制,是为了保护在市场经济中处于弱势的一方。[51]学者们也认为,对标准契约进行控制的主要目的是防止市场经济中处于垄断地位或者经济实力明显占优势的一方利用格式条款损害市场经济中处于弱势方的顾客的利益,以维护契约公正。[52]如果我们再深入思考,会发现对格式条款中契约公平的维护实际上也是出于对契约自由的补足。在格式条款的签订过程中,相对方要么经济实力弱小无力抗衡条款提供方的绝对优势地位,要么专业知识不足无法真正明晰格式条款的风险。在这种情况下,一方面,相对方的意思自治没有充分实现,也即存在契约自由的瑕疵;另一方面,格式条款提供方则有可能利用单方面的契约自由拟定出损害消费者利益的条款,滥用自己的契约自由。[53]因此,对格式条款的规制不是对契约自由的颠覆,而是补足和制衡。

3. 情势变更制度的确立

2009 年颁布的最高人民法院《关于适用〈中华人民共和国合同法〉若干问题的解释(二)》(以下简称《解释(二)》)第 26 条正式确立了我国的情势变更制度。[54]从这条规定可以看出,情势变更制度的确立是为了契约公平的实现,但是情势变更制度依然没有突破契约自由的优先性地位。论证情势变更制度的学说有约款说、义务改变说、法律行为基础说等,这些学说都力图论证情势变更的基础与当事人的自由意志有关联,要么是当事人默认的契约产生的客观基础发生了改变,要么就是发生了超出当事人自由意志可以决断的范畴。在情势变更制度确认之前,我国的司法实践已经有多起认定情势变更的案例,从这些案例中,可以看出法官的认定较为随意,如此下去,则容易破坏契约自由的基础地位。从某种意义上说,《解释(二)》对情势变更制度的确认实际上是给法官认定情势变更提供了严格的标准。而且最高人民法院在《解释(二)》发布 3 天之后即专门发布了《关于正确适用〈中华人民共和国合同法〉若干问题的解释(二)服务党和国家的工作大局的通知》(法〔2009〕165 号),严格限制了法院认定情势变更的程序。[55]最高人民法院对情势变更制度的判断标准和认定程序都作出严格限定,其宗旨也就是为了保证契约自由原则的决定性作用。而在我国学术界,无论是在情势变更制度确认前,还是确认后,主流观点都认为情势变更制度不能动摇契约自由的优先地位。[56]

(三)契约效率的附属性

我国学者一般将鼓励交易与契约效率联系在一起,或者在同一个意义上使用。在《合同法》立法之前,我国有学者认为应在契约法中纳入鼓励交易的内涵,主要以王利明教授为代表,主张应将鼓励交易作为统一契约法的目标与基本原则。其认为,平等市场主体间的财产或利益交换也就是所谓交易,虽然纷繁复杂、形式多样,但无论是何种交易,都要通过契约关系表现出来并受到契约规则的规制。而"契约关系越发达越普遍,则意味着交易越活跃,市场经济越具有活力,社会财富才能在不断增长的交易中得到增长"。[57]因而,为了适应我国市场经济发展的需求,我国《合同法》应该确立鼓励交易原则。在《合同法》立法草案的说明中,梁慧星教授也指出,《合同法》的立法"既要注重有利于提高效率,促进生产力发展,又要注重维护社会公益,保护消费者和劳动者权益"。[58]

我国《合同法》虽未明文规定鼓励交易或者契约效率的原则,但契约效率的精神已然贯穿其中,有关契约成立、契约无效、契约解除、契约解释等多项制度的规定皆体现了《合同法》对这一法理的秉持。在司法实践中,契约效率也越来越受到重视,上文提到的《解释(二)》中有关合同订立内容的补充规定,便集中体现了我国司法实践对契约效率的追求。

尽管鼓励交易已然在契约法领域中占据了一席之地,但是我国学界对这一原则的研究与其他原则相比,明显薄弱。学者们对于契约效率是否能够成为我国契约法的一项基本原则,具有不同的意见。持赞同说的学者的理由主要有:第一,鼓励交易能够提高效率,增长财富,促进市场经济的发展;[59]第二,契约效率或者鼓励交易可以促使自愿交易的达成,最大限度地体现当事人的自由意志。[60]

反对论者的主要理由有以下三点:第一,契约效率原则具有伦理和技术上的局限性。契约效率面临的最大批评是忽视道德价值,另外,对契约效率的分析还存有技术缺陷,即通常无法为契约争议提供一个确定的法律规则。这样一来,不是导致法律结果难以预测,就是要求一套过于复杂的、经常改变的具体规则。[61]第二,鼓励交易原则与缔约自由在一定程度上存在冲突。缔约自由是契约自由的题中应有之义,缔约自由包括积极的缔约自由和消极的缔约自由,即订立契约的自由和不订立契约的自由。"出于鼓励交易的目的过分降低契约成立的要件标准、通过预约契约制度将当事人受契约约束的时点一再前移、将缔约过失责任宽松化,都会妨碍到消极的缔约自由。"[62]第三,在尊重当事人意愿的前提下,尽可能地促成契约的成立和有效这一点实则是意思自治原则的体现,无须另设契约效率原则。[63]

严格意义上,我国主张鼓励交易、提倡契约效率的学者和西方效益论的提倡者有着显著的区别。西方主张效益论的学者提出契约效率或者财富最大化理论,有两种论述路径。第一种也即主流理论是为了揭示出“普通法上的契约制度蕴藏着完整的经济逻辑,其目的是增加经济效率”。[64]第二种进路除了要对契约制度进行解释之外,更重要的是,还将财富最大化作为衡量契约制度正当与否的标准。[65]因而,在西方效益论者看来,契约效率不仅是契约法中独立的一项价值,而且还是可以统率整个制度的核心价值。至于契约自由,只是实现契约效率的手段或者定义契约效率的工具。[66]在西方效益论者那里,契约自由是契约效率的附属,契约制度中之所以会强调当事人的意思自由,是因为意思自治能够最大限度地实现契约效率。但是,我国提倡鼓励交易的学者均表示,追求契约效率必须是在尊重契约自由、尊重当事人意思自治的基础上进行。例如,王利明教授就指出,鼓励交易是鼓励当事人在真实意思表示一致基础上的自愿交易,基于意思表示有瑕疵的行为而产生的交易不仅不应该鼓励,而且还要予以限制和调整。[67]因而,我国学者即使认为契约效率是契约法的基本原则和目标,也没有将契约效率作为一项独立的价值,只是将其作为契约自由的补充和附属。《解释(二)》对契约订立制度的解释,被很多学者看作对契约效率的追求,但实际上该解释要解决的关键问题是,在当事人的合意不具有完备的形式要件时,如何判断当事人的合意是否成立。其核心要素是如何维护契约自由,而不是实现契约效率。因而,我国契约法学界的理论假设是:如果当事人的意志是完全自由的,那么该契约就具有效率。可以说,在我国的司法实践和理论言说中,契约效率并不具备独立的价值,只是作为契约自由的一种补强意义而存在。

三、作为法律教义的契约法理:具体契约规则背后的原理

在我国契约法实在法体系所能接受的范围内,温和的道义论在理论来源上给出了较为一贯的解释和论证,基本原则的法理构成了价值体系。在价值体系之下,还有一个微观的契约法理,即作为法律教义的法理。作为法律教义的法理和作为原则的法理之区别在于,原则是在价值层面构建一个

价值体系,但是法律教义是用描述性的方式来表达围绕契约实在法展开的一般性权威命题和原理。[68]契约法教义和契约法的规则又不相同。契约法教义是论证、解释契约法某项具体规则的通说或支配性原理。比如,契约法中有关于要约承诺的相关规则,在很长一段时间中,这些规则的教义是镜像准则,而镜像准则又是契约自由优先这一价值序列的体现。因而,教义可以被称为法律规则背后的"规则"或"原理"。相对于法律原则,教义更具体化,更具有针对性,同时也能更面向法律实践。从抽象到具体的层面来看,我国契约法理可以如此排序:理论来源—基本原则—法律教义。契约法教义并非在立法中就完全形成,其形成过程也不是一蹴而就。作为理论来源的契约法理和作为基本原则的契约法理,在立法过程中经过辩论、论证等过程已经基本形成,这是能够保证契约法理具有融贯性和体系性的基本要求。作为教义的微观法理,会随着社会的发展、实践的争议而不断地修正、变化,因而,契约法教义的形成要经过一个长期争论、论辩的过程。下面,我们以显失公平规则背后的主客观统一说为例,来揭示我国契约法教义是如何形成的。

(一)契约法教义的形成:以显失公平规则为例

现代各国契约制度基本上认可了显失公平规则,但是论证显失公平规则的理由则各不相同,正如学者所言,关于契约法的理论基础,有很多争论,几乎没有达成任何一致意见。[69]在法国,对类似于显失公平规则的规定,有主观解释和客观解释两种相互对峙的理论。在《德国民法典》中,为了避免两种理论对峙的尴尬,将"暴利行为"归为违反善良风俗。但是,为什么这种行为是违反善良风俗的,是因为结果或是因为主观上的利用情形,还是两者兼有?《德国民法典》并没从理论上给出令人信服的解释。英美法系在显失公平制度的理论基础上,同样存在着道义论解释和目的论解释的对峙。

我国契约法中显失公平规则的解说也经历过纷繁复杂的变迁过程。首先从立法过程来看,几经变迁。在《民法通则》颁布之前,我国的主流意见认为,对显失公平应该结合主观因素和客观因素一起判断。但是《民法通则》将乘人之危与欺诈、胁迫并列规定,同时单独规定了显失公平,从《民法通则》法条的形式逻辑推理,乘人之危应该只是程序性不公平,其构成不应包括实质性不公平。但是《意见》却将乘人之危与显失公平的构成要件都规定为程序性显失公平与实质性显失公平的统一。不过,令人不解的是,1999 年颁布的《合同法》并未将《意见》的规定吸收于相关立法中,而基本上沿袭了《民法通则》的立法。2017 年颁布的《民法总则》将乘人之危与显失公平合并,正式从立法上确立了主客观相统一的标准。在《民法总则》出台之前,我国学术界和司法界对显失公平与乘人之危的构成要件、两者关系的看法也见仁见智。有的认为"民法通则把显失公平行为单列一类,因而其只须一个客观要件即可成立",即"在该行为成立时,依一般社会情势,可判断其有失公平"[70]即可。持这种观点的还有梁慧星教授[71]和韩世远教授。[72]然而,许多学者对此持不同观点,他们认为应把乘人之危作为显失公平的原因即程序要素加以规定。显失公平契约是程序性显失公平与实质性显失公平的统一。[73]

在学术界对显失公平规则背后的原理争论不休之时,司法实务界对如何认定显失公平也显得比较随意,有的采用单一的客观标准,有的采用主客观统一说,因而造成了司法界的混乱。2007 年最高人民法院公布的公报案例"家园公司诉森得瑞公司合同纠纷案"确认了显失公平契约的认定要结合主观和客观要件。这起案例的出台,对司法界显失公平认定的混乱局面作出了确定性的指引,同时也产生了司法界有关显失公平规则的权威教义或者通说。此后,学术界关于显失公平的争论日趋平缓,2007 年以来学术期刊网上讨论显失公平的文章都基本赞同主客观结合说。[74]主客观结合说已经成为学术界和司法界的通说,至此,对显失公平的认定要结合主观和客观标准综合断定这一原理才成为我国显失公平规则背后的契约法教义。

从显失公平规则及其解说的变迁过程可以发现:首先,学术界通说的形成和司法界通说的形成过程未必一致,即使学术界没有形成具有支配性的意见,司法界也可能在长期的摸索过程中形成通说,从而影响到学术界的意见。其次,要成为契约法的教义,需要学术界和司法界形成共同的具有支配性的意见。在我国,学术界和司法界中无论哪一方先达成共识,都会影响另一方支配性意见的形成。最后,契约法教义应该与已然存在的契约法规则体系和契约法的价值体系相融贯。单一的客观说其实是与我国《民法通则》和《合同法》的规则体系相违背的。就契约规则体系而言,如果单一地依循客观要件,那么显失公平的契约应该是无效,其主要理论渊源来自目的论的契约法理论,但是我国却规定显失公平的契约为可撤销。因而,如果采取单一的客观说,那么,从整个契约法规则体系来看,显失公平规则不仅无法自圆其说,而且也不符合前文所阐述的自由优先的价值体系。而主客观结合说既能够合理地解释契约法的规则体系,又能够与前文阐述的原则序列相融贯。显失公平规则是合同法中公平原则制衡性的体现,公平原则之所以具有制衡性而非优先性的地位,是因为其理论来源是温和的道义论。

通过上文的阐述,我们可以得出契约法教义的形成要满足两个条件。首先,对于某项具体规则背后的原理或学说,法学界达致具有支配性的意见;其次,此支配性意见与温和的道义论和契约法的原则序列具有融贯性。因而,通说和教义是有所区别的。通说仅指形成了支配性意见,但是该意见有可能与法理体系并不融贯;[75]契约法教义不仅是一种通说,而且该通说还要与契约法理体系相融贯。

(二)契约法教义的功能

从上文所述,我们会发现,司法裁判中法官所依据的“合同法理”,有很大一部分是在契约法教义的意义上使用的。[76]但是,有的案件中还没有形成契约法教义,那么,这些案件中所依据的“合同法理”,只是法官们自我认同的具有说服力的原理。在没有形成支配性意见的同类案件中,法官们的判决可能会呈现同案不同判的现象,因而,契约法教义的形成有利于统一司法裁判的尺度,以促使同案同判得以实现。

虽然《民法总则》最终并未将法理列为我国的正式法律渊源,但是,一旦针对某项有争议的法律规则形成了契约法教义,法官在司法实践中一般会自觉地适用该契约法教义,因而,法律教义实际上具有补充性的法律渊源的作用。一旦教义形成,无论是采用教义来解释契约规则,还是运用原则序列来予以论证,其结果都会具有一致性,因为此时教义、原则、理论来源以及规则的精神基本一致。比如,在一起契约纠纷案件中,最高人民法院在裁决书中写到,“依合同法理,合同的性质由当事人的真实意思表示,即当事人约定的权利义务所决定”。[77]此处所概括的契约法理既是教义,也是契约自由原则的体现,同时也是具体契约规则应有之义。而且,由于学者们对教义的解释和阐述比原则要丰富、细致得多,因而用符合法律原则的具体教义来阐明有争议的规则的含义,会更具说服力。例如,在上文提到的“家园公司诉森得瑞公司”契约纠纷案中,法官在判定当事人的契约是否属于显失公平时,不仅援引了公平原则,而且通过援引教义——主客观结合说,详细地阐述了不构成显失公平的理由。将教义作为补充性的法律渊源,来阐释有争议的法律理解,不仅使同类案件的判决结果具有一致性,而且判决结果与契约法体系也会具有融贯性。

如果我们再进一步分析的话,会发现契约法教义之所以具有融贯性是因为其勾连了契约法的价值体系和契约法的规则体系,从而使两者之间形成了关照。法律规范并不是彼此毫无关系地并存,其间有各种脉络关联。契约法规则体系是以形式逻辑规则建构的抽象、一般的概念体系。此种体系的形成基石是不同抽象程度的诸个概念的形成。选择何种要素定义抽象概念,取决于该概念形成之时所欲追求的目的和价值。抽象概念所形成的规则体系可以保障由其推演出的所有结论之间不相矛盾。但是,在抽象概念提纲挈领的同时,作为法律调整基础的价值标准及法律原则所含的意义也从该概念中被剥离出去,这使法律的适用就成为纯粹的逻辑演绎。在法律适用中,严格逻辑意义的涵摄并不多,很多概念在“涵摄”时,就必然涉及了该概念所蕴含的价值或功能,这就必须通过价值体系来理解。价值体系的基石为基本原则,原则又必须被具体化才能得以适用。而“契约法教义”则将抽象概念与原则勾连起来。契约法规则与契约法教义之间的关系为:前者是可供涵摄的技术性概念,后者虽不适宜涵摄,但可以说明契约法规则的实质基础及结构。契约法教义并非区别于规则体系的另一套语词系统,而只是被抽象概念所遮蔽了的价值功能的显现而已。即在体系化的法律规范中,契约法教义在涵摄时充当着技术性的角色,当无法直接涵摄时,我们就必须透过教义了解该规则所承载的价值。而该契约法教义的理解又必须回归于原则,原则又是在发展中不断具体化的。如果从法律规范适用的角度观察,则是经由规则体系再到原则体系;而从法律体系的形成视之,则是原则体系先于规则体系而产生。一旦将原则体系中的关联用抽象的概念予以固定化,形成规则体系,则在法律适用时又会发生经由规则体系再到原则体系的过程。比如,我国契约法以契约是合意这个抽象的概念为上位概念构成了一个规则体系。合意包括:以发生法律关系为目的、有合意存在、合意无瑕疵、契约当事人有相应的行为能力。其中,合意无瑕疵通常包括:无胁迫、无欺诈、无错误、无显失公平。在阐释显失公平为什么会从属于合意无瑕疵这个范畴时,以及如何断定显失公平中蕴含的价值因素时,契约法教义就发挥了作用,作出了恰当的解释,从而使我国契约规则体系与契约价值体系形成了融贯的整体。如果没有契约法教义,我们会觉得显失公平规则就是契约规则中的怪胎,也无法理解其承载的价值。

综上所述,契约法教义在契约法体系形成的过程中,将契约规则承载的价值显现出来,同时将契约原则具体化,从而勾连了契约原则和契约规则,使其成为融贯的整体。正是因为契约法教义的这种勾连性,在契约规则的适用出现无法直接涵摄的疑难情形时,契约法教义可以解释、论证规则的具体含义,从而实现同案同判。

结 语

通过上文的阐述,我们发现,在契约法领域,契约法理的论述和适用具有多重含义,有直接论述,也有隐性论述。根据契约法理的抽象程度,契约法理可以分别在理论来源、基本原则和法律教义三个层面进行探讨。这三个层面的契约法理不是孤立的存在,其相互之间具有融贯性、一致性,共同构成了一个被我国契约实在法所认可的由抽象到具体的法理体系。作为理论来源的契约法理,我国大多数学者的论述与温和的道义论相吻合,而且温和的道义论也能给我国契约实在法提供一贯的正当性论证。作为基本原则的法理,我国契约法学术界和实务界基本都认可了以下价值体系:契约自由的优先性、契约公平的制衡性、契约效益的附属性。契约法教义是具体契约规则背后具有支配性的原理。契约法教义的形成需要经过一个长期论辩的过程,其一旦形成,则会勾连契约法的基本原则与契约法的具体规则,使基本原则的价值属性得以具体化,让具体规则的价值承载得以呈现。[78]本文对契约法理体系的总结和归纳,不是止步于揭示学者们和法官们言说的实质内涵和内在关联,更重要的是想通过这种揭示,为契约法的规则体系和司法实践提供稳定融贯的理论基础。因为就契约规则而言,尽管有些规则被各国契约法所认可,但是,这些规则并没有得到一贯的解释和论证,而且规则背后的法理基础也大相径庭。例如,对于上文所说的显失公平规则,不同的正当性理论都予以赞同,但是,赞同该规则背后的理论来源并不相同。道义论的契约法理论赞同显失公平规则,是因为其认为显示公平规则实质上强调的是当事人自愿平等参与交易的能力,而不是强调结果的公平;[79]而分配正义理论则认为显失公平规则是保护弱势群体,进行再分配的工具;[80]效益理论则认为显失公平规则之所以是正当的,是因为该规则可以使效益最大化。[81]认同显失公平规则背后的理论来源不同,则立足于理论来源之上的价值序列也会截然不同,于是在具体的契约纠纷尤其是疑难案件中,对如何判断显失公平的具体学说也就难以趋同。如果我们不明晰背后不同层次不同脉络的法理体系,对显失公平契约的认定则很难保持一贯的立场,从而使关于显失公平问题的司法实践呈现混乱的态势。因而,要真正做到"同案同判",仅仅依靠法官们对规则的接受是远远不够的,还必须揭示出规则背后所凝聚的法理体系。

由于契约法理有着非常丰富的意蕴,目前在我国还没有形成统一的表达,如果任由法官不加以论证和区分地运用"契约法理"进行裁判,这一方面让当事人难以捉摸其真实含义,另一方面也可能成为法官拒绝仔细说理的"避风港"。因此,法官们据"契约法理"裁判时,要谨防恣意。首先,法官要进行法理的鉴别和认定,即厘清什么样的法理能够成为契约纠纷裁判的依据。就融贯性的角度而言,并不是通说或者权威学者的理论就能成为裁判的依据,而是要求该法理必须与契约法理体系具有融贯性,必须能够一贯地解释和论证我国契约实在法。其次,法官们适用法理需要论证。即使某项法理具有融贯性,如果要将其适用于司法裁判中,法官应该具体地阐明该项法理的内涵,并且清晰展示该法理得出的过程。最后,法官们可以依据多样的契约法理予以裁判,但是不宜直接使用"契约法理"一词,法官们可以根据当时解释法条、论证法条的具体依据,用通说、立法目的、法律之本意、法律原则等词语进行分别阐释,以实现裁判文书用语的严谨和准确。

注 释

* 资琳,中南财经政法大学法学院副教授。本文系国家社会科学基金一般项目"我国裁判文书制度的法理检视与体系重构研究"(14BFX056)的阶段性成果。在"法理研究行动计划"系列活动的研讨中,诸多师友对本文提出了宝贵意见,特此致谢。本文原载《法制与社会发展》2019 年第 2 期。

〔1〕 参见张文显:《法理:法理学的中心主题和法学的共同关注》,载《清华法学》2017 年第 4 期。

〔2〕 我国有关这类研究的代表性文献,参见郑云瑞:《西方契约理论的起源》,载《比较法研究》1997 年第 3 期;李永军:《契约效力的根源及其正当化说明理论》,载《比较法研究》1998 年第 3 期;徐涤宇:《合同效力正当性的解释模式及其重建》,载《法商研究》2005 年第 3 期;孙良国、董彪:《契约中的主观主义与客观主义研究》,载《法制与社会发展》2005 年第 4 期;叶金强:《合同解释理论的一元模式》,载《法制与社会发展》2013 年第 2 期等。

〔3〕 这类研究的代表性文献,参见王利明等:《合同法》,中国人民大学出版社 2002 年版,第 24 ~ 40 页;李永军:《合同法》(第 2 版),法律出版社 2005 年版,第 43 ~ 86 页;崔建远主编:《合同法》(第 5 版),法律出版社 2010 年版,第 15 ~ 22 页;韩世远:《合同法总论》,法律出版社 2004 年版,第 33 ~ 45 页;陈小君主编:《高等政法院校规划教材:合同法学》(第 4 版),中国政法大学出版社 2014 年版,第 19 ~ 22 页等。

〔4〕 对这个观点具体的论述,参见黄卉:《论法学通说(又名:法条主义者宣言)》,载《北大法律评论》2011 年第 2 期。

〔5〕 参见[美]迈克尔 · J. 桑德尔:《自由主义与正义的局限》,万俊人等译,译林出版社 2001 年版,第 225 页。

〔6〕 参见李梅:《权利与正义:康德政治哲学研究》,社会科学文献出版社 2000 年版,第 120 ~ 134、155 ~ 181 页。

〔7〕 See Michael J. Trebilcock, *The Limits of Freedom of Contract*, Harvard University Press, 1993, pp. 8, 9.

〔8〕 See Charles Fried, *Contract as Promise: A Theory of Contractual Obligation*, Harvard University Press, 1981, pp. 1 – 37.

〔9〕 See Peter Benson, "Abstract Right and the Possibility of a Nondistributive Conception of Contract: Hegel and Contemporary Contract Theory", *Cardozo Law Review*, Vol. 10, (1988), pp. 1079 - 1198; Peter Benson, "The Idea of a Public Basis of Justification for Contract", *Osgoode Hall Law Journal*, Vol. 33, No. 2 (1995), pp. 274 - 336.

〔10〕 [澳]J. J. C. 斯马特、[英]B. 威廉斯:《功利主义:赞成与反对》,牟斌译,中国社会科学出版社 1992 年版,第 9 页。

〔11〕 参见[美]A. 麦金太尔:《追寻美德:伦理理论研究》,宋继杰译,译林出版社 2003 年版,第 279 页。

〔12〕 See Michel Rosenfeld, "Contract and Justice: The Relation Between Classical Contract Law and Social Contract Theory", *Iowa Law Review*, Vol. 70, (May, 1985), p. 799.

〔13〕 参见[美]迈克尔·J. 桑德尔:《自由主义与正义的局限》,万俊人等译,译林出版社 2001 年版,第 132 页。

〔14〕 参见万俊人:《寻求普世伦理》,商务印书馆 2001 年版,第 133、134 页。

〔15〕 See Jody S. Kraus, "Philosophy of Contract Law", in Jules Coleman and Scott Shapiro (eds.), *Jurisprudence and Philosophy of Law*, Oxford University Press, 2002, p. 704.

〔16〕 参见[美]亨利·马瑟:《合同法与道德》,戴孟勇、贾林娟译,中国政法大学出版社 2005 年版,第 32 ~ 41 页。

〔17〕 具体论述参见[美]Melvin. A Eisenberg:《合同理论》,载[加]Peter Benson 主编:《合同法理论》,易继明译,北京大学出版社 2004 年版,第 228 ~ 266 页。

〔18〕 参见[美]James Gordley:《亚里士多德学派的合同法》,载[加]Peter Benson 主编:《合同法理论》,易继明译,北京大学出版社 2004 年版,第 293 ~ 377 页。

〔19〕 参见[美]罗伯特·A. 希尔曼:《合同法的丰富性:当代合同法理论的分析与批判》,郑云瑞译,北京大学出版社 2005 年版,第 266 ~ 271 页。

〔20〕 参见傅静坤:《二十世纪契约法》,法律出版社 1997 年版,第 250 ~ 260 页。

〔21〕 参见郑云瑞:《古典契约理论的法哲学基础》,载《社会科学研究》1998 年第 3 期。

〔22〕 李永军:《合同法》(第 2 版),法律出版社 2005 年版,第 238 页。

〔23〕 参见徐涤宇:《合同效力正当性的解释模式及其重建》,载《法商研究》2005 年第 3 期。

〔24〕 参见孙良国、董彪:《契约中的主观主义与客观主义研究》,载《法制与社会发展》2005 年第 4 期。

〔25〕 参见解亘:《我国合同拘束力理论的重构》,载《法学研究》2011 年第 2 期。

〔26〕 参见孙学致:《唯契约自由论——契约法的精神逻辑导论》,吉林人民出版社 2006 年版,第 20 ~ 155 页。

〔27〕 参见叶金强:《合同解释理论的一元模式》,载《法制与社会发展》2013 年第 2 期。

〔28〕 关于这个问题的具体论述,参见资琳:《契约制度的正当性论证:一种以主体为基点的研究》,中国政法大学出版社 2009 年版,第 27 ~ 30 页。

〔29〕 谢怀栻:《由〈合同法〉想到的几点问题》,载《法学家》1999 年第 3 期。

〔30〕 江平、程合红、申卫星:《论新合同法中的合同自由原则与诚实信用原则》,载《政法论坛》1999 年第 1 期。

〔31〕 参见王家福:《跨世纪的市场经济基本大法》,载《中国法学》1999 年第 3 期。

〔32〕 参见梁慧星:《合同法的成功与不足》(上),载《中外法学》1999 年第 6 期。

〔33〕 参见王利明:《论合同法的新发展》,载《江海学刊》2003 年第 2 期。

〔34〕 崔建远主编:《合同法》(第 5 版),法律出版社 2010 年版,第 15 ~ 22 页;韩世远:《合同法总论》,法律出版社 2004 年版,第 33 ~ 45 页;陈小君主编:《高等政法院校规划教材:合同法学》(第 4 版),中国政法大学出版社 2014 年版,第 19 ~ 22 页。

〔35〕 关于法律的内部体系和外部体系的详细阐述,参见[德]卡尔·拉伦茨:《法学方法论》,陈爱娥译,商务印书馆 2003 年版,第 316 ~ 363 页。

〔36〕 参见尹田:《法国现代合同法:契约自由与社会公正的冲突与平衡》,法律出版社 2009 年版,第 39 页。

〔37〕 《合同法》第 4 条规定:"当事人依法享有自愿订立合同的权利,任何单位和个人不得非法干预。"

〔38〕 参见崔建远、戴孟勇:《合同自由与法治》(上),载高鸿钧等:《法治:理念与制度》,中国政法大学出版社 2002 年版,第 287 页。

〔39〕 参见王利明:《合同法研究》(第 1 卷),中国人民大学出版社 2011 年版,第 199 页。

〔40〕 参见梁慧星:《中国民法典草案建议稿附理由(合同编)》,法律出版社 2013 年版,第 58 页。

〔41〕 参见郑玉波:《民法债编总论》,三民书局 1996 年版,第 34、35 页;王利明:《论合同自由原则》,载《法制现代化研究》(第 2 卷),南京师范大学出版社 1996 年版,第 354 页;崔建远主编:《合同法》(第 5 版),法律出版社 2010 年版,第 18 页。

〔42〕 参见韩世远:《民法的解释论与立法论》,法律出版社 2015 年版,第 62 页。

〔43〕 参见[美]约翰·罗尔斯:《正义论》,何怀宏、何包钢、廖申白译,中国社会科学出版社 1988 年版,第 57 页。

〔44〕 [美]约翰·罗尔斯:《政治自由主义》,万俊人译,译林出版社 2000 年版,第 316 页。

〔45〕 See John Rawls, "Reply to Alexander and Musgrave", in Samuel Freeman (ed.), *Collected Papers*, Harvard University Press, 1999, p. 239.

〔46〕《合同法》第 5 条规定:“当事人应当遵循公平原则确定各方的权利和义务。”

〔47〕《合同法》第 54 条规定:“下列合同,当事人一方有权请求人民法院或者仲裁机构予以变更或撤销:(一)因重大误解而订立的;(二)在订立合同时显失公平的。一方以欺诈、胁迫的手段或者乘人之危,使对方在违背真实意思的情况下订立的合同,受损害方有权请求人民法院或者仲裁机构予以变更或撤销。”《民法总则》第 151 条规定:“一方利用对方处于危困状态、缺乏判断能力等情形,致使民事法律行为成立时显失公平的,受损害方有权请求人民法院或者仲裁机构予以撤销。”

〔48〕在“家园公司诉森得瑞公司合同纠纷案”中,判决书中写到:“认定显失公平一是要考察合同对一方当事人是否明显不公平。根据民法通则和合同法的有关规定,签订合同作为一种双方的民事法律行为,应贯彻公平原则。公平原则的实质在于均衡合同双方当事人的利益。因此,对合同显失公平的认定应结合双方当事人权利义务是否对等、一方获得的利益或另一方所受损失是否违背法律或者交易习惯等方面综合衡量。二是要考察合同订立中一方是否故意利用其优势或者对方轻率、没有经验。所谓利用优势,是指一方利用其在经济上或其他方面的优势地位,使对方难以拒绝对其明显不利的合同条件;所谓没有经验,是指欠缺一般生活经验或者交易经验。显失公平的合同中,利益受损的一方往往因为无经验,或对合同的相关内容缺乏正确认识的能力,或者因为某种急迫的情况,并非出于真正的自愿而接受了对方提出的合同条件。”最高人民法院办公厅编写:《中华人民共和国最高人民法院公报》(2007 年卷),人民法院出版社 2007 年版,第 450 ~ 454 页。

〔49〕参见彭真明、葛同山:《论合同显失公平原则》,载《法学评论》1999 年第 1 期;徐涤宇:《非常损失规则的比较研究——兼评中国民事法律行为制度中的乘人之危和显失公平》,载《法律科学》2001 年第 3 期;李永军:《合同法原理》,中国人民公安大学出版社 1999 年版,第 251、258、280、281 页;贺剑:《〈合同法〉第 54 条第 1 款第 2 项(显失公平制度)评注》,载《法学家》2017 年第 1 期;武腾:《显失公平规定的解释论构造——基于相关裁判经验的实证考察》,载《法学》2018 年第 1 期。

〔50〕《消费者权益保护法》(2009)第 24 条规定:“经营者不得以格式合同、通知、声明、店堂告示等方式作出对消费者不公平、不合理的规定,或者减轻、免除其损害消费者合法权益应当承担的民事责任。”

〔51〕参见王利明:《统一合同法制订中的若干疑难问题探讨》(上),载《政法论坛》1996 年第 4 期。

〔52〕参见苏号朋:《格式合同研究》,载《比较法研究》1998 年第 2 期;张新宝:《定式合同基本问题研讨》,载张新宝主编:《法路心语》,法律出版社 2003 年版,第 20 页;李永军:

《合同法》(第 2 版),法律出版社 2005 年版,第 96 ~ 301 页;崔建远主编:《合同法》(第 5 版),法律出版社 2010 年版,第 63 页;李仕萍:《定式合同有关问题探讨》,载《政法论坛》2000 年第 3 期。

〔53〕 参见王剑一:《合同条款控制的正当性基础与适用范围——欧洲与德国的模式及其借鉴意义》,载《比较法研究》2014 年第 1 期。

〔54〕 《解释(二)》第 26 条规定:"合同成立以后客观情况发生了当事人在订立合同时无法预见的、非不可抗力造成的不属于商业风险的重大变化,继续履行合同对于一方当事人明显不公平或者不能实现合同目的,当事人请求人民法院变更或者解除合同的,人民法院应当根据公平原则,并结合案件的实际情况确定是否变更或者解除。"

〔55〕 参见曹守晔:《〈最高人民法院关于适用中华人民共和国合同法若干问题的解释(二)〉之情势变更问题的理解与适用》,载《法律适用》2009 年第 8 期。

〔56〕 参见王利明:《民商法研究》(第 4 辑),法律出版社 1999 年版,第 481 页;韩强:《情势变更原则的类型化研究》,载《法学研究》2010 年第 4 期。

〔57〕 王利明:《合同法的目标与鼓励交易》,载《法学研究》1996 年第 3 期。

〔58〕 梁慧星:《"从三足鼎立"走向统一的合同法》,载《中国法学》1995 年第 3 期。

〔59〕 参见王利明:《合同法的目标与鼓励交易》,载《法学研究》1996 年第 3 期。

〔60〕 参见叶晓欣:《新合同法与鼓励交易目标》,载《山西高等学校社会科学学报》2005 年第 10 期。

〔61〕 参见[美]亨利 · 马瑟:《合同法与道德》,戴孟勇、贾林娟译,中国政法大学出版社 2005 年版,第 32 ~ 36 页。

〔62〕 罗昆:《鼓励交易原则的反思与合理表达》,载《政治与法律》2017 年第 7 期。

〔63〕 参见王红霞:《质疑鼓励交易原则——兼与王利明先生商榷》,载《市场周刊》(研究版) 2005 年第 12 期。

〔64〕 傅静坤:《二十世纪契约法》,法律出版社 1997 年版,第 251 页。

〔65〕 See Anthony T. Kronman, "Wealthy Maximization as a Normative Principle", *The Journal of Legal Studies*, Vol. 9, No. 2 (Mar. ,1980), pp. 227 – 242.

〔66〕 See Richard A. Posner, "Utilitarianism, Economics and Legal Theory", *The Journal of Legal Studies*, Vol. 8, No. 1 (Jan,1979), p. 119.

〔67〕 参见王利明:《合同法的目标与鼓励交易》,载《法学研究》1996 年第 3 期。

〔68〕 参见雷磊:《什么是法教义学?——基于 19 世纪以后德国学说史的简要考察》,载《法制与社会发展》2018 年第 4 期。

〔69〕 See S. M. Waddams, "Unconscionable Contracts: Competing Perspectives", *Saskatchewan*

Law Review, Vol. 62, (1999), p. 2.

〔70〕 佟柔主编:《中国民法学·民法总则》,中国人民大学出版社1990年版,第234页。

〔71〕 参见梁慧星:《民法总论》(第2版),法律出版社2001年版,第233页。

〔72〕 参见韩世远:《合同法总论》,法律出版社2004年版,第230、231页。

〔73〕 参见彭真明、葛同山:《论合同显失公平原则》,载《法学评论》1999年第1期;徐涤宇:《合同效力正当性的解释模式及其重建》,载《法商研究》2005年第3期;李永军:《合同法》(第2版),法律出版社2005年版,第43~86页;张燕玲:《浅析显失公平的合同》,载《法学论坛》2000年第3期;王家福主编:《中国民法学·民法债权》,法律出版社1991年版,第351页;王利明、崔建远:《合同法新论·总则》,中国政法大学出版社1996年版,第283页。

〔74〕 代表性文献如贺剑:《〈合同法〉第54条第1款第2项(显失公平制度)评注》,载《法学家》2017年第1期;武腾:《显失公平规定的解释论构造——基于相关裁判经验的实证考察》,载《法学》2018年第1期。

〔75〕 关于这点的具体阐述,参见王凌皞:《存在(理智上可辩护的)法律教义学么?》,载《法制与社会发展》2018年第6期。

〔76〕 参见孙光宁:《最高人民法院如何适用"法理"》,载《湖北社会科学》2018年第8期。

〔77〕 (2013)民申字第2298号。

〔78〕 本文对契约法理的提炼是殊理的提炼,关于公理、通理和殊理的区别的具体论述,参见李晓辉:《论法理的普遍性:法之"公理"、"通理"与"殊理"》,载《法制与社会发展》2018年第3期。

〔79〕 参见[加]Peter Benson:《合同法的统一》,载[加]Peter Benson主编:《合同法理论》,易继明译,北京大学出版社2004年版,第213、214页。

〔80〕 See Anthony T. Kronman, "Contract Law and Distributive Justice", *The Yale Law Journal*, Vol. 89, No. 3 (Jan, 1980), pp. 490, 491.

〔81〕 See Richard A. Posner, "Utilitarianism, Economics and Legal Theory", *The Journal of Legal Studies*, Vol. 8, No. 1 (Jan, 1979), pp. 119 - 131.

方新军*

融贯民法典外在体系和内在体系的编纂技术

| 提　要 |

民法典的编纂技术可以分为程序技术和功能技术，功能技术又可以分为外在体系的编纂技术、内在体系的编纂技术和融贯外在体系和内在体系的编纂技术。大陆法系起初主要关注的是以抽象概念的层级分类作为工具的外在体系的编纂技术，但是在概念法学日益受到批判的背景下，以一般原则为内容的民法典内在体系的价值开始凸显，以原则的分层、列举和具体化为特征的内在体系的编纂技术开始出现。由于民法典既包括外在体系，又包括内在体系，因此，通过特定的编纂技术将上述两个体系融贯为一个价值理念统一的整体具有极其重要的意义。这种编纂技术要求立法者熟练地运用不同的语词、不同的概念和不同的规范类型，将内在体系的价值理念在外在体系的规范中融贯地表现出来。

| 关键词 |

民法典　外在体系　内在体系　一般条款　动态体系

一、问题的由来

在《德国民法典》颁布之前，民法典的编纂技术问题并没有引起充分的重视，法国学者弗朗索瓦·惹尼在纪念《法国民法典》颁布一百周年的论文中指出，只有在《德国民法典》中才呈现出一种明显卓尔不群的、配得上技术因素之名的组织和安排，在《德国民法典》颁布之前，人们似乎只满足于纯粹本能的、至多为某些经验主义考虑所补充的立法技术。《法国民法典》的编纂者们对考究的立法技术就显得很陌生，如果民法典的编纂者们做更多的推理、更细致地加工其技术，他们可以大大地完善其法典。[1]在很长一段时间里，《德国民法典》被视为所有法典中技术上的最先进者。《德国民法典》的科学品性最明显地体现在法典的高度抽象化中，它力图通过严格的概念运用和几乎完全放弃逐案决疑的方式以达到明确性和简洁性，同时通过“事实的抽象—概括式表达”、“共同性规定的提取”和“援引技术”的大规模运用，从而使《德国民法典》成为第一部放弃通过科学重建法律与某种超验伦理之联系的科学法典，并最终成为追求社会、经济、直至政治目的的纯技术手段。[2]但是，经过百余年的发展，《德国民法典》的先进性开始遭受多重的质疑和挑战。

第一，公理演绎体系的不可能。《德国民法典》是概念法学发展到顶峰的产物，而概念法学的目标就是通过概念金字塔的建构寻求一种公理演绎的体系。但是，论题学和新修辞学认为，在法学领域中完美的公理演绎体系是不存在的，法学在本质上是论题取向的，而不是公理取向的。论题学是由修辞学发展而来的问题思维技术，其特征在于应用若干确定的一般性看法、设问方式及论据，从而能够通过各种不同的方向使问题的讨论开始进行，最后它还能够发现问题在理解上的脉络关联。[3]论题学的思考方式不会导向一个广泛的体系。反之，它会导向体系的多元化，并且它也不尝试由一个更广泛的体系来证实各体系间的相容性。[4]因此，论题学思维在本质上构成对民法典体系思维的反动，如果我们仍然追求民法典的体系建构，我们就必须在编纂技术上对论题学的挑战作出回应。

第二，语言哲学的内部转向对抽象概念建构可能性的质疑。哲学的每一次转向都对法学的发展产生了重要的影响,从本体论到认识论的转向导致了对法典体系建构的狂热;从认识论到语言哲学的转向使法学界意识到"法律是通过语言被带出来的"。[5]而语言哲学的内部转向,就是从理想语言文字到日常语言,对法学产生了更为重要的影响。《德国民法典》的高度抽象性主要通过运用抽象概念来实现,而抽象概念又以语言文字含义的固定性为前提,这与理想语言文字的追求存在高度的契合。弗雷格指出,语言不完善是思维推理的障碍,关系越复杂,这种不完善就越不能达到目的所要求的精确性,因此应该追求一种和算术形式语言最相近的形式语言。[6]但是,随着语言哲学的内部转向,试图通过数理逻辑追求理想语言文字受到了严厉的批判,因为日常语言本来就没有这种精确的逻辑。这使语言文字含义的固定性幻想破灭,在语言文字出现模糊性的地方,"概念晕"就出现了。[7]如果作为规范核心要素的概念无法有确定的意义,那么,规范的开放结构就无法避免。[8]如此一来,试图完全通过抽象概念建构民法典体系的想法就遭到釜底抽薪的一击。

第三,外在体系和内在体系的区分对民法典编纂技术的挑战。在从概念法学、利益法学到价值评价法学的演变过程中,利益法学派的代表人物菲利普·黑克通过对概念法学的批判提出了民法的内在体系和外在体系的区分理论。他认为,外在体系就是通过秩序概念的分类和编排建造而成的体系,其在本质上是一个概念的建筑物,但是,概念法学的最大错误在于试图透过这种概念建构获得新的法律规范。实际上,在外在体系的背后隐藏着一个内在体系,因为用以建构外在体系的概念并非无源之水,它们是立法者在对各种利益冲突进行分析评判的基础上逐渐抽象出来的,通过利益法学的方法所得出的解决利益冲突的体系就是内在体系,而外在体系是为了描述内在体系而产生的。但是,黑克指出,内在体系随着实质判断自动产生,与立法者透过何种特别概念的方式来思考它毫无关系。这使利益法学派认为内在体系只停留在解释论的层面。[9]在从利益法学到价值评价法学的转变过程中,黑克的理论仍然受到充分的重视。[10]价值评价法学认为,内在体系不仅在解释论上有意义,而且在立法论上也有意义。因为立法者可以通过运用诸如类型、主导思想、须具体化的原则以及规定功能的概念等作为建构内在体系的基石。但是,拉伦茨也明确承认:"不是(仅)借抽象概念以及属此之抽象化及涵摄的逻辑程序,来从事体系建构,毋宁更利用其他思考方式以形成体系之可能性,其于法学中的实现,迄今仅处于开始阶段。"[11]

第四,解法典化的趋势对传统民法典逻辑演绎体系的冲击。那塔利诺·伊尔蒂认为,传统民法典以个人主义的价值序列表为基础,通过一般的、抽象的规则追求一个安全的世界。民法典之外的例外法律如同一个临时的插曲,是注定要整合到民法典中去的片段。但是,当代社会开始进入一个解法典的时代,一个特别法日常性地深入扩展自己领域的时代。这些特别法抽空了法典的内容,表达出自主的逻辑和有机的原则,这种原则的异质性导致作为一般民法的民法典的空洞化,从而变成一种剩余规范。因此可以预言,我们的时代不是一个适合进行新的法典编纂的时代,也不是一个进行改变现行法典的结构和功能的一般改革时代。[12]如果我们仍然追求民法典的体系化建构,在编纂技术上我们能够采取哪些方法去解决上述原则的异质性所带来的内在体系冲突问题就变得异常紧迫。

第五,法学方法论对民法典编纂技术的反哺。在概念法学崩溃以后,试图通过单纯的逻辑涵摄解决所有案件的幻想也随之破灭。无论是在大前提的寻找,还是在小前提的确定过程中,法官经常进行价值判断,而价值判断并没有标准答案。这一方面导致了自由法学运动的诞生,同时也引发了人们对法官恣意的担忧;另一方面也导致了人们对法学还能否被称为科学的怀疑。法学方法论的目的就是针对价值取向的思维发展出一套方法,从而一方面为法官的价值判断提供指引;另一方面也能对法官的恣意进行预防。这也是以概念法学为基础的《德国民法典》在没有进行根本性改动的情况下,仍然能够在百余年的时间里应对社会生活变迁的主要原因。这些方法,尤其是针对法律漏洞的法律续造方法,在很多时候都是通过民法典的内在体系推导出来的。但是,正如考夫曼所指出,立法论和法学方法论之间显现出非常显著的对应关系,但立法论作为一门相当年轻的学科,几乎在所有的方法论中都没有被讨论,这令人惋惜。[13]

第六,融贯理论的新思路。融贯理论是法学方法论进一步发展的结果,其最初体现为一种司法融贯论,主要是为了解决没有现成法律规范可以适用的疑难案件的裁判证立问题。法官为疑难案件寻找法律规范属于外部证立,这种证立同样涉及价值判断,这就引发了法律推理的难题。一方面,法官用以裁决案件的前提无法证伪;另一方面,基于公正的考量又不能允许法官恣意审判。因此,法律推理必须受到合理前提的支持,只有当一个前提是从一个高度融贯的前提集中推导出来时,该前提才可能是合理的。[14]私法既包括外在体系,也包括内在体系,内在体系预设了外在体系的存在。私法的特定部分体现了原则的特定结合,正是内在体系将私法统一为一个融贯的整体。[15]但问题是,一个高度融贯的体系究竟应该如何建构呢?约瑟夫·拉兹认为,一个国家的既存法律很多时候是混乱而激烈的政治斗争的后果,这种法律反映了实践妥协的捉摸不定或者政治力量的变幻莫测,它们并不必然构成一个融贯的体系。如同在茫茫大海上航行的水手,我们已经无法靠岸用好船重新开始,我们只能使用已有的东西从内部来修理船只。[16]但是,中国迎来了重新上岸对船只进行彻底整修的契机,在新一波民法典编纂的浪潮中,融贯理论在立法论上的意义已经开始引起充分的关注,尤其是在外在体系和内在体系的区分被广泛接受以后,运用融贯理论进行法律体系的建构已经呈现出方兴未艾的趋势。[17]如果中国试图编纂一部代表21世纪发展方向的民法典,那么《德国民法典》所遭受的批判和挑战必须引起充分的重视。

二、外在体系和内在体系的区分对民法典编纂技术的影响

民法典的编纂技术可以区分为程序技术和功能技术。[18]程序技术是关于民法典编纂委员会的机构组成、成员选任方式、机构活动方式、预决事项的确定方式、草案讨论和表决方式等方面的技术。功能技术则是关于民法典体系建构和具体条文起草的技术。一方面,程序技术是功能技术的前置性技术,很多问题如果在程序技术上无法得到解决,后续的功能技术也无法施展;另一方面,程序技术也贯穿在整个功能技术的施展期间,在立法者运用功能技术编纂民法典时,程序技术始终辅助着功能技术的顺利实现。美国学者塞德曼非常形象地将程序技术比喻为立法技术的明线,将功能技术比喻为立法技术的暗线。[19]

在外在体系和内在体系的区分浮出水面之前,外在体系的编纂技术是功能技术关注的焦点,这也符合法典编纂的最初理念。拉丁文“法典(Codex)”的最初含义是书的意思,因此,罗马法上的法典主要是按照时间顺序对现有的法律进行汇编。而现代意义上的法典是对某一特定领域的法律规则进行体系化建构,从而使这些规则之间具有严密的逻辑联系。因此,最符合现代法典编纂理念的不是《优士丁尼法典》,而是《盖尤斯法学阶梯》和《优士丁尼法学阶梯》,后两者恰恰是运用特定的逻辑技术建构法学体系的结果。《法国民法典》正是通过对法学阶梯模式的借鉴将自身建构为一个体系,萘尼之所以能够通过对《德国民法典》和《法国民法典》的比较,将民法典的编纂技术问题引入人们的视野,关键原因是《法国民法典》对外在体系编纂技术的不自觉导致概念术语体系混乱,而《德国民法典》的最大特色就是概念术语体系的精确性和逻辑体系的严密性。

在概念法学追求的公理演绎体系遭受批判之后,由一般法律原则构成的内在体系的功能和价值开始引起充分的关注。尽管黑克第一个运用外在体系和内在体系的术语将上述区分表述出来,但是他的利益法学的目的是为法官裁决案件提供方法论,他并不关心在立法上实现内在体系。这使内在体系只表现为一种理论的体系,而外在体系则是一种现实的体系。[20] 如果内在体系在体系的建构上具有真正的意义,那么,体现一般原则的内在体系在立法上有实现的必要和可能吗? 在大陆法系,曾有学说理论认为一般原则的成文化是不可能的,或者说也是不必要的。《德国民法典》第一草案第1条原先规定:“对于没有法律规定的关系,相应适用与该关系在法律上类似的关系所设定的法律规定。如果缺乏这样的法律规定,那么适用由法律秩序的精神而得出的基本原则。”但是,上述规定在正式文本中被删去,理由是上述规定的内容是不言自明的。[21]

在利益法学向价值评价法学的演变过程中,黑克提出的内在体系的价值引发了进一步的反思。黑克非常敏锐地看出了单凭抽象概念建构的外在体系的不足,但他的最大问题在于简单地从最上位的法的抽象价值直接过渡到规范之后的具体利益,从而忽视了承载法的抽象价值的民法基本原则,直接导致利益法学缺乏对整个民法内在基本价值体系的思考。[22] 如果内在体系是由一般原则构成的体系,那么,在出现疑难案件时法官在何处寻找一般原则就是一个问题。尽管学说理论提出了各种解决方法,但只要一般原则没有成文,法的安定性就始终受到挑战。[23]因此,拉伦茨指出,法律原则不是一项规则,它必须被具体化,具体化可以区分为不同阶段,相应地,原则也可以区分为不同层次。最高层的原则是不区分构成要件和法律效果的一般法律思想,下位的原则则开始逐步地区分构成要件和法律效果,但是它们离规则仍有一段距离,因此仍然需要进一步具体化,而这一工作首先应该由立法者来承担。[24]

在大陆法系的民法典中,对一般原则进行抽象表述很早以前就存在。1794 年《普鲁士一般邦法》的决疑技术一直遭到后世学说理论的嘲讽,实际上,立法者并没有我们想象的那么绝对。该法序言第 49 条规定:"法官找不到裁决争议案件所需要的法律时,也必须根据在法典中确定的一般原则以及类似情况的相关规定,并根据自己的最优判断做出裁决。"[25]这种立法技术在后世的民法典编纂中一直不乏追随者。[26]

一般原则的不成文恰恰是由在价值理念上备受赞扬的《法国民法典》开启的。该法典第 4 条规定:"法官借口法律无规定、不明确或不完备而拒绝审判者,得以拒绝审判罪追诉之。"同时第 5 条又规定:"禁止法官对其审理的案件以一般的规则性条款进行判决。"这被认为确立了禁止原则性判决的范式。《法国民法典》的起草人波塔利斯并不是第 5 条规定的倡导者,他在《关于民法典草案的预备性说明》中指出:"只有很少的事情可以由一部有确定内容的法律来决定,大部分争端都是基于一般原则、学理和法律科学去解决;民法典不但不能离开这些知识,相反,民法典需要它们来作为补充。"[27]波塔利斯甚至根据让·多玛的自然法原则为民法典草案起草了拥有 38 个条文的序编,但是最终被悉数删去。[28]法国国家参事院认为这些规定在法典中毫无意义,理由几乎和德国人的完全一样。

抽象表述的缺位并不代表上述两部法典中就没有任何关于法律原则的表述,《法国民法典》第 5 条尽管作出了原则性判决的限制,但是紧跟着的第 6 条"任何人不得以特别约定违反有关公共秩序与善良风俗的法律"就为法官的原则性判决留下了尾巴。法国的学说理论认为,尽管《法国民法典》并没有规定意思自治原则,但是“公共秩序就是契约自由的反命题”,因此可以从第6条中推导出来。[29]同时,《法国民法典》第1134条第3款关于“契约应以诚信履行之”的规定为法官构建忠实义务和协作义务奠定了理论基础。但是,反对者认为,该款只是一个技术性条款,不具有任何实质性的意义,任何赋予该款实质性意义的尝试都将威胁到法律的确定性。因此,有学者指出:“假如诚信这一概念只是具有有限作用的法律技术工具的话,就不会有人主张诚信观念激发了许多针对法律问题的实际解决办法了。基于这一原因,难道我们不应该将它提升到法律基本原则的层次吗?”[30]《德国民法典》同样在债编的第138条第1款规定:“违反善良风俗的法律行为无效。”第242条规定:“债务人有义务照顾交易习惯,以诚实信用所要求的方式履行给付。”第826条规定:“以违反善良风俗的方式故意加损害于他人的人,有义务向该他人赔偿损害。”上述三个条文被认为确立了善良风俗原则和诚实信用原则。这实际上是一种归纳,因为上述三个条文本身是以规则的形式出现的。同时,也正因为没有关于一般原则的规定,规定在债编中的这两个次级原则对于法律的发展起到了重要的作用,司法实务中据此发展出来的新制度已经是繁花似锦。

在随后制定的民法典中,《法国民法典》和《德国民法典》的立法例并没有被遵循。1907年的《瑞士民法典》第1条第2款和第3款规定:“无法从本法得出相应规定时,法官应依据习惯法裁判;如无习惯法时,依据自己如作为立法者应提出的规则裁判。在前一款的情况下,法官应依据公认的学理和惯例。”同时,第2条第1款直接将诚实信用原则从次级原则提升到一般原则的地位,“任何人都必须以诚实信用的方式行使其权利和履行其义务”。《瑞士民法典》的立法例产生了非常大的影响,我国1910年的《大清民律草案》第1条和第2条、1960年的《韩国民法典》第1条和第2条直接模仿了瑞民的第1条和第2条。1966年的《葡萄牙民法典》第10条第3款和1999年《澳门民法典》第9条第3款均直接模仿自《瑞士民法典》第1条第2款。但是,《瑞士民法典》的立法例也存在自身的问题,尽管《瑞士民法典》突破性地赋予了法官立法权,但除了诚实信用原则以外,《瑞士民法典》并没有在一般意义上表明一般原则的渊源地位。因此,如果说《法国民法典》是对立法者的理性充满乐观情绪，那么《瑞士民法典》则是将这种乐观情绪从立法者转移到法官那里。

真正为民法典基本原则的立法例带来新意的是社会主义国家的民法典。自1922年的《苏俄民法典》以来，社会主义国家的民法典在总则的第一章规定“基本原则”似乎已经成为惯例，而且对各种基本原则进行列举和说明。尽管很多时候有些基本原则只是政策的宣示，但是，这种立法例被认为是社会主义民法典与资本主义民法典相比的重大特色。[31]中国也不例外，自1955年《民法总则草稿》以来，历次的草稿在总则的第一章规定“基本原则”成为一种惯例，但是，仔细观察能够发现，社会主义意识形态方面的内容逐渐减少，符合民法传统的基本原则内容开始增多。如果将1955年的《民法总则草稿》和1985年的《民法总则（讨论稿）》进行对比，我们发现后者中出现了前者根本没有考虑的不得损害社会公共利益，尊重公共生活准则和优良的社会风尚，自愿协商、平等互利，诚实信用，禁止滥用民事权利等原则。[32]最终的成果就是《民法通则》第一章“基本原则”，该章中有关社会主义意识形态的内容更是大幅减少，除了第1条和第5条外，第2条规定了调整范围，其余4条分别列举了平等、自愿、公平、等价有偿、诚实信用、尊重社会公德等原则。2017年通过的《民法总则》继续遵循了这种立法技术，该法第3～9条相继列举了合法权益受保护原则、平等原则、自愿原则、公平原则、诚实信用原则、合法原则、公序良俗原则和绿色原则等。这种对基本原则的大规模列举在比较法上具有鲜明特色。[33]

通过上文的分析，我们可以发现，大陆法系不规定一般原则的民法典主要是受到概念法学的影响，因为概念法学试图通过抽象概念的体系建构，隔绝法律与其背后的伦理价值观念的联系，其目的是将价值判断的权力垄断在立法者的手中，从而维持立法权和司法权的绝对区分。概念法学的鼻祖普赫塔在批判萨维尼的基础上指出，萨维尼关于民法体系建构的不足在于没有基于一个统一的原则来形成整个法律体系，因此，应当以人的自由意志作为最高原则，建构出一套法律权利体系。[34]只是当普赫塔通过抽象概念将民法建构为一个体系时，原先作为基础的原则反而被屏蔽掉了，而黑克提出的内在体系理论则使原先被屏蔽掉的东西重新凸显出来，这也使民法典中关于一般原则的立法例开始出现。[35]但是,对一般原则进行抽象的表述只是给了法官一个空盒子,这并没有给法官提供多少具体的价值指引。尽管在随后的民法典编纂中开始出现对各类具体原则进行列举的趋势,但是,这种列举只是将一个大的空盒子分解成几个小一点的空盒子,对法官的价值指引仍然有限。这使关于一般原则的层次区分、价值排序和具体化的问题浮出水面,这些问题最终会落到具体规定的层面。

因此,在民法典编纂中真正关键的问题包括以下几个:第一,通过何种编纂技术将民法典内在体系包含的价值理念表述出来;第二,通过何种编纂技术使体现抽象价值理念的一般原则具有真正的可操作性,而不是仅仅停留在价值宣示的层面;第三,民法典在理论上可以区分为外在体系和内在体系,并不意味着民法典在外观上表现为两个截然分离的部分,因此,真正具有挑战性的工作是通过特定的编纂技术将内在体系的价值理念在外在体系的具体规范中表现出来,从而使整部民法典成为一个价值理念融贯的体系。

三、为什么要融贯?

追求民法典外在体系和内在体系的融贯,同样来自法学方法论的反哺。法学领域中融贯性理论的出现并非无源之水,它同样源自哲学领域的理论变迁。在哲学领域,由于基础主义的崩溃,融贯思想被认为是解决认识论难题的一个具有吸引力的工具。

融贯理论认为:"我们的知识不是建立在坚固砖块上的房屋,它们更像是漂浮在海上的木筏,它们彼此联接在一起以相互支撑。"[36]一般认为,融贯性包括消极和积极两个方面。消极方面是指,逻辑一致性是融贯性的必要但非充分条件。尽管逻辑上的一致在很大程度上会促进体系的融贯,但是,融贯性并不以逻辑上的一致性为前提。逻辑上的一致并不必然导致体系的融贯,融贯的体系中也可能存在逻辑上不一致的地方。[37]融贯性的积极方面是指一种证立关系,一个陈述集合的证立结构越完美,这个陈述集合就越融贯。同时,这种证立结构具有度的性质,证立结构的完美性(融贯性的程度)依据融贯性的标准被满足的程度来确定。[38]融贯理论在最初被引入法学领域时，其目的不是体系建构，而是解决疑难案件的裁判证立问题。

所谓疑难案件，是指没有现成法律规范或者先例可以适用的案件，这是立法者有限理性的必然产物，因为任何法律体系都必然存在漏洞。拉兹认为，融贯性理论在法学领域的涌现，德沃金功不可没。[39]德沃金通过对疑难案件的分析，一方面提出了政策、原则和规则的区分；另一方面则提出了法律整全性理论。整全性包括两项实践原则，第一项是立法的整全性原则，其要求透过立法创设法律的那些人，使被创设的法律在原则上保有融贯性；第二项是裁判的整全性原则，其要求负有责任决定法律是什么的那些人，必须把自己执行的法律认知为一个融贯性的整体，因此，即便是疑难案件也存在法律上的唯一正解。[40]

德沃金的观点产生了深远的影响，在随后的学说理论发展中，学者们开始根据简易案件和疑难案件的区分将裁判证立区分为内部证立和外部证立（阿列克西）、演绎证立和次级证立（麦考密克）或者是一般证立和深度证立（佩岑尼克）。在上述区分中，学说理论几乎一致认为，涉及疑难案件的外部证立、次级证立和深度证立是裁判证立理论真正需要研究的问题，因为在简易案件的裁判证立中，三段论的涵摄在形式上仍然能够维持。而在疑难案件的裁判证立中，学说理论开始普遍地寻求融贯理论的支持。[41]但是，上述裁判证立理论存在一个致命的缺陷，即它们必须假定既有的法律体系在相当程度上是融贯的。拉兹认为，这种假定是不成立的，因为实然法是数个世纪以来大量人的互动的结果，人们不能以有关激进解释的戴维森式的论证来推出那些人形成实然法时的信念和目标是融贯的，因此，一种整体意义上的融贯理论在法学领域没有价值，我们至多只能接受一种局域的融贯理论。[42]于是，有学者开始超越单纯裁判证立的层面，在更加一般的理论意义上讨论融贯性对私法的意义。

欧内斯特·温里布认为，融贯性对于私法具有极其重要的意义，理由有二。第一，私法是证明正当的事业，融贯性对于证明正当必不可少。融贯性是把与司法关系相关的所有正当理由的考量连接成单一整体的正当理由，只有从可能融贯的观点出发，我们才能够弄清特定原告和被告之间的联系，一个不融贯的体系表现出的是一种专横。第二,私法具有内在的可理解性,私法的目的就是私法,私法只能够从内在角度予以把握,而不是一组外在目的的司法表达。私法的内在可理解性必然导致私法重视和趋向于自身的融贯,私法不是一个孤立的和不相关的官方权力散发的堆积。相反,私法努力避免矛盾,协调我们的前后矛盾,实现原则、规则和标准自我调整的协调性,法院的判决只不过是私法自我理解的公告。

温里布尤其强调融贯性和形式主义之间的内在关联,形式主义一直被认为是无生命抽象物的大坟场,因为它隔绝了法律和社会生活之间有意义的联系。但是,温里布认为,形式主义的最大价值在于保持了私法和政治的分离。根据形式主义的理解,私法的中心问题不是既定的国家权力的运作是否可以按照它的价值被期待,而是支撑它的正当理由考量是否与支撑关系的其他特征的考量相互融贯。形式主义拒绝将自己等同于寻找一种无漏洞规则体系的演绎方法,形式主义承认法律的不确定性,但是它拒绝寻求法律之外的因素解决案件。这并不意味着其他学科和私法无关,私法尊重它们各自的洞察力,但是,外在学科的结论只能以私法的术语进入私法,而不是以外在学科术语进入。因此,只有将形式主义和融贯性紧密结合在一起,私法的内在可理解性才能实现,从而最终实现私法不仅是自我调节的,而且是自我证明的。[43]温里布的观点对民法典的体系建构,尤其是应对解法典化的趋势具有重要的参考意义,但是对于如何实现私法的融贯性,他的理论过于抽象,他只是指出亚里士多德的矫正正义和康德的权利理论作为原则可以实现私法的融贯性。[44]

上述融贯性理论在大陆法系民法典编纂的语境中就表现为外在体系和内在体系的融贯问题。因为近代民法典在本质上是理性主义的产物,同时也是形式主义追求的目标,在基础主义崩溃、形式主义污名化之后,如果我们仍然追求民法典的体系建构,就必须寻找到新的理论支撑。尽管公理演绎体系在理论上已经破产,但是追求民法典新的体系建构方法一直是学说理论孜孜以求的目标。恩吉施认为,只要我们仍然应该研究真正的法秩序及其在思想上的渗透影响,就不能放弃体系思想。即使是由个案到个案,由个别规定到个别规定这样摸索出来的法秩序,依然是按照一些内含的原则发展而来的。新的学说理论均认为法律体系必须保持开放,绝不可能是已经终结的体系,但是正如拉伦茨指出的,没有一个理论告诉我们应该用何等要素才能构筑一个这样的体系。[45]实际上,这些要素只能通过融贯理论去寻找,但是非常遗憾,目前的融贯理论主要关注的是解释论问题,它们在立法论上能够给予我们的建议太少。[46]主要原因是在融贯理论出现的时候,代表性国家的民法典已经在实践的汪洋大海中航行了,它们只能在具体航行中修修补补。

四、融贯的标准和方法

(一)融贯的标准

尽管融贯理论在法学领域的最初引入是为了解决疑难案件的裁判证立问题,但是学者们开始逐渐意识到融贯理论在立法论上的意义。长期致力于法律推理中融贯理论研究的麦考密克,自 1999 年起开始担任欧洲议会的议员。欧洲议会是一个非常显要的立法机构,负责给 25 个成员国的 45 亿人制定法律,这使得麦考密克充分意识到融贯理论在立法论上的意义,用他自己的话说:"这是将我多年来所提出的法学理论展露给那一混乱的立法政治世界的一次奇妙而又令人心悸的经历。"在后期的著作中,麦考密克已经开始不时地从立法者的视角考虑融贯性问题,只是还不成体系。[47]索里阿诺认为,应该将法律体系中的融贯性和法律推理中的融贯性区分开来,前者关注的焦点是如何将法律体系中的各类要素组合在一起,后者关注的焦点是裁判证立的正当性问题。但是,他对法律体系中的融贯性未作任何展开,他关注的是欧洲法院判决中的推理融贯性问题。[48]真正对于融贯理论在立法论上作用的、富有见地的分析,是由佩岑尼克和阿列克西提出来的。两位作者指出:

第一,注重整全性和内聚性的融贯理论和体系建构之间存在天然的亲和关系。因为正义要求将法律证立置入一个尽可能融贯的体系之中,一种根本没有潜在涉及某个体系的法律证立是一种特别证立,它不符合普遍性与一般性的前提,因而也不符合正义的基本要求。融贯性的体系建构一方面可以检验与进一步发展多代际洞见；另一方面还可以导向新的洞见，更为重要的是，这种体系建构可以减轻法官的认知负担。[49]

第二，私法内在体系和外在体系的区分需要融贯理论的支撑。佩岑尼克指出，如果不能理解自身的体系化，人们就不能理解私法。私法既包括外在体系，也包括内在体系，内在体系预设了外在体系的存在。私法的外在体系是对法律材料的一种可以理解并易于接受的规整。私法的内在体系是一个证立关系的体系，私法的每一个部分都有自己的原则，但这些原则具有与一般性原则相关联的可证立性。从规范上讲，私法的特定部分体现了原则的特定结合。这种内在体系将私法统一为一个融贯的整体。[50]

第三，依据融贯理论建构的体系具有稳定性。融贯理念将导致认识论上的保守主义，一旦我们依据融贯理论将体系建构起来，一种较小限度的修正就比一种较大限度的修正更受青睐。因为追求价值理念统一的融贯体系在给定的情况下最为稳定，融贯性的增加将导致稳定性的增加。同时，对稳定共识的追求是实践推理的关键，我们旨在建立一种可被其他人长期支持的规范体系和价值体系。在混乱的人群中，共识来去无踪且无法解释，人们将永远无法知道其他人对其行为的反应。这样将永远无法建立一个足够复杂的共同体以创造并维系文明。如果我们试图追求稳定共识的目标，我们应有将实践观点置入融贯体系的秉性。[51]

基于上述认识，佩岑尼克和阿列克西在合作撰写的论文中提出了对于体系建构具有重要启发意义的融贯性标准。

1. 涉及某个陈述体系的证立结构特征的融贯性标准

（1）在一个体系中，被同一体系的其他陈述所证立的陈述越多，体系就越融贯；

（2）属于同一个体系的证立链条越长，体系就越融贯；

（3）拥有相同初始前提的证立链条越多，体系就越融贯；

（4）拥有相同结论的证立链条越多，体系就越融贯；

（5）在一个体系的原则间确定的优先关系越多，体系就越融贯；

（6）一个体系所包含的相互间的经验性证立越多、分析性证立越多、规范性证立越多，体系就越融贯。

2. 在某个陈述体系中所使用的概念特征的融贯性标准

(7)一个体系所包含的一般性概念越多,体系就越融贯;

(8)一个体系所展示出的概念间的横向联接越多,体系就越融贯。

3. 涉及某个陈述体系对象域特征的融贯性标准

(9)一个体系所能适用的案件的数量越多,体系就越融贯;

(10)一个体系所能适用的案件差别越大,体系就越融贯。[52]

尽管上述融贯性标准是在非常一般的意义上提出来的,但是基于民法典涵盖范围的广泛性和体系建构的复杂性,民法典编纂是融贯性标准运用的最好试验田。

(二)融贯标准在民法典编纂中的具体运用

1. 涉及某个陈述体系的证立结构特征的融贯性标准在民法典编纂中的运用

这类标准对于民法典追求融贯性的体系建构,特别是对于民法典外在体系和内在体系的融贯性建构具有核心意义。因为在法学领域最重要的融贯性问题就是,一些原则支持了一定数量的法律规则,进而使它们融贯。[53]

(1)原则的层次划分和价值排序

前文已经述及,单纯抽象原则的表述还不足以给法官在未来的司法实践中提供足够的价值指引,原则需要具体化。原则具体化的第一步就是对各类原则进行层次划分。拉伦茨认为,最高层的原则是不区分构成要件和法律效果的一般法律思想,这类法律原则有:法治国原则、社会国原则、尊重人性尊严的原则及自主决定与个人负责的原则。[54]这些原则实际上就是德国基本法中规定的基本原则,作为最高位阶法律确定的原则当然对全部的部门法具有统辖的效力,各部门法中确立的原则、规则和宪法的价值理念越契合,一个国家的整体法律体系就越融贯。这种融贯性对通过民法的基本原则转介宪法的价值观念,从而解决民法中的疑难案件提供了充分的证立基础。这种融贯性的实现符合上述融贯标准(1)和(2)。

对于民法的一般原则究竟包括哪些,学说理论分成了"一元论"和"多元论"。"一元论"认为民法的一般原则只有一项,即私法自治原则。[55]按照

“一元论”建构的体系将会符合上述融贯标准(3)和(4)。一方面,私法自治原则与最高层原则“尊重人性尊严的原则及自主决定与个人负责的原则”享有共同的价值理念,即人有尊严是因为人有理性,这种理性不仅指人类认识客观世界的能力,而且也包括人识别道德要求并根据道德要求行事的能力。因此,“人依其本质属性,有能力在给定的各种可能性的范围内,自主地和负责地决定他的存在和关系、为自己设定目标并对自己的行为加以限制”。[56]另一方面,在民法的内部,合同自由原则、遗嘱自由原则、过错责任原则和婚姻自由原则等都是私法自治原则的进一步展开。而公正原则、安全原则、效率原则、信赖原则、诚信原则、公序良俗原则只是对私法自治原则的限制和例外。这种“一元论”表现为强的融贯论,温里布的私法具有内在可理解性的观点,以及苏永钦的纯粹民法观都是“一元论”的体现。

“多元论”认为民法的一般原则包括多个不同的原则,但是,对于这些原则究竟包括哪些,学说理论则呈现出繁花似锦的样态。根据唐晓晴对各国学说理论的归纳,少的有两个,多的达到九个。[57]关于民法典一般原则类别的讨论是法哲学、政治哲学和伦理学的战场,其事关民法典的价值理念和几根最重要的支柱,但是不在本文的讨论范围之内。本文关心的是,无论民法典的一般原则有几个,我们是否只需要在法典的文本中将它们表述出来就可以了。《欧洲示范民法典草案》(DCFR)在列举了自由、安全、正义和效率等四项根本原则之后,特别指出“比起其他原则来,效率原则更显普通、地位较低”。[58]这实际上就是一种价值排序的方法。由于社会经济生活的日益多元化,人们的价值观也日益多元化,这种多元化使得道德主体对于价值判断越发感到困难和无力,对于原本认定的核心价值产生怀疑和动摇,而其中蕴含的伦理风险和道德困境也更加突出,这使伦理学开始充分关注价值排序问题。[59]在法学领域,这一问题同样存在,因为价值排序的最主要功能就是为主体的价值判断提供指引,从而使主体的价值判断具有可预期性和相对的确定性。在民法典中,对一般原则进行排序符合上述融贯标准(5)。

DCFR 将效率原则确定为最低有其理论基础,因为效率原则的理论支撑是功利主义,功利主义在追求效率最大化的过程中有可能使个体的人成为发现有价值之物的通道或者场所,这是对个体自由的最大侵害。[60]因此,效率原则只有在不和自由原则产生根本性冲突的前提下才能予以运用，例如，合同法采取缩小无效合同的范围但扩大可撤销合同的范围的做法就同时符合自由原则和效率原则；当事人主张变更的，法院不得撤销也同时符合自由原则和效率原则；当事人主张撤销的，法院也可以予以变更的规定则只符合效率原则，而不符合自由原则。

DCFR 对自由、安全和正义这三个原则之间的价值排序没有提及，南非学者豪绍内用百分比描述了上述三个原则之间的排序：自由 40%、安全 30%、正义 30%。[61]这种排序与阿列克西的原则重力公式理论存在暗合。阿列克西认为，原则之间的抽象重力存在差异，一个原则的不满足程度或受损害程度越高，另一个原则被满足的重要性就必须越大。[62]因此，在自由的抽象重力最大的情况下，安全和正义的抽象重力总和必须超过自由的抽象重力才有适用的可能。例如，在无权处分的场合，如果买受人对权利外观产生合理信赖（安全原则的体现），同时也支付了合理价格（正义原则的体现），那么，违背所有权人自由的无权处分仍然会使买受人取得所有权。无论民法典的一般原则有多少，一旦考虑对原则进行价值排序，“一元论”和“多元论”之间基本上不存在实质性的差异。因此，这种排序在一定程度上同时满足了融贯标准(3)、(4)、(5)。

在民法典中对一般原则进行列举和尽可能的价值排序是建构融贯性体系的前提，同时也是使民法典具有内在可理解性和成为一个自创生体系的前提。一旦民法典生效，由于这些一般原则的存在，法官在面对疑难案件进行外部证立时就能够避免无限递归的明希豪森困境，这也是阿列克西在后期的学说理论发展中无比重视对原则问题进行研究的原因。立法者在民法典中确立一般原则并对其进行价值排序就类似于一个真值制造者，其目的是在某个主观选择的点上断然终止论证过程。[63]这就类似于康德在《实践理性批判》中为实践理性确立的三项公设，即（灵魂）不死、（意志）自由和上帝存在。之所以要将意志自由确定为公设，是因为在“这个概念上，思辨理性无法不陷于相互冲突；为了解决这种冲突，（实践）理性只能通过自由的公设，设定一个虽然可以大致设想、却不能在客观实在性方面加以证明和确定的概念”。即“必须预先认定，人是可以不受感性世界摆布的，能够按照灵明世界的规律,即自由的规律,来规定自己的意志”。[64]康德的理论不但为德国基本法奠定了理论基础,同时也为私法自治奠定了理论基础。因此,考夫曼指出,尽管在哲学领域关于人的自由意志问题仍然是个难题,但是,迄今为止,没有比康德的自由意志理论更基础和清楚的。[65]

这种对无限递归的阻却容易招致循环论的批判,因为一个论证链迟早会咬住自己的尾巴,民法典似乎变成了一条首尾相连的巨蟒。而这种循环性恰恰是融贯理论的重要特征,一个融贯主义论者如果不接受循环,将无法避免论证的无穷递归。[66]同时,这种循环性符合人类理解的本质。伽达默尔指出,理解在本质上就是一种循环的关系,理解的运动就是不断地从整体到部分又从部分到整体。理解的任务就在于从同心圆中扩展被理解的意义统一体。但此理解的循环有一个前提,即只有真正表现出完全意义的统一体才是可理解的。[67]而立法者的任务就是在最大限度上实现这个前提,从而减轻民法典生效后法官的证立负担。[68]

尽管对一般原则进行列举和价值排序具有如上的重要功能,但是由于一般原则固有的抽象性,其仍然无法在根本上消除方法论上的反对意见,这种意见主张“由于总是存在既有的相对立的原则,在一种原则理论的基础上,所有的东西都能被证立,因而是否将原则算进法律体系没有任何差别。它只是掩盖了法官的决断”。[69]因此,一般原则仍然需要进一步的具体化,这在民法典中就表现为次级原则。次级原则位于一般原则和具体规则之间,次级原则一方面是一般原则的具体化,如契约自由原则、遗嘱自由原则、婚姻自由原则是自由原则的具体化,诚信原则和公序良俗原则是安全原则和正义原则的具体化,这两项原则已经能够成为法官裁判的依据,因此又被称为概括条款;另一方面,次级原则能够对具体规则的运行提供价值指引。但是,次级原则仍然比较抽象,这也是对概括条款存在截然相反评价的原因,因此,次级原则仍然需要进一步的具体化。

(2)原则的规则化

尽管原则可以作不同层次的分类,但即使是最低层次的原则与规定了完整构成要件的具体规则之间仍然存在不小的距离。在长期的司法实践中,法官依据次级原则发展出来的各项制度很多已经转化为明确的规则。

例如,依据诚信原则发展出来的先合同义务、后合同义务、告知义务、附随义务和缔约过失等,在很多国家已经成文化。

在原则的具体化和规则化过程中,上述融贯标准(6)就得到了充分的体现,即相互间的经验性证立越多、分析性证立越多、规范性证立越多,体系就越融贯。阿列克西举例说,当阐明基本权利的持久制度化是民主的持久制度化的一个事实前提,反之亦然时,进行的就是一种相互的经验证立。如果我们将民法的意思自治原则和市场经济的发达程度进行经验证立,也可以得出同样的结论。以情势变更原则为例,该原则是意思自治原则的例外和限制,同时也是公平原则具体化的表现。在《合同法》颁布之前,中国的司法实践中已经出现相关判例,尽管《合同法》没有接受,但是在随后最高人民法院的司法解释中仍然肯定了该原则,这在经验上证立了在民法典中规定情势变更原则具有融贯性。因此,在我国民法典的编纂中,应该充分总结中国既有的次级原则运用的司法实践,同时基于后发优势,可以充分吸取世界各国的次级原则规则化的经验,从而提高民法典的融贯性。

我国《侵权责任法》关于"不承担责任和减轻责任"的规定则是比较典型的不符合融贯标准(6)的情形。该法第 26 ~ 29 条相继规定了过失相抵、受害人故意、第三人原因、不可抗力属于加害人不承担责任和减轻责任的情形。从内在体系的价值理念上来看,过错责任的理论前提是行为人具有自由意志,任何人都应该对基于自己的自由意志的不当行为承担损害赔偿责任。但是,如果受害人基于自身的自由意志对损害的发生也产生影响的,应该减轻或者免除加害人的责任;如果损害的产生和加害人的过错无关,例如,是因为第三人的原因或者不可抗力的原因导致的,加害人不承担责任。这些规定在内在体系的价值理念上总体是合理的,但是也存在如下问题:

第一,第 26 条存在概念表述的逻辑不一致问题,因为过错包括故意和过失,根据第 27 条的规定,受害人故意是免责事由,因此,第 26 条应该规定受害人过失是减轻责任的事由。这是典型的分析性证立不融贯的情形。第二,关于特殊侵权的免责事由的规定存在明显的规范性证立不融贯的现象。第 70 条规定民用核设施损害责任的免责事由是战争等情形或者受害人故意,第 71 条规定民用航空器损害责任的免责事由是受害人故意,没有包括战争等情形。民用航空器的危险性肯定比民用核设施的危险性低，免责事由反而更少肯定不恰当。

2. 在某个陈述体系中所使用的概念特征的融贯性标准在民法典编纂中的运用

(1)一般性概念的多元化运用

运用不同的概念进行条文表述是民法典编纂不可或缺的基本技术，概念运用恰当是一部民法典体系严密、规范逻辑严谨的重要保证，同时也能够使内在体系的价值理念在外在体系中巧妙地表现出来。《德国民法典》是运用一般性概念进行体系建构的典范，在概念法学崩塌以后，人们开始意识到一般性概念并非只有抽象概念一种，它们实际上是多元的。

A. 抽象概念

在概念法学破产之后，抽象概念担负了不少恶名，但是，在民法典的编纂中，我们绝不能采取抽象概念虚无主义的观点。即便是对概念法学批判最强烈的黑克也指出，反对技术性的概念法学，并不是反对科学性的概念形成。因为没有概念不可能思考，只是法学中的概念不只抽象概念一种而已。[70]

抽象概念的核心特征是从其试图界定的客体中抽象出若干孤立的要素，只有完全符合这些要素的事物才能被涵摄于抽象概念之下。在上述的涵摄过程中，人们只能进行“是或否”的绝对两分式思考，“多或少”的近似思考被严格排除在外。抽象概念具有如下功能：

第一，简化法律的功能。抽象概念通过略去若干要素可以形成抽象程度不同的概念，抽象程度最高的概念内涵最小，抽象程度最小的概念内涵最大。抽象概念的目的是追求逻辑上的无矛盾性和一致性，这是融贯性的必要非充分条件。抽象概念使通过提取公分母的方式建构民法典的“总—分”模式成为可能。抽象概念体现出来的一般性符合上述融贯标准(7)，同时也使得融贯标准(6)的分析性证立在最大限度上得以实现。

第二，最大限度地同案同判功能。抽象概念通过将大量彼此不同而且本身极度复杂的生活事件，以明了的方式予以归类，用清晰易辨的要素加以描述，从而赋予法律意义上“相同”者同样的法律效果，这正是法律的任务所在。[71]因为日常生活中的大部分案件都是简易案件,疑难案件毕竟只是少数。

第三,价值储藏功能。抽象概念非此即彼的思考方式被认为隔绝了价值判断的余地,实际上,立法者选择特定要素建构抽象概念很多时候就是为了将价值判断的权力完全垄断在自己手中。当然,立法者应该意识到,即便其运用抽象概念,但是基于语词的不确定性,这种抽象概念仍然可能具有一定程度的模糊性,但是取乎上得之中,立法者在觉得必须垄断价值判断的地方应该果敢地运用抽象概念。同时,抽象概念的建构也可以减轻法官的思维负担,因为将法律所肯定的价值概念化后,可把很多复杂的价值或技术的考虑隐藏在法律概念里,使后来者不必再重复去考虑这些情况。

B. 类型概念

与抽象概念的涵摄模式不同,类型化思考是一种顺序的排列关系,它是根据具体对象具备列举特征的多和少的程度来判断其是否符合该类型,它不是一种择一的关系,而是一种比较的程度关系,因此类型是开放的。佩岑尼克指出,当法学使用类型概念时,法律自身便引发了对融贯性的考量。[72]

在抽象概念的思考中,事物的一般特征被确定为孤立的要素,同时通过一再放弃这些要素,就建构出越来越一般的概念;而类型化思考则不然,它让类型的构成要素维持其结合的状态,通过这种方式,类型化思考尝试在思想的掌握阶段,也还能够维持类型形象上的整体性。因此,类型概念和抽象概念的根本区别在于:类型是以评价观点为其建构因素,而抽象概念则是以表达该概念特征的语言符号的可能意义范围为其建构要素。虽然抽象概念也是在评价观点之下被挑选出来的,但是抽象概念的适用,原则上不考虑这种评价观点,抽象概念的存在已经代表着评价的存在。[73]类型概念的最大贡献在于,它使我们突破了抽象概念思考方式的限制,这也使在概念法学破产之后建构一个开放的法律体系成为可能。但是,在法律体系的建构过程中,类型概念并不能完全代替抽象概念,只是抽象概念的使用范围比以前要小得多,而且我们也将发现,原先以为是在进行抽象概念思考的地方,实际上很可能是在进行类型化思考。只要立法者在法典中没有对一个概念进行抽象定义,那么它很可能就是一个类型概念,关于它的运用只能通过在法教义学中形成通说予以解决。

C. 功能概念

拉伦茨认为,内在体系的基准点是开放的原则以及原则中显现的评价基础。[74]只有考虑各原则不同程度的具体化形式,并且使这些形式彼此间具有一定的关系,才能建构出体系。但是,仅有原则的具体化还不足,这种体系还需要一种联系内在体系和外在体系的概念,这种概念就是规定功能的概念。该概念可以将其与决定性原则之间的意义关联,以浓缩但仍可以辨识的方式表达出来。

功能概念和编纂概念、类型概念、抽象概念等存在多重交叉关系。以拉伦茨列举的功能概念的典型——主观权利概念为例,由于罗马法中不存在权利的概念,有体物和无体物的区分是关键的体系建构概念,其目的是将债、继承、地役等被现代民法称为权利的范畴纳入整体物法的部分予以叙述,因此,这种区分与《法学阶梯》的"人、物、讼"的三分结构是唇齿相依的关系。在权利概念出现之后,无体物概念出现分解,这种分解的结果就是物权和债权、他物权和所有权、继承权和物权等相继得以区分,这是《德国民法典》五编制体例和概念术语体系得以清晰化的关键原因。[75]而权利概念的出现是个人主义和自由意志主义兴起的产物,现代立法者通过权利的分类将民法典建构成一个权利的架床叠屋式体系,这本身就是一种个人主义价值观念的体现。权利概念是一个类型概念,但是这并不代表其下位的各类权利概念都是类型概念,如果采物权法定原则,各类物权的定义原则上只能是抽象概念。而人格权作为编纂概念、功能概念只能描述但无法抽象定义,因此只能是类型概念,其下位的隐私权、名誉权等也是类型概念,但是,这并不能排除立法者将生命权、姓名权、荣誉权等作为抽象概念来建构。这同样能够将内在体系的价值观念在具体概念中表现出来。

(2)概念间的横向联接

根据融贯标准(8),一个体系所展示的概念间的横向联接越多,体系就越融贯。这是民法典保持规范的运行封闭同时又能够实现认知开放的重要途径。这种横向联接既包括法律体系内私法和公法之间的概念联接,也包括法学和其他学科之间的概念联接。例如,在解决必然性、不可能性和可能性的模态逻辑概念和解决命令、禁止和允许的道义逻辑概念之间存在横向的联接，[76]而法学的命令性规范、禁止性规范和授权性规范则又和上述概念之间存在概念联接。因此，在立法上充分借鉴模态逻辑和道义逻辑的最新研究成果，准确地使用“应当、不得、必须、可以”等语词，从而将立法者的价值判断充分表现出来，是民法典实现融贯性的重要保证。[77]尽管概念间的横向联接具有重要的意义，但是外部学科的概念仍然要通过私法自身的基因密码进入私法。以汉德公式为例，该公式对私法中过错的认定确实非常有助益，但是法律规范不可能用经济学的公式予以表述。《欧洲侵权法原则》第4:102条规定，必需的行为标准包括预防措施或其他替代方法的可获得性及其费用。[78]

在民法典中，还可以通过转介规范实现概念间的横向联接。转介规范是指本规范并不包含法律效果的规定，而是通过引入外部规范解决符合本规范事实构成要件的法律后果问题。转介规范是通过搭桥技术将民法典和外部的公法规范、道德规范联系起来。因此，转介规范被形象地称为民法典中的“特洛伊木马”，打开它们，公法规范和道德规范将如木马中的雄兵般涌入民法城邦。[79]我国《合同法》第52条规定的违反强制性规范合同无效、违反社会公德合同无效的规定就是典型的转介规范。但是，在民法典编纂中需要注意如下问题：第一，我国现行民事立法中转介条款的搭配不一致。《合同法》中规定了转介规范，而《侵权责任法》中则没有规定相关规范，这使法官在一个更广阔的背景下解决侵权案件的通道被堵塞。第二，转介规范给法官的价值指引不足。如果说指示参照性规范被称为搭桥规范还比较合适，那么渡船规范的比喻可能更符合转介规范的本质。因为桥是固定的，而渡船在何处上岸则主要有法官来决定。前文已经述及，违反公序良俗的判断标准已经出现动态体系化的趋势，这种趋势表明立法者可能无法完全确定渡船的上岸地点，但是告知几个可能的上岸地点还是有必要的，这可以防止法官的恣意。转介公法规范的判断标准同样存在动态体系化的必要，但是在立法例上尚未发现成功的范例，苏永钦提出的八项可衡酌的因素和八种可裁量的效果非常值得参考。[80]

3. 涉及某个陈述体系对象域特征的融贯性标准在民法典编纂中的运用

在民法典的编纂中通过原则的列举、价值排序和层级划分，以及一般概念和转介规范的运用，在很大程度上可以实现上述融贯标准(9)和(10)，但是最能够实现上述融贯标准的是一般条款的立法技术。

一般条款包括两种类型，第一种就是前文提及的概括条款，也就是次级原则的规范表述；第二种是规定了固定构成要件的规范，之所以被称为一般，是因为这种规范不是调整个别案件抑或规范某一具体行为，而是调整基于共同的价值判断而联系在一起的一类事实和行为。[81]一般条款与列举性条款相对，“其真正意义在于立法技术领域，由于其很大的普适性，一般条款可能使一大组事实构成无漏洞地和有适应能力地承受一个法律后果。列举法总是遭受着残缺不全和暂时地掌握法律材料的危险”。[82]实际上，很早就有学者意识到一般条款作为立法技术的意义。在惹尼的论文发表三十年后，詹姆斯·J.莫里森在呼应惹尼的基础上指出，立法技术不仅包括外部技术和内部技术，而且包括解决立法和法学、教义、习惯、道德之间关系的相关技术，其意义体现在关于规则和自由裁量、一般条款和决疑条款的选择上。他通过对《法国民法典》《德国民法典》《瑞士民法典》《路易斯安那民法典》四部民法典的立法技术的比较分析，最终指出，现代立法技术的任务就是通过发展具有一定动态性和弹性的条款避免对法官自由裁量的过度限制，从而给法官留下足够的空间去应对社会不断发展的需求。[83]随后的新民法典编纂确实出现了莫里森预见的一般条款的激增趋势，但是，一般条款固有的不确定性所导致的司法裁量权过大以及对民法典安定性的影响又引发了普遍的顾虑。在德国纳粹和苏联时期，甚至出现了法官打着各种意识形态的旗号将一般条款工具化的危险行径。[84]这也导致了对一般条款的截然相反的评价，赞扬者称之为“规则之王”，批评者称之为“致命的祸害”。[85]

一般条款拥有简化法律体系的功能，但是其也存在如下三个问题：第一，一般条款固有的抽象性导致其对法官的价值指引有限；第二，一般条款的固定构成要件又可能使法律的适用趋于僵化，因为只要有一个构成要件不能满足，相应的法律效果就不能发生；第三，一般条款的每个构成要件可能是通过规范性的模糊概念予以表述，这很可能导致法官的恣意。目前，最新的发展趋势是将一般条款进行动态体系化。维尔伯格提出动态体系论的目的就是避免一种指引法官仅参酌毫无内容的衡平、正义感、善良风俗或类似概念的程序,从而在概念法学和自由法学之间走出一条中间道路。[86]由于维尔伯格非常强调实证法的限制,以及立法者在动态体系要素选择上的主导作用,因此,他的理论的最主要贡献体现在立法技术层面,而不是体现在法律适用层面。[87]

一般条款的动态体系化包括两种方式。

第一种方法是彻底动态体系化的方法,即使一般条款规定了固定构成要件,只要这些要件包括两个以上可以作阶段性划分的构成要件,并且其中包括总括性的利益评价时,也可以将其动态系统化。[88]如果按照德国的学说理论,侵权责任的构成要件可以作三阶层划分,即便构成要件是固定的,也可以动态体系化。例如,行为人的过错无法认定,但是损害很大、因果关系确定、不法行为存在,行为人的侵权责任仍然可能被认定;如果因果关系不确定,但是行为人存在故意、损害很大、不法行为存在,那么,行为人的侵权责任也可能被认定。这正是维尔伯格追求的目标,他甚至试图通过在构成要件中加上危险的要素,从而创造出一个多元归责原则的动态体系。如果危险足够大,损害足够大,因果关系足够确定,即便行为人没有过错仍然可能承担侵权责任。[89]这种动态体系化的方法对法典安定性的冲击非常大。

第二种方法是在维持固定构成要件不变的前提下,将其中一些重要的但同时又属于规范性模糊概念的构成要件予以动态体系化。即固定构成要件仍然缺一不可,但是具体的构成要件则可以通过动态体系予以判定。仍然以侵权责任的一般条款为例,如果通说认为侵权责任的构成应该包括权益侵害、加害行为、加害行为和权益侵害之间存在因果关系、行为人有过错这四个要件,那么,在认定行为人是否应当承担侵权责任时上述四个要件缺一不可,但是不排除立法者就利益侵害、因果关系或者过错的判断标准进行动态体系的立法。

结 语

尽管在民法典编纂中运用融贯理论可以最大限度地实现整部法典的价值理念统一,从而在将来的司法实践中减轻法官的认知负担,但是我们也不能过分夸大融贯理论的作用,因为融贯理论也存在如下一些缺陷:第一,融贯性具有度的性质,一个体系的融贯程度取决于上述融贯标准的实现程度。第二,法律融贯主义自身不是一种关于法的理论,它是一种元法理学的观点。融贯标准并没有涉及规范体系的内容,融贯理论并不能告诉我们最好的法律理论是什么。[90]第三,无论我们怎样追求民法典体系的融贯性,基于人类理性的有限性,完美的融贯体系是永远都无法实现的。因此,真正决定一部民法典质量的还是民法典具体制度的内容。但是,正如惹尼指出的,立法的技术因素和具体制度内容的设计无法等量齐观,但是如果我们在追求后者的同时,能够为技术因素保留一个适度而必要的地位,他就满足了。[91]人类对完美融贯性的追求是一项永无止境的西西弗斯式的任务,注定失败但却无法避免。但是,在这种追求中,我们最终有可能获得一个阶段性的、地方性的融贯体系,这仍然要比意识不到融贯性问题,或者是意识到了没有去做强得多。

注　释

* 方新军,苏州大学王健法学院教授。本文系国家社会科学基金重点项目“民法典编纂技术问题研究”(14AZD143)的阶段性成果。本文原载《法制与社会发展》2019 年第 2 期。

〔1〕 参见[法]弗朗索瓦·惹尼:《现代民法典编纂的立法技术(民法典百年)》,钟继军译,载徐国栋主编:《罗马法与现代民法》(第 2 卷),中国法制出版社 2001 年版,第 153 页以下。萨维尼反对民法典的编纂,除了法是民族精神的体现这个理由外,另一个理由就是法典编纂需要高超的立法技术,但是作为样本的《法国民法典》在起草时对法典价值所依赖的特有技术,实际上只字未提。因此,该法典中语词、形式和理念的冲突越来越多,以至于最后一丝真理以及道德的圆融自洽,亦必毁灭殆尽。而当时的德国对此也没有准备好,因此病在自身,德国尚无力制定一部法典。参见[德]弗里德里希·卡尔·冯·萨维尼:《论立法与法学的当代历史使命》,许章润译,中国法制出版社 2001 年版,第 43 ~ 45、121 页。

〔2〕 参见[美]罗杰·伯科威茨:《科学的馈赠——现代法律是如何演变为实在法的?》,田夫、徐丽丽译,法律出版社 2011 年版,第 230 页;[德]海尔穆特·库勒尔:《〈德国民法典〉的过去与现在》,孙宪忠译,载梁慧星主编:《民商法论丛》(第 2 卷),法律出版社

1994 年版,第 217 页以下。

〔3〕 参见[德]特奥多尔·菲韦格:《论题学与法学》,舒国滢译,法律出版社 2012 年版,第 88 页以下。

〔4〕 参见[德]卡尔·拉伦茨:《法学方法论》,陈爱娥译,商务印书馆 2003 年版,第 25 页。

〔5〕 [德]阿图尔·考夫曼:《法律哲学》(第 2 版),刘幸义等译,法律出版社 2011 年版,第 133 页。

〔6〕 参见[德]弗雷格:《弗雷格哲学论著选辑》,王路译,商务印书馆 1994 年版,第 2 ~ 3 页。

〔7〕 参见[德]卡尔·恩吉施:《法律思维导论》,郑永流译,法律出版社 2004 年版,第 134 页。

〔8〕 参见[英]哈特:《法律的概念》(第 2 版),许家馨等译,法律出版社 2011 年版,第 117 页。

〔9〕 参见吴从周:《概念法学、利益法学与价值法学:探索一部民法方法论的演变史》,中国法制出版社 2011 年版,第 328 页以下。

〔10〕 拉伦茨将上述区分进一步表述为,外在体系是依形式逻辑规则建构的抽象概念的体系,内在体系是由一般法律原则构成的体系。参见[德]卡尔·拉伦茨:《法学方法论》,陈爱娥译,商务印书馆 2003 年版,第 318、355 页。

〔11〕 [德]卡尔·拉伦茨:《法学方法论》,陈爱娥译,商务印书馆 2003 年版,第 317 页。

〔12〕 参见[意]那塔利诺·伊尔蒂:《解法典的时代》,薛军译,载徐国栋主编:《罗马法与现代民法》(第 4 卷),中国人民大学出版社 2004 年版,第 80 页以下。

〔13〕 参见[德]阿图尔·考夫曼:《法律获取的程序——一种理性分析》,雷磊译,中国政法大学出版社 2015 年版,第 24 页。

〔14〕 参见[瑞典]亚历山大·佩岑尼克:《论法律与理性》,陈曦译,中国政法大学出版社 2015 年版,第 147 页。

〔15〕 参见[瑞典]亚历山大·佩岑尼克:《法律科学:作为法律知识和法律渊源的法律学说》,桂晓伟译,武汉大学出版社 2009 年版,第 52 ~ 53 页。

〔16〕 See Joseph Raz, "The Relevance of Coherence", *Boston University Law Review*, Vol. 72, No. 2(1992), p. 274.

〔17〕 参见[英]尼尔·麦考密克:《修辞与法治——一种法律推理理论》,程朝阳等译,北京大学出版社 2014 年版,第 250 页以下;Celia Wasserstein Fassberg, "Coherence and Continuity: A Study in Comparative Codification", *Israel Law Review*, Vol. 22, No. 2(1987), p. 184;雷磊:《融贯性与法律体系的建构——兼论当代中国法律体系的融贯化》,载《法学家》2012 年第 2 期;冯威:《法律体系如何可能?——从公理学、价值秩序到原则模式》,载《苏州大学学报》(法学版)2014 年第 1 期。

〔18〕 惹尼将有关立法机关的组织和活动方式的技术称为外部技术,而将具体条文的起草技

术称为内部技术。内部技术决定一部民法典的特征,因此他的研究重点是内部技术。参见[法]弗朗索瓦·惹尼:《现代民法典编纂的立法技术(民法典百年)》,钟继军译,载徐国栋主编:《罗马法与现代民法》(第2卷),中国法制出版社2001年版,第160页。

〔19〕 参见[美]罗伯特·B. 塞德曼:《立法服务手册》,赵庆培等译,中国政法大学出版社1992年版,第1页。

〔20〕 See Mario G. Losano, *Sistema e StrutturanelDiritto*, (*Volume II*), Giuffre Editore, 2002, p. 15.

〔21〕 参见[德]卡斯滕·施密特:《法典化理念的未来——现行法典下的司法、法学和立法》,温大军译,载明辉、李昊主编:《北航法律评论》(第1辑),法律出版社2012年版,第57~58页。

〔22〕 参见朱岩:《社会基础变迁与民法双重体系建构》,载《中国社会科学》2010年第6期。

〔23〕 See Guido Alpa, *I Principi Generali*, Milano Giuffre, 2006, p. 9;陈林林:《基于法律原则的裁判》,载《法学研究》2006年第3期。

〔24〕 参见[德]卡尔·拉伦茨:《法学方法论》,陈爱娥译,商务印书馆2003年版,第348页。

〔25〕 [德]卡斯滕·施密特:《法典化理念的未来——现行法典下的司法、法学和立法》,温大军译,载明辉、李昊主编:《北航法律评论》(第1辑),法律出版社2012年版,第43页。

〔26〕 参见1811年的《奥地利民法典》第7条、1855年的《智利民法典》第24条、1869年的《阿根廷民法典》第16条、1889年的《西班牙民法典》第1条、1942年的《意大利民法典》第12条第2款。

〔27〕 石佳友:《民法法典化的方法论问题研究》,法律出版社2007年版,第173页。

〔28〕 参见[法]罗贝尔·巴丹戴尔:《最伟大的财产》,载《法国民法典》(上册),罗结珍译,法律出版社2005年版,第15页;Jean Domat, *The Civil Law in Its Natural Order*(*Volume I*), Trans by William Strahan, Charles. C, Little and James Brown, 1850, p. 2.

〔29〕 参见尹田:《法国现代合同法》,法律出版社1997年版,第13页。

〔30〕 [德]莱因哈德·齐默曼、[英]西蒙·惠特克:《欧洲合同法中的诚信原则》,丁广宇等译,法律出版社2005年版,第29页。

〔31〕 参见[苏]苏哈诺夫:《社会主义民法典体系》,载《外国民法资料选编》,法律出版社1983年版,第151页。

〔32〕 参见何勤华等编:《新中国民法典草案总览》(上、下卷),法律出版社2003年版,第1、623页。

〔33〕 关于上述原则的分析参见方新军:《内在体系外显与民法典体系融贯性的实现——对

〈民法总则〉基本原则规定的评论》,载《中外法学》2017 年第 3 期。

〔34〕 See G,F Puchta, *Outlines of the Science of Jurisprudence:An Introduction to the Systematic Study of Law*,Translated by W. Hastie,T & T . Clark,p. 64.

〔35〕 实际上,从来就没有一部民法典是只包括外在体系的,即便是以概念法学为理论基础的《德国民法典》也只是没有规定一般原则,次级原则的规定一直存在,而且在随后的司法实践中发挥了重要作用。内在体系理论的提出只是使得一个原先在理论上不自觉的问题变得自觉化。

〔36〕 Paul Thagard,*Coherence in Thought and Action*,MIT Press,2002,p. 5.

〔37〕 See Stephen Pethick,"Solving the Impossible: The Puzzle of Coherence,Consistency and Law",*Northern Ireland Legal Quarterly*,Vol. 59,No. 4(2008),p. 399.

〔38〕 参见[德]罗伯特·阿列克西:《法:作为理性的制度化》,雷磊编译,中国法制出版社 2012 年版,第 113 ~ 114 页。撒加德将这种情况表述为融贯性的受约束的满意程度。See Paul Thagard, *Coherence in Thought and Action*,MIT Press,2002,p. 15.

〔39〕 See Joseph Raz,"The Relevance of Coherence",*Boston University Law Review*,Vol. 72,No. 2(1992),p. 273.

〔40〕 参见[美]罗纳德·德沃金:《法律帝国》,李冠宜译,时英出版社 2002 年版,第 175 ~ 176 页。

〔41〕 阿列克西认为,内部证立处理的问题是,判断是否从为了证立而引述的前提中逻辑地推导出来,外部证立的对象是这个前提的正确性问题。参见[德]罗伯特·阿列克西:《法律论证理论——作为法律证立理论的理性论辩理论》,舒国滢译,中国法制出版社 2002 年版,第 274 页以下;Neil Maccormick, *Legal Reasoning and Legal Theory*,Oxford University Press,1978,p. 100;[荷]伊芙琳·T. 菲特丽丝:《法律论证原理——司法裁决之证立理论概览》,张其山等译,商务印书馆 2005 年版,第 159 页以下。

〔42〕 See Joseph Raz,"The Relevance of Coherence",*Boston University Law Review*,Vol. 72,No. 2(1992),p. 27. 以下。戴维森认为,为了解决认识论的难题,必须假定一个人的大多数信念是真的且融贯的。参见[美]唐纳德·戴维森:《真理、意义与方法》,牟博译,商务印书馆 2012 年版,第 349 页。

〔43〕 参见[加拿大]欧内斯特·J. 温里布:《私法的理念》,徐爱国译,北京大学出版社 2007 年版,第 9 页以下。译者将 coherence 译为连贯,本文改为融贯。关于形式主义和融贯性的联系,另可参见 Ken Kress,"Coherence and Formalism",*Harvard Journal of Law & Public Policy*,Vol. 16. No. 3(1993),p. 639。

〔44〕 温里布的观点和贡塔·托伊布纳的法律自创生理论存在高度的契合,而且确实受到后

者的影响,托伊布纳的观点则又源自尼格拉斯·卢曼的理论。法律自创生理论的核心观点是法律系统在规范运行上是封闭的,其具有自我生产的能力,无须借助外部的力量。同时,法律系统在认知上又是开放的,这种开放主要通过法律原则和一般条款来实现,法律外的信息只有通过转变为法律自身的基因密码才能在法律系统中运行,这实际上已经涉及立法技术问题。参见[德]贡塔·托伊布纳:《法律:一个自创生系统》,张骐译,北京大学出版社 2004 年版,第 111 页以下;[德]尼格拉斯·卢曼:《法社会学》,赵春燕译,上海世纪出版集团 2013 年版,第 423 页以下。苏永钦关于民法典应该纯净化的观点同样和温里布的观点存在高度的契合,即民法典越是保持自身的民事基本法的地位,越纯净,它的稳定性就越强,针对社会变迁的抗压性也越强。一旦民法典放弃这种追求,随意改变自身的颜色,私法关系将会陷入永恒的动荡之中。参见苏永钦:《寻找新民法》(增订版),北京大学出版社 2012 年版,第 530 页以下。

〔45〕 参见[德]卡尔·拉伦茨:《法学方法论》,陈爱娥译,商务印书馆 2003 年版,第 42 页以下。

〔46〕 在国内,雷磊尽管提出了融贯性与法律体系的建构问题,但他明确指出融贯的法律体系主要是裁判者的诠释活动带来的。雷磊:《融贯性与法律体系的建构——兼论当代中国法律体系的融贯化》,载《法学家》2012 年第 2 期。

〔47〕 参见[英]尼尔·麦考密克:《修辞与法治——一种法律推理理论》,程朝阳等译,北京大学出版社 2014 年版,第 250 页以下。

〔48〕 See Leonor Moral Soriano, "A Modest Nation of Coherence in Legal Reasoning: A Model for the European Court of Justice", *Ratio Juris*, Vol. 16, No. 4 (2003), p. 296.

〔49〕 参见[德]罗伯特·阿列克西:《法:作为理性的制度化》,雷磊编译,中国法制出版社 2012 年版,第 126 页。

〔50〕 参见[瑞典]亚历山大·佩岑尼克:《法律科学:作为法律知识和法律渊源的法律学说》,桂晓伟译,武汉大学出版社 2009 年版,第 52 ~ 53 页。

〔51〕 参见[瑞典]亚历山大·佩岑尼克:《法律科学:作为法律知识和法律渊源的法律学说》,桂晓伟译,武汉大学出版社 2009 年版,第 211 页;[瑞典]亚历山大·佩岑尼克:《论法律与理性》,陈曦译,中国政法大学出版社 2015 年版,第 193 页。

〔52〕 See Robert Alexy, Aleksander Peczenik, "The Concept of Coherence and Its Significance for Discursive Rationality", *Ratio Juris*, Vol. 3, No. 1 (1990), pp. 132 – 143.

〔53〕 See Neil Maccormick, *Legal Reasoning and Legal Theory*, Oxford University Press, 1978, p. 152;[瑞典]亚历山大·佩岑尼克:《法律科学:作为法律知识和法律渊源的法律学说》,桂晓伟译,武汉大学出版社 2009 年版,第 204 页。

〔54〕 参见[德]卡尔·拉伦茨:《法学方法论》,陈爱娥译,商务印书馆2003年版,第348页。

〔55〕 参见谢鸿飞:《中国民法典的生活世界、价值体系与立法表达》,载《清华法学》2014年第6期,第17页以下;詹森林:《民事法理与判决研究》,中国政法大学出版社2002年版,第5页;[美]理察·艾普斯坦:《自由社会之原则——个人自由与共同善的调和》,简资修译,商周出版社2003年版,第372页以下。

〔56〕 [德]卡尔·拉伦茨:《德国民法通论》(上册),王晓晔等译,法律出版社2003年版,第45页以下。

〔57〕 参见唐晓晴:《民法一般论题与澳门民法典总则》(上册),社会科学文献出版社2014年版,第69页以下。

〔58〕 参见欧洲民法典研究组、欧盟现行私法研究组:《欧洲私法的原则、定义与示范规范:欧洲示范民法典草案》(第一、二、三卷),高圣平等译,法律出版社2014年版,第49页。

〔59〕 参见张彦:《价值排序与伦理风险》,人民出版社2011年版,第7页。

〔60〕 参见[美]约翰·罗尔斯:《正义论》,何怀宏等译,中国社会科学出版社1988年版,第24~26页。

〔61〕 See L Hawthorne, "Walter Wilburg's 'Flexible - system Approach Projected onto the Law of Contract by Means of the European Draft Common Frame of Reference Principles", *Compcrative and Intemational Law Journal of Southern Africa*, Vol. 45, No. 2 (2012), p. 219.

〔62〕 参见[德]罗伯特·阿列克西:《法:作为理性的制度化》,雷磊编译,中国法制出版社2012年版,第150页以下。

〔63〕 参见舒国滢:《走出明希豪森困境(代译序)》,载[德]罗伯特·阿列克西:《法律论证理论——作为法律证立理论的理性论辩理论》,舒国滢译,中国法制出版社2002年版,第2页。

〔64〕 [德]康德:《实践理性批判》,邓晓芒译,人民出版社2003年版,第180~182页。

〔65〕 参见[德]阿图尔·考夫曼:《法律哲学》(第2版),刘幸义等译,法律出版社2011年版,第331~345页。关于人是否有自由意志的哲学争论。参见徐向东编:《自由意志与道德责任》,凤凰出版传媒集团、江苏人民出版社2006年版。

〔66〕 参见[瑞典]亚历山大·佩岑尼克:《法律科学:作为法律知识和法律渊源的法律学说》,桂晓伟译,武汉大学出版社2009年版,第212页。循环性被认为是融贯理论必须吞下的一颗未爆弹,但是当越来越多的信念加入一个循环解释的体系时,这个体系也越容易出现矛盾。如果没有形成矛盾,这个信念网络就越来越有可信度。参见冀剑制:《哲学课的逆袭》,商周出版社2016年版,第299页。

〔67〕 参见[德]汉斯—格奥尔格·伽达默尔:《诠释学Ⅱ:真理与方法》,洪汉鼎译,商务印书

馆 2010 年版,第 70 页以下。

〔68〕 托伊布纳认为,正是法律的循环性使得法律体系能够在运行上封闭,同时具有自创生的性质。参见[德]贡塔·托伊布纳:《法律:一个自创生系统》,张骐译,北京大学出版社 2004 年版,第 39 页以下。

〔69〕 [德]罗伯特·阿列克西:《法　理性　商谈——法哲学研究》,朱光、雷磊译,中国法制出版社 2011 年版,第 218 页。

〔70〕 参见吴从周:《概念法学、利益法学与价值法学:探索一部民法方法论的演变史》,中国法制出版社 2011 年版,第 44 页。

〔71〕 参见[德]卡尔·拉伦茨:《法学方法论》,陈爱娥译,商务印书馆 2003 年版,第 319 页。

〔72〕 参见[瑞典]亚历山大·佩岑尼克:《法律科学:作为法律知识和法律渊源的法律学说》,桂晓伟译,武汉大学出版社 2009 年版,第 234 页。

〔73〕 参见吴从周:《论法学上之"类型"思维》,载《法理学论丛——纪念杨日然教授》,月旦出版社 1997 年版,第 303 页以下。

〔74〕 参见[德]卡尔·拉伦茨:《法学方法论》,陈爱娥译,商务印书馆 2003 年版,第 355 页。

〔75〕 参见方新军:《盖尤斯无体物概念的建构与分解》,载《法学研究》2006 年第 4 期。

〔76〕 参见[德]罗伯特·阿列克西:《法:作为理性的制度化》,雷磊编译,中国法制出版社 2012 年版,第 125 页;参见[瑞典]亚历山大·佩岑尼克:《论法律与理性》,陈曦译,中国政法大学出版社 2015 年版,第 160 页。

〔77〕 参见周赟:《立法用规范词研究》,法律出版社 2011 年版,第 169 页以下。

〔78〕 参见欧洲侵权法小组:《欧洲侵权法原则:文本与评注》,于敏、谢鸿飞译,法律出版社 2009 年版,第 177 页。

〔79〕 参见苏永钦:《走入新世纪的私法自治》,中国政法大学出版社 2002 年版,第 7 页。

〔80〕 参见苏永钦:《寻找新民法》(增订版),北京大学出版社 2012 年版,第 363 页以下。

〔81〕 参见[意]斯特凡诺·特罗伊安罗:《〈意大利民法典〉中的一般条款》,张礼洪等译,载张礼洪、高富平主编:《民法法典化、解法典化和反法典化》,中国政法大学出版社 2008 年版,第 380 页。

〔82〕 [德]卡尔·恩吉施:《法律思维导论》,郑永流译,法律出版社 2004 年版,第 153 页。

〔83〕 See James. J Morrison, "Legislative Technique and the Problem of Suppletive and Constructive Laws", *Tulane Law Review*, Vol. 9, No. 4(1934 – 1935), pp. 544 – 564.

〔84〕 参见[意]斯特凡诺·特罗伊安罗:《〈意大利民法典〉中的一般条款》,张礼洪等译,载张礼洪、高富平主编:《民法法典化、解法典化和反法典化》,中国政法大学出版社 2008 年版,第 388 页。

〔85〕 参见[德]莱因哈德·齐默曼、[英]西蒙·惠特克:《欧洲合同法中的诚信原则》,丁广宇等译,法律出版社 2005 年版,第 12 页。

〔86〕 维尔伯格理论的核心是,法律后果不应仅基于一个统一的理念来确定,而是应该基于多个方面的相互作用,这些方面可以用要素和动态力量来表述,但是这些要素并非缺一不可,法官可以在具体案件中予以权衡。该理论的目的是使私法的体系获得一种吸收生活的多方面力量的能力而又不失去其内部的支持。参见[奥]瓦尔特·维尔伯格:《私法领域内动态体系的发展》,李昊译,《苏州大学学报》(法学版)2015 年第 4 期。

〔87〕 维尔伯格的动态体系论改变了原先规则和例外这种非黑即白的二元立法技术,它提供的是一种混合的立法技术,即通过一系列的价值比较为精确的价值衡量提供基础。See Mario. G Losano, Sistema e StrutturanelDiritto, (Volume II), Giuffre Editore, 2002, p. 253.

〔88〕 参见[日]山本敬三:《民法中的动态系统论——有关法律评价及方法的绪论性考察》,解亘译,载梁慧星主编:《民商法论丛》(第 23 卷),金桥文化出版有限公司 2002 年版,第 222 页。

〔89〕 威尔伯格的忠实信徒库齐奥认为,在僵硬的构成要件理论与宽泛模糊的一般条款之间,动态体系论找到了一条中间道路,即通过规定一些重要的参考要素,要求法官在裁量时必须参考这些要素,这样就形成一个具体化的过程,这一方面可以起到限制法官自由裁量的作用,使其判决具有可预见性;另一方面这种弹性规则也可以充分考虑现实生活的多样性。动态体系论的关键在于,不同的参考要素具有不同的强度,它们之间相互配合,但是并非缺一不可。参见[奥]海尔姆特·库齐奥:《侵权责任法的基本问题(第一卷):德国国家的视角》,朱岩译,北京大学出版社 2017 年版,第 17 页。

〔90〕 参见[美]本杰明·C. 泽普尔斯基:《法律中的真理融贯论》,载[美]丹尼斯·M. 帕特森:《法律与真理》,陈锐译,中国法制出版社 2007 年版,第 329 页。

〔91〕 参见[法]弗朗索瓦·惹尼:《现代民法典编纂的立法技术(民法典百年)》,钟继军译,载徐国栋主编:《罗马法与现代民法》(第 2 卷),中国法制出版社 2001 年版,第 214 页。

李广德*

健康作为权利的法理展开

| 提　要 |

法理作为范式，是具体法律制度之事实、规范与价值的集合。健康作为权利，是集体主义与自由主义平衡的产物，得益于各国公共卫生实践与世界卫生组织官方选择的双重制度契机。选择"法权化"模式以照护健康，本身便意味着对公民自由、权利、平等（衍伸为"非歧视"要素）和生活品质的承认和尊重，这也构成了健康权的规范内涵，而从其功能考察，又能认识到健康防御权、健康受益权与获得健康照护权等具体的权利类型。二者结合，便形成了对"健康权"概念的完整认知。健康权的价值兼具治理功能和司法救济功能，前者关涉健康作为权利之于人类发展、个体平等与尊严等福祉的增进，后者指向权利救济的个体主义机制及其自下而上的运作方式所具有的制度功能。

| 关键词 |

健康　健康权　权利　健康中国　法理

引言:框架、问题与思路

“法理”作为法理学的中心主题和中国法学的共同关切,[1]无疑是对我国法理学和法学研究的范式转向和话语更新。笔者认为,“法理”作为法的本质性、规律性的因素,本身构成分析法律和制度的核心视角,因此,笔者提出一个新命题:作为范式的法理。简言之,法理除了其本身体系性的原理追求之外,更应该是面向具体法律与制度的一种研究范式和研究思路,[2]法理构成具体法律与制度的原理性知识,是制度原理研究的核心追求。[3]反过来,探究任何具体法律和制度的原理性知识,其实也就是研究其法理。“从法理的角度研究一项制度,意味着就该制度所涉及的最基本的问题予以揭示和阐明。这是设立一项制度的依据,也是一项制度设立之后理解和运用该制度的基础。”[4]因此,作为范式的法理,意指澄清具体法律和制度的基本问题和原理知识的一种分析范式。法理作为范式的生命力附着在具体制度的原理性探究之中,其主要价值之一也在于此。

那么,进一步的追问在于:何为法律(和)制度的基本问题以及如何澄清这些基本问题?对这一问题的回答,构成作为范式的法理研究的基本框架。从逻辑上而言,对任何事物的探究至少应当回答其是什么(本体)、为什么(价值)和怎么做(方法)这个三个基本的哲学问题,而具体到制度的基本问题,应当围绕制度的事实、规范与价值三者展开,因为“法律所必然具有的‘事实’、‘规范’、‘价值’论域,使得任何合格的关于法理学研究对象的理论都必须涵盖这三个基本论域”。[5]而在认识和探究的方法上,也存在两种逻辑认识方式:理性的建构和经验的总结,“理性论是一种用抽象的与普遍的原则以证明辞说的方法;经验论是相反的一种方法,用具体的与个别的事件以证明辞说”。[6]也就是说,理性的建构基于主体的先见立场展开,经验的总结则提炼于现象的生发规律。

总之,作为一种范式的法理,旨在澄清具体法律(和)制度的原理知识和基本问题,即该法律或制度的事实问题、规范问题和价值问题。事实问题构成对制度本身的历史(动态)或现实(静态)的描摹,规范问题聚焦于分析制度本身的规范内涵及其体系,而价值问题则旨在回答制度的功能和目标取向。从这个意义上说,法理即法律或制度的事实、规范与价值之集合。探究具体法律和制度的法理应当从事实、规范和价值三个维度展开。权利作为社会的基石性制度现象,也应当同样如此。本文聚焦于健康作为权利的法理,就是从健康权这一具体的制度现象出发,探讨和澄清健康成为一种权利形态的历史演进(历史事实)、规范内涵与价值取向。

在上述三个法理问题展开之前,有必要交代一下本文的背景与思路。本文所讨论的健康权,准确而言应称为公民健康权,即作为基本权利或人权意义上的权利,以区别于我国民法上的自然人健康权。[7] 公民健康权主要指公民所享有的宪法或公法意义上的医疗保障请求权,国家为保障公民健康而需要承担相应的义务,如发展医疗事业、提供药品和治疗服务、建立国家医疗保障制度等,且这种权利会因为司法机制的存在而得以救济。我国《基本医疗卫生和健康促进法(草案)》明确规定:"公民享有健康权。国家和社会尊重、保护公民的健康权。"[8] 健康权即将成为我国行政法律体系中的一项公法权利。这将是一个具有重要法治意义的事件,这不仅意味着我国首次将所谓的社会权实证化,同时也意味着我国确立了以行政法来保护公民健康权的模式,[9] 此举必将深刻影响我国医疗领域的法治进程。

然而,与健康权实证化的立法快节奏相反,健康权作为即将得到我国法律体系确认的制度现象,尽管在国际人权法和域外宪法中已得到了广泛表达,但其在理论上依旧是一个极具争议的概念。国内外回应健康权理论争议的研究主要体现在两个方面:一是对健康权概念和性质的理论研究,主要围绕健康权的社会权属性所引起的权利证成和可诉性难题展开,[10] 并关涉了健康权的宪法表达、[11] 健康权的国家义务[12] 等主题。二是聚焦于健康权法治实践的研究,主要以与健康权有关的诉讼作为研究对象,从经验层面对健康权的司法保护等主题进行了务实的实证性探索。[13] 对于健康权本身的法理基础和权利逻辑,则为社会权的权利属性困境所遮蔽,学界和人权实务界并没有针对健康权本身的基础问题和原理知识作出应有的系统探索。因此,在我国健康权实证化即将成为现实的语境下,对健康何以成为权利的法理探讨就成了一个紧迫问题。我们需要在理论共识的意义上确定健康权所具有的含义,交代健康权本身的来龙去脉以及这项权利的功能和规范目的等基础问题，以便建构我国公民健康权的法理基础，指导具体的制度安排，尤其是面向未来有关健康保障的诉讼需求。本文就是对此的一个尝试。

在思路上，文章聚焦于健康作为一种权利形态这一制度现象的法理问题，从事实、规范与价值三个基本维度展开健康权的法理建构。考虑到健康作为权利形态的制度现象并非人为设计的结果，而是有其自然演进的过程，因而，在事实的澄清上侧重于历史事实的描述，即更多基于动态的考察来澄清其产生的流变过程，以此寻找健康权产生的历史根基。本文归根结底是在回答"健康为什么要作为权利"的"法理"，或者说，为什么要成就"健康权"的"法理"：这一"法理"分别在历史维度的观念形态溯源、规范维度的内容结构设计与价值维度的功利目的厘定上有所作为，它不仅能够证明健康作为权利的内在机理，更能够为健康权实证化后的文本表达勾画基本蓝图。

一、健康作为权利的源流

健康何以成为一项权利？是哪些内在因素促使人的健康会被定义为一种权利？这需要诉诸健康作为权利的源流来加以澄清。健康权作为一项新兴的现代人权和宪法权利，其发展是沿着先国际法后国内法的轨迹进行的。[14]现代法治和现代权利话语意义上的健康权出现于20世纪40年代中期，以《世界卫生组织宪章》的序言和《世界人权宣言》第25条第1项为标志。1946年颁布的《世界卫生组织宪章》序言规定："享有最高可获致的健康标准是每个人的基本权利之一，不分种族、宗教、政治信仰、经济或社会状况。"随后1948年的《世界人权宣言》在第25条正式规定了健康权："人人有权享有为维持他本人和家属的健康和福利所需的生活水准，包括食物、衣着、住房、医疗和必要的社会服务。"在"二战"后的民主建国浪潮中，很多新成立或新独立的国家在其政权建制的新宪法中都参考、借鉴和落实了《世界人权宣言》中的基本权利规范，因此，健康权得到了很多国家宪法的认同和表达。[15]对这些全球范围内的健康权制度现象进行溯源，无疑是认识健康权的基础。通过对健康权半个多世纪制度实践的观察，学者们发现，健康权的起源可以通过集体主义与自由主义之间的融合与平衡得到理论上的阐释，为健康权的出现提供政治哲学的解释，而公共卫生的实践则为健康权的出现奠定了制度基础,最终,世界卫生组织的选择使得健康权得以确认。[16]

(一)健康权源起的理论基础:集体主义与自由主义的平衡

健康权的理论探索源起于19世纪的拉丁美洲。而恰在彼时,欧洲范围内的共产主义运动风起云涌,国际共产主义组织出现并兴起,如巴黎公社成立,受其鼓舞,拉丁美洲亦同样处在民族独立的浪潮之中。这导致人们容易把拉丁美洲宪法中的经济社会权的哲学基础与共产主义运动结合起来,产生了"健康权缘起于拉丁美洲的社会主义思想"[17]的误解。为此,人权法专家约翰·托宾(John Tobin)进行了反驳:一方面,健康权跟其他经济社会权一样,确实起源于拉丁美洲,这种权利类型应当归根于拉丁美洲人权哲学家们的智识贡献。但拉丁美洲经济社会权的哲学起源并不能被贴上社会主义或共产主义的标签,而是拉丁美洲在学习欧洲民主宪政浪潮的基础上根据当地实际情况所发展起来的,甚至是拉丁美洲的民权领袖们意图超越欧洲人权哲学抱负的一种尝试。拉丁美洲独立运动的领袖们都认为拉丁美洲是欧洲宪政主义运动的下一波。[18]另一方面,在社会主义和共产主义的理论渊源中也缺乏共济的内核,而共济性(solidarity)是包括健康权在内的社会权利的本质性特征。[19]社会权的实质是权利主体基于风险而对国家所享有的请求权,风险的偶然性决定了互助共济的天然性和社会保障制度的强制性。如果说健康权是权利主体基于健康风险分担的制度安排,那么,这种分担方式的本质就是健康者与病痛者、不同程度病痛者,甚至长寿者与短寿者之间的互助共济,[20]国家只是基于其组织正当性而充当资源的分配者。而这并不是共产主义理论的主张。事实上,健康权等社会权利之所以源于拉丁美洲,乃是回应当地穷人的人性需要(human needs),反映的是拉丁美洲地区革命反抗运动所渴望和获致的独立与和平的制度想象,也是拉丁美洲革命领导者们意图提供另一种正义和平愿景的产物。

因此,对于健康权理论,首先需要澄清其源自集体主义的观点。相反,从逻辑上说,健康权理论的出现,恰恰是为了调和过度集体主义的倾向。在集体主义政治理念和意识形态下,个人作为国家的有机组成单位,强调国家的优先性和集体利益的最大化,强调个体对集体的忠诚和服从。因此,集体和国家有千万种理由忽视甚至剥夺个体的健康权利,尤其是那些在身份和意识形态上被贴上非集体成员或类似于非集体成员身份的人,如犯罪分子等,他们在共同体内无法获得与正常集体成员相等同的医疗保障待遇。

此外,集体主义的权力逻辑(至少在实际的运行上)内部往往存在身份等级,包括医疗在内的资源享有与权力掌握者的实际地位相匹配,因此,医疗资源的分配不是一种平等分配的模式。集体主义在集体内部的普通个体之间强调统一化,忽视甚至排斥个体的差异,而健康问题恰恰是强调个体特性和个体差异的,虽然健康权是规范化的存在,但是个体的健康需要和健康权请求是多样的。集体主义的特征反映在健康权上的问题突出表现为医疗资源的等级划分和特殊医疗现象的大量存在,且国家和共同体会优先强调公共卫生,忽视了个人尤其是弱势群体、边缘人群的健康权益。而以平等作为内核的权利机制,其功能恰恰能够消解这些差异和特权,因为权利的作用机制在本质上是个体主义的,权利及其救济是国家权力与公民权利对话的制度窗口,在整个国家的规范性和运转的统一性下,赋予个体通过诉诸司法等机制来维护自身权利的权能和资质,具有对抗国家和集体主义的制度功能。集体主义既会构成对个体健康利益的危险,也会造成对整体公共健康利益的克减。当然,集体主义也并不全然与健康权的理念针锋相对,集体主义所强调的公共健康优先的理念,其实是通过非权利的制度安排来实现公民健康的整体进步,其效率比个体化的健康权机制还要高。

既然健康权的起源是为了调和过度集体主义的威胁,那么,这是否意味着健康权的哲学基础跟传统的财产权等权利一样,是建立在自由主义的政治哲学基础之上呢?答案也是否定的。与集体主义相反,自由主义强调个人的自主性和国家干预的谦抑性与有限性。在自由主义的政治哲学和意识形态下,国家制度的存在首先是有限存在,只是为了增进个人福祉,保障和实现个体最大的利益,且在本质上说,每一个作为个体存在的人就是其最大的目标。在自由主义意识形态下,国家不能干预个人的生存和发展,政府的权力是有限权力,有限政府和民权优先的观念根深蒂固。

尽管自由主义者首先承认社会的冲突而非和谐是基本状态,但他们同样主张自由是最根本的价值,国家不应实施任何不合理地干预个人自由的行为措施。相反,自由主义尤其强调尊重,包括对人权的尊重、对司法的尊重、对选举的尊重等。[21]与尊重伴随在一起的另一自由主义理念是抵抗的权力。[22]因此,在原初意义上的自由主义理念之下,健康问题是一个纯粹的个人自主问题,国家既缺乏干预个人健康自主的合法性,也缺乏行使干预权的民主正当性。前者意味着国家对个人健康问题的介入是对个人自主性的严重侵犯,后者则因司法机关介入健康权救济需要对财政资源等进行分配从而引起对权力分立原则和民主原则的破坏,健康权等社会权的可诉性难题的产生,亦由此而来。[23]两者在最初"为了重新分配资源以确保其他个人的最高可获致的健康标准,个人的课税被自由主义者认为是一种不合理的干涉的例子"。[24]因此,在最初的自由主义理论之下,寻找健康权甚至社会权的理论支持是一件非常困难的事。

当然,随着自由主义理论的发展和社会实际情况的变化,理论上也逐渐突破国家对健康干预的正当性难题。理论家们和政治家们主张,并不是所有的干涉都是对自由和税收的侵犯,因为再分配的目的并不能阻止人们追求有价值的生活,因此不会破坏个人的自由。[25]尤其是在权利保障面前,税收更是其前提,甚至有学者主张,所有的权利都是积极的,离不开税收。[26]因此,自由主义理论并不一定完全排斥健康权的理念和概念。自由主义理论主张国家的消极责任,以避免干扰个人的健康,但它也限制过度的国家消极义务,主张国家对那些健康威胁超出自己控制能力的人负有提供保护的义务。[27]一个不证自明的道理在于,任何自由都不是绝对的。为了达到最低限度的健康保健,资源的重新分配不会对自由产生严重的消极影响。[28]健康权也并不是意味着国家需要向所有人直接提供医疗服务,因为这是一种过度的自由主义的权利观,自然是不正当的。

过度自由主义理念以其放任自由的姿态在近现代人类历史上引起的经济危机至今令人记忆犹新。1929~1933年的资本主义危机导致美国社会严重的政治和经济问题,整个社会陷入极度匮乏的状态。这致使美国罗斯福总统反思自由主义的经济理念,最终确立了凯恩斯主义的资本主义发展模式,最重要的是罗斯福提出了包括免于匮乏的自由在内的第二权利法案,其中包括支持人民获得充分的医疗条件、有机会获得并享受健康的权利。罗斯福及其支持者们反思了自由主义的神话,指出政府的干预在事实上无处不在,干预本身的正当性并不是问题,问题只是在于何种形式的干预最好。"罗斯福认为,真正的问题是实践中的问题:何种形式的干预能最好地促进人类利益?何种形式的规制能使人类生活更美好?"[29]罗斯福的愿景包括了"扩大获得充足医疗照护(medical care)的机会",这与正处于大萧条中的美国人民产生了共鸣。但它的重要性远超过了这一举措在美国国内产生的反响。它"通过建立公共责任制度,为个人提供失业补偿、社会保障和其他一般福利的权利",[30]而彻底地改变了政府与人民之间关系的本质。越来越多的人认为,国家有义务照顾其选民的经济和社会需要,这不仅仅是出于工具主义的考虑,也是一个基本的人权问题。第二权利法案中的免于医疗匮乏的权利直接为《世界人权宣言》中的健康权规范提供了重要的来源。[31]第二权利法案的提出是对过度的自由主义的反思,是在肯定政府介入的正当性和干预的合法性的基础上演变而来的。

事实上,健康权的政治哲学基础完全可以被视为对过度集体主义与过度自由主义的平衡。过度的集体主义和过度的自由主义都是危险的,尤其是在健康问题上。过度集体主义下的健康会因为特权的存在和过度的集体责任而消解个体健康保障的效果,过度自由主义下的健康会使个人健康失去共济的制度保护,使健康只能是个体的自主行为。通过权利机制来保障公民的健康,其实是作为集体主义内核的健康共济(强调公共健康优先的理念)精神与作为自由主义内核的健康自主之间的融合与平衡。通过健康权的权利机制规定国家在保障公民个人健康上的义务,既能弥补过度自由主义导致的不平等问题,也是授予国家和政府介入医疗资源分配以及保障个人健康权益以正当性和合法性的制度契机。

(二)健康权出现的制度契机:公共卫生实践与世界卫生组织的官方选择

公共卫生的现代实践缘起于19世纪的西方工业革命。彼时彼景,经济发展加快,社会问题也日益突出。以19世纪的英国为例,工业革命对劳动力需求的急剧增加导致人口向大城市涌进,而人口向城市集聚后,只能住在简易的聚居地,缺乏良好的卫生环境。随之而来的贫富差距的加大导致贫困人口增加,医疗甚至生活成为严重的社会问题。由于经济飞速发展而与之配套的环境保护、城市规划等理念和制度严重滞后,所以城市的卫生问题堪忧;由于过分强调工人的产出,剥削和压榨工人的剩余劳动价值,所以忽视了工人工作环境的建设,对工人的健康缺乏应有的回应。"工业发达、生活富裕的城镇尤其是新兴的工业城镇死亡率比落后的农村更高,造成这种现象的原因主要是新兴城镇饮水、排污等公共卫生条件差,环境污染严重,经常导致大规模的传染病爆发,密集的劳动强度使得职业病普遍存在。"〔32〕流行病、传染病的肆虐给国家的管理和经济的发展带来了巨大的挑战,也给社会经济发展尤其是劳动力的供给带来了威胁,使国家的管理者和统治者们不得不重视公共卫生建设。英国在 19 世纪,尤其是其前半个世纪,遭受了非常严重的流行病危机和公共卫生危机,迫使英国政府于 1848 年通过了《公共卫生法案》,对全国公共卫生的管理体制进行了建构,从而肩负起国家在公共卫生保障上的责任和义务。在公共卫生上国家责任的凸显,打破了政府对经济行为自由放任的政治理念,同时也扩大了国家的权力范围,为健康权甚至其他社会权的兴起提供了制度上的可能,并伴随着政府权力扩张的野心在客观上带来的功利性契机。"工业革命旋即带来的问题是它的工作条件令人震惊,然而伴随而来的贫困往往是加剧而不是消除,这实际上是提供了权利话语能够重新出现的平台,特别是经济和社会权利。"〔33〕在 19 世纪西方资本主义社会的公共卫生改革中,公共卫生事业的改革者们积极主张政府应该介入公共卫生事业当中,承担起政府应该负有的责任和国家义务。这为孕育健康权的基本观念提供了土壤。

健康权首次正式萌芽式的表达(更准确地讲,是"享有最高可获致的健康标准权")是在 1946 年《世界卫生组织宪章》的序言中,这一关键性事件标志着对健康权的正式确认。促使健康权在《世界卫生组织宪章》中出现的因素自然有很多,但其中最核心的还是系于世界卫生组织本身的内部要素,且与世界卫生组织的来龙去脉紧密相关。

早在第一次世界大战结束后,几个主要国家的首脑召开了巴黎和会,成立了世界上第一个以维护和平为宗旨的国际组织——国际联盟(League of

Nations),并于 1919 年 4 月颁布了《国际联盟公约》。[34]《国际联盟公约》第 23 条要求各国政府为劳动工人提供条件以预防和控制疾病,要求各联盟国对有关国际事务采取相应的措施。第 25 条还规定:各联盟成员国同意并鼓励和促进正式授权的自愿性国家红十字会组织的建立和合作,目的是改善全世界的健康、预防疾病和减轻痛苦。[35]国际联盟下面还设置了一个专门的机构——国家卫生组织(League of Nations Health Organization),其是"二战"后成立的世界卫生组织(WHO)的前身。根据《国际联盟条约》的规定,公共卫生是联盟合作治理和协商谈判的主要内容之一。因此,国家卫生组织是为解决国际卫生问题而成立的一个技术机构。尽管其不太可能在国际关系上进行革命性的尝试,但这个组织主要负责处理与公共健康有关的国际合作事宜。实践表明,国家卫生组织对健康问题的关注不仅仅在于流行病的防控等,还包括对非流行性疾病、住房、身体健康、乡村医疗、医药与公共健康培训以及诸如营养不良等社会疾病的关切,在某种程度上,这为健康权的兴起与内涵的官方表达提供了组织实践的基础。

随着第二次世界大战的发生,虽然国际联盟在维护国际和平与安全上的能力不断被质疑,但国家卫生组织的工作不仅表明各国有必要以合作的方式处理卫生问题,而且还表明其有能力采取必要的措施来达到这一目的,其他因素(如政治、战略利益和医学知识的进步)激发了合作措施的创新。而将健康作为一种权利形态,就萌芽于这样的语境之下。通过在国际范围内确立一种作为基本人权的健康权,对各国政府施加满足公民医疗药物的基本需求、发展卫生事业、提供医疗服务、培养医学专业人才等方面的义务,自然在那个权利理论与实践已经相对成熟的年代,成为理论家和政治家的合理想象。[36]最终,在"二战"这一人类灾难性事件的刺激下,人权理论家和政治家们将健康权明确为受国际人权公约承认和保障的基本权利。[37]

国际联盟的经验表明,各国政府已经认识到了健康在维系国际和平和安全上的工具性意义,即包括疾病等在内的社会问题成为各国发展和社会稳定的关键,社会发展及人群健康与和平和安全之间的关系重新得到审视,健康被视为对全球和平具有战略性作用的要素。于是,在 1946 年不但建立了世界卫生组织,而且在《世界卫生组织宪章》的序言中第一次在国际法上规定了“最高可获致的健康标准权”。[38]此外，随着社会医学的兴起，除了医疗和护理的作用之外，心理学、经济学以及公共卫生学等各个学科都对健康具有重要的作用，而世界卫生组织的缔造者们正是社会医学的推崇者和追随者。[39]这些因素促使了世界卫生组织的成立，也使健康权最终得到了官方的确认。

二、健康作为权利的内涵体系

研究健康权的规范层面，旨在探究健康权的内涵体系，以澄清健康作为一种权利的意旨与内容这一基本问题，构成健康权原理知识探究的核心部分。对于健康权的内容到底是什么，或者应该如何界定健康权的内涵，理性主义的建构实属不必要且无可能。因此，这里主要基于对既有官方定义开展经验层面的总结梳理。联合国人权事务高级专员办事处与世界卫生组织（WHO）联合发布的《概况介绍 31 号》（Fact Sheet No. 31）专门就健康权的概念和内涵等作出过说明和定义。[40]这份情况说明使得健康权的基本内涵、实现方式和司法经验等得到了一份较为详细的官方参考意见，可以被视为健康权官方表达的蓝本，代表人权理论和国际人权实务界的共识。在这份健康权的官方表达中，健康权首先是一项广泛的权利（inclusive right），指向影响健康的一系列决定性因素并受经济、社会和文化权利委员会的监督，这些“健康的基本决定因素”包括安全的饮用水和适当的卫生设备、安全的食物、适当的营养和住房、健康的工作和环境条件、与健康相关的教育和信息、两性平等，这些因素也是委员会和特别报告员监测（健康权的两种官方救济方式的主体）的主要指标。除对健康权的基本特征作出界定之外，《概况介绍 31 号》还定义了健康权的内容体系，分别从四个方面进行了建构，即健康权包含自由、权利、非歧视的原则以及提供健康保障的品质要求，详见表 1。

表 1 健康权的规范内涵

权利核	详细表达
自由 (freedoms)	免受未经同意进行的医疗(如医学实验和研究、强迫绝育);免遭酷刑和其他形式的残忍、不人道或有辱人格的待遇或惩罚
权利 (entitlements)	获得提供人人享有最佳健康平等机会的健康保护体制的权利;预防、治疗和控制疾病的权利;获得基本药物;妇幼保健和生殖保健;平等和及时地获得基础的医疗;获得与健康相关的教育和信息;大众在国家和社区层面参与与健康相关的决策
非歧视 (non - discrimination)	保健服务、物品和设施不加任何歧视地向所有人提供
品质要求	所有医疗服务、物品和设施必须有效(available)、可获取(accessible)、受欢迎(acceptable)以及高质量(good quality)

表 1 内容表明了官方对健康权规范内容的界定,可被视为健康权规范内容的既定经验表达。官方表达把健康权视为一项包罗万象的权利,实际上是一种"跟健康有关的"权利,这种界定和表达彰显了人权理念的关怀精神与抱负,但也暴露了可适用性和操作性不强从而容易受到传统权利理论攻击的缺点,使健康权更多的是一种宣言和理想。不过此举也符合国际人权公约文本表达的目的——更多的是宣示权利,并为权利提供尽可能详尽的样本表达,供各国在吸收为国内宪法时参考。因此,世界卫生组织和联合国人权事务高级专员办事处对健康权包罗万象式的概括和阐述本无可厚非,但是,若在实证法和司法意义上讨论健康权的内容体系,还需要另辟蹊径。而后者才是学理探讨所需要面对的问题,亦即权利的表达甚至文本设计仅仅是基础,重要的是权利能够为一定法域内的有效司法所裁判,能够识别权利的核心范围和合理界限,使得权利能够具有操作性。[41] 事实上,承认健康是一种权利,就意味着健康权必须具有自身的规范内涵并且可以获得救济,因为"没有救济就没有权利"既是法谚的经验表达,也是逻辑的法理穿透。而救济必须依赖于权利本身的内涵来判断,即权利的请求权基础和裁判的依据都具有实在的规范指向,而不能是口号。若承认对健康权的可裁判性(其实也就是肯定健康的权利属性),那么在逻辑上,进入司法裁判过程

中的健康权就超出了一般人权的范畴,进入了基本权利或法律权利的范畴,[42]成为宪法审查或者司法诉讼的对象。为了讨论的聚焦和有效,本文在对健康权实在法上的规范内涵进行界定时,将健康权限定为一种基本权利,即作为宪法意义上的健康权来讨论其规范内涵的问题。而作为基本权利的健康权,对其规范内涵的讨论自然不能局限于文本表达上的意义,而应探究作为一种基本权利的健康权所具有的功能及其体系,从而将健康权的规范内涵命题转换为健康权作为基本权利的功能体系的问题。

根据基本权利功能体系理论,[43]任何一种基本权利都具有多重功能,每一种功能对应着不同的国家义务,不同国家义务的落实也就缔造了公民基本权利的多样变体。具体而言,整个基本权利体系和每一项基本权利的功能都包括三个方面,即防御权功能、受益权功能以及客观价值秩序功能。[44]前两者即所谓的主观权利功能,而后者即所谓的客观法或客观秩序功能。与这三种功能相对应,国家分别对基本权利负有尊重义务、给付义务和保护义务,这里的尊重义务是指消极的国家尊重义务,后两者构成积极的国家义务。因此,与基本权利的功能体系相对应,国家义务也构成一个体系。所有的基本权利都具有上述的功能体系并对应着国家对此所承担的义务体系。在这个意义上,传统的公民权利及政治权利和社会权利的区分就被消解,或者至少差异被大大缩小,这两种权利的性质之别,主要反映在它们各自所具有的功能以及相对应的国家义务类型上,即公民的自由权及政治权的主要功能是防御权,对应的国家义务以国家的尊重义务为主,而社会权的主要功能必然是受益权,对应的国家义务主要是国家的给付义务和保护义务。

根据基本权利的功能体系理论,作为一种基本权利的健康权,虽然是传统分类意义上的社会权利,同样具有主观权利和客观法秩序的双重性质,具有防御权功能以及对应的国家的尊重义务、受益权功能以及国家的给付义务和客观价值秩序功能以及所对应的国家保护义务,进而构成健康权的功能体系,具体参见表 2。具体而言,健康权的防御权功能包含了其所具有的健康平等权、隐私权、与健康有关的程序参与权以及非歧视原则等,健康权的受益权功能则直接指向疾病治疗、基本药物、生殖保健等基本医疗服务的获得,而健康权所具有的客观价值秩序则要求国家建立基本的健康保障制度，如开设公立医院和建立医疗支付制度等。与三种功能相对应的各国家机关的义务也比较清晰地得到了展示。

表2 健康作为基本权利的功能体系

功能类型	主要权利（义务）内容	义务类型	各机关的主要分工		
			立法机关	行政机关	司法机关
防御权功能	健康自由权；健康隐私权；健康平等权；健康管理的参与权等	尊重义务	立法尊重	执法尊重	司法救济、合宪性审查
受益权功能	预防、治疗和控制疾病的权利；获得基本药物；妇幼保健和生殖保健；平等和及时地获得基础医疗等	给付义务	批准财政预算、提供财政资源	运营健康保健体制、监督医疗卫生机构	司法救济
客观价值秩序功能	提供健康保护系统和健康教育等；建立健康保健的制度和政策；确保所有健康物品、设施必须具有有效性、可获取性、可接受性并高质量等	保护义务	制度保障和程序保障	运行制度和程序	公共政策形成间接影响；司法监督

根据基本权利的功能体系理论，健康权的权利功能、权利内容和国家义务类型等得以清晰地呈现。作为基本权利的健康权，其规范内涵和功能体系上所呈现出来的内容框架，为健康权的进一步法治实践提供了实证法基础，并为国家健康保障制度体系的建构和立法确立了一个框架。健康权的功能体系和规范内涵的分析框架，在我国健康中国战略建设和制定基本医疗卫生立法的背景下，具有极其重要的理论价值和实践价值。可以通过未列举权理论等途径解释出我国宪法文本中的健康权规范并建构起我国宪法上健康权规范的内涵体系。[45] 在“依据宪法，制定本法”[46] 作为基本立法原

则的要求下，此举具有为我国健康保健制度立法奠基的作用，也奠定了健康中国战略建设法治逻辑的宪法基础。此外，根据我国宪法上健康权的规范内涵和功能体系，能够为我国健康保健制度的建立和产业发展规划提供合法性基础，为国家医疗保障局等直接负责健康保障的部门的职权职责的确立及其范围边界提供理论参照，并为我国通过立法对健康权进行具体化提供内容参照，为司法或者准司法机制针对公民健康权的保护提供正当性依据。

三、健康作为权利的价值取向

健康作为权利的命题，肯定了法律和权利对于保护公民健康、为公民提供健康照护方面所具有的价值和功能。这种功能可以基于两个角度进行理解：一方面，这是肯定健康权本身对于健康治理所具有的价值和功能。即健康作为权利对于人群和个体的发展、共同体（集体）统治、健康正义、医疗资源分配等方面所具有的工具性价值和正当性增量，主要可从健康权与上述价值之间的内在关联逻辑展开，笔者将这种价值界定为健康权的治理功能。另一方面，这表明，相对于公共政策等其他治理手段而言，作为一种权利的健康权能为公民的健康照护带来独特的作用。肯定权利作为一种机制的价值，最重要的核心要义乃在于其能够通过司法或准司法获得救济，从这个意义上说，健康权的价值取向集中表现为健康权司法救济的效果如何，主要从健康权司法保护的效果展开规范的和实证的分析，笔者将这种价值界定为健康权的司法救济功能。

（一）健康权的治理功能

健康权之于健康治理所具有的规范价值是健康权的内在属性与健康治理机制之间的功能性关联，至少在有关健康治理的以下诸方面，健康权具有不可替代的功能。对这些功能的分析主要是基于规范逻辑的论断，但也不乏对历史经验的借鉴和总结。

第一，健康权具有促进人类发展的价值。在早期资本主义发展的背景下，为了提高人口的健康，从而为工业发展提供更加充足的劳动力，以不断地创造财富，提高生产力，健康权得以兴起。换句话说，健康权之于经济发展具有工具性价值，即健康权的机制能促进经济的增长，能提高人群的健康水平，随之带来的是提高了人类的寿命和劳动能力，就功利其实也是事实的角度而言，此举为经济发展提供了更为充分的劳动力资源。劳动力资源是经济社会发展不可或缺的重要资源，按照马克思主义的观点，工人阶级和无产阶级所拥有的生产力和生存资本就是劳动力资源。而健康的劳动力无论对社会还是对个人，都是资源的增值。健康的权利化和法律化能够增加劳动力的健康值，预防劳动力的衰弱，从而提高劳动力的生产力和效率。此外，从更长远的角度而言，健康权是一项随着科技发展和人类认识的发展才为人们所确立起来的权利。在确立健康权的过程中，健康权直接指向的是人的体质健康和心理健康，并通过公共卫生等措施提高人的体魄和体质，增加人类的基因，因而对于整个人类而言，健康权具有促进人类发展的价值。

第二，健康权具有实现人的平等和促进对人性尊重的价值。价值作为价值主体所希求并借助于价值客体的价值属性而得以满足的各种价值目标的集合，[47]其基本的逻辑格局是主客体之间的被满足与满足需求的属性之间所形成的价值关系。在价值关系中，除了主体的需求之外，还有价值目标和价值属性两个维度。健康权价值取向的逻辑在于权利能够具有满足主体健康需求的属性，而上述两个方面的表达其实只是健康所具有的工具性的价值目标，不一定需要通过权利的方式或者只能通过权利的方式来实现，因此，对健康权工具性价值的论述，最终还需依赖健康权本身的价值属性来实现，即健康权作为一种权利对于上述价值目标实现所具有的属性功能。

简单而言，通过权利和法律来保障公民的健康，首先是对人本身体魄和精神的认可和尊重，人不再被视为工具。或者说，人不再被那些占据优势地位的人视为工具，这是权利机制所具有的本质内容。健康权利化和健康法律化的起源乃是对人与人平等价值的认可。反过来说，健康权的价值在于维护人类在最重要禀赋方面的平等性，从而使人与人之间不会因为物质条件的多少带来健康层面过大的差距。通过权利的机制实现人的平等和对人性的尊重，这是权利机制所具有的重要价值属性，也是健康权的工具价值得以成立的作用机制所在。

第三，健康权具有间接加固国家统治正当性根基的价值。根据福柯的考究和理论，福柯对人的治理问题的研究是其政治哲学的重要内容，生命政治理论的主要内容就是对人的治理的研究。福柯建构了对人的治理的一个整体谱系，这对于揭示健康的权利化和起源具有十分重要的参考意义。[48] 18世纪是人类政治治理水平和技艺的“分水岭”，这种分水岭的标志就是对人口健康问题的关注以及治理方式的变革。在18世纪之前的政治实践中，人被视同臣民，臣民的生存和健康问题不是以个体的方式出现的，国家只关注集体的公共健康事件，即只有在瘟疫、饥荒、灾祸等导致人口数量大量减少的情况下才会引起政治的参与，这就在日常的意义上使得人的健康仅仅是个人事件，与国家政治无关。而18世纪以后，人的健康问题得到具体化的重视，个体的作用和价值得到重视，对人的健康的治理变成了政治实践的主要关注，国家也为个人的健康建立起了一套制度，包括治疗疾病和管理疾病等。[49]随着对个体的重视，一种基于权利的治理方式就显得十分恰当而且必要，权利强调对个体的主体性尊重，其制度内核是个体主义的设置，国家对个人权利的尊重和救济，在实质上是为了维护国家的正当性，个体的不满得到个体化的化解和保障，将个人的诉求诉诸司法程序，通过即时性的程序主义的沟通，达到整个秩序的稳定。换句话说，对个体权利机制的救济，总比以革命的方式表达诉求要相对理性得多，这样也就维系了国家统治的正当性。

第四，健康权具有响应“新分配正义理论”的符号价值。健康权的兴起反映出对传统健康保障体系和健康治理应对方式的质疑，尤其是对自由市场配置健康照护和卫生保健资源功效问题的关注。[50]健康的法权路径隐含地说明，健康是一项“权利”而不是一件“商品”。[51]健康权具有至高无上的重要性，它是公民参与民主生活、经济生活和公共生活的重要保障，甚至从更广泛的意义而言，是“我们感受福利、安全、舒适和最终幸福”的前提条件。[52]医疗卫生条件的不平等将造成人们正常生活运转能力的不平等，这也使得医疗卫生有别于其他福利。[53]有学者强调，由于健康损害导致人类能力差距的不公正，因此，应将普适的健康照护和卫生保健作为一种最大限度降低患病风险和促进人类发展的方式。[54]健康差距损害了人们作为自由和平等公民的生活操作能力,[55]即社会不平等和财富与健康之间存在一种正相关的紧密关系:一般而言,人越穷,人的健康就越有问题。[56]经济因素和社会公正因素表明,应将获得医疗卫生保健作为一项人人享有的权利,而不是那些有财产人士才可以消费的商品。新自由主义意识形态和政策将卫生保健定性为一种纯粹的商品,这可能造成将卫生和卫生保健以市场消费商品的方式进行分配。[57]鉴于抵抗到处渗透的新自由主义意识形态和政策的需要,将卫生保健解读成一项权利而不是一种纯粹商品就变得更为重要。

(二)健康权的司法救济功能

从权利及其运作的机制逻辑来看,健康权的司法救济功能集中体现为健康权之于权利主体的保护价值,是赋予权利主体请求国家保护其利益和期待的机制。在整个国家运转的规范性和统一性下,健康保障首先依赖于自上而下的保障制度的设计,而权利机制以一种自下而上的个体主义表达,赋予个体以权能和资质来维护自身的健康权利。换句话说,健康权及其救济通过司法或者准司法的场域,构成国家权力与公民权利对话的制度窗口,这是健康权司法救济功能的实质所在,构成对该种功能价值的理性主义规范建构。

就实证的角度而言,健康权的司法救济或司法保护已然成为诸多新兴国家[58]宪制设计的制度偏好。在巴西、阿根廷、南非、印度、哥伦比亚等国,健康权诉讼成为一种重要的健康保障方式。[59]根据学者的实证研究,从相对短暂的时空场景来看,在为公民健康权提供司法救济的国家中,健康权对于诉讼当事人和潜在当事人的影响都是相对积极的,尤其是有些国家除了能够配套性地设置一些降低司法门槛的制度安排和措施外,还给予了弱势群体在缺乏医疗条件的情况下,通过司法这一制度窗口和司法途径提供紧急救助的可能。[60]

而健康权的司法救济除了对个体的影响之外,还会对健康政策或立法机关与行政机关产生影响,这主要依赖于法院的制度性角色来实现。司法在保护和协助建立普遍性、机会平等和合理可持续的医疗保障制度的进程中发挥重要作用,虽然法院必须认识到资源的限制,但这不应妨碍对政府提供医疗保健的司法审查。只要一个国家已经建立了一套健康保障制度,法院就应该不断检验政府有关保障内容决定的合理性,并审查政府的决定是否遵循权利和平等,或者政府是否倒行逆施,对穷人造成不公的经济负担进而妨碍了健康平等,抑制了人们对健康保健的享有机会。法院应该制定裁决的标准,确保裁决的判定公正、透明和可问责性。尽管法院也许没有制度能力或专业知识来制定健康保障和保险所覆盖的内容,但其在客观上有助于确保最好的健康保障实现方式的采纳。[61]

结 语

本文基于"作为一种范式的法理"这一命题,将健康作为权利的法理,聚焦于其历史源流、规范内涵与价值取向三个方面,试图完成对健康作为一种权利形态的法理建构,阐述健康权的基本问题和原理性知识。在方法上,本文整体上基于经验主义和理性主义的逻辑方法展开,将理论的建构和经验的总结相结合,既关照了健康权法治实践的现实情况,也对诸多理论上的内容作出了应有的澄清,使健康权在上述三个基本问题上的面貌得以呈现,并对中国的实际情况进行了初步的关联论述。在"健康中国"建设的战略背景和健康权实证化即将成为既定事实的语境下,关于健康作为权利形态的法理逻辑的论述,为"健康中国"建设的法权主义路径提供了理论参考。而且,随着《基本医疗卫生与健康促进法》的制定和实施,健康权的概念正式进入我国行政法律的规范文本中,未来有关医疗健康权方面的法治实践将会成为理论和实践的热点。本文是对此的一个铺垫,也是笔者对健康权和"健康中国"建设的法治逻辑展开系统研究的起点。

注 释

* 李广德,中国人民大学法学院博士后研究人员。本文原载《法制与社会发展》2019 年第 3 期。

〔1〕 参见张文显:《法理:法理学的中心主题和法学的共同关注》,载《清华法学》2017 年第 4 期。

〔2〕 有学者将法理的层次结构总结为三类,即基本法理(整个法理体系的基础)、一般法理(统摄各个部门法领域的一般性、普遍性法理)和具体法理(特定法律部门和法律个案的法理)。参见瞿郑龙:《如何理解“法理”?——法学理论角度的一个分析》,载《法制与社会发展》2018 年第 6 期。

〔3〕 对此种研究思路的一项积极尝试,参见李广德:《司法荣誉制度的法理逻辑与作用机制》,载《政法论坛》2018 年第 1 期。

〔4〕 张志铭:《司法判例制度构建的法理基础》,载《清华法学》2013 年第 6 期。

〔5〕 瞿郑龙:《如何理解“法理”?——法学理论角度的一个分析》,载《法制与社会发展》2018 年第 6 期。

〔6〕 [美]威廉 · 佩珀雷尔 · 蒙塔古:《认识的途径》,吴士栋译,商务印书馆 2012 年版,第 45 页。

〔7〕 我国《民法总则》第 110 条第 1 款规定:“自然人享有生命权、身体权、健康权、姓名权、肖像权、名誉权、荣誉权、隐私权、婚姻自主权等权利。”私法侧重人与人之间的行为协调,是平等主体之间的法秩序关系,强调权利义务秩序的平等性,并受制于多元事实行为的发生,与宪法基本权利并不直接联系。本文所使用的公法意义上的健康权,即作为一项人权或基本权利的健康权,强调国家与公民个人之间的基本法秩序关系。

〔8〕 笔者行文时,该法案正处于二审稿草案的状态,该草案第 4 条作了如上规定。此外,在该草案的一审稿中,“公民的健康权利与义务”单独作为一章,二审稿草案将该章的具体内容揉散在了其他章节中。健康权的实证化应该说已成为这部法律的基本共识,健康权保障成为这部法律的核心理念之一。

〔9〕 参见陈云良:《基本医疗卫生立法基本问题研究——兼评我国〈基本医疗卫生与健康促进法(草案)〉》,载《政治与法律》2018 年第 5 期。

〔10〕 See Jose. M Zuniga, Stephen. P Marks and Lawrence. O Gostin (eds.), *Advancing the Human Right to Health*, Oxford University Press, 2013.

〔11〕 See Eleanor. D Kinney and Brian Alexander Clark, “Provisions for Health and Health Care in the Constitutions of the Countries of the World”, *Cornell International Law Journal*, Vol. 37, No. 2 (2004), pp. 285 – 355.

〔12〕 参见邓海娟:《健康权的国家义务研究》,法律出版社 2014 年版;尹口:《健康权及其行政法保护》,中国社会科学出版社 2015 年版;钱国玲:《艾滋病人群的健康权保护研究》,浙江大学出版社 2016 年版。

〔13〕 See Malcolm Langford (ed.), *Social Rights Jurisprudence: Emerging Trends in International and Comparative Law*, Cambridge University Press, 2008; Bertrand G Ramcharan, *Ju-*

dicial Protection of Economic, Social and Cultural Rights: Cases and Materials, Martinus Nijhoff Publishers, 2005.

〔14〕 参见王晨光:《论以保障公民健康权为宗旨 打造医药卫生法治的坚实基础》,载《医学与法学》2016 年第 1 期。

〔15〕 关于诸多国家健康权的情况, See Brigit Toebes, Rhonda Ferguson and Milan M Markovic (eds.), *The Right to Health: A Multi - Country Study of Law, Policy and Practice*, T. M. C. Asser Press of Springer, 2014; See Jose. M Zuniga, Stephen. P Marks and Lawrence. O Gostin (eds.), *Advancing the Human Right to Health*, Oxford University Press, 2013。

〔16〕 关于健康权源流的论述,主要参考了国际人权专家 John Tobin 的观点。不过本文对理由的选择和论证的策略,都是完全不一样的思路。See John Tobin, *The Right to Health in International Law*, Oxford University Press, 2012, pp. 1 - 41.

〔17〕 See Johannes Morsink, *The Universal Declaration of Human Rights: Origins, Drafting and Intent*, University of Pennsylvania Press, 1999, p. 192.

〔18〕 See John Tobin, *The Right to Health in International Law*, Oxford University Press, 2012, p. 19.

〔19〕 See Paolo Carozza, "From Conquest to Constitutions: Retrieving a Latin American Tradition of the Idea of Human Rights", *Human Rights Quarterly*, Vol. 25 (2003), pp. 281 - 288.

〔20〕 参见何文炯:《论社会保障的互助共济性》,载《社会保障评论》2017 年第 1 期。

〔21〕 参见[美]保罗 · 卡恩:《摆正自由主义的位置》,田力译,中国政法大学出版社 2015 年版,第 1 页。

〔22〕 学者将自由主义的理念概括为 4 个,分别为冲突、抵抗权力、进步和尊重。参见[美]埃德蒙 · 福赛特:《自由主义传》,杨涛斌译,北京大学出版社 2017 年版,第 13 ~ 15 页。

〔23〕 参见秦前红、涂云新:《经济、社会、文化权利的可司法性研究——从比较宪法的视角介入》,载《法学评论》2012 年第 4 期。

〔24〕 John Tobin, *The Right to Health in International Law*, Oxford University Press, 2012, p. 26.

〔25〕 See James Griffin, *On Human Rights*, Oxford University Press, 2008, p. 179.

〔26〕 参见[美]史蒂芬 · 霍尔姆斯、凯斯 · R. 桑斯坦:《权利的成本:为什么自由依赖于税》,毕竟悦译,北京大学出版社 2011 年版。

〔27〕 See John Tobin, *The Right to Health in International Law*, Oxford University Press, 2012,

p. 61.

〔28〕 See Tom Beauchamp, "The Right to Health Care in a Capitalistic Democracy", in Thomas J Bole and William Bonderson (eds.), *Rights to Health Care*, Kluwer Press, 1991, p. 77.

〔29〕 [美]凯斯·R. 桑斯坦:《罗斯福宪法:第二权利法案的历史与未来》,毕竟悦、高瞰译,中国政法大学出版社 2016 年版,第 26 页。

〔30〕 Roger Normand and Sarah Zaidi, *Human Rights at the UN: The Political History of Universal Justice*, Indiana University Press, 2008, p. 88.

〔31〕 这点可以从两个方面得到说明。一是担任负责起草《世界人权宣言》的五人小组组长的是罗斯福总统的夫人,罗斯福夫人以继承罗斯福的遗志为己任,在起草的过程中发挥了重要的作用。参见[美]玛丽·安·葛兰顿:《美丽新世界——〈世界人权宣言〉诞生记》,刘轶圣译,中国政法大学出版社 2016 年版。二是美国法学会(The American Law Institute, ALI)于 1944 年任命了一个委员会编写基本人权宣言草案,并最后向联合国提交了美国法学会版的人权宣言草案,并产生了实质性的影响。而在美国,正值罗斯福宪法,也就是第二权利法案实施的时候,是时美国联邦最高法院以默许的方式与罗斯福妥协并支持了第二权利法案,美国法学会受到了罗斯福新政中的四项社会权的影响,应该说还是很有可能的。罗斯福宪法的具体内容及其系统介绍,参见[美]凯斯·R. 桑斯坦:《罗斯福宪法:第二权利法案的历史与未来》,毕竟悦、高瞰译,中国政法大学出版社 2016 年版,第 26 页。

〔32〕 田明孝:《19 世纪英国的公共卫生观念》,载《浙江学刊》2017 年第 6 期。

〔33〕 Paul Lauren, *The Evolution of International Human Rights: Visions Seen*, University of Pennsylvania Press, 2011, p. 294.

〔34〕 国际联盟的成立目的如《国际联盟盟约》所述,包括通过集体安全及军备控制来预防战争,借由谈判及仲裁来平息国际间的纷争。《国际联盟盟约》及其他同时期的条约也提到劳动条件、对原住民的公平待遇、人口走私与贩毒、军备交易、公众卫生、战俘待遇,以及保护欧洲的少数族群。1934 年 9 月 28 日至 1935 年 2 月 23 日,国际联盟达到极盛时期,会员国数量高达 58 个。

〔35〕 See Francis Paul Walters, *A History of the League of Nations*, Oxford University Press, 1965.

〔36〕 一个合理的佐证在于,在美国,第二权利法案大概也是在同时代或稍晚提出来的,第二权利法案表明了罗斯福总统致力于保障社会和经济权利,这也是权利理论成熟和发展的重要佐证。参见秦前红、涂云新:《经济、社会、文化权利的可司法性研究——从比较宪法的视角介入》,载《法学评论》2012 年第 4 期。

〔37〕 事实上,“二战”后人权的兴起、《世界人权宣言》等的诞生,都是人类反思第二次世界大战这一灾难性后果的结果。整个 20 世纪是人类历史上的黑暗甚至血腥的时期,20 世纪的前 80 年时间里,有接近 1.7 亿男人、女人和儿童死于枪杀、施暴、虐待等。但从 20 世纪下半叶起,越来越多的国家开始对残酷行径作出反思,从而推动了《世界人权宣言》等人权文件和人权运动的发展。参见[美]迈克尔·佩里:《权利的新生:美国宪法中的人权》,徐爽、王本存译,商务印书馆 2016 年版,第 3、4 页。

〔38〕 参见苏静静、张大庆:《中国与世界卫生组织的创建及早期合作(1945—1948)》,载《国际政治研究》2016 年第 3 期。

〔39〕 See George Rosen, *A History of Public Health*, Johns Hopkins University Press, 2015, p. 441.

〔40〕 参见 https://www.ohchr.org/Documents/Publications/Factsheet31.pdf, 2019 年 4 月 14 日访问。

〔41〕 参见张志铭:《如何保障权利:操作层面上的一般分析》,载张志铭:《法理思考的印迹》,中国政法大学出版社 2003 年版,第 454 ~ 456 页。

〔42〕 关于人权和基本权利关系的理论与逻辑的深入探讨,参见张龑:《论人权与基本权利的关系——以德国法和一般法学理论为背景》,载《法学家》2010 年第 6 期。

〔43〕 对基本权利功能体系的系统研究,主要借鉴了张翔教授的有关研究成果。参见张翔:《基本权利的规范建构》(增订版),法律出版社 2017 年版。

〔44〕 参见张翔:《基本权利的受益权功能与国家的给付义务——从基本权利分析框架的革新开始》,载《中国法学》2006 年第 1 期。

〔45〕 对我国宪法上的健康权有很多有益的讨论。参见焦洪昌:《论作为基本权利的健康权》,载《中国政法大学学报》2010 年第 1 期;田开友:《健康权的贫困:内涵、根源和对策》,载《中南大学学报》(社会科学版)2012 年第 5 期;杜承铭、谢敏贤:《论健康权的宪法权利属性及实现》,载《河北法学》2007 年第 1 期;高秦伟:《论作为社会权的健康照护权》,载《江汉论坛》2015 年第 8 期等。

〔46〕 叶海波:《“根据宪法,制定本法”的规范内涵》,载《法学家》2013 年第 5 期。

〔47〕 参见朱景文主编:《法理学》,中国人民大学出版社 2015 年版,第 47 页。

〔48〕 参见[法]米歇尔·福柯:《安全、领土与人口》,钱翰、陈晓径译,上海人民出版社 2010 年版。

〔49〕 参见张凯:《18 世纪生命政治视域下的自由主义》,载汪民安主编:《福柯在中国:纪念米歇尔·福柯逝世 30 周年研讨会论文集》,河南大学出版社 2016 年版,第 59 页。

〔50〕 See Colleen. M Flood and Aeyal Cross, “Conclusion: Contexts for the Promise and Peril of the Right to Health", in Colleen M. Flood and Aeyal Gross (eds.), *The Right to Health at the Public/Private Divide: A Global Comparative Study*, Cambridge University Press, 2016, pp. 451 – 480.

〔51〕 See Aeyal Gross, "The Right to Health in an Era of Privatization and Globalization: National and International Perspectives", in Daphne Barak – Erez and Aeyal Gross (eds.), *Exploring Social Rights: Between Theory and Practice*, Hart Publishing, 2007, pp. 289 – 292.

〔52〕 See Colleen Flood, *International Health Care Reform: A Legal, Economic, and Political Analysis*, Routledge, 2003, p. 27.

〔53〕 See Amartya Sen, "Why Health Equity in Health", in Sudhir Anand, Fabienne Peter, and Amartya Sen (eds.), *Public Health, Ethics, and Equity*, Oxford University Press, 2004, p. 21.

〔54〕 See Jennifer Prah Ruger, "The Moral Foundation of Health Insurance", *Quarterly Journal of Medicine*, Vol. 100, No. 1 (Feb., 2007), pp. 53 – 57.

〔55〕 See Norman Daniels, *Just Health: Meeting Health Needs Fairly*, Cambridge University Press, 2008, p. 14.

〔56〕 See Amartya Sen, "Why Health Equity in Health", in Sudhir Anand, Fabienne Peter, and Amartya Sen (eds.), *Public Health, Ethics, and Equity*, Oxford University Press, 2004, p. 63.

〔57〕 See John Harrington and Maria Stuttaford (eds.), *Global Health and Human Rights: Legal and Philosophical Perspectives*, Rutledge, 2010, p. 190.

〔58〕 新兴国家指经济发展程度介于发达国家与发展中国家之间的政治体，又称"新兴工业化国家"或"半工业化国家"，常见于经济学界。当前的新兴国家主要包括亚洲的中国、印度、伊朗，拉丁美洲的阿根廷和巴西，欧洲的土耳其、俄罗斯，非洲的南非等，与为公民健康权提供司法保护的国家大致重合。随着经济的高速发展，这些国家的社会制度和法治也相应地进行了变革，司法作为正式的国家制度资源介入公民的权益保障之中，构成其中的重要价值取向。

〔59〕 See Alicia Ely Yamin and Siri Gloppen (eds.), *Litigating Health Rights: Can Courts Bring More Justice to Health?* Harvard University Press, 2011. 国内对域外健康权司法救济的研究也有一些成果，参见郑智航：《论南非健康权的救济》，载《西亚非洲》2009 年第 2 期；曲相霏：《外国宪法事例中的健康权保障》，载《求是学刊》2009 年第 4 期。

〔60〕 See Alicia Ely Yamin and Siri Gloppen (eds.), *Litigating Health Rights: Can Courts Bring More Justice to Health?* Harvard University Press, 2011, pp. 273 – 303.

〔61〕 See Colleen. M Flood and Aeyal Cross,"Conclusion: Contexts for the Promise and Peril of the Right to Health",in Colleen. M Flood and Aeyal Gross (eds.),*The Right to Health at the Public/Private Divide: A Global Comparative Study*, Cambridge University Press, 2016,pp. 479,480.

孙光宁*

法理在指导性案例中的实践运用及其效果提升

| 提 要 |

在司法领域,虽然在法理概念的准确内涵上尚未形成普遍共识,但是其外延范围大致包括法律原则、政策和理论学说等内容,能够作为补充性法源和说理论证的重要理由。最高人民法院公布的指导性案例中包含非常丰富的法理实践。法理在指导性案例中受到高度重视有着多种原因:定位于疑难案件的指导性案例需要法理作为辅助性法律渊源;法理能够成为指导性案例的权威性论证理由;来源于本土司法实践的指导性案例也能够体现出“中国法理”的独特之处。要进一步提升指导性案例中法理的积极效果,最高人民法院应当大幅增加指导性案例的数量,并在裁判理由部分专门凸显法理的作用;地方法院应当在审判程序中突出指导性案例及其法理;法官个人应当在掌握法理的基础上积极适用指导性案例。法理的实践效果借助于指导性案例而得以彰显,体现了司法改革在制度和理念上的进步。

| 关键词 |

指导性案例　法理　法律原则　刑事政策　诚信原则　正当程序

2010 年年底,根据《最高人民法院关于案例指导工作的规定》,我国正式建立了案例指导制度。其后的七年多时间里,最高人民法院发布了近百个指导性案例。从 2011 年第一批指导性案例发布开始,对于案例指导制度的关注就持续升温。在司法实践中,越来越多的裁判文书直接援引了指导性案例作为论证和裁判的理由,[1] 虽然这些裁判文书在绝对数量上无法与每年上千万件的案件总数相比,但是,这种逐渐增多的趋势就已经值得肯定了。在法学理论研究中,以案例指导或者指导性案例为主题的论文也在同期保持着高速增长的态势。总体而言,现有的研究成果可以分为两个层面:在个案层面上,主要表现为部门法学者专注于分析、解读和批判某个具体的指导性案例;在制度层面上,主要表现为对如何提高指导性案例的参照比率提出各种意见。虽然以上两个层面上的分析非常有价值,但就案论案的个案层面和忽视个案的制度层面,对于全面研究案例指导制度来说,仍然显得不够。在这种背景下,通过对多个指导性案例中的共性问题进行分析,进而提出有针对性的建议,能够弥合前述二者之间“两张皮”的现象。

通过对现有指导性案例进行梳理发现,“法理”普遍存在于诸多指导性案例之中,属于跨个案研究的重点对象,前述两个层面的现有研究仍然没有细致关注到法理在指导性案例中的运用。2018 年 6 月《最高人民法院关于加强和规范裁判文书释法说理的指导意见》中也专门提及,裁判文书释法说理“要释明法理,说明裁判所依据的法律规范以及适用法律规范的理由;要讲明情理,体现法理情相协调,符合社会主流价值观”。指导性案例的正式文本对原初判决书进行了编辑和提炼,这样的指导地位更要求判决书文本的释法说理充分体现“法理”。本文力图挖掘法理在指导性案例中的实践运用,首先充分展示指导性案例中的法理因素,进而分析指导性案例高度重视运用法理的多种原因,最后提出相应的完善建议。这一研究不仅有助于提高案例指导制度被司法实践认可的程度,进而提升该制度的效果,更有助于展示法理在法治实践中的普遍存在,并推进其实践作用的发挥。

一、指导性案例中的法理界定及其表现

虽然学界对于“法理”并没有形成统一的认识,但是,具体到司法领域之

中,还是能够梳理出其基本含义和大致范围的。张文显教授在《法理:法理学的中心主题和法学的共同关注》一文中认为:“自古以来,法理都被视为法律渊源或补充渊源或最后使用的法源……我认为,在社会情势急剧变化的当代世界,以法理作为断案的依据,已不是法官的‘拾遗补阙’,而是常态化的司法模式。”[2]指导性案例就有明显的疑难色彩,就更需要法理作为证立裁判结论的理由或者依据。根据法律渊源的通说,我国当代的主要法律渊源包括立法(制定法)、国家机关的决策和决定、司法机关的司法判例和法律解释、国家和有关社会组织的政策、国际法、习惯、道德规范和正义观念、社会规章和民间合约、外国法以及理论学说,特别是法律学说。[3]

基于目前已有指导性案例的特点,本文将司法领域中法理的范围界定为法律原则、政策和理论学说。支持该界定的理由包括以下几个方面:(1)符合“法理泛在”的整体表现特点。法理普遍地存在于法治的各个环节之中,有着丰富的表现形式,在司法领域中也是如此。通常并不将具体的制定法视为法理,但是对于司法审判中需要参考的其他补充性法律渊源,就可以纳入法理的范围之内。在英美法系的先例中,起决定作用的就是 ratio decidendi,其经常被译为裁判理由或者裁判理据。ratio decidendi 的范围十分广泛,不仅包括制定法,还包括大量法外因素,与法理的范围有着相当一致的特点。借鉴于先例的指导性案例,也应当在作为补充性法律渊源的法理问题上持有开放态度。(2)符合指导性案例自身的整体定位。每一个指导性案例都经过了法院内部的层层推荐和遴选,并非是普通的典型案例,而是带有非常浓厚的疑难色彩。[4]这就意味着其裁判结论的形成特别需要法律规则之外的多种补充性法律渊源。这里需要对法律原则的法理地位进行说明。虽然部分法典也以条文的形式写入了法律原则,但是,与法律规则较为简单的适用方式不同,法律原则的适用需要具备多种条件,比较适合于带有疑难色彩的案件,相应地也适合于定位于疑难案件的指导性案例。更重要的是,指导性案例所使用的法律原则并非完全被法典所直接规定,例如后文将要在行政指导性案例中分析的正当程序原则,更多的是一种理论界和实务界公认的通说(理论学说),应当属于法理的范围。(3)符合通过案例方式呈现法理的特点。“对判例的研习是判例法国家学习法律知识和法理思想的主要途径，在我国也同样是发现或凝练法理的重要途径，我们常常借助判例阐释‘法理’、讲解法理学知识。”[5]但是，案例的发生并不以当事人的意志为转移，具有明显的分散性、碎片化的特征，这也决定了通过案例呈现的法理并非系统和全面的，多是管中窥豹。指导性案例也是个案，而且现在数量并不十分充足，适用于其中的法理也有待扩张。目前，需要先对指导性案例中的法理进行广泛梳理，才能够为后续的总结和概括提供丰富的素材。

简言之，法理在司法过程中主要以补充性法源的方式发挥作用，结合指导性案例的特点，基本范围包括法律原则、政策和理论学说等。基于此种界定，我们可以对已经发布的指导性案例进行综合考察，发现并总结其中运用法理的共性因素，作为进一步完善案例指导制度的重要参考。由于不能对每个指导性案例进行具体的分析和考察，这里对现有全部指导性案例的正式文本进行梳理之后，通过列表的方式来说明表现于众多个案的共性法理因素，见表1。

表1　主要部门法指导性案例体现的本部门法内部的共性法理因素

部门法领域	共性法理因素	对应的指导性案例编号
刑事领域	重视刑事政策	4号、12号（都体现宽严相济的刑事政策）
民事领域	推崇诚信原则	1号、2号、30号、45号、49号、64号、95号等（都在裁判要点或者裁判理由部分专门提及诚信原则，将该原则作为形成最终判决的论证理由）
商事领域	保护弱势群体的政策	17号、23号（倾向于保护消费者）；18号、40号、94号（倾向于保护劳动者）
行政领域	突显正当程序原则	26号（强调程序及时）； 41号（强调程序形式完备）；6号、38号、39号、69号、88号（强调保护相对人的被告知和申辩的程序权利）

从表1中可以看到，指导性案例中运用法理尤其是一些比较基础性的法理的情况还是非常普遍的。例如，面对着死刑立即执行与死刑缓期执行之间的艰难选择，最高人民法院通过高度相似的指导性案例4号和12号展示了如何运用宽严相济的刑事政策来解决上述难题。[6]法理在指导性案例中更为普遍的运用体现在民事指导性案例中的诚信原则上。虽然每个民事

指导性案例都是以特定的法律规则作为最终裁判依据,但是,将诚信原则加入裁判理由进行充分论证,能够使最终判决结论被接受的程度更高。在备受关注的案例指导开篇之作——指导性案例1号中,法官正是基于诚信原则对购房中饱受争议的跳单问题进行了细致分析。[7] 指导性案例2号虽然主要涉及民事诉讼程序,但是同样体现了诚信原则(具体表现为违反了禁止反言的规则),[8] 这一点也得到了最高人民法院的充分肯定。[9] 其他相关指导性案例对待诚信原则的方式也比较类似。指导性案例中高频出现将诚信原则作为论证理由,也是指导性案例的前身——公报案例的特点之一。1985年至2007年,《最高人民法院公报》中直接涉及诚信原则的案件有53起,其中诚信原则与其他法律规范共同作为裁判理由或者依据的案件有42起。[10] 虽然诚信原则并没有在某个指导性案例中单独作为裁判依据,但是,在总共31个民事指导性案例(不含知识产权案件)中,就有6个案例引述了诚信原则,这一比例已经说明了该法理的重要地位和作用。

与前述刑事政策和诚信原则不同,行政指导性案例中出现正当程序原则有着特殊的制度背景。我国尚未有完整系统的《行政程序法》法典,而现实中又普遍存在行政行为在程序上违法的情况,二者的反差给审理行政诉讼案件的法官带来了不少困难,这些法官经常缺少明确直接、可供参考的细致规则。而很多行政指导性案例能够提供体现正当程序原则的裁判规范,为解决类似的疑难案件提供了重要帮助。例如,2017年11月底发布的指导性案例88号强调,行政机关在作出行政许可时应当告知相对人相应的行政许可期限,否则行政机关就不能以届满为由终止行政许可权益,这属于行政程序违法。对于行政许可应当告知而未告知期限,以及由此产生的后果如何判定,《行政许可法》及相关司法解释的规定并不明确,尤其是涉及一些行政许可有可能影响公众利益的情况。指导性案例88号对此进行了比较细致的规定,既强调了着重保护行政相对人的程序权利,同时又兼顾了公众利益的诉求。如果说诚信原则在民事指导性案例中的普遍存在是作为附带性论证理由的话,那么,对于专门程序法典缺位的行政指导性案例来说,正当程序原则才是最终决定裁判结果走向的隐性因素。当然,正当程序原则在特定案件中也会直接表现,比较典型的是指导性案例38号。该案为曾经引起广泛社会关注的“田永诉北京科技大学案”,曾经在《最高人民法院公报》1999年第4期上发布。该案的判决书及在公报上发布的案件介绍和裁判理由,都强调了行政相对人应当被告知相应的情况,但是没有直接出现“正当程序”的表述。而将该案重新整理并发布为指导性案例时,正式文本中专门出现了“从正当程序原则出发”这一表述,由此可见对该原则的重视程度。

特别需要说明的是,以上对法律原则和政策的法理分析,都是能够直接从指导性案例的正式文本中发现的,而另一种重要的法理——理论学说,是以隐性的方式影响着相关裁判结果。由于理论学说只是一种补充性法源,难以直接进入裁判文书并得以体现,而指导性案例的正式文本也是以生效判决文书为基础进行编纂加工而成,同样也很难明文体现理论学说。最高人民法院案例指导工作办公室在其对各个指导性案例的解读中,比较直接地揭示了相关理论学说对审判结果的影响。例如,针对如何理解“利用职务上的便利”存在多种学说观点,指导性案例8号选择其中之一。[11]类似的情况发生在指导性案例27号中,涉及的问题是区分盗窃与诈骗的刑法理论。[12]指导性案例21号针对缴纳防空地下室易地建设费问题,实质上体现了“任何人不能从自己的错误或者违法行为中获益”的法理。[13]指导性案例24号则针对交通事故侵权责任的范围问题,认为无过错受害人的特殊体质不能成为减轻侵权人责任范围的法定理由。该案例实质上体现了侵权责任法中的“蛋壳脑袋理论”。[14]指导性案例56号则在裁判要点中集中体现了学理上的“管辖恒定原则”。[15]以上理论学说虽然并未成为形成裁判结果的直接依据,但是仍然在背后发挥着重要影响,这种影响在很大程度上也成为这些案件最终被最高人民法院遴选为指导性案例的原因。

除了以上由多个指导性案例共同指向的法理之外,还有一些个别指导性案例以比较“零散”的方式体现着法律原则等法理的应用,例如,指导性案例89号针对姓名权的限制问题体现了“公序良俗原则”。[16]《最高人民法院关于加强和规范裁判文书释法说理的指导意见》第13条专门规定:“除依据法律法规、司法解释的规定外,法官可以运用下列论据论证裁判理由,以提高裁判结论的正当性和可接受性:……法理及通行学术观点……”这一要求已经在指导性案例的正式文本(主要是裁判理由部分)中得到了充分展现。

当然,由于目前指导性案例在数量上仍然不够充足,从中概括出所有法理的应用还存在一定困难。但是,从上述综合表现和零星表现两个方面可以看到,法理在指导性案例中还是能够得到普遍适用的。由此也可以预见,随着指导性案例在数量上的不断增加,我们会在其中看到越来越丰富的法理及其具体适用。

二、指导性案例强调法理的多重原因

作为补充性法源和裁判论证理由,包括政策、原则和学说在内的法理,广泛存在于指导性案例之中。从词源的角度来说,“法理”一词本身就包含判例的意思。《布莱克法律词典》对法理(jurisprudence)一词的释义包含了七个方面,其中第四个方面的含义是“进行整体考虑的司法先例”(Judicial precedents considered collectively),第七个方面的含义是“判例法”(case law)。[17]将先例视为“法理”并作为判决理由进行援引和适用,本身就是遵循先例的实践结果。就比较的视角而言,指导性案例正是中国的“判例法”,自然也会包含丰富的法理实践运用。当然,要全面分析法理在指导性案例中被广泛运用的多重原因,还需结合我国司法实践的特殊性以及指导性案例自身的定位和特点,才能进行具体深入的分析。

首先,每个指导性案例都带有一定的疑难色彩,需要结合法理进行综合分析才能够形成有说服力的裁判结论。《最高人民法院关于案例指导工作的规定》第2条确定了几种指导性案例的类型,但是,就满足日常审判工作的实际需要而言,法官并不太关注社会热点案件或者典型案件,而是更关注法律规定过于原则的案件或者新型疑难案件。如果将指导性案例定位于社会热点案件或者典型案件,那么,法官就难以从中获得具有指导意义的裁判要点或者启示,最终会影响案例指导制度的实际效果。因此,任何指导性案例都应当具有一定的疑难色彩,可以使法官在面对疑难案件时获得比较一致的裁判依据,进而保证法律的统一适用。从法律适用的规律和顺序来看,法律规则具有明确直接和操作性较强的优势,但是,覆盖面较小和滞后性也是其内在的根本缺陷。疑难案件正是出现在法律规则难以准确适用的场合,例如规则过于模糊、概括,或者相互之间出现冲突矛盾,或者出现漏洞空白等。这些催生疑难案件的原因,同时也是法官需要适用法理作为补充性法源的原因。法官需要寻求直接法律规则之外的原则、政策、学说来形成判决结果,通过指导性案例对相关法理的揭示,就能够达到这一效果。而要完成这一任务,指导性案例也相应地需要援引多种法理,围绕法律规则进行创造性的发挥,这种造法型指导性案例应当成为指导性案例的主流类型,除此之外,还有释法型指导性案例。[18]从法律方法论的角度来说,疑难案件的存在凸显了各种法律方法运用的必要性,其中漏洞补充方法正是对应于造法型指导性案例,而细化明确法律规则的模糊含义,则主要对应于释法型指导性案例,具体通过法律解释方法来实现。

例如,指导性案例6号对于《行政处罚法》第42条中“等”字所包含的内容进行了补充,将“没收较大数额的财产”也纳入应当告知行政相对人听证权利的处罚事项之中。这种创造性的论述解决了相关审判业务中经常遇到的难题,有效保护了行政相对人通过听证进行申辩的权利,其背后体现的法理正是“正当程序原则”。再如,指导性案例20号并没有明确的法律规则规制案件中的核心问题,最高人民法院通过漏洞补充的方式解决了该案件,其中重要的论证理由就是专利法中“以公开换保护”的基本原则。[19]前述表1中列举的很多指导性案例,也大多体现了通过法理对法律规则进行细化、明确、补充甚至是创造。[20]可以说,指导性案例就应当定位于疑难案件,而且这种定位特别能够凸显其中法理所发挥的重要作用。

其次,聚焦个案的法理能够为指导性案例提供细致的论证理由。由于没有直接的规范表述形式,法理一直就有灵活性较强的特点,其内涵和外延也带有相当的不确定色彩。例如法律原则:一方面,法律原则指向高度不特定的行为与事实,因而具有极宽的涵摄面和极高的包容性,能够有效地填充隐藏于规则体系中的漏洞和缝隙,可以作为解释法律、变更法律、论证法律中的特殊例外情况、制定新法以及在个案中采取特定行动的基础;另一方面,法律原则在法律漏洞处的“规范指引力”,却是以规范构造上的不确定内容为条件的,法律原则自身的不确定性以及相互间的冲突和竞争还表明,在个案裁判中,准用法律原则本身也是需要被发现的对象。这就意味着,原则所能提供的个案指引是有限的,基于原则的裁判,无法免除不确定性和可争议性，而裁判者亦须面临系数更高的裁判风险，承担难度更高的论证义务。[21]在审判活动中，法官对于笼统意义上的法理已经有所了解和认知，但是，对于如何具体利用这些法理来解决司法中的各类案件尤其是疑难案件，仍然缺乏有效明确的指引。虽然指导性案例和司法解释都能够提供一些启发和思路，但是，后者直接提供高度概括的抽象规则，其准立法的性质仍然难以具体展示法理的实践应用。而通过对案件的事实及其法律适用进行细致分析，则是指导性案例所特有的功能和价值。法官借助于这种生动、活泼、直观的方式研习法理的具体应用。虽然在绝对意义上并不存在完全相同的案件，但是，在充分研习了指导性案例中具体展现的法理之后，法官可以在将来审理类似案件时更加准确地适用法理。每个指导性案例都是单独存在的案件，只能展示或者解释特定法理的一个方面，如诚信原则包含极其丰富的内容，在体系庞大的民事实体法和程序法中都有所体现，由此有学者建议，应当对其进行类型化处理，以便于司法实践采用。[22]而指导性案例则能够聚焦于特定法理的具体内容，并在裁判理由部分对其进行全面阐释和论证。从这个意义上说，指导性案例中的法理并非是求全责备，而是有的放矢，追求具体的深刻而放弃宏观上的泛泛而谈。这一特点也是目前审判实务工作所需要的。就法律方法论的角度而言，指导性案例中的法理发挥着将法律规范精细化的功能。即使是面对新类型的案件，指导性案例也能够利用法理进行充分说理论证。

例如，在市场经济日趋复杂的环境下，如何准确界定新类型不正当竞争行为，是对司法者的巨大挑战。在指导性案例 30 号中，主审法官在裁判理由中强调，即使是跨行业的间接竞争关系，也应当遵守诚信原则，进而形成了判决结果。[23]与之类似，指导性案例 29 号针对的是网络时代的新类型不正当竞争，被告通过误导网民的数据流向而获利。虽然该案的裁判理由中并没有直接出现诚信原则，但是，最高人民法院对此案的解读认为："该指导案例旨在明确具有商号作用的企业名称的简称，可以作为企业名称保护……有利于更好地保护企业的名称权，依法制止利用他人的知名度和商誉的不正当竞争行为，从而维护诚实守信、公平竞争的市场秩序。"[24]指导性案例 29 号是以隐性的方式适用了诚信原则，也属于指导性案例中法理的具体体现。在2018年6月发布的第十八批指导性案例中,指导性案例95号也是在《物权法》及相关法律法规对焦点问题均没有明确规定的情况下,基于尊重当事人意思自治原则和诚信原则,对其裁判理由进行的阐释。[25]指导性案例96号则是借助了公司自治原则。[26]在以指导性案例为代表的疑难案件中,具体法律规则往往出现含义上的模糊或冲突,法官要准确证立其裁判结论,就需要相应的论证理由。无论具体表现为法律原则、政策还是理论学说,法理都具有相当的权威性和说服力,能够成为对疑难案件裁判结论进行证立的论证理由。从法律方法论的角度来说,裁判结果的可接受性是法官进行论证说理的终极指向,取决于各种论证理由的权威性及其相互融贯的关系。在指导性案例中,作为直接裁判依据的法律规则大都存在特定缺陷,以法理为代表的其他权威性论证理由则能发挥重要的证立作用和功能,这也是最高人民法院在遴选指导性案例时所特别重视的内容。

再次,指导性案例从司法实践中遴选而来,能够体现具有中国特色的“法理”。虽然案例指导制度借鉴于两大法系的判例制度或者先例制度,而且相关的理论资源也吸收了不少国外研究成果,但是,具体指导性案例的产生不会为此种制度或者理论上的“移植”所左右。根据《最高人民法院关于案例指导工作的规定》及其实施细则,每一个指导性案例都是从已经生效的案件中遴选出来的,并非预先设计或者确定,并不像英美法系那样已经预设了特定案件就是先例。因此,指导性案例最初都是普通案件,属于“自发秩序”,能够体现中国司法实践的特色,其处理方式和结果自然也包含“中国”的法理。换言之,虽然一些带有共性的法理能够得到普遍适用,但是,也必须结合中国本土发生的具体案件才能得到展示和研判。例如,任何时代都会有自己特殊的刑事政策,这些刑事政策必须依据当时的社会条件和形势才能够确定,这一点是无法直接从国外相关理论中获取现成答案的。“一项有价值的裁判往往在其背后隐含着经过政策权衡、道德考量等因素博弈后产生的裁判尺度把握,而对后案法官具有潜在的指导意义。基于司法理念与司法政策的重要性,最高人民法院公布的指导性案例中不但会有具体裁判规则,也可能透露出最高人民法院在各个审判领域对司法政策的把握。”[27]

在指导性案例4号和12号中,都有"化解社会矛盾""促进和谐"等表述,这些正是宽严相济的刑事政策在死刑案件中的具体运用。其中涉及的多种从重或者从轻的量刑情节,也都必须结合中国当下特定的社会形势进行综合评判,进而形成兼具法律效果和社会效果的裁判结论。再如,指导性案例89号所体现的公序良俗原则,在任何国家都有所体现,但是,每个社会也都有自身比较独特的风俗习惯。中华传统文化比较重视姓氏的传承,正如该案裁判理由中论及"体现着血缘传承、伦理秩序和文化传统",这些都属于我国当下社会中公序良俗的基础要义。当然,该案的背后体现了私法自治理念和社会秩序之间的价值冲突。"私法自治不应被曲解成超越国家法律影响的领域之外的私人自主决策,而应理解成受国家法律法规约束并由国家予以保障的私权自由。……公序良俗原则并非简单地对私法自治的限制,而是基于正义的制衡。"[28]在"仅凭个人喜好"和"社会管理""善良风俗和一般道德要求""社会公德""社会公共利益"之间,后者所代表的倾向属于"更强的论证理由"。裁判姓名权纠纷,必须综合考虑冲突之间的利益关系,必须重视自治权利的不当行使可能带来的扩散效应及其对社会秩序的消极影响。各国对姓名的重视方式是不同的。在有些国家,长辈和晚辈之间可以互用姓名,只存在很小的区别。而在中国,每个人的姓名字数较短,出于对祖先和长辈的尊重,姓氏一般随父姓或者母姓,且不应在"名字"中与长辈重复,很多家族利用族谱中事先确定的辈分来进行以上区别。从中可以看到,姓名中的公序良俗包含着中华文化自身的独特之处。英美法系中的普通法运行历史相当久远,很多判例甚至仍然"在坟墓中统治着我们"。[29]与之相比,指导性案例的出现时间不长,与普通案件同属于当下社会环境之中,更容易获得多数普通法官的共鸣。因此,指导性案例中所包含的法理并非理论上的抽象引介,而是源于本土司法实践的"中国法理",应当引起实务工作者的充分重视。

最后,积极引入法理作为说理论证的有效资源和依据,也是两大法系判例制度共有的实践经验。无论是先例还是判例,都与指导性案例在基本定位上一致,都是带有不同程度疑难色彩的案件。有学者甚至认为,指导性案例就相当于中国的普通法。[30]相应地,先例或者判例也需要寻求特定法理来确定裁判结果。在自由裁量权较大的英美法系中,政策、原则、学说等法理一直是形成先例的最重要因素之一,也是待决案件的法官最为重视的因素。霍姆斯大法官就认为,司法意见汇编(reported judicial opinion)的用语中所包含的相对具体的法律原则是法官如何判决案件、律师如何辩论的主要决定因素。[31]例如,帕尔默案件的最终裁判结果,正是遵循了"任何人都不能从他的不当行为中获利"的普通法原则。[32]在大陆法系中,虽然法官的自由裁量权较小,但是,被承认的判例援引法理的情况也是非常普遍的。例如,德国的判例就积极吸收法学家的观点,很多法学家的著作都能够直接写入裁判文书之中作为佐证资料;反过来,也正是借助于判例的影响力,诸如缔约过失和形成权理论等法学理论学说也获得了普遍的认知和肯定。[33]有学者比较了英、美、法、德四国法院裁判的特点后指出,就每份裁判文书引注学术作品等"次级(法律)渊源"(secondary authority)的数量而言,德国的判决书居于领先地位。[34]日本最高司法机关的法官也经常吸收法学家的理论成果确定裁判结论,无论是民事案件还是刑事案件都有着广泛的例证。[35]简言之,判例制度中有很多吸收"法理"的实践,也形成了丰富的经验。从以上两大法系判例制度的共同实践经验中可以看到,在判例中诉诸法理是非常普遍甚至是不可或缺的做法,这一点也应当为指导性案例所重点借鉴。充分吸收法理不仅能够保证指导性案例最终裁判结果的合法性与合理性,更重要的是能够全面展示各种裁判理由的论证过程,真正做到充分的说理论证,实现判决最大限度地可接受性。

三、指导性案例中法理实践效果的提升措施

从历史、现实和自身定位来看,指导性案例有着多种重视法理的理由,而且经过分析也能够发现其中法理的普遍存在。但是,指导性案例的正式文本中并没有专门强调法理的运用,大多数情况是一带而过或者语焉不详。即使有法官关注指导性案例,也是将目光更多地聚焦于裁判要点,隐含在裁判理由之中的法理并没有得到充分重视。从案例指导制度的长期效果来看,法官研习指导性案例中的法理,能够提升对法律规则及其实践运用的理解能力,提高自身的审判业务素质。虽然这种效果并非立竿见影,却是案例

指导制度区别于司法解释的重要方面。无论是为了维持案例指导制度的长期运行，还是为了提升法官的业务能力，我们都需要进一步提升指导性案例中法理的实践效果。基于涉及主体的不同，相应的提升措施可以从以下几个方面展开。

(一)最高人民法院层面

与普通法的运行不同，案例指导制度是由最高人民法院垄断了指导性案例的遴选和发布的权力，这虽然带有明显的行政化色彩，却是目前最为合理的选择。最高人民法院也由此承担了构建案例指导制度的主要责任，当然也包括提升指导性案例中法理的实践效果。结合案例指导制度的运行实践，最高人民法院在这个方面的努力可以从两个方面进行。

一方面，最高人民法院应当采取措施大幅度提升指导性案例的数量。在案例指导制度运行的七年多时间内，最高人民法院仅仅发布了十八批 96 个指导性案例。相比于转型时期司法所面对的复杂案件来说，指导性案例的数量仍然是偏少的。指导性案例的数量越多，能够容纳和展现的法理也就越多、越丰富。所有部门法都包含自身特定的法理，也都需要通过指导性案例来得到具体的阐释和说明。没有数量上的大幅度提升，指导性案例中的法理及其论述无法积累有效经验，也无法提高指导性案例的质量。因此，最高人民法院应当致力于通过各种途径增加指导性案例的数量。例如，加大对推荐指导性案例的奖惩力度，强化高级人民法院在推荐指导性案例方面的中心作用。再如，根据《最高人民法院关于案例指导工作的规定》第 9 条，对于以往已经发布的公报案例，最高人民法院可以在重新整理和编辑之后作为指导性案例发布。第八批和第九批指导性案例正是遵循这一规定的结果。这是一条效率较高且能够保证质量的途径。此外，在刑事指导性案例的遴选和发布方面，最高人民法院完全可以和最高人民检察院通力合作，通过联合发布的方式大大提高指导性案例的数量。[36]

另一方面，最高人民法院应当在裁判理由部分凸显法理的地位和作用。在指导性案例的正式文本体例中，简短明确的裁判要点无法充分展现法理的运用。最高人民法院应当在编纂裁判理由时特别注意围绕法理展开详细论述和阐释。从指导性案例不同批次的发展来看,最高人民法院在这个方面已经有所进步。从最初几批指导性案例中对相关法理的蜻蜓点水,到后续几批指导性案例中略有分析,在论述的篇幅和详细程度上已经明显开始改进。比较典型的是指导性案例61号(马乐案)中裁判理由的论述,以明文分段的方式从"刑法的立法目的""法条的文义""援引法定刑立法技术"等方面证成了相应结论。详细的裁判理由能够带来更强的说服力,也能够为后案法官带来重要启示。从比较的视野来看,美国联邦最高法院的很多判决也直接援引了各种法理。例如,布兰代斯辩论法开启了社会学统计数字进入联邦法院案件的先河。[37]布朗案的判决书更是直接引用了社会心理学的研究成果来佐证教育领域中的种族隔离对黑人儿童造成的不利影响。[38]这些以理论学说的形式表现的法理,都能够直接在判决书中作为论证理由。最高人民法院也应当积极借鉴这种风格和方式,以凸显法理的地位和作用。

(二)地方各级法院层面

在案例指导制度的整体设计中,地方各级法院仅具有通过层报的方式向最高人民法院推荐指导性案例的权力,虽然《最高人民法院关于案例指导工作的规定》及其实施细则都对推荐指导性案例规定了一些奖励措施,但是,这些规定总体上过于模糊和概括,影响了地方各级法院推荐指导性案例的积极性。而且,指导性案例在数量上偏少,遴选成功率过低,也影响地方各级法院推荐指导性案例的积极性,甚至有些高级人民法院采取了定期摊派的方式,强制其辖区内的中级法院和基层法院报送备选指导性案例。同时,地方各级法院还面临案多人少的激烈矛盾,无暇推荐。即使在审结的案件中存在利用法理的情况,以上诸多不利因素都影响着此类案件的推荐,最终影响了法理在指导性案例中的体现。

要全面应对以上的各种不利因素,单独依靠案例指导制度自身是比较困难的,需要一些其他相关制度的改革和配合。在现有的制度框架内,高级人民法院应当承担更多的责任,采取相应措施。例如,高级人民法院可以在本辖区内针对推荐指导性案例设定更加明确的奖励措施,收集更多包含法理运用的案件向最高人民法院进行推荐。更重要的是,高级人民法院可以出台相应规定，针对有推荐潜力的指导性案例进行“提前培育”，在案件审理过程中进行细致分析，并形成详细阐释法理的裁判文书。这样可以有效提升备选指导性案例的遴选成功率。上海、天津、广东等地的高级人民法院已经开始了此方面的探索，[39]取得了不错的成果，值得其他省市高级人民法院借鉴。

除了制定适用于本辖区内的相关规定之外，高级人民法院还可以在审判实践中强调指导性案例及其法理的作用。案例指导制度的现有规定中并没有明确，应当援引而未援引指导性案例能否成为上诉或者申诉的法定理由。即便如此，高级人民法院在处理二审或者再审案件时，完全可以基于指导性案例及其法理作出改判或者发回重审的裁定。“上级法院要切实履行监督指导职能，督导下级法院在审判工作中参照指导性案例，不断统一裁判尺度，公正高效地审理相关案件，实现审理案件法律效果和社会效果的有机统一。”[40]如果高级人民法院能够做到这一点，中级法院和基层法院就更有动力去推动法官研习指导性案例及其法理。再结合其他方式（如专题培训、定期研讨等），指导性案例及其法理就能够在司法实践中得到更加突出和张扬，也能够发挥更好的积极效果。

（三）法官个人层面

法官个人将指导性案例中的法理运用到相应的具体案件中，是能够真正体现指导性案例及其法理实践效果的“润物无声”的方式。其重要的前提条件之一就是法官个人积极地研习指导性案例，尤其是对其中包含的法理有着充分而全面的认知。结合指导性案例的体例结构，法官不仅要关注裁判要点，更要全面掌握裁判理由部分对相关法理的丰富论证，否则容易陷入“只见树木不见森林”的片面认识，也不利于形成对指导性案例中法理的全面分析。结合各级法院组织的专题讲座或者培训，有助于帮助法官具备上述前提条件。

此外，由于任何一个指导性案例都只能揭示出特定法理的某个方面，法官就不能仅仅满足于对这一方面的了解，而应当对该法理的其他方面也有所涉猎。例如，作为民事法律中的帝王条款，诚信原则包含非常丰富的内容,在不同的民法分支学科中也有着不同的具体表现。要真正在审判实践活动中有效运用诚信原则,法官就应当以指导性案例中涉及的内容为契机和起点,加强对其他扩展领域和内容的学习。再如,正当程序原则在行政诉讼中发挥着重要作用,在没有完整的行政程序法典的背景下,通过指导性案例来掌握该原则的主要内容,对于处理行政诉讼疑难案件的法官来说,就显得尤为迫切和必要。在员额制已经普遍推行的背景下,人数上的减少意味着法官有着更大的司法责任,充分利用各种法律渊源来形成高质量的判决,已经成为法官的内在需求,而蕴含丰富法理的指导性案例就是最重要的非正式法源之一。即使在法律规则存在问题时,也能够依据法理作出准确判决,这是员额制对法官提出的能力上的要求。对指导性案例及其法理保持高度的关注并长期进行扩展学习和探讨,应当成为法官个人在提升审判业务能力方面的常态。

在全面掌握了指导性案例中的法理的基础上,法官更应当主动将这些法理运用到类似案件的审理之中。案例指导制度对如何准确判断案件之间的相似性,并没有给出特别精细的规定,这给很多法官适用指导性案例及其法理带来了一定困难。一些法官采取了"隐形适用"的方式,对当事人提出的参照请求不予回应,却在最终裁判结果中保持与指导性案例的一致。这种隐形适用的方式在一定程度上避免了直接论述参照指导性案例所带来的风险,但无法凸显指导性案例及其法理的作用,从长期来看并不利于案例指导制度的有效运行。要在类似案件中细致论证裁判理由,以显性的方式引入法理分析是必要的。在指导性案例已经越来越多地被裁判文书援引的背景下,法官应当解除对引用不当的担心,突破隐形适用的樊篱。

在个人层面上的改进是基础条件,现有的一些司法改革制度创新也能够配合法官将指导性案例中的法理引入到裁判过程之中,比较典型的是案件繁简分流和类案检索机制。就前者而言,分流之后处理简单案件所节省下来的时间,就能够使法官在疑难复杂案件的处理过程中展开充分论述。而指导性案例正是带有疑难色彩的案件,其中包含的法理因素也正好能够在此时发挥重要作用。此外,《最高人民法院司法责任制实施意见(试行)》创设的类案检索机制要求法官在审理案件时通过检索各种案件数据库形成报告，尽量与其他类似或者关联案件保持裁判结果上的一致，以保证同案同判的落实。在法官检索的数据库中，指导性案例是其中效力最高的。只要类案或者关联案件的检索结果中出现了指导性案例，法官就有责任尽量参照指导性案例及其法理形成判决结论，否则也要向审委会等作出特别说明。

结语：指导性案例彰显法理实效

从整体上来说，包括原则、政策、学说等在内的法理，广泛存在于每一个案件之中，只是在出现疑难的场合才凸显其作用。“两高”的司法解释实质上也是运用法理解决疑难问题的对策之一，我们在其正文中也经常可以看到“法理”的表述。[41]由于司法解释的准立法性质存在着不少问题，已经有不少观点强调对其进行改造，如“批复”就可以被指导性案例所取代。[42]而案例指导制度则是以生动活泼的案例方式直接展现法理的运用方式。以往的公报案例具有事实上的约束力，其中包含的法理对审判类似案件有着重要指引作用；现在的指导性案例更是具有直接的正式效力，将法理以往隐藏的作用予以明确彰显。虽然指导性案例中所蕴含的法理并非解决各种疑难案件的唯一答案，其中法理的运用水平也有待提高，但是，这毕竟是一种具有重要参考价值的制度实践。在更深的司法理念层面上，我们逐渐破除了对制定法的迷信，吸收了判例法的精华，创制了案例指导制度，并且借助于该制度引入了诸多法理作为裁判论证的理由和资料。这种制度实践不仅顺应了世界上两大法系相互借鉴融合的趋势，更可以利用本土案例资源提升中国司法的研究水平和实践质量，其中体现的包容性、本土性和实践面向，都是非常值得肯定的。随着指导性案例的数量和影响力的逐渐提升，其中运用法理的情况也会越来越丰富和全面，积极挖掘适合中国司法实践的因素，不仅是法理研究中需要关注的问题，也是实务工作者做好本职工作的必要内容。

注 释

* 孙光宁,山东大学(威海)法学院副教授、博士生导师。本文系国家社会科学基金一般项目“案例指导制度的实践经验与发展完善研究”(18BFX056)的阶段性成果。本文受益于山东大学(威海)“青年学者未来计划”和“法理研究行动计划”系列活动的研讨,特此致谢。本文原载《法制与社会发展》2019 年第 1 期。

〔1〕 参见郭叶、孙妹:《指导性案例应用大数据分析——最高人民法院指导性案例司法应用年度报告(2016)》,载《中国应用法学》2017 年第 4 期。

〔2〕 张文显:《法理:法理学的中心主题和法学的共同关注》,载《清华法学》2017 年第 4 期。

〔3〕 参见张文显主编:《法理学》(第 3 版),高等教育出版社 2007 年版,第 92 ~ 94 页。

〔4〕 参见孙光宁:《法律解释方法在指导性案例中的运用及其完善》,载《中国法学》2018 年第 1 期。

〔5〕 丰霏:《如何发现法理?》,载《法制与社会发展》2018 年第 2 期。

〔6〕 参见孙光宁:《“两高”指导性案例的差异倾向及其原因——基于裁判结果变动的分析》,载《东方法学》2015 年第 2 期。

〔7〕 指导性案例 1 号的裁判理由认为:“同一房源信息经多个中介公司发布,买方通过上述正当途径获取该房源信息的,有权在多个中介公司中选择报价低、服务好的中介公司促成交易,此行为不属于‘跳单’违约。从而既保护中介公司合法权益,促进中介服务市场健康发展,维护市场交易诚信,又促进房屋买卖中介公司之间公平竞争,提高服务质量,保护消费者的合法权益。”

〔8〕 指导性案例 2 号的裁判理由明确:“未按和解协议履行还款义务,违背了双方约定和诚实信用原则。”

〔9〕 对于指导性案例 2 号,最高人民法院案例指导办公室认为:“该指导案例的发布,有利于依法维护当事人合法权益,维护人民法院生效裁判的权威,同时,向当事人和社会宣传了合约应当自觉遵守和忠实履行的重要意义,有利于倡导自觉守法、诚实信用的良好社会风尚。”最高人民法院案例指导工作办公室:《指导案例 2 号〈吴梅诉四川省眉山西城纸业有限公司买卖合同纠纷案〉的理解与参照》,载《人民司法》2012 年第 7 期。

〔10〕 参见骆意:《论诚实信用原则在我国民事司法裁判中的适用——基于对〈最高人民法院公报〉中 53 个案例的实证分析》,载《法律适用》2009 年第 11 期。

〔11〕 参见最高人民法院案例指导工作办公室:《指导案例 11 号〈杨延虎等贪污案〉的理解与参照——贪污罪中的“利用职务上的便利”和“公共财物的认定”》,载胡云腾主编:《中

国案例指导》(总第1辑),法律出版社2015年版,第184页。

〔12〕 参见最高人民法院案例指导工作办公室:《指导案例27号〈臧进泉等盗窃、诈骗案〉的理解与参照——利用信息网络进行盗窃与诈骗的区分》,载颜茂昆主编:《中国案例指导》(总第2辑),法律出版社2015年版,第246~247页。

〔13〕 该案的裁判理由部分论及:"免缴防空地下室易地建设费有关规定适用的对象不应包括违法建设行为,否则就会造成违法成本小于守法成本的情形,违反立法目的,不利于维护国防安全和人民群众的根本利益。"最高人民法院案例指导工作办公室:《〈内蒙古秋实房地产开发有限责任公司诉呼和浩特市人民防空办公室人防行政征收案〉的理解与参照》,载《人民司法》2014年第6期。

〔14〕 需要指出的是,由于指导性案例24号限定于交通事故,且受害人须无过错,因此,其对"蛋壳脑袋理论"的体现并非完全充分。更重要的是,最高人民法院意欲将该案作为人身损害赔偿领域的一般规则,仍然显得比较草率和机械。参见孙鹏:《"蛋壳脑袋"规则之反思与解构》,载《中国法学》2017年第1期。

〔15〕 参见最高人民法院案例指导工作办公室:《指导案例56号〈韩凤彬诉内蒙古九郡药业有限责任公司等产品责任纠纷管辖权异议案〉的理解与参照——发回重审时提管辖异议的不予审查》,载颜茂昆主编:《中国案例指导》(总第4辑),法律出版社2016年版,第61页。

〔16〕 该案的裁判要点强调:"仅凭个人喜好和愿望在父姓、母姓之外选取其他姓氏或者创设新的姓氏,不属于《全国人民代表大会常务委员会关于〈中华人民共和国民法通则〉第九十九条第一款、〈中华人民共和国婚姻法〉第二十二条的解释》第二款第三项规定的'有不违反公序良俗的其他正当理由'。"裁判理由部分也明确:"如果任由公民仅凭个人意愿喜好,随意选取姓氏甚至自创姓氏,则会造成对文化传统和伦理观念的冲击,违背社会善良风俗和一般道德要求。"

〔17〕 See Bryan A Garner (eds.), *Black's Law Dictionary*, 8th Edition, Thomson West Press, 2004, p. 2499.

〔18〕 参见资琳:《指导性案例同质化处理的困境及突破》,载《法学》2017年第1期。

〔19〕 参见孙光宁:《漏洞补充的实践运作及其限度——以指导性案例20号为分析对象》,载《社会科学》2017年第1期。

〔20〕 更多关于指导性案例的相关分析,参见曹志勋:《论指导性案例的"参照"效力及其裁判技术——基于对已公布的42个民事指导性案例的实质分析》,载《比较法研究》2016年第6期。

〔21〕 参见陈林林:《基于法律原则的裁判》,载《法学研究》2006年第3期。

〔22〕 参见李勰:《再论诚实信用原则的类型化——以传统抽象概念思维为参照》,载《西南政法大学学报》2013 年第 5 期。

〔23〕 该案的裁判理由认为:"市场竞争中的经营者,应当遵循诚实信用原则,遵守公认的商业道德,尊重他人的市场劳动成果,登记企业名称时,理应负有对同行业在先字号予以避让的义务。"

〔24〕 最高人民法院案例指导工作办公室:《〈天津中国青年旅行社诉天津国青国际旅行社擅自使用他人企业名称纠纷案〉的理解与参照——有商号作用的企业名称简称应视为企业名称》,载《人民司法》2015 年第 12 期。

〔25〕 指导性案例 95 号的裁判理由部分明确:"是否需要对前述最高额抵押权办理相应的变更登记手续,《物权法》没有明确规定,应当结合最高额抵押权的特点及相关法律规定来判定……最高额抵押权设立时所担保的具体债权一般尚未确定,基于尊重当事人意思自治原则……现凯盛公司上诉认为该《补充协议》约定事项必须办理最高额抵押权变更登记才能设立抵押权,不仅缺乏法律依据,也有悖诚实信用原则。"

〔26〕 指导性案例 96 号的裁判理由部分明确:"作出'人走股留'的规定,符合有限责任公司封闭性和人合性的特点,亦系公司自治原则的体现,不违反公司法的禁止性规定。"

〔27〕 徐清霜、石磊:《向指导性案例学什么》,载颜茂昆主编:《中国案例指导》(第 5 辑),法律出版社 2017 年版,第 309 页。

〔28〕 李双元、杨德群:《论公序良俗原则的司法适用》,载《法商研究》2014 年第 3 期。

〔29〕 [英]梅特兰:《普通法的诉讼形式》,王云霞、马海峰、彭蕾译,商务印书馆 2009 年版,第 34 页。

〔30〕 See Mark Jia, "Chinese Common Law? Guiding Cases and Judicial Reform", *Harvard Law Review*, Vol. 129, No. 8 (Jun., 2016), pp. 2233 - 2234.

〔31〕 参见[美]弗里德里克·肖尔:《像法律人那样思考:法律推理新论》,雷磊译,中国法制出版社 2016 年版,第 138 页。

〔32〕 参见[美]罗纳德·德沃金:《认真对待权利》,信春鹰、吴玉章译,中国大百科全书出版社 1998 年版,第 41 ~ 42 页。

〔33〕 参见王泽鉴:《民法学说与判例研究》,北京大学出版社 2017 年版,第 3 ~ 6 页。

〔34〕 参见何家弘:《外国司法判例制度》,中国法制出版社 2014 年版,第 184 页。

〔35〕 民事类判例参考理论学说的例证,参见段匡:《日本的民法解释学》,复旦大学出版社 2005 年版。刑事类判例参考理论学说的例证,参见[日]西田典之:《日本刑法各论》,刘明祥、王昭武译,武汉大学出版社 2005 年版。

〔36〕 参见孙光宁:《两高联合发布指导性案例的意义及其运作》,载《东方法学》2018 年第

2 期。

〔37〕 参见刘翀:《现实主义法学的批判与建构》,载《法律科学》2009 年第 5 期。

〔38〕 参见北京大学法学院司法研究中心编:《宪法的精神——美国联邦最高法院 200 年经典判例选读》,中国方正出版社 2003 年版,第 334 页。

〔39〕 相关法院发表的案例指导工作总结,参见颜茂昆主编:《中国案例指导》(总第 4 辑),法律出版社 2016 年版,第 290 页以下。

〔40〕 张军:《充分发挥案例指导作用 促进公正高效权威的社会主义司法制度建设——在全国法院案例工作会议上的讲话》,载胡云腾主编:《中国案例指导》(总第 1 辑),法律出版社 2015 年版,第 294 页。

〔41〕 例如,最高人民法院《关于人民法院加强法律实施工作的意见》强调"用群众认可的方式查明事实,用群众接受的语言诠释法理,用群众信服的方式化解纠纷"。修改后的《民事案件案由规定》则明确:"以民法理论对民事法律关系的分类为基础。"最高人民法院《关于侵权行为导致流浪乞讨人员死亡,无赔偿权利人或者赔偿权利人不明的,民政部门能否提起民事诉讼的复函》中说明:"被侵权人是流浪乞讨人员,属于弱势群体,虽然对民政部门代为诉讼没有明确的法律依据,但有一定的法理基础。"最高人民法院《关于当前商事审判工作中的若干具体问题》也强调"案件审理中应结合法理和相关业务规则"。最高人民检察院《关于加强出庭公诉工作的意见》中规定:"注重出庭语言法理性、逻辑性和艺术性的结合。"最高人民检察院发布的检察机关指导性案例体例中,则专门设置了"法理分析"部分。

〔42〕 参见刘风景:《司法解释权限的界定与行使》,载《中国法学》2016 年第 3 期。

杨　贝*

论案件事实的层次与建构

| 提　要 |

作为一种具有程序性的陈述,案件事实可以依据不同阶段的司法过程的性质被分为再现事实、证据事实、裁判事实三个层次。再现事实是所有参与诉讼的主体对案件事实的陈述,至少需要满足语义学上的客观性要求。证据事实是以证据为依据被再现的事实,追求的是形而上学的客观性。裁判事实是依据法律对证据事实作出的评价,可以分为程序性裁判事实与实体性裁判事实,追求的是逻辑学上的客观性和论证学上的证成。这三个层次的事实在司法活动中具有不同的位次、属性,对应不同的义务。理清案件事实的层次,明确不同层次的事实的建构义务,既可以避免理论混淆,也有助于减少冤假错案。

| 关键词 |

案件事实　再现事实　证据事实　裁判事实　法律事实

事实激增,对事实的担忧以及事实失去效用这一相应后果使法律的应用与对法律的思考都越来越混乱。

——[美]克利福德·吉尔兹[1]

事实问题是关涉司法正义的关键问题,也是司法领域经久不衰的议题。"事实概念处在近代思考的核心。"[2]但这一核心概念在过去几十年中遭遇了严重的怀疑,哲学家们怀疑事实与意见、正确与错误、科学与非科学之间是否真的存在认知界限。[3]事实领域隐含的尖锐分歧一直在反复拷问司法正义的基础。法学界不时激荡的关于事实问题的争论就是这些尖锐分歧的回声,而散布在法律条文中的不同意义的"事实"则是这些分歧留在法条中的印迹。[4]尽管越来越多的法律人已经认识到案件事实作为一种陈述的基本属性,但这一认识基本停留在哲学层面。其实,语言学才是认识和建构案件事实的"罗陀斯岛"。从言语行为的角度望去,案件事实的本质、层次及建构准则都将更为清晰。

一、作为陈述的案件事实

"在一个需要评判的世界里如何看待事实"是一个自古希腊以来就争论不休的问题。[5]在过去的一百年里,在语言哲学的强势推动下,作为存在的事实完成了向作为陈述的事实的转变。[6]当学者们谈论事实问题时,早已把陈述作为事实的本质。[7]然而,法学领域根深蒂固的存在论仍在制约案件事实的建构过程,明确案件事实作为陈述的本质及特性仍然必要。

(一)案件事实不是案件

正如事件与事实存在根本区别,[8]案件与案件事实也应该区别开来。案件是一个经验的存在,与过去的历史时空浑然一体,不可分割。案件事实是对案件的陈述,是用语言将案件从当时的时空中人为"切割"出来。作为存在的案件独立于人,作为陈述的案件事实却依附于人。

案件与案件事实既有联系也有区别。二者的联系在于,案件本身始终是案件事实的根基所在,是判断案件事实的终极依据。如果案件与案件事实在多数情况下不能达成一致或者不能让人相信达成一致,那么,案件事实“就会在制度和意识形态上失去其正当性,司法过程就会变质”。[9]可以说,案件在案件事实的建构过程中,“譬如北辰,居其所而众星拱之”。[10]然而,二者的区别也很明显,案件事实的真假并不全然决定于案件,而是受制于法律、语言等要素。它们的区别具体体现为以下几个方面:

第一,案件与案件事实的属性不同。案件是一种本体意义上的客观存在,案件事实则是人们对这一存在的认识。案件存在于哈贝马斯所说的“事态世界”,而案件事实则属于社会领域,通过语言呈现,存在于逻各斯当中。存在于“事态世界”的案件与世界浑然一体,不可区分。以于欢故意伤害案(以下简称于欢案)为例,该案于 2016 年 4 月 14 日晚发生在位于山东冠县工业园区的山东源大工贸有限公司(以下简称源大工贸)。[11]案件本身没有时间、空间界线,例如,被害人杜志浩酝酿讨债方案的过程、案发时进出接待室的人员、在室外了解情况的警察等,所有的人物、行为、地点都深深嵌入整个世界。通过语言被呈现的案件事实却可以泾渭分明的形式被分离出来。例如,案发的接待室只是源大工贸办公楼里的一个房间,无法脱离其他房间独立存在,但是,我们在讲述案发过程时,却只需提及接待室,无须述及其他房间的情况。

第二,案件事实可以反映但不能完整反映案件。一方面,案件的实在性决定了案件被认识的可能性,也对案件事实的建构进行限定。根据罗卡定律,“凡有接触,必留痕迹”。尽管案件无法完整重现人间,但作为案件组成部分的人、物、行为都可能留下痕迹。人的记忆、物品的留存以及行为留下的痕迹等都是指向案件的视窗。以于欢用刀捅刺受害人为例,尽管捅刺的行为一去不返,但刀柄上的指纹、刀刃上的血迹都在提供指示的同时,对案件事实的建构进行限定。无论如何,捅刺行为都不可能被再现为刀和被害人之间的自动接触。另一方面,案件的一次性决定了案件事实无法得到自然科学意义上的完全验证。作为存在的案件永远是其所是,不会因为人们认识的改变而改变,不会受到人类认知的污染,永远为真。与春去秋来、日升月落等重复出现的自然现象不同,“每一个案件都只发生一次”。[12]由于时间不可逆,案件被定格在一个凡人无法迄及的时空孤岛上。这使人们无法通过反复的观察、验证来探究案件的全貌。语言的局限性也使得案件无法得到全息再现。[13]

第三,案件与案件事实的关系往往是一对多的关系。案件是本体意义上的存在,时空的唯一性决定了案件的唯一性。再现事实则不同,再现事实依附于再现主体,再现主体的多样性决定了案件事实的多样性。可以说,没有完全相同的案件事实。"一千个观众的心中有一千个哈姆雷特",有多少再现主体,就有多少再现事实。在于欢案中,再现主体不只包括各方当事人(于欢母子、催债的一方、源大工贸的员工等),还包括报道该案的媒体(《南方周末》《人民日报》、澎湃新闻网等)的记者,他们对于事实的陈述都属于"案件事实",且存在相互矛盾的可能。

(二)案件事实是一种特殊的陈述

事实是一种陈述。绝大多数关于事实的定义都指向认识论意义上的事实,认为事实乃是对事物的某种实际情况、某物具有某种性质或某些事物具有某种关系的一种断定或陈述。[14]依据这些定义,事实的本质是陈述。由此,作为裁判依据的案件事实终究只是人们对于案件的一种陈述,并非案件本身。与客观自在的案件显著不同的是,案件事实系人为"创制",具有不可避免的主观性。如果说"事实是所与和意念的混合物",[15]案件事实则是证据与意念的混合物。

作为一种陈述,案件事实不可避免地具有片面性和相对独立性。一方面,案件事实只是对案件的某些方面的反映。陈嘉映教授曾指出,事实是从已经发生的事情中截取出来用以说明解释和证明认识主体观点的陈述。[16]这是指认知主体有意或无意而为的片面。实际上,即使认知主体秉持中立的立场,竭力进行不偏不倚的论述,他也只能提供事实的某一个或几个角度。"用一种隐喻性说法,'事实'是人们从世界母体上一片片'撕扯'下来的。"[17]另一方面,作为陈述的案件事实虽然指向案件,但不以案件作为评判标准。陈述作为一种言说行为,其评判标准依言说行为的性质而异。按照奥斯汀的分类,言说行为大抵可以分为描述式(constative)和施事式(performative),前者涉及正确性,后者涉及有效性。作为陈述的案件事实既包含描述式也包含施事式,二者的表述都可以借助语言学、逻辑学准则加以检验,但其反映的内容则适用不同的评价标准,前者是对证据的描述,这可以根据是否与证据相符进行验证;后者是对证据所反映的事实进行评判,需要综合运用法律、逻辑、经验等多种因素,这些评判难以验证,只能通过论证加以证成。

作为一种特殊的陈述,案件事实还具有以下特性:第一,程序性。司法活动中的案件事实是在法定程序中作出的陈述,对陈述的主体、时间、空间、内容等都有限定。在全国人大制定的现行有效的271部法律[18]中,“事实”一词共出现280次,涉及65部法律。其中,《民事诉讼法》《刑事诉讼法》《行政诉讼法》等程序法中共出现“事实”一词143次,占据涉“事实”条文的半壁江山。其他含“事实”一词的条文中,又有125次涉及司法、行政程序。由此,95%以上的涉“事实”一词的条文均指向法律程序。[19]第二,程式性。司法活动是有目的、有组织的活动,为了以有效率的方式实现司法目的,对陈述案件事实往往有着程式要求。侦查机关、公诉机关、审判机关等在陈述案件事实时都须遵循相对确定的程式。随着司法程序的推进,越接近裁判依据的案件事实越具有程式性。[20]第三,规范导向。案件事实的建构是为了能与法律规范相对应。无论其目的是否在于论证案件应由规范所涵摄,案件事实的陈述人都会努力使案件事实与法律规范的比较成为可能。规范或明或暗地成为陈述案件事实的框架。

陈述案件事实是一种程序性活动,司法程序的设计已经预设不同主体的陈述义务。本文将案件事实区分为再现事实、证据事实与裁判事实三个层次。再现事实是诉讼活动中任一主体对于案件的陈述;证据事实主要是参与司法活动的法律人依据证据就案件作出的陈述;裁判事实是法官据以作出判决的事实依据。这三个层次逐级递进,层层包含。证据事实系特殊的再现事实,裁判事实则为特殊的证据事实。因此,针对再现事实提出的建构要求当然适用于证据事实、裁判事实,针对证据事实提出的建构要求当然适用于裁判事实。三者的关系如图1所示。

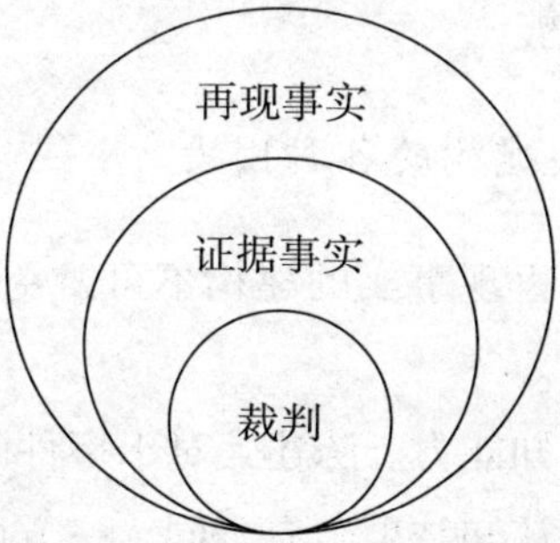

图1　裁判、论据事实、再现事实三者关系

二、再现事实及其建构

再现事实系诉讼活动中任一主体就案件作出的陈述。可以说,所有的案件事实都是再现事实。再现事实是对案件的陈述,这决定了它不同于文学作品对拟制事件的叙述。再现事实必须是在陈述某个存在。例如,北岛可以说"看吧,在那镀金的天空中,飘满了死者弯曲的倒影"(《回答》)而不被质疑该叙述的真实性,这是因为文学作品对于事件的描述不负有保真的义务,并不被要求能与"事态世界"对应。再现事实则不同,它必须从"事态世界"获得正当性,这使再现事实多多少少应具有一些符合论意义上的真实性。安德雷·马默曾将客观性区分为三重意义:语义学上的客观性、形而上学的客观性、逻辑学上的客观性。语义学上的客观性是指陈述的对象是外在于言说者的某个客体而非言说者的心灵状态。[21]在这一意义上,所有的案件事实都是对外在于陈述人的案件的陈述,因而都应当具有语义学上的客观性。

然而,即使陈述人意在客观陈述外在于他的头脑的事件,他的陈述仍有可能不尽客观。根据认知心理学的研究,认知过程是认知主体对自己接收的信息进行人为加工处理的过程。作为认知结果的案件事实不只受制于认知主体接收到的信息,还受制于各认知主体特有的加工模型或者说加工方法。[22]换言之,案件事实是认知主体带着特定的意图和目标,利用特定的认知手段,对外部世界中的状况和事情进行的有意识的剪裁、提取和收集,是客观性和主观性的混合物。[23]

(一)影响再现事实建构的各种因素

作为人的言语行为,再现事实的建构不可避免地会受到以下因素的影响。

第一,是陈述人的感知能力。陈述人对于事件的认识存在能力差异,对于同一事件,不同主体的认知结果会有不同。一方面,感知能力存在个体差异。对于事件的客观情况的认知通常不涉及理性分析的能力,主要与主体的感知能力相关。感知能力通常不存在明显差异,但仍不能排除个体的特殊性会导致认知差异,如色弱、色盲者对于颜色的辨识能力就显著低于常人,老年人对细节的关注就不如年轻人。在涉及理性认知时,儿童由于理解能力不够也会产生认知偏差。例如,儿童对事物的认知是以自我为中心的,他们在观察中通常忽视情境中不被自己所理解的细节。[24]另一方面,因特定情境而产生的压力、情绪会导致认知偏差。置身事外的目击者与置身于犯罪情境中的目击者对同一事件所提供的证词存在差异,置身其中的目击者由于过度紧张会忽略一些有重要意义的事情,[25]最为典型的是“武器中心效应”。[26]在于欢案中,于欢手中的尖刀成为在场所有人关注的焦点,至于其他人的言行则常常为大家所忽视。除此之外,人的感官还有一些先天误差。例如,有关人的眼球结构的研究以及无数有关视觉错误的实验已经表明视觉偏差不可避免,亲眼所见也未必为真。

第二,是陈述人的认知能力。案件事实的建构过程其实也是人们基于证据对案件加以理解的过程。作为一种理解活动,案件事实的建构离不开陈述人的前理解的参与。每个人的认知都以既有的思维结构为先决条件,人们无法理解、表述超出其既有认知范围的事物。对于陌生事物,人们总是倾向于用自己熟悉的认知体系去理解。用哈耶克的话说,事实的界定都必须以一种模式进行智力重构,这个模式的要素由认知者的态度决定。[27]由此,陈述人的人生经验、教育背景、专业积累等都可能影响其对案件事实的叙述。

第三,是陈述人的记忆能力以及记忆本身的可塑性。主体的记忆能力各不相同，且因年龄等因素呈现差异，案件事实的似真性与主体的记忆能力密切相关。更为重要的是，人的记忆与电脑的存储功能不同。“各种信息在编码、储存和提取的各个记忆环节中都可能被重新建构，从而导致记忆内容量的甚至是质的改变。”[28]根据心理学的分类，当事人对事实的再现属于基于事件的记忆，这种记忆很容易受到当事人在事件后摄入的信息的影响。美国心理学家洛夫特斯在20世纪70、80年代曾就此做过专门研究，结果表明，被给予误导性信息的被试的记忆的正确性低于被给予中性信息的被试的记忆的正确性。[29]不仅如此，认识与再现的过程对于案件事实的形成甚至会产生决定性影响。大量的心理学研究显示，询问方式会影响再现的准确性，被试对开放式问题的回答比其对选择式问题的回答更准确。[30]换言之，询问的方式、内容都会影响事实的再现。更值得警惕的是，记忆可能被“移植”。洛夫特斯和她的学生招募了24名被试，然后与这些被试的家人“合谋”，告诉这些被试4件童年往事。其中3件是真实发生过的，第4件说的是被试在商场走失，细节生动详实，但完全是洛夫特斯和这些被试的家人一起捏造的。结果，有1/4的被试声称自己还记得那件不曾发生过的事。[31]

第四，是陈述人的语言习惯与价值偏好。由于个体在生活经验、知识背景、语言习惯等方面存在差异，再现主体对于同一案件的描述也可能千差万别。在语用学视角下，语词的意义在运用中得以确定。语词与意义之间的联结不只取决于言说者，也取决于言说环境。如果言说者对于语词的意义及所处语境缺乏准确把握，那么，就常常会出现词不达意的情况。此外，在事实与价值难以截然分离的背景下，评价往往是再现事实难以剥离的成分。当人们尝试用法律概念来重述案件时，评价不可避免。在评价缺乏明确的法律依据时，基于个人价值偏好作出的评价不可避免。

综上，不可企及的案件本身与无法完整再现的案件事实一起决定了再现事实只是一种可能的事实，人们通常难以对这一可能的事实产生百分之百的确信，即使确信，也无法在完整的意义上证明。因此，就讨论案件事实而言，秉持汉德法官主张的自由精神，即“对何为正确不那么确定的精神”[32]是有益且必要的。毕竟没有全知全能的凡人，在不能完整再现案件事实的意义上，人人平等。在事实面前心存敬畏和谦卑，在讨论案件事实时防止过度自信与武断,都有助于探究案件真相。

(二)对再现事实的检验与提纯

在司法程序中,常见的再现事实有当事人陈述、证人证言等。这些事实往往通过日常语言或不甚准确的法律语言加以陈述。它们虽然不能作为裁判依据,也不能直接成为裁判事实的组成部分,但对于认识案件、收集证据、构建事实具有重要意义。不过,未经甄别的再现事实有可能造成无法挽回的损害。[33]因此,我们有必要在参考一般主体陈述的再现事实时,对他们的陈述进行检验与提纯。

作为一种言语行为,主体对事实的陈述的客观性可以由以下两方面加以检验。

一方面是主体的态度。这主要是指认知主体对事实的认识基于外在的信息资源,[34]而非基于个人情绪、偏好等作出的刻意歪曲甚至杜撰。再现事实的客观性取决于陈述人的客观态度与中立立场。通过构建科学合理的再现程序(如结构化提问、标准内容分析等),[35]陈述人的主观性可以得到最大限制。法律的程序规则有助于我们判断裁判者的态度是否客观。尽管裁判者内心的真实意图难以被窥见,但根据裁判者是否赋予各方同等的诉讼权利(如举证、陈述等)可以判断裁判者是否恪守中立,根据裁判者的言词可以判断其是否心存偏见。

另一方面是主体的表述,其客观性可以从语义学、逻辑学和形而上学三个层面加以检验。语义学上的客观性是指认知主体对特定语词的运用遵从了该语词的常规用法,陈述人用该语词指称的对象与该语词通常指称的对象一致。例如,当事人甲在一起著作权确权纠纷中指责对方盗窃其知识成果,甲所说的"盗窃"显然不是刑法意义上的"乘人不备,秘密窃取他人财物的行为"。逻辑学上的客观性则是指陈述人的陈述符合逻辑准则,不存在前后矛盾、含糊不清等问题。我们可以依据词义关系、逻辑准则等判断关于案件的陈述是否准确、适当,是否自相矛盾。如果该陈述违背语词的常规用法,存在前后不一致等情形,我们就能判定该陈述不尽客观。对于事实的陈述往往由一系列命题组成,命题之间的相容性、命题体系的融贯性也可以作为评判事实陈述客观与否的依据。例如,“那晚月明星稀,伸手不见五指”之类的表述就可因为“月明星稀”与“伸手不见五指”两个命题不相容而被否定。对形而上学的客观性的验证,可以通过与证据比对完成。例如,判决书认定红色轿车为肇事车辆,且有现场录像为证据,那么,“肇事车辆为红色”这一基础命题就是可验证的。一般而言,关于证据基本信息的描述应当具有符合论意义上的客观性。

在实践中,一般主体对案件事实的再现往往不能做到理性、中立、简练。“几乎没有一个句子——数学的纯形式的句子或许例外——不带有某种情感或情绪的色彩。”[36]再现事实之于法律人的困境就在于,“我们本来生活在一个意义和价值的世界里面,但我们就像有时需要药物一样需要干巴巴的事实”。[37]这些干巴巴的事实只能从有滋有味的再现事实中加以提炼。法律人在面对形形色色的再现事实时应秉持冷静、客观的立场,将各种版本的再现事实作为“语料”加以分析,综合运用语言学方法、逻辑学方法、心理学方法等多种方法,从中提炼出干巴巴的事实,是谓提纯。例如,有欧洲学者总结了如实陈述的一些规律性特征,提出了“真实监控(reality monitoring)”等较为成熟的检验证言可靠性的方法,[38]这些方法可以为我们评价再现事实的似真性提供借鉴。此外,应当留意对陈述人的立场和动机的分析。“事情连着我们的处境、感受、欲望、目标向我们呈现。”[39]案件事实的人身依附性决定了它无法脱离再现主体的立场和动机。

法律人应时刻提醒自己及证人、当事人采用“事实的说话方式”,将自己的感受与自己陈述的事实隔离开来。“事实的说话方式要求减少评价,减少话语的蕴含。”[40]处理再现事实时,需要关注陈述人的背景信息,评估事实呈现过程中的各种可能性,从中提炼真实、可靠的案件线索。“把原本与某种理解和解释密不可分的情况从这种理解和解释中割离开来,成为各种可能理解和解释的公共材料。”[41]我们要求陈述人对案件的陈述“不任性、不个人化和不(狭义上的)政治化,就是既非完全不确定但也不是本体论意义上或科学意义上的确定。只要有有说服力的但不必然是令人信服的解释,这种客观是可以修改的”。[42]这意味着,我们接受的是在特定程序中、在给定条件下具有说服力的客观性。证据事实、裁判事实也不外乎此。

三、证据事实及其建构

证据事实是人们基于证据所作出的关于案件的陈述,准确地说,系由对证据的描述出发经由合理推导而形成的对事实的陈述。[43]依据司法程序的设计,证据事实本应是由律师、检察官等陈述的案件事实,对其的建构要求不同于对法官陈述的裁判事实的建构要求。它与一般再现事实的区别在于,它以证据为依据;它与裁判事实的区别则在于,它重描述轻评价,尤其是尽量避免法律评价。但是,在实践中,由于裁判事实是判决的事实依据,导致律师、检察官竞相模仿法官的陈述方式。尽管这种以裁判事实为蓝本的叙述方式可能提高司法效率,但它没有充分正视证据事实的独特性以及证据事实之于裁判事实的独立价值,往往助长冤假错案的发生。

(一)证据事实的独立价值

以往关于案件事实的讨论往往将证据事实与裁判事实混为一谈,将二者都冠以“法律事实”之名。即使在关于诉讼证明标准的世纪之争——客观真实论与法律真实论之争中,证据事实仍未与裁判事实区分开来,这种混淆在一定程度上造成客观真实论与法律真实论久争不下,[44]也容易让侦查人员角色错位,先入为主地收集甚至制造证据。正视证据事实的独立价值对于案件事实的建构具有极为重要的意义,这是案件事实得以在正确的方向上被建构的关键所在。证据事实的独立性在认识论层面、方法论层面以及司法过程中都有体现。

在认识论层面,人类对于过去的认识基于一种乐观的理性主义的假定:基于证据的理性的推论可以产生对于过去的正确认识,而且这也是正确认识过去的唯一已知方法。[45]基于这一点,科学、历史、新闻等领域探究过去的专业人士都将证据视为帮助我们判断过去事情的可能性的材料。[46]显然,存在意义上的证据与我们对案件事实的陈述属于不同范畴。证据对证据事实构建的参与始于对证据的描述,也可以说,始于由证据转化而来的命题。可以说,证据是指向案件的指南针,证据事实是案件事实的压舱石。因此,证据事实有着不同于其他事实的属性与建构要求。

在法学方法论层面,证据事实也是独立的一环。只有在证据事实的视域下,“事实与规范相适应”才能被理解。如果此处的事实指代案件本身,则适应性将因案件的不复存在而无从判断;如果指代再现事实,则使案件事实的建构逃脱了法律的规制,有悖法治精神;如果指代裁判事实,则会导致自我指涉问题,因为裁判事实本身就是法律条文应用于案件事实的直接结果。因此,证据事实才是规范观照的对象,证据事实决定了可适用的规范的范围,限定了裁判事实建构的方向。

就司法过程而言,证据事实在案件事实的建构过程中具有基石作用。一般主体陈述的案件事实只有以证据为媒介才能参与证据事实的建构,进而影响裁判事实的形成;而裁判事实的建构更多是以证据事实为基础进行的评价工作,裁判事实必须立足于证据事实,如果说裁判事实是屋宇,那么证据事实至少是地基。皮之不存,毛将焉附?没有证据事实,就没有裁判事实。证据事实是裁判事实产生的前提,也是型塑裁判事实的原材料。如果借用萨维尼关于法律关系的分析框架,那么,证据事实相当于其所说的法律关系的第一部分——素材(stoff)或者说单纯事实,而裁判事实则是法律对此素材的界定。[47]

(二)证据事实的属性

如前所述,证据事实的客观性更多是指形而上学的客观性,这是指陈述指向的客体真的存在,且其特性与该陈述相符。因此,证据事实的客观性在于陈述的案件事实与案件相一致。鉴于案件与案件事实间的认知鸿沟,这是对案件事实建构所提出的不可企及的要求,但就证据事实而言,这一要求却是根本性或者基础性的,证据事实必须能够被还原为能由证据加以验证的白描式的叙述。

从认识论的角度来看,经验是人类知识的起点,我们关于事实的信念有时直接来自知觉和记忆。[48]例如,我们知道于欢用刀杀人是因为我们能看到当时的监控视频。可以说,对监控视频内容的信念是我们认识于欢案案发过程的认知原点,是我们认为于欢杀人的原因,而我们从认知上已无须、也不能就我们对监控视频内容的信念提供进一步的理由。罗素把这一类信念称为“与件”，它是我们关于“事实的知识的不可缺少的最小量的前提”。[49]在案件事实的建构过程中，证据就是“与件”。由于“与件比从与件推导出来的信念更接近真实”，[50]因此，证据事实必须尽可能地依赖与件本身而不是基于与件的推理。就法律程序的设计而言，当事人、侦查人员负责提供合法的与件，律师、检察官负责就这些与件进行推理，而法官则对这些与件及其推理进行评价。

由此，证据事实应当具有两个特性：描述性与可验证性。就描述性而言，证据事实应当以对证据的外显信息的描述为主。描述证据的外显信息意味着描述证据的命题与证据之间没有任何假设。例如，案发现场留下一部某钛金手机。这部手机的颜色、大小、形状，以及手机存储的号码、照片等可以直接被观察到的信息均属外显信息。对于信息的记述应尽可能运用“不能再被定义的，其意义只能被直接指出来的语词”。[51]这一类语句直接记述我们的身体感知到的信息，被称为“基始陈述”“观察陈述”“记录语句”，[52]可以被归入奥斯汀所说的记述式言语行为。[53]证据事实应当接近白描，尽可能避免评价。例如，陈述1为“吴英将大量珠宝堆放在办公桌上，随意赠人”。陈述2为“吴英的办公桌上放有珍珠项链2条、钻石胸针3个、翡翠手镯2个，单价在2万元至30万元；3天内有3位客人初次到访，吴英赠出珍珠项链、钻石胸针、翡翠手镯各1个，分别价值12万元、2万元、18万元”。与陈述1相比，陈述2更接近白描。在实践中，纯粹的白描并不容易做到，定义的运用不可避免，如果用“由白色圆珠串成的链条”替换陈述2中的“珍珠项链”，不仅会增加交流成本，增加不必要的思维负担，还可能平添交流障碍。

就可验证性而言，由于陈述案件事实的语言是记述式的，所以，“‘陈述’的任务只能是‘描述’某种事态，或者‘陈述某个事实’，而这种‘描述’与‘陈述’必定要么为真，要么为假”。[54]“(事实的)陈述应是‘可证实的’。”[55]关于证据事实的陈述应当可以被还原为“基始陈述”，这些陈述通过与证据对应来验证。能与证据的外显信息直接相符的即确定为真。这些未经丝毫污染的基始陈述构成证据事实的绝对无可怀疑的出发点，它们是“知识与实在之间的不可动摇的接触点”。[56]因此，证据事实必须能被还原出不可动摇、不可定义的基始陈述。

(三)证据事实的建构

客观真实论与法律真实论之争的核心问题是如何判定案件事实的真实性,这正是证据事实安身立命的问题。这场争论对于明确证据事实的建构准则不无裨益,但由于存在前文提及的证据事实与裁判事实的混淆,因此,有必要重新加以梳理。

诉讼证明标准既涉及认识论也涉及价值论。认识论关系正确性问题,即案件能否被认识、如何被认识、如何证明认识的正确性等问题。客观真实论认为,人凭借其理性可以获得与案件完全一致的认识,案件事实的正确性来自其与案件的一致性,但没能回答如何确证案件事实与案件本身完全一致。[57] 如波普尔所说:"虽然我也像大家一样承认客观真理或绝对真理或真理的符合论——真理同事实相符合——但我却宁肯避开这个题目。因为在我看来,要想清楚地理解一个陈述同一件事实之间难以捉摸的符合,乃是毫无希望的。"[58] 鉴于客观真实论难以突破这一理论"瓶颈",法律真实论认为,案件的真实性在于对证据的运用符合实体法和程序法的规定,达到从法律的角度认为是真实的程度。[59] 价值论涉及正当性问题。客观真实论坚持传统的真理符合论,认为案件事实的正当性缘于其与案件的一致性,认为实体正义一般优于程序正义;法律真实论则认为,案件事实的正当性缘于合法律性,应当坚持程序正义优先。

从法哲学的角度来看,这两种立场难分高下;但从案件事实分层的角度看,它们其实适用于不同的事实层次及建构阶段。第一,就证据的取得与采信而言,法律真实论更能彰显现代诉讼文明的人文关怀与程序价值。第二,就从证据向对证据的描述的转换而言,客观真实论更能为证据事实的建构提供坚实基础。第三,在依据对证据的描述建构证据事实时,法律真实论所强调的证明标准可以为基于证据的推理厘定界限。

然而,客观真实论与法律真实论都没能就如何判断对证据的描述是否与证据反映的信息完全一致、陈述人对证据事实的陈述是否中立和客观给出具体指引,而语言学的研究正可以回答这些客观真实论与法律真实论未予明确的问题。语义分析方法与语用分析方法不仅可以明确某一陈述的含义,也可以分析其后隐含的陈述人的态度。因此,证据事实的建构准则应当在兼采客观真实论与法律真实论之长的同时借鉴语言学的视角与方法。从语言学的角度来看,证据事实的建构过程其实是一个经由对证据的描述推导出对案件事实的描述的过程,是一个从基始陈述的命题推导出陈述整个案件事实的命题体系的过程。基于案件事实的程序性与规范性,对诉讼证明标准的认识必须被转换为证据事实构建这一言语行为的规范,成为证据事实构建应予遵循的准则。

首先,证据事实可被还原至基始陈述。证据不会自己说话,证据只能借助人的语言参与证据事实的建构。维特根斯坦始终认为现实与语言之间必须有一个直接的接触点或接触面,在《逻辑哲学论》中,这是原子命题与原子事实的对应。在证据事实的建构过程中,这是对证据的描述与证据之间的对应。强调证据事实的可还原性是对“以证据为依据”的要求的重申与贯彻,它要求构成证据事实的命题最终都应能被还原为基始陈述命题。客观真实论所要求的案件事实与案件的一致性也只有在这一环节才能得到落实。仍以吴英赠送珠宝一事为例,吴英出赠的珠宝的种类、数量等都可以通过与实物直接比照而得出结论。这些基始陈述既是建构证据事实的出发点,也是证据事实的立足点,是裁判事实的根基所在。

其次,应进行有限的推理。推理不可避免,但需要受到限制。罗素在《人类的知识》一书中最终不得不承认所有的知识都是或然、不确定的,[60]这是因为我们的思考最终总是要依赖一些无法得到验证的假设。在这一意义上,证据事实不可能只是对证据的描述,它往往需要就证据与证据之间的意义关联进行推理。如果说证据是一根根原木,那么显然,仅仅将原木堆放在一起建立不起证据事实的木屋。如果说证据是一颗颗散落的珍珠,那么,证据事实就是由这些珍珠串成的项链。可以说,推理是铆起原木的铁钉,是串起珍珠的丝线;但是,这些推理必须受到常识、经验、逻辑等认知要素的限制。我们推理所依据的假设必须能为公众普遍接受。例如,我们可以根据刀柄上留有 A 某的指纹推断出 A 某很可能接触过该把刀,但不能在缺乏其他证据的情况下就推断出 A 某的指纹系他人陷害制造。基于证据的必要推理也是证据事实的组成部分,只是比例应当受到相应证明标准的限制,这是法律真实论应予解决的问题。

最后,应克制、避免价值判断尤其是法律评价。在证据事实的建构过程中,如果评价多于描述、先于描述,极易导致案件的侦查人员对案件产生先入为主的认识,并在先在的偏见的指引下制造冤假错案。重评价而轻描述是法官以外的法律人对自己所负的陈述义务的错误理解,是司法过程中的越俎代庖。在实践中,裁判事实的指挥棒效用不可避免。案件的侦查人员必然是按意向的案由收集证据,但在这一过程中应始终保持开放、中立的心态,不拒绝因意外证据的出现而导致的思路变化。取证过程中的臆测不应进入证据事实的建构过程,意向的案由及其构成要件更不能成为建构证据事实的隐形框架。例如,在吴英案中,为了证明吴英有非法占有集资资金的意图,符合“肆意挥霍”的要件要求,将吴英送人珠宝的行为“描述”为“随意送人”,此处的“随意”就是一种评价,为后续的法律评价埋下伏笔。

在司法过程中,检察官、律师、当事人都势必参照法律规定的要件陈述案件事实,但对证据事实的陈述应当与法律评价分离。法官以外的主体可以基于证据事实明确提出如何评价的建议,并就这一建议提出理由,但不宜论述结合,将评价隐藏在对事实的陈述之中。整体而言,在证据事实的建构过程中,证据越多越好,推理越少越好;陈述越多越好,评价越少越好。

四、裁判事实及其建构

裁判事实是法官在生效法律文书中确认的案件事实,是法官判决的依据。在等置模式下,法律判断的形成过程是案件事实与法律规范不断适应的过程,[61]但这一过程并不必然体现在判决书中。判决书只陈述裁判事实并就裁判事实展开论证,而对裁判事实的证成不只是对证据事实的校验,也是对法律规范的释明。裁判事实的建构问题主要是裁判事实的论证问题,其核心问题是论证案件事实与法律规范之间的适应性。

与证据事实相比,裁判事实的陈述方式呈现出重评价、重论述的特点。如果说证据事实的陈述应被归为奥斯汀所说的记述式言语行为,那么,裁判事实则应被归为其所说的阐明式(expositives)言语行为。[62]证据事实的建构与裁判事实的建构有明显不同:一方面,证据事实的建构更多是一种自然科学意义上的发现,崇尚价值中立,而裁判事实的建构则是一种人文社会科学意义上的评价,不免存在价值判断,甚至可能以价值判断为主导;另一方面,证据事实是事物导向的,重点关注特定证据对特定行为的证明,例如,在犯罪现场提取的血样是否系犯罪嫌疑人留下?裁判事实则是事件导向,重点关注特定行为之间的关联,例如,监控拍下嫌疑人从受害人所住的公寓走出,且在嫌疑人身上发现受害人血渍,能否由此断定犯罪嫌疑人就是杀死受害人的凶手?

裁判事实的这些特征决定了我们无法通过与实物验证的方式评判其真假。裁判事实没有真假之别,只有证成与不证成之分。裁判事实的证成标准及相应的论证义务与裁判事实的类型、个案的特殊性有重要关联。

根据拟适用的主要规范的性质的不同,裁判事实可以分为程序性裁判事实与实体性裁判事实。程序性裁判事实是依据程序法对案件事实整体作出的否定性评价,例如,不属于法律调整范围、已超过诉讼时效等。实体性裁判事实则是主要依据实体法对案件事实进行的评价,它近似于传统意义上的法律事实,即"法律规范所规定的,能够引起法律关系产生、变更与消灭的客观情况或现象"。[63]

就程序性裁判事实而言,其建构要旨是依据程序法律规范,否定案件事实产生实质法律意义的可能性。例如,针对一起发生于情人间的借贷协议纠纷,二审判决认为,双方"无视我国的婚姻家庭制度,以协议的形式用金钱去维系双方不正当的情人关系,其行为违背了社会公德。因该协议引起的纠纷,不属于人民法院民事诉讼受理的范围"。[64]从该案的判决可见,作为该案依据的裁判事实属于法外空间,它不是传统意义上的法律事实,但它恰恰是二审撤销一审判决,裁定不予受理的依据,事实上导致了该案诉讼法律关系的消灭。如果将这一类事实划归法律事实,那将导致法律事实的无限泛化。在理论上,所有法外事实都有可能因为导致诉讼程序的终止而成为法律事实。这将导致法律事实这一定义失去意义,模糊本来明确的法律界限。因此,本文将程序性裁判事实与实体性裁判事实区分开来,将传统意义上的法律事实限定为实体性裁判事实。

鉴于程序性裁判事实是依据程序法对案件事实作出的否定性评价,不就实质法律意义进行评价,因此,其证成标准不同于实体性裁判事实。通常,法官只需点出涉案行为不由法律调整、案件存在程序问题(如超出诉讼时效、原判决遗漏当事人)等就可以,不需就此进行深入论证。这是因为,第一,程序性裁判事实只是引致程序法律关系的产生、变化或消灭,不直接判定当事人的实体法律权利、义务;第二,“无”在逻辑上不需要证明,也无法得到证明。

由此,裁判事实建构的重点在于实体性裁判事实的论证。对实体性裁判事实的论证需要遵循以下三个准则。

第一,合法。合法主要是强调裁判事实与具体的法律规范之间的对应性。事实上,裁判事实是经由法律规范裁剪后形成的事实,其呈现出的形态基本与法律规范相符。我国大多数判决书中确认的裁判事实也往往是按法律规范的要件来加以呈现,但这些裁判事实与法律规范的适应程度仍有待推敲。以裁判事实的形态呈现的案件事实,就仿佛穿上某个尺码的鞋的脚,看起来是穿进去了,但实际上是否合适并不能确定。合法并不满足于要件化的表述,而是追究实际上是否适切。此处的适切指的是,案件事实与和特定构成要件相关的法律规定相符合,不能只是列明其满足各项构成要件,还应阐述其如何满足各项构成要件。

第二,合理。对裁判事实的证成不同于证明或检验,其以令人信服为目标,而合理正是令人信服的重要基准。合理的“理”是为社会普遍认识的常识和接受的观点,但这个“理”不会永恒不变,而是因时因地而异。合理不是一个绝对确定的概念,而是一个程度概念,合理与否以及合理度取决于裁判者给出的理由是否充分。从理由的内容来看,合理的“理”可能是事理,也可能是法理。对事实的推定需要合乎事理,对事实的评价则需要合乎法理。鉴于裁判事实是事实与规范相融合的产物,法理必然直接或间接地参与裁判事实的建构;反过来,裁判事实也需要从法理中获得正当性。

第三,整体融贯。从叙述的角度看,裁判事实应当是一个完整的、没有漏洞的故事。裁判事实的每一个部分都应当能够与其他部分自洽融合,能够使读者产生通顺、流畅的理解。如果说证据事实是素描,那么,裁判事实就是成画,每一个细节都必须经过推敲、打磨,能与整体融贯。如前所述,裁判事实的客观性更多是逻辑学上的客观性,它要求关于案件事实的每一句陈述都应当有确定的真值,不能违反排中律、矛盾律等基本定律。[65]这也是融贯性的基本要求。“在记录命题那里,决定真理性的是符合事实,在记录命题以上的各个层次,决定真理的是命题之间的融贯。”[66]

综上,三个层次的事实的特性及建构要求如表1所示。

表1　案件事实的层次、特性及建构要求

案件事实的层次	陈述主体	陈述方式	建构方式	评判基准
再现事实	所有人	任意	叙述	语义学上的客观性
证据事实	法律人为主	描述为主	发现	形而上学的客观性
裁判事实	法官	评价为主	论证	逻辑学客观性

结　语

在人们重新定义自身,重新定义真理、正义等基本价值的当代社会,无论多么强调案件事实与案件的天壤之别都不为过,这对于确立案件事实的本质属性,重构案件事实的证明标准具有决定性意义。如果以还原案件全貌作为构建案件事实的单一目标,不免会出现轻视甚至无视程序价值的问题,这与现代诉讼理念相悖。“我们过去的诉讼制度和诉讼理论要求法院查明案件的‘事实真相’,不仅是一种浪漫的、不切实际的幻想,而且不符合诉讼活动的内在规律,违背了诉讼法的有关规定。”[67]

在承认诉讼价值的多元性的前提下,从言语行为的角度重新审视、析分案件事实的层次及建构尤为重要。由再现事实到证据事实再到裁判事实的这一过程,呈现出陈述主体不断缩小、陈述程序趋于严格、陈述内容要求不断增加的特征。明确案件事实的不同层次,最终是为了明确不同层次的案件事实对应的陈述义务。对于再现事实,陈述人只需要做到如实、中立、客观即可;对于证据事实,则要求陈述人(通常为律师和检察官)就合法取得的证据进行可以验证的白描式叙述;对于裁判事实,则要求陈述人(通常仅为法官)依据法律规范重述证据事实。各层次的事实间可能存在沟通,但不能混乱顺序，尤其是证据事实与裁判事实的次序必须被坚持，否则可能造成先入为主的裁判事实对证据事实的误导。

针对各层次的事实提出的建构要求，实质上也是在确认一个科学领域已经承认的共识，即“事实建构就是这样一个群体过程，以至于一个孤立的人只能确立梦想、观点和感情，而不是事实”。[68] 在共同建构案件事实的过程中，哲学、语言学、心理学等学科的研究成果都会帮助我们完善对案件事实的认识，但这些学科提供的养分都只有通过法理之根才能为法学之树所汲取。归根结底，如何看待案件事实取决于如何理解司法公正，对司法公正的理解又取决于对法理的深度阐释，因此，对案件事实的思考也须由法理统摄。

注　释

* 杨贝，对外经济贸易大学法学院副教授。本文系对外经济贸易大学法学院“双一流人才工程”项目“裁判文书说理规范研究”的阶段性成果。感谢张文显老师及其推动的“法理研究行动计划”为本文的完善提供富有洞见的启发。本文原载《法制与社会发展》2019年第3期。

〔1〕 [美]克利福德·吉尔兹：《地方性知识——阐释人类学论文集》，王海龙、张家瑄译，中央编译出版社2000年版，第226页。

〔2〕 陈嘉映：《说理》，华夏出版社2014年版，第238页。

〔3〕 参见[荷兰]马丁·W.海塞林克：《新的欧洲法律文化》（增订版），魏磊杰、吴雅婷译，中国法制出版社2018年版，第158页。

〔4〕 例如，《宪法》要求国家机关工作人员查清的“事实”与禁止其捏造的“事实”应不同义，否则，人们应该如何查清本不存在的事实？诉讼法中“以事实为根据”的“事实”与《广告法》上广告代言人依据的“事实”也不同义，否则，何以要求广告代言人作出与司法机关一样的“事实”判断？作为公证内容的有法律意义的“事实”与调解过程中当事人应予如实陈述的“事实”应当也不同义，否则，如何要求当事人知晓其陈述的“事实”是否具有法律意义？

〔5〕 [美]克利福德·吉尔兹：《地方性知识——阐释人类学论文集》，王海龙、张家瑄译，中央编译出版社2000年版，第226页。

〔6〕 参见彭漪涟：《事实论》，上海社会科学院出版社1996年版，第103页。

〔7〕 如果将案件事实视为案件本身,视为一个经验意义上的存在,那么,建构当然无从谈起。

〔8〕 参见舒国滢、王夏昊、雷磊:《法学方法论》,中国政法大学出版社 2018 年版,第 262~267 页。

〔9〕 张志铭:《裁判中的事实认知》,载王敏远主编:《公法》(第 4 卷),法律出版社 2003 年版,第 3 页。

〔10〕 《论语·为政》。

〔11〕 该案的案情可参见(2017)鲁刑终 151 号于欢案二审判决书。

〔12〕 [美]史蒂文·J. 伯顿:《法律和法律推理导论》,张志铭、解兴权译,中国政法大学出版社 1998 年版,第 14 页。

〔13〕 在林林总总的生活事实面前,语言常常显得贫瘠、匮乏。例如,没人能够全面再现当事人当时的心理活动,也无法准确描述所有物品的位置信息。

〔14〕 参见彭漪涟:《事实论》,上海社会科学院出版社 1996 年版,第 103 页。

〔15〕 金岳霖:《知识论》,商务印书馆 1983 年版,第 741 页。

〔16〕 参见陈嘉映:《说理》,华夏出版社 2014 年版,第 242 页。

〔17〕 陈波:《以事实为依据还是以证据为依据?——科学研究与司法审判中的哲学考量》,载《南国学术》2017 年第 1 期。

〔18〕 本数据出自全国人大常委会法制工作委员会副主任许安标在 2019 年 3 月 9 日召开的十三届全国人大二次会议记者会上的介绍,参见魏哲哲:《我国法律体系进一步完善》,载《人民日报》2019 年 3 月 10 日,第 2 版。

〔19〕 以上数据均基于北大法宝的检索结果。

〔20〕 例如,最高人民法院发布的《人民法院民事裁判文书制作规范》(法〔2016〕221 号)第 3 条第 5 款专门就事实的写法作出规定。

〔21〕 See Andrei Marmor, "Three Concepts of Objectivity", in *Law and Interpretation: Essays in Legal Philosophy*, Oxford University Press, 1995. 中译本参见[美]安德雷·马默:《客观性的三种概念》,载[美]安德雷·马默主编:《法律与解释:法哲学论文集》,张卓明、徐宗立等译,法律出版社 2006 年版。

〔22〕 参见刘爱伦主编:《思维心理学》,上海教育出版社 2002 年版,第 42~26 页。

〔23〕 参见陈波:《以事实为依据还是以证据为依据?——科学研究与司法审判中的哲学考量》,载《南国学术》2017 年第 1 期。

〔24〕 See Maggie Bruck, Stephen J. Ceci, "The Suggestibility of Children's Memory", *Annual Review of Psychology*, Vol. 50, No. 1 (1999), pp. 419-439.

〔25〕 参见张军梅:《关于目击者证词可靠性的研究》,载《社会心理科学》2000 年第 3 期。

〔26〕 武器中心效应是指，当罪犯持有武器时，目击证人的注意的焦点是武器而非罪犯。目击证人看到武器后可能产生恐惧，这种恐惧使证人注意的焦点转为武器，而不是犯罪人的其他细节。参见杨伟伟、罗大华：《国外心理学关于证人证言的研究及其启示》，载《证据科学》2007 年第 1、2 期。

〔27〕 See F. A Hayek, "The Facts of the Social Sciences", *Ethics*, Vol. 54, No. 1(1943), p. 10.

〔28〕 刘志宏、刘林：《证人证言可靠性的心理学研究》，载《中国人民公安大学学报》(社会科学版)2011 年第 6 期。

〔29〕 参见姜丽娜、罗大华、应柳华：《事件后信息影响目击证言准确性的实验研究》，载《心理科学》2009 年第 1 期。

〔30〕 See Carole Peterson, Michael Bell, "Children's Memory for Traumatic Injury", *Child Development*, Vol. 67, No. 6 (1996), pp. 3045 - 3070.

〔31〕 参见穆希卜·康斯坦迪：《目击者的证词不可靠?》，高天羽译，载《环球科学》2013 年第 10 期。

〔32〕 Irving Dilliard, *The Spirit of Liberty: Papers and Addresses of Learned Hand*, Alfred A Knopf, 1952, p. 190.

〔33〕 据统计，1996 年和 1998 年，在美国通过 DNA 检验证明先前被判有罪者实际无罪的 40 件案件中，有 36 件(90%)系由目击证人的错误证言造成。See A. Daniel Yarmey, "Expert Testimony: Does Eyewitness Memory Research has Productive Value for the Courts?", *Canadian Psychology*, Vol. 42, No. 2 (2001), pp. 92 - 100.

〔34〕 See Jon Bruschke, "A Critical Analysis of Objectivity in the Legal Sphere", *Argumentation and Advocacy*, Vol. 30, No. 4 (1994), p. 221.

〔35〕 德国学者 Steller 和 Köhnken 在前人研究的基础上提出了一套测量言语材料真实性的程序(statement validity assessment)。该程序主要由三个要素组成：(1)一个结构化的访谈；(2)一个标准内容分析，系统地评价陈述的内容和可靠性；(3)通过一套问题来评价标准内容分析的结果。参见杨伟伟、罗大华：《国外心理学关于证人证言的研究及其启示》，载《证据科学》2007 年第 1、2 期。

〔36〕 沙勒斯·马里：《语言与生命》，巴黎，1936 年，转引自［德］恩斯特·卡西尔：《人论》，甘阳译，上海译文出版社 2004 年版，第 41 页。

〔37〕 陈嘉映：《说理》，华夏出版社 2014 年版，第 259 页。

〔38〕 参见杨伟伟、罗大华：《国外心理学关于证人证言的研究及其启示》，载《证据科学》2007 年第 1、2 期。

〔39〕 陈嘉映：《说理》，华夏出版社 2014 年版，第 261 ~ 262 页。

〔40〕 陈嘉映:《说理》,华夏出版社 2014 年版,第 258 页。

〔41〕 陈嘉映:《说理》,华夏出版社 2014 年版,第 259 页。

〔42〕 [美]波斯纳:《法理学问题》,苏力译,中国政法大学出版社 1994 年版,第 9 ~ 10 页。

〔43〕 本文关于证据及证据事实的讨论均基于这些证据具备可采性的假设,至于某种材料在什么条件下可以成为证据的问题不在本文的讨论范围之内。

〔44〕 关于客观真实论与法律真实论之争可参见陈景辉:《事实的法律意义》,载《中外法学》2003 年第 6 期。

〔45〕 See Peter Murphy, *Murphy on Evidence*, Blackstone Press Limited, 2000, p. 3.

〔46〕 参见陈景辉:《事实的法律意义》,载《中外法学》2003 年第 6 期,第 2 页。

〔47〕 参见[德]萨维尼:《当代罗马法体系 I》,朱虎译,中国法制出版社 2010 年版,第 258 ~ 259 页。

〔48〕 参见[英]罗素:《人类的知识》,张金言译,商务印书馆 1984 年版,第 205 页。

〔49〕 [英]罗素:《人类的知识》,张金言译,商务印书馆 1984 年版,第 207 页。

〔50〕 [英]罗素:《人类的知识》,张金言译,商务印书馆 1984 年版,第 207 页。

〔51〕 Schlick, "Positivism and Realism", in A. JAyer (ed.), *Logical Positivism*, The Free Press, 1959, p. 87.

〔52〕 陈嘉映:《语言哲学》,北京大学出版社 2003 年版,第 167 页。

〔53〕 奥斯汀认为,"记述式言语行为"只是描述某个事态或陈述某个事实,这种"描述"与"陈述"必定要么为真,要么为假。See J. L Austin, *How to Do Things with Words*, Foreign Language Teaching and Research Press & Oxford University Press, 2002, pp. 1 – 3.

〔54〕 J. L Austin, *How to Do Things with Words*, Foreign Language Teaching and Research Press & Oxford University Press, 2002, p. 1.

〔55〕 J. L Austin, *How to Do Things with Words*, Foreign Language Teaching and Research Press & Oxford University Press, 2002, p. 2.

〔56〕 Schlick, "The Foundation of Knowledge", in A. J Ayer (ed.), *Logical Positivism*, The Free Press, 1959, pp. 210, 226.

〔57〕 客观真实论的代表人物陈光中教授在论战后对传统的客观真实论进行了修正,主张在坚持客观真实的同时,承认法律真实在司法实践中有一定必要性;基于多元价值平衡的考虑,客观真实有时也需要让位于法律真实,但仍未明确如何确保案件事实与案件完全一致。参见陈光中、李玉华、陈学权:《诉讼真实与证明标准改革》,载《政法论坛》2009 年第 2 期。

〔58〕 [英]卡尔·波普尔:《猜想与反驳——科学知识的增长》,傅季重等译,上海译文出版

社 1986 年版,第 318 页。

〔59〕 参见樊崇义:《客观真实管见——兼论刑事诉讼证明标准》,载《中国法学》2000 年第 1 期。

〔60〕 参见[英]罗素:《人类的知识》,张金言译,商务印书馆 1984 年版,第 613 页。

〔61〕 参见郑永流:《法律判断的形成模式》,载《法学研究》2004 年第 1 期。

〔62〕 奥斯汀认为,阐明式言语行为主要阐明原因、论据,澄清语义,推进论辩。See J. L Austin, *How to Do Things with Words*, Foreign Language Teaching and Research Press & Oxford University Press, 2002, pp. 161 – 163.

〔63〕 张文显主编:《法理学》(第 5 版),高等教育出版社 2018 年版,第 160 页。

〔64〕 基本案情为:甲乙双方约定,以乙做甲的情人为条件,甲借给乙 100 万元,如果甲想解除协议,乙不必还钱。大约一年后,甲想解除协议要回借款,遂以双方协议有违公序良俗为由诉至法院,请求法院确认协议无效。参见(2009)杭浙商终字第 1138 号判决书。

〔65〕 See Andrei Marmor, "Three Concepts of Objectivity", in *Law and Interpretation: Essays in Legal Philosophy*, Oxford University Press, 1995. 中译本参见[美]安德雷 · 马默:《客观性的三种概念》,载[美]安德雷 · 马默主编:《法律与解释:法哲学论文集》,张卓明、徐宗立等译,法律出版社 2006 年版。

〔66〕 陈嘉映:《说理》,华夏出版社 2014 年版,第 171 页。

〔67〕 丁以升:《论司法判决的不确定性》,载《现代法学》1999 年第 1 期。

〔68〕 Bruno Latour, *Science in Action*, Harvard University Press, 1987, pp. 40 – 41. 转引自[荷兰]马丁 · W. 海塞林克:《新的欧洲法律文化》(增订版),魏磊杰、吴雅婷译,中国法制出版社 2018 年版,第 163 页。

新时代法理

郑　磊　宋华琳*

良法善治，民尊国范

——“公法中的法理”暨第四届“法理研究行动计划”学术研讨会述评

引　言

“法理”不仅是法理学研究中的中心主题，而且是“部门法学（法律学）与法理学共同关注”的中心主题。围绕“法理”，法理学与部门法学之间形成一种互动结构：“法理学应当以各个部门法和部门法学为基础，应是对各个部门法的总体研究，对各个部门法学研究成果的高度概括。”[1]

基于这样的共识，“法理研究行动计划”自2017年12月启动以来，受到法学界持续升温的广泛关注和积极参与，不仅燃起了法理学界“以法理为中心”的科学热情，而且触发了法律学各学科“以法理为共同关注”的思想热潮，具有标志性和显示度的研究成果已经开始呈现。前三届研讨会[2]围绕什么是法理、如何发现法理、如何提炼法理、如何开展法理研究、如何实现法理研究与法学范畴研究的对接、如何在法理学与法律学的结合上构建新时代中国法理体系等议题，进行了深入而热烈的讨论，凝聚了广泛而科学的共识。在此基础上，从第四届研讨会开始，“法理研究行动计划”从整体性研究转向分领域专题研究。这一转向既是法理研究深化和拓展的必然要求,也是构建法理中国的必由之路。[3]“公法中的法理”正是“法理研究行动计划”转向分领域专题研究的第一步。[4]

2018年11月3日至4日上午,“公法中的法理”暨第四届“法理研究行动计划”学术研讨会在杭州召开。浙江大学光华法学院会同浙江大学法理研究中心、浙江大学公法与比较法研究所和吉林大学《法制与社会发展》编辑部一起主办本次研讨会,同时,中国法学会宪法学研究会、中国法学会行政法学研究会作为支持单位全力襄助。张文显教授在开幕式致词中简而言之地将“公法中的法理”界定为“公法的基本原理、公法的精神内核和公法的资格标准”。这有别于关于公法的法理学研究,“公法之基本原理指的是关于公法的本质性、规律性、终极性的认识结晶;公法之精神内核,指的是公法内在的目的性、合理性、正当性等价值元素;公法之资格标准,指的是一部宪法或宪法性法律、行政法法律法规等之所以被承认、被认同为具有法律效力和权威的形式要件”。[5]本次会议以凝练宪法与行政法的法理为主题,围绕这一主题,为期一天半的会议分为有机衔接的五个单元:“公法法理要论”“公法的基本法理”“公法运行与公法发展的法理”“人权与基本权利的法理”“国家治理与社会治理中的法理”。本次会议共计收稿百余篇,优中选优地选定56篇论文入选会议学术成果,还有《宪法法理清单》和《行政法法理清单》2篇专题清单,共计58篇。来自全国各高校和研究机构的70余名宪法学、行政法学、法理学专家学者参加本次会议,其中29位学者作了主题发言。在开幕式上,浙江大学文科资深教授、浙江大学法理研究中心主任、《法制与社会发展》主编张文显教授,中国法学会宪法学研究会副会长、清华大学法学院林来梵教授,中国法学会行政法学研究会副会长、中国人民大学法学院莫于川教授,浙江大学公法与比较法研究所所长胡敏洁教授分别代表各主办单位和支持单位先后致辞。

在内涵相承的五个单元中,与会代表们从不同领域、不同层面、不同角度提炼了宪法中的法理、行政法中的法理。为了客观和体系地展示丰富的思想火花和研究成果,笔者从四个方面对“公法中的法理”研讨会的内容进行述评。首先,从公法中的法理的角度,探讨部门法的内涵结构以及其法理与释义学的关系，这些思考可不同程度地适用于探究其他部门法中的法理。其次，分别概述会议中讨论的宪法中的法理、行政法中的法理。最后，分别从公法法理的特殊性、公法私法界分互通的法理角度来探讨公法法理在部门法法理中的相位。

一、公法法理的内涵结构与释义学载体

良法善治，民尊国范——“公法中的法理”暨第四届“法理研究行动计划”学术研讨会述评法制与社会发展体系性与实践性是法学思考的基本特征，也是公法法理的基本属性。公法法理的体系性集中体现在其内涵结构，公法法理的实践性则集中体现在公法法理与公法实践的体用关系上。这两个方面的考察，既是统合公法法理中的宪法法理、行政法法理的基础架构，也是适用于各部门法法理的分析框架，可以概括为关于公法法理的法理。张文显教授提出，“公法中的法理”可以为后续各专题性研讨会提供可复制和可推广的经验，[6]公法法理的内涵结构与释义学载体正是这一理论框架的两个方面。

（一）公法法理的内涵结构

“公法中的法理”并非从单项规范和制度中提取的相关法理的零散集合，而是体系化地呈现出一定的内涵结构。公法法理的内涵结构，不仅是公法中法理的类型层次的呈现，而且其本身蕴含着公法法理的基本方法元素。简而言之，公法法理的内涵结构包括作为体系的内涵结构和作为方法的内涵结构，本部分主要阐述作为体系的内涵结构。

基于不同的切入角度和界分标准，公法法理呈现出不同样态的内涵结构，由此汇聚成公法法理的多元面向。这是诸多与会学者在主题发言和与谈发言中专题论述或关联论及的重点话题。从逻辑层次角度看，有些与会学者提出分层式内涵结构，有些学者提出递归式内涵结构。从内涵和运行角度看，则可以分别借助良法善治与法律本体论、运行论的分类框架去构建公法法理的内涵结构。

1. 分层式内涵结构

林来梵在主题发言中区分了两种意义上的法理：第一种法理是包括宪

法在内的任何部门法所共通的理念和法理,这包含那些不能再追问的法理,是具有普遍性的价值原理或者规范原理。第二种法理是各部门法自带的法理。普遍的法理主要是法理学探究的法理,但它可以具体体现在整个宪法或某个条文当中。

雷磊类似地指出,公法中的法理在逻辑层次上可以包括两种:一种是一般法理;另一种是部门法理或特殊法理。与之对应,根据德国的传统区分,法学可以分为两部分,一部分是法教义学或法制度论;另一部分则是法学的基础研究。后者中最重要的法哲学,包括了法学方法论的认识论,然后是法伦理学或者法价值论。具体制度的背后则蕴含着基本的哲学原理。由此,公法学包括了公法教义学和公法法理学两个部分。

郑智航专门谈到公法法理的层次性,并界分了三个层次:第一个层次是公法的高级法理或者原理论;第二个层次是公法的规范法理;第三个层次是公法所蕴含的法理,这里涉及法律解释、法律思维的内容。后两者就是前两位学者分别所提的部门法自带的法理、部门法理或特殊法理。

2. 递归式内涵结构

邱本用“一句话哲学”的方式来回答什么是法理,尝试提出能够“一言蔽之、一以贯之、一了百了”的原理。这项属于核心法理或元法理的命题,显然是处于一个体系性结构中的核心命题或元命题。他所提炼出的这项法理是包括人性之恶、社会之恶、国家(政府)之恶和权力之恶的“恶”。公法因诸恶而产生,为防止诸恶而构建公法体系。公法的方法是以恶止恶或以恶去恶,从而达到止恶扬善或惩恶扬善的目的。

陈林林借用宋明理学的“理一分殊”命题来呈现公法法理内涵结构中的“一”与“殊”。他指出,根本的理是少数的,就如同月映万川,虽然在万川有投影,但依然只有一个月亮。他认为,在西方现代法律体系中,这个根本的理可以化约为康德的道义论和边沁的公益论。

在侧重从逻辑角度揭示公法法理内涵结构的方式中,与会学者谈到的分层式内涵结构,都属于以一般法理学与部门法学的分类为基础、以法规范为界限的二分法,也就是超越规范的一般法理与围绕规范的特殊法理。这表明,通过部门法来展示法理,是跨部门法乃至融贯部门法来提炼不同交迭幅度的共同法理的前提。因此，笔者以部门法体系为单元，以“宪法中的法理”“行政法中的法理”作为述评的一级结构。递归式内涵结构强调元法理、核心法理本身，通常是在一般法理层面部门法中贯穿始终或至少有领域覆盖性的基本法理，以及各项具体制度或具体规范中呈现的具体法理。由此，综合前述分层式内涵结构、递归式内涵结构，可以得出三阶内涵结构：核心法理—基本法理—具体法理，并以此作为下文分别提炼宪法与行政法法理的二级结构。[7]与此同时，逻辑角度的内涵结构仅得内涵结构之形，还需从内涵和运行角度去探知公法法理的内涵结构之神。

3. 良法的法理与善治的法理

“良法是善治之前提”[8]这个论断是党的十八届四中全会提出的标志性命题。在国家治理领域的良法善治中，公法中的法理集中而直接地体现了良法善治的法理内涵的主要部分，并在很大程度上与之具有主体部分互相重叠的结构性对应关系：宪法的法理与良法法理互为主要与典型体现，而行政法的法理则与善治的法理互为主要与典型体现。[9]因此，关于良法善治之法理的分类——良法的法理与善治的法理——也可以成为探讨公法法理内涵结构的一项天然结构。在此意义上，正如张文显教授在会议闭幕式上的概括：这个会为研究党中央提出的“良法善治”的法理提供了基础。无论是宪法还是行政法，都存在如何走上良法善治的问题，这就要借助法理进行研究。

4. 本体论的公法法理与运行论的公法法理

按照法的本体与法的运行的对应关系，公法中的法理亦可被展开为本体论的公法法理和运行论的公法法理。法的本体—运行论，不仅可以作为提炼并体系化各部门法法理的分析框架，而且公法法理的特质在这一框架中明显地体现出来。

公法法律关系以权利与权力关系为基本框架，人权法理与国家权力法理两大部分构成了本体论公法法理的基本板块。这两大内容板块结构在宪法法理中体现得尤为直观，在此基础上，两者相互交迭进而形成了第三个基本板块，即基本制度的法理，三者构成宪法本体论法理的分论部分，与宪法总论法理相对应。与此同时，行政法法理根据组织—行为—救济的内容结构,可以展开为行政组织法理、行政过程法理、行政救济法理三大主要部分以及与三者对应的法源、基本原理等行政法基础问题。

就运行论的公法法理而言,以宪法为例,包含制宪法理、修宪法理、行宪法理。其中,行宪法理可进一步展开为释宪、合宪性审查以及立法具体化等各环节中的法理,通过其他部门法的立法具体化安置“行宪”法理层面,是宪法运行论法理的特有景象。就行政法而言,按照法律运行论的一般结构,大致可以展开为立法型、行政型、司法型行政法法理。

会议5个单元的设置,较大程度地考虑了本体论—运行论框架下的公法法理结构,见图1。除了“公法法理要论”“公法的基本法理”“公法运行与公法发展的法理”聚焦公法运行论法理外,“人权与基本权利的法理”“国家治理与社会治理中的法理”则分别对应着权利法理与权力法理这公法本体论法理的两大框架板块。

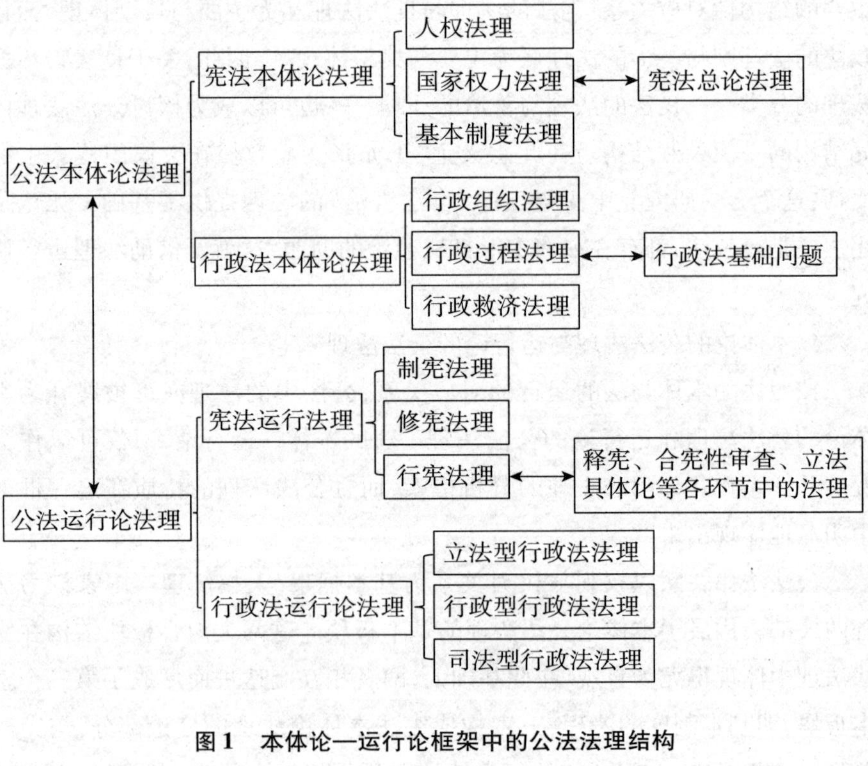

图1　本体论—运行论框架中的公法法理结构

(二)公法法理的释义学载体

公法法理进入公法规范中，呈现为公法的规范内涵，体系化为宪法、行政法等公法部门的意义脉络，公法法理的价值主张也由此获得了规范载体。[10]公法法理与公法规范是一体两面的关系，“以宪法为根据”在实质上就是以宪法法理为根据。由此，公法中的法理与公法中的释义学[11]同样是一体两面，不可分割。换言之，公法法理与公法解释的技艺互为表里，交互构成公法中的释义学不可或缺的有机组成部分。若缺乏公法法理，公法中的释义学将蜕化为空心的解释技艺，而非真正的释义学。公法法理在实践中得以适用、在研究中得以揭示的途径与载体，正是公法中的释义学。

公法释义学所揭示的内容的实质正是公法法理。由此，法释义学的属性维度、逻辑结构、历史机遇也体现为公法法理的属性维度、内涵结构与发展机遇。首先，法释义学涉及三重维度，分别为：对现行有效法律的描述涉及经验的维度；对法律概念和法律体系的研究涉及分析的维度；对解决疑难的法律案件提出建议涉及实践的维度。[12]三者通过公法中的释义学来呈现公法法理的三个维度。其次，法释义学揭示的规范内涵，包括该部门法所特有的法理，也包括一般法理在部门法中的投影。由于一般法理映现在部门法中并非固定，法释义学也通过向一般法理的回溯保持着一定的开放性。如前所述，与会学者在关于公法法理的分层式内涵结构的阐发中，不约而同地注意到关于一般法理或普遍法理同特殊法理或自带法理之间的分类。这与法学中法的一般理论和特定部门法释义学的二分结构相对应，后者呈现出公法法理的相对自洽性面向，而前者则是确保其开放性、回应性或社会适应性的关键所在。此外，随着“大规模立法时代”的结束，立法走向精细化，[13]我国法律体系日臻完善，公法研究不能仅仅关注立法和制度改革，还应关注解释论，有必要发展出公法释义学的原理，遵循逻辑与体系的要求，以原则、规则、概念等要素，来解释与发展公法规范，并通过适当的解释规则，来运用和阐释公法规范，[14]在立法者、行政官员、法官及法科教授、法律学生之间就公法基本问题达成共识。[15]这不仅是法释义学发展的历史机遇，也是通过法释义学来凝练公法法理的时代契机。

二、宪法中的法理要义

宪法乃承载社会基本共识之规范载体,也即承载宪法法理之规范载体。揭示宪法法理并将之贯穿于宪法修改、合宪性审查、宪法解释等宪法运行的实践中,是凝聚社会基本共识,推进国家治理现代化的基本途径。

宪法的基本调整对象是公民和国家的关系,要解决的基本矛盾是权利和权力的关系。德国宪法学巨擘耶利内克(Georg Jellinek)影响深远的"地位理论"之所以具有里程碑式的意义,就是因为其首先集大成地在个人相对于国家的框架中,论述了四种地位:被动地位(paasiver status)、消极地位(negativer status)、积极地位(positiver status)、主动地位(aktiver status)。[16]汪习根探讨了公私法关系的这个经典问题。他认为,仍然应当基于公权和私权的关系结构去回应法治中国建设和社会变迁的新需要,回答现实的难题,回归法治的实质。回应新需要的核心在于回应公权和私权关系的新变化。法治的实质无非就是要依法治国、依法治权、依法维权,两个权的互动是整个法学界讨论了千百年的一个核心线索,贯穿于整个法学甚至法治实践的始终。

基于以公民和国家的关系为基本调整对象的结构,郑磊在根据会议秘书处的讨论和委托而向会议报告的《宪法法理清单》中指出,宪法法理乃调整公民和国家的关系的法理。一般法理学上的权利和权力、权利与义务关系,在此呈现的基本结构是公民基本权利与国家权力(包含国家义务)。宪法法理中的核心法理、基本法理、具体法理等均可从公民基本权利与国家权力的关系中呈现或派生出来。因此,诸项宪法法理命题可结构化地化约为"民尊国范",即人民有尊严和国家权力行使规范化,见图 2。

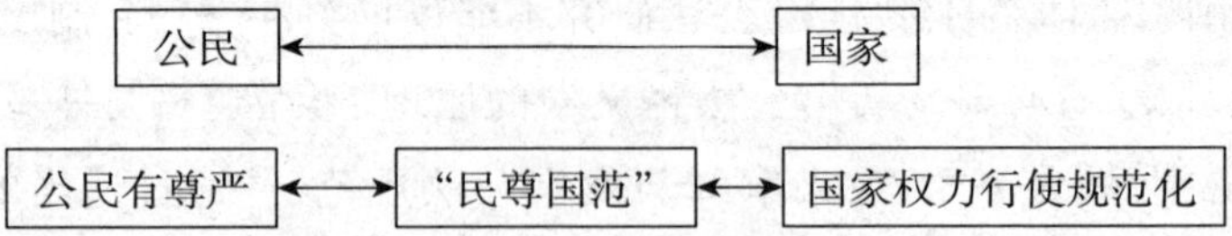

图 2　宪法法理基本结构上的简约命题

(一)核心法理

最核心的、居于元地位的法理可以简称为核心法理。基于公民和国家的关系这一宪法的基本调整对象的结构，《宪法法理清单》将宪法的核心法理表述成图3所示的二元结构：尊重和保障人权，制约和规范公权。宪法的这两大基本内容和使命，为人类在不同时间、不同空间中通过民主程序凝聚基础性价值共识提供了基础性的规范框架。若加入最低限度的基础性价值共识，二元结构的核心法理可进一步简化为“民尊国范”。

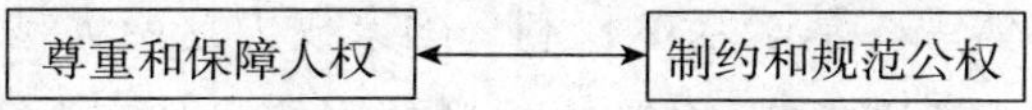

图3　宪法的核心法理

在宪法元法理层面上，诸多学者在相关发言中，基本上阐述了关于此二元结构的共识，大都兼顾两者或有所侧重，也有超越二元结构阐述核心法理。

张翔指出，如果从元法理角度讲，宪法法理可能是三个“权”，即权利、权力和权衡，三个概念也构成公法上最核心的概念。王建学则认为，人(权)和公民(权)是宪法的核心范畴和元法理，其二分法理不仅对理解基本权利发生学具有重大意义，几乎所有当代权利清单都可以在人权和公民权二分法中找到其思想渊源，而且反映了宪法以何种态度将个人安放在国家中，直接决定着个人在国家中的地位。他围绕人权和公民权二分法的法理辨析从思想源流与规范演变角度进行了探讨，指出我国宪法中也存在人和公民以及人权和公民权的纠葛关系，其妥当界分的法理基础在于协调好共和主义、社会主义与个人自由的关系。

围绕国家这一基本范畴，曾韬认为，宪法的整合理论是融贯国家理论、宪法理论的国家法学理论，其所揭示的法理包括：宪法是国家的法秩序，更确切地说，是生活的法秩序，在此种生活之中国家才能获得其现实性，此种生活也是国家的整合过程。这一过程的意义在于不断重新构建国家生活之整体，而宪法则是这一过程的各个方面的法律规定。宪法的国家整合理论，是带有明确的“经验观察任务”的宪法法理，其“核心经验观察”包括国家当下整合体系的面貌、国家整合体系整合力的总体判断(正当性程度)等。

黄文艺在发言中则指出,以公权和私权、公权力和公权利的二元对立为逻辑起点的各种公法理论,在新时代公共治理的实践面前,面临着严峻的挑战。新时代新公法最核心的思想元素就是"共和"精神,共商、共治、共享就是当代的中国版共和精神。

(二)基本法理

核心法理之下是基本法理,宪法的基本法理是其核心法理在宪法调整的各领域的基本体现。基于基本权利—国家权力这两大基本内容板块,连同贯穿两者的基本原则板块,对基本法理的凝练可从三个方面通过领域式线索来展开。三个方面承载着各项具有紧张关系的基础性价值原理,基本法理的凝练也可从这些价值原理的角度通过内涵式线索来展开。本部分关于基本法理的述评,综合这两条线索复线展开。

1. 基本原则方面

在基本原则方面,人民主权、人权保障、民主集中、依法治国等基本原则从不同方面呈现出基本法理,并汇聚成基本原则层面的基本法理体系。其中,人民主权是回答国家及其正当性基础的法理,人权原则则回答国家目的的问题,而民主集中与依法治国分别从权力运行结构和权力运行准据的角度来回答国家如何运行,见图4。

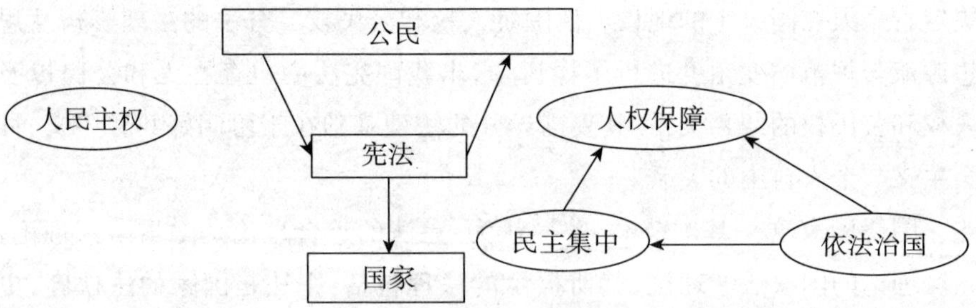

图4 宪法的基本法理(基本原则方面领域,适用领域角度)

从基本价值原理的角度看,在保障基本权利以及国家权力据此运行的过程中,始终贯穿着民主与自由以及自由与平等的张力,见图5。其中,自由与平等的张力更多地体现在基本权利保障中，民主与自由的张力则较直接地体现在国家权力的运行中。这两对矛盾形成的基本紧张关系也构成宪法变动与发展的基本动力，各类关于宪法法理的理论体系所蕴含的基本价值主张在基本原则层面均可化约为各类民主主义、各类自由主义和平等主义的政治哲学。

图5　宪法的基本法理（基本原则方面，价值内涵角度）

2. 基本权利方面

公民和国家关系的基本框架，在基本权利法理上典型地体现为"基本权利—国家义务"的分析框架，见图6。张翔的发言基于这种框架阐述基本权利的法理。他认为，基本权利可以分为主观权利和客观法两种属性，两者可进一步细分并最终对应到国家对于个人权利承担的消极义务和积极义务。

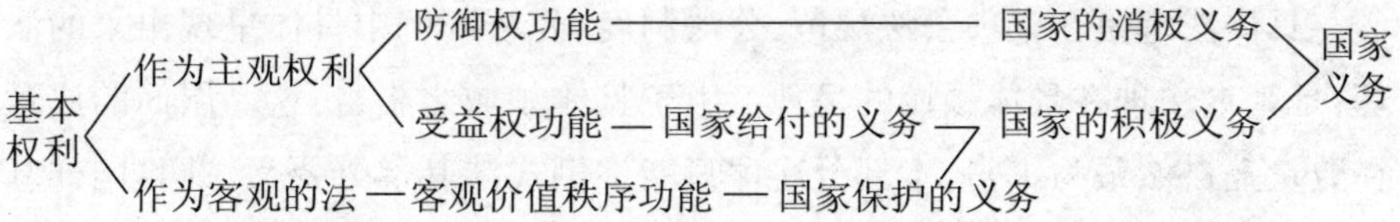

图6　宪法的基本法理（基本权利方面，基本权利—国家义务框架）[17]

在这种分析框架中，基本权利的不同属性、国家的不同义务所承载的价值原理各有侧重，不同类型的基本权利所保障的人格法益各有侧重地形成不同的价值要素方案。在基本法理层面，郑磊在《宪法法理清单》中将这些不同的价值要素方案凝练出三项基础性价值原理：尊严、自由、平等，见图7。

图7　宪法的基本法理（基本权利方面，基础性价值原理角度）

多位与会学者关注尊严法理。尊严不仅是一项重要的宪法价值，而且在国际人权法中发挥着重要作用。但是，其内涵具有不确定性和冗余性。破解这一实践难题，需要澄清其法理内涵。Alan Harel 将尊严的使用方式区分为四种策略，分别为目录策略、最后手段策略、历史进路和操作模式进路。

郑玉双梳理了关于尊严法理的前述学说,沿着操作模式探讨了尊严的宪法法理,在强、中、弱三种梯度的操作模式中,提出“中道的内在价值尊严观”,主张尊严的价值内核是其不可侵犯性和共同体属性,尊严为人权提供价值基础,但不能决定人权的内容。对尊严的保护需要放置在一个超越宪法的互惠模式之中才能更好地实现。

3. 国家权力方面

对于国家权力方面的基本法理,依据《宪法》的用词可以将其表述为:分工负责与监督制约。张翔认为,关于权力的法理的基本问题是权力的混合与分离的问题。人类历史上国家权力的分立与混合,大体上有两种脉络:一种是混合政制;另一种是近代以来的分权体制,其中最为著名的就是三权分立,与之对应,社会主义宪法的一项重要原则是民主集中。

(三)具体法理

具体法理是在某项公法规范、公法制度、公法判例中具体呈现出来的法理,是基本法理在具体领域的呈现。由于具体领域之丰富,这一层面的法理在数量上自然最为丰富,本部分述评只能举例式涉其部分要义,并且同样基于基本权利—国家权力的两大基本内容板块,同时连同两者交叠而成的基本制度板块,沿三大方面凝练其中的具体法理。

1. 基本制度方面

从制度内涵来看,国家的基本制度包括三个方面:基本政治制度、基本经济制度、基本文化制度。三类制度是否在宪法中被作出规定,不同国家的情形不尽相同。其中,政治体制是各国宪法均会涉及的基本制度内容,社会主义国家宪法通常对三类基本制度均作出规定。因此,对于基本制度中的具体宪法法理,可以从三类基本制度去提炼。第一,基本政治制度中的法理是三者中的重心,包含国体法理、政权组织形式法理、国家结构形式法理,还可进一步展开为中央地方关系法理、单一制法理、一国两制法理、民族地方自治的法理等。第二,基本经济制度的法理,包含所有制法理、分配方式法理、自然资源权属法理,还包括 1988 年修宪的核心条款私营经济条款,并在 1999 年和 2004 年修宪中进一步丰富和完善的非公经济条款所蕴含的法理,以及1993年修宪的核心条款社会主义市场经济条款中的法理等。第三,基本文化制度的法理,包括文化建设法理、精神文明建设法理以及2018年修宪中新入宪的社会主义核心价值观法理等。

林来梵指出,国体法理正是基本政治制度中的重要法理。他认为,揭示国体法理有三个关键词:“人民民主专政”“社会主义”“中国共产党领导”。从学术史的梳理来看,国体概念其实是从政体的概念里衍生出来的,并在近代从日本输入我国的一个法政概念。该概念通过毛泽东有关国体的学说,进而被写入宪法,至今仍在不断发展。国体法理在中国得以不断发展的原因,在于其具有的三个功能:第一,建构国家形态;第二,将特定的政治权威加以正当化;第三,参与形成国家统合原理,尤其第三个功能很重要。

刘练军对《宪法法理清单》进行了补充,认为还包括宪法中的改革开放法理、社会主义市场经济法理,指出两者至关重要、不可忽视,是中国宪法法理的本土资源,是对社会主义宪法法理的贡献,乃至对人类宪法学的贡献。

国家的基本制度,从宪法运行论角度去看(如图1所示),包含制宪法理、修宪法理、行宪法理,其中,行宪法理可进一步展开为释宪、合宪性审查以及立法具体化等各环节中的法理。

侯学宾提出,作为宪法法理的先定约束,属于时间维度中的制宪法理话题。他指出,宪法作为在特定时刻确立的具有先定约束力的框架和规定何以限制后代民主决策,在我国宪法实践中关于良性违宪的争论、关于《物权法(草案)》违宪的争论,都关系到如何理解宪法的先定约束,而且这种先定约束有外部和内部两种不同的基础。宪法的先定约束不仅仅是一个代际民主话题,宪法“为什么”具有先定约束涉及丰富的制宪法理,而如何发挥宪法法理的先定约束这个“如何做”的问题,则涉及修宪法理、释宪法理、合宪性审查的法理。

上官丕亮分析了宪法保障制度的法理。中国合宪性审查的特有问题在于,作为合宪性审查主体的全国人大及其常委会如何对其自己制定的基本法律和其他法律进行审查,其法理逻辑主要在于三个方面:宪法至上论、人民当家作主论、民主集中制论。如何在现行宪法框架内发挥现有的合宪性审查机制的作用是当务之急,也就是如何推动全国人大及其常委会更好地发挥合审性审查的自我纠错功能,让全国人大及其常委会(包括宪法和法律委员会)积极开展对法律的事后合宪性审查工作。

2018年《宪法修正案》极大地丰富了当代中国宪法的法理。其既包括修宪法理本身,也较大篇幅地涵盖序言总纲中的法理以及国家机构法理,其中较多的是处于序言总纲中的基本制度法理,除了前述改革开放法理外,还有统一战线法理、国际法治法理、人类命运共同体法理等。

2. 基本权利方面

基本权利的具体法理分为基本权利总论中的法理与各论中的法理。总论中的具体法理,包括少数人权利法理等基本权利主体法理,防御权能、给付权能、客观法等权能法理,第三人效力等效力范围法理,绝对保障、相对保障等基本权利保障法理,基本权利限制法理、比例原则法理等规范构成的法理,基本权利冲突法理、竞合法理,等等。各论中的基本法理,就是各类基本权利中所蕴含的法理,包括人人平等、政治参与、人身自由、人格尊严、精神自由、经济自由、社会保障和权利救济等价值原理。

蔡琳以美国同性婚姻案的判决为例,提炼出同性婚姻权利的论证法理,将之概括为三个逐层递进的层次。首先,在论证理由上包括形式性理由:反歧视的平等主张;功利的理由:衍生性权益;规范性的理由:人之尊严。其次,追问论证理由背后的哲学前提,提炼出平等主义的权利观、"无牵无挂"的自我观以及阿玛蒂亚·森和纳斯鲍姆所言之正义能力观。最后,进一步回归到个人自治理念的原点上,并体系性地指出各层法理之间的层递逻辑:作为权利来源的个人自治理念可以论证道德权利,而道德权利可以作为基本权利的来源和基础存在。从中可见,即使基于某类判例来论证某项基本权利的各论法理,在某项公法规范、公法判例、公法制度中凝练法理,也不仅可以层次性地呈现其中所蕴含之各项公法法理的体系,而且这些某个领域的各论型公法法理,本身就可以从某个角度一叶知秋地呈现公法法理的整体样貌。

王永宝通过研究《古兰经》和伊斯兰法理来探讨"伊斯兰传统人权体系"。区别于《开罗宣言》中照搬《世界人权宣言》的人权体系,他的研究属于研究特定宗教背景中的人权法理。该体系具有两个特征:一是具有内在活力本质和外在革命属性;二是其反映的道德价值、观念体现出对现实的反抗。

3. 国家权力方面

国家权力方面的具体法理就是国家组织法法理,包括国家机构总论中的法理与各论中的法理。总论中的具体法理,包括职权法定、权责相当、功能适当、精简效率等价值原理,以及人大主导等结构性原理;国家组织法各论中的具体法理,则体现为各类国家机关的组织与活动中特有的具体法理。

张翔阐述了国家组织法总论层面的功能适当法理。他指出,分权体制也没有办法避免各种权力之间的混合,没有办法避免出现新的权力分支,形式主义的分权学说并不符合权力运行现状。探寻权力的分与合之间的“玄机”,应该放弃一种简单的二分法。他认为,我国宪法最终实际上已经放弃了这种形式主义的国家权力配置观,而是采用了一种功能主义的国家权力配置观。

三、行政法中的法理要义

行政法的法理在于结合宪法、行政法律规范及行政法原则,结合司法实践、行政管理实践,结合对行政法学理论的阐发,构成在行政法领域一以贯之的法理。行政法中法理的作用或在于:第一,作为解释法律规则的依据;第二,弥补法律规则的缺失;第三,阐明行政法制度改革的方向。

(一)核心法理

1. 保障公民权利

目前,中国行政法学界的主流见解将行政法律关系中的私人主体享有的权利称为“相对人的权利”。《中华人民共和国行政诉讼法》的立法目的之一在于“保护公民、法人和其他组织的合法权益”。居于要冲者,并非公民权利应受公权力的限制,而是公权力主体的权限应受行政相对人权力的制约。[18]

行政法上的权利是观察和掌控行政法律关系实质内涵的重要分析工具,借助公法权利的法理,有助于建构精致的行政法释义学理论。[19]从实践层面,也需"保证人民依法享有广泛权利和自由……保障人民知情权、参与权、表达权、监督权"。[20]未来,应就行政相对人的参政权、授益性权利、自由权利、救济权利和程序权利,展开更为深入的研究。[21]

2. 以公共利益为取向

行政任务的施行,应以实现人民利益为目的,以公共利益为取向。行政活动的实施,不仅要遵守法律的规范,还要考虑行政目的,以公共利益为取向,做通盘的考量。[22]在某种意义上,"公共利益位于公法的中心"是公法的"起源观念",构成"行政法之始末"。公共利益不同于私人利益,也不是私人利益的简单叠加。行政法中的"公共服务""公共福利""公共财产""公共工程"等概念,都与公共利益概念密切相关。

"公共利益"并非恒定的概念,在多元复杂的社会中,存在不同的甚至相互冲突的利益。当公共利益与私益相对立时,可以通过对公益和个人利益进行合理的比较、衡量,来解决问题。王敬波在会议发言中指出,公共利益构成了公共行政存在的理据,但如何在多元利益中界定公共利益,是一项困难的课题。

3. 有效实现行政任务

传统行政法学更为关注行政行为的合法性,其侧重于从法院的角度观察行政权,更多强调法律对行政的控制,但随着行政法学的发展和时代的变迁,在恪守行政合法性的前提下,还需追求"正确性"的目标,探究如何依法有效实现行政任务。行政法的发展取决于行政任务,行政任务是依据法律规定的行政任务和行政权限,由行政主体完成的国家任务。[23]

"行政任务"概念是大陆法系行政法学所建构的学理概念。行政任务具有一定的抽象性与模糊性,是对行政机关承担权力和职责的一种抽象化描绘,是行政机关完成的国家任务,往往来自法律法规的规定。[24]行政任务的发展与变迁是国家发展的一部分,也与政府职能的配置密不可分。为此,应着力探究不同行政任务背后的法理,探究行政任务变迁背景下行政法理的建构。

宪法设定了国家目标,宪法规范超越了各具体领域的个别细节和相关法律界限,使研究者得以据此思考不同行政任务领域的发展模式。[25]例如,可根据《宪法》第 15 条关于“国家依法禁止任何组织或者个人扰乱社会经济秩序”的规定，《宪法》第 28 条中“国家维护社会秩序”的规定，《宪法》第 53 条对公民“遵守公共秩序”的要求，去思考秩序行政与秩序行政法的法理。可根据《宪法》第 14 条第 4 款“国家建立健全同经济发展水平相适应的社会保障制度”的规定，《宪法》第 45 条第 1 款第 1 句对公民从国家和社会获得物质帮助的权利的规定，第 45 条第 1 款第 2 句对国家发展社会保险、社会救济和医疗卫生事业的规定，来进一步剖析给付行政与给付行政法的法理。可从《宪法》序言中“发展社会主义市场经济”“贯彻新发展理念”的表述出发，来思考中国发展行政与发展行政法的法理。

作为行政法学的新发展，除了强调应用传统的法释义学方法之外，还要整合效果取向和结果考量的方法，让行政法成为“达成希望的效果，以及避免不希望结果”的工具，其学术品格不仅仅是法律适用，还要关注立法政策选择，关注行动实效。〔26〕随着行政任务的变迁，不仅应考虑依法行政对行政行为的约束，还应考虑“作为调控科学的行政法学”，从实现行政任务的角度，对不同的行政行为形式、行政组织形态和行政程序加以比较。

在此引导下，行政法学可以更为细致地分析行政机关履行行政任务的各种方式，分析在个别任务领域中各种行动者的动机、功能与责任分配，以及就此发展出的由行为形式、组织、程序所组成的整体规制模式。〔27〕通过探讨不同调控主体、客体、媒介和手段之间的关系，可以进一步分析各种调控构想的优缺点，分析如何强化行政法的调控能力。

（二）基本法理

1. 行政法基本原则

在探究行政法中的法理时，行政法基本原则应居于极为重要的地位。莫于川提出了“条理法”的概念，认为其构成包括立法目的、立法精神、法律价值、法律原则以及特殊情况下的社会公德、当地习惯和社会共识。

张青波基于其法理学和行政法的双重学术背景提出，一方面，作为法理念的具体化，法律原则得以分享法理念的价值内涵；另一方面，作为实证规则的根据，法律原则又能够体现在规则或制度的意旨之中。他认为，从法律原则所应具备的正当价值、制度根基和权衡特质这三个辨识标准出发，行政法基本原则也应能被正当化、勾连实证法，并且通过权衡来影响实践。据此，张青波认为，行政法基本原则应包括形式意义上的依法行政原则，这主要指法律优越原则和法律保留原则；行政法的基本原则还应包括实质意义上的依法行政原则，包括平等原则、比例原则、信赖保护原则和正当程序原则。

应当着力探讨行政法基本原则的价值根基和思想源流。例如，平等原则并非指绝对、机械的形式平等，它的真谛在于对性质相同的情况作相同处理，而对于性质不同的情况予以合理的差别待遇并不违反平等原则。[28]信赖保护原则的基础源于法安定性的要求，法安定性的核心内容在于国家公权力行为、规范与制度的持续性。信赖保护原则涉及的是作为公民防御权的主观权利，对于公民个人而言，信赖保护原则的实质意义是以信赖保护请求权的方式来实现个人权利的具体化。[29]正当程序则涉及"最低限度的公正"，需判定哪些程序是正当行政程序中最基本的、不可或缺的要素，一般认为，这包含告知和听证、文件查阅、理由说明以及处分基准的设定和公布。[30]

比例原则在行政法理的建构中具有重要地位。比例原则的思想源流或可追溯到雅典的立法者梭伦，其哲学思想的要点是"别太过分了"。亚里士多德认为，公平是比例相称的可能性之间的中部，"因为成比例就是中部，公平就是比例相称"。[31]蒋红珍提出，比例原则已经超越了原则与规则语境下的原则属性，构成了指导所有法律原则与规则适用的公设(postulate)或元规范(metanorm)。她指出，比例原则从防御性权利的保障发展到"法益衡量"，其适用范围正在历经从"权利—权力""权利—权利"向"权力—权力"的结构拓展。

2. 行政法律关系

苏宇借鉴德国行政法学家阿斯曼的理论，指出行政法律关系具有启发功能、结构化功能和释义学功能。法律关系的启发功能在于，对行政主体和相对人之间、行政主体之间的互动过程进行分析，从既存的规范素材中解析出反复的建构形式，并强调权利义务的相对性与关联性，对不同的行政法律关系加以分析。[32]法律关系的结构化功能在于，在拓展传统的国家与公民之间的双边关系的同时,法律关系同样成为对拥有多种利益和多元主体的多边法律关系予以整体把握和法律评价的工具。[33]法律关系的释义学功能在于,可以针对秩序行政、租税行政、计划行政、给付行政、公物利用、补贴等不同领域的法律关系,总结出针对不同类型法律关系所适用的一般法律规则。[34]

行政行为理论侧重于截取作出行政行为的特定时间,对其进行考察;而行政法律关系理论则在行政法中引入了时间维度,对法律关系的变动过程加以整体考察,对行政在各个阶段的行为予以持续考察。苏宇指出,行政法律关系将趋于立体化、多元化、算法化和体系化。

3. 行政行为形式理论

传统行政法学本质上是一整套关于行政行为方式的释义学,其以行政行为的形式作为体系架构的中心,以合法/违法作为论述重点。行政行为形式理论以法律概念的操作技术为基础,针对行政机关为达成特定目的或任务所实施的各种活动,将行政活动提炼归纳为行政行为、行政合同、事实行为等类型,作为控制行政活动合法性界限的基本单元,再抽象整理出不同行为类型的构成要件和法律后果,以达成控制行政活动合法性的目的。行政行为形式理论涉及各行政活动基本单元的内涵与外延、容许性、适法要件及法律效果问题,以确保依法行政的实现,保障人民权利。[35]

行政行为形式理论使行政法整体置于行为类型的观察视角和规范框架下,其旨趣是"从无法预测的、变动不居的多样性行政中,提炼出类型化的行为单元,并使其遵守特定的法律要求,以及具备特定的法律效果"。[36]这包含着两项基本诉求:其一,通过简化行政机关对于行为手段的选择困难,促使其有效、客观、合法地完成法定职责;其二,通过对行为方式的固定化、制度化和型式化,实现对公民的法律保护,对抗可能的行政恣意。行政机关在法定框架内,有选择行政行为形式的裁量权。

4. 行政程序

"正义不仅要被伸张,而且要以看得见的方式被伸张。"行政程序有助于确保行政实体法的实施。[37]只有确立并遵守行政程序,才能保障行政行为的内容合法,即"经由程序达致合法性"。行政程序还可以作为多元利益沟通博弈的平台,作为表达不同意见的窗口,在行政机关行使裁量权或需对不同利益加以衡量时,发挥重要的作用,有助于行政主体作出合法、正确的决定。[38]

行政程序与行政法上的利益调整有着较为密切的关联。随着中国社会结构的变迁和不同利益的日趋分化,在多元民主主义的理念下,行政不仅仅应保障行政相对人的权益,还应该调整利害关系人之间的利益冲突。在设计行政程序时,应保障不同利益的有效表达,使得行政活动成为行政机关、利害关系人、一般公众等具有不同立场者之间达成合意的一种统合性过程。[39]

覃慧提出,随着治理主体、治理基础、治理手段与治理目标的变化,应发展出回应治理转型的"第三代行政程序",以回应合作行政、风险行政、全球行政和自动化行政的挑战,进而提升行政行为的民主正当性,提升行政行为的理性与可接受性。

(三)具体法理

1. 行政组织的法理

2014 年颁布的《中共中央关于全面推进依法治国若干重大问题的决定》提出"依法全面履行政府职能",党的十九大报告提出"完善国家机构组织法"。中共中央、国务院印发的《法治政府建设实施纲要(2015—2020 年)》提出"完善行政组织法律制度,推进机构、职能、权限、程序、责任法定化"。为此,应以行政任务为导向,结合公共管理、行政组织的经验和知识,研究行政组织的法理,进而科学合理配置政府职能,设计行政组织,以适应社会的发展与变化,这是法治国家对行政可问责性的要求,也兼顾了对民主正当性和行政效率的考量。[40]

2. 行政改革的法理

应探讨行政改革与法治的关系。要坚持法治的基本要求,在法律允许的范围内进行改革,当改革遇到制度障碍时,应努力在法律体系内通过法律解释等持续寻求解决之道,并通过行政管理手段的创新,减少改革与法制的直接冲突。还应通过授权等形式,为体制改革的推进创造更大的空间。[41]应从法学理论的维度,探讨如何坚持在法治下推进改革、在改革中完善法治,实现立法和改革决策相统一、相衔接,做到重大改革于法有据、立法主动适应改革和经济社会发展需要。杨登峰讨论了行政改革试验授权在授权体系中的地位和法律属性,分析了对行政改革试验授权的程序要求、形式要求和内容要求,讨论了行政改革试验授权的法律界限。〔42〕

在推行行政改革、转变政府职能、深化简政放权的过程中,应将简政放权置于政府全面正确履行职责的大背景下,坚持简政放权、放管结合、优化服务"三管齐下",既要解决"越权、越位"的问题,又要解决"缺位、不到位"的问题,坚持有效监管,优化公共服务。〔43〕骆梅英论述了"减证便民"中的法治理论,分析了"审批标准化"背后的行政裁量理论,讨论了"流程再造"中的程序法理,剖析了"让数据多跑路"中的证明责任理论,并阐发了事中事后监管中蕴含的合作执法与威慑执法理论。

3. 行政决策的法理

2014 年颁布的《中共中央关于全面推进依法治国若干重大问题的决定》把公众参与、专家论证、风险评估、合法性审查、集体讨论决定确定为重大行政决策的法定程序,以确保决策制度科学、程序正当、过程公开、责任明确。《法治政府建设实施纲要(2015—2020 年)》对重大行政决策程序的要求予以进一步明确和细化。应研究行政决策中的法理,研究何为行政决策,何为行政重大决策,如何捍卫行政决策的合法性,如何实现行政决策中的科学与民主,如何审视多元主体在政策形成中的作用。

4. 行政执法的法理

行政执法是政府最大量的日常管理活动,是实施法律法规、依法管理经济社会事务的主要途径,是履行政府职能的重要方式。〔44〕应研究行政执法中的法理,研究如何改革行政执法体制,如何推进执法重心向市县两级政府下移,研究综合行政执法的法理基础;应研究行政执法程序的完善、行政裁量基准制度的法理定位;应研究行政执法方式创新的法理,研究行政合同、行政指导等非强制性范式的运用;应探讨威慑式执法、合作式执法等不同执法模式的法理;应研究如何利用"互联网+",利用大数据和人工智能手段,来有效进行行政执法。

5. 行政治理的法理

在国家治理网络中，不同主体有着不同的立场、知识、信息、资源和能力，有着自己的优势与不足，治理网络更强调多元主体的合作与参与，以合作性和互动性更强的方式，形成相对更为持续、更为稳定的关系，通过不同主体来共享、动员和聚合分散的资源，协调利益和行动，来实现行政任务。[45] 在我国，行政组织不仅是直接的规制者，而且还是规则的设计者、社会治理网络的导控者，是“对治理的治理”。

《国务院关于“先照后证”改革后加强事中事后监管的意见》指出，应“推进以法治为基础的社会多元治理，健全社会监督机制，切实保障市场主体和社会公众的知情权、参与权、监督权，构建市场主体自治、行业自律、社会监督、政府监管的社会共治格局”。因此，有必要研究行政治理中多元主体的权利、义务、责任及相互间的法律关系；应引入反身治理、政策学习及实验主义治理的理念，关注治理体系的动态演进、发展、反馈、调适与修正；还应关注治理责任的法理，应明确问责主体、问责方式、问责标准、问责范围、问责程序、责任后果，使得可依法对治理网络中的多元主体问责。[46]

党的十九大报告提出，“以良法促进发展、保障善治”。善治的含义在于依法治理、公共治理及以人民为中心的治理。[47] 李炳烁剖析了善治的法理，剖析了如何以良法保障善治。

对多元化的治理规范的研究是行政治理法理研究的重要组成部分。在2018年故去的罗豪才教授生前的倡导与引领下，诸多学者及学术团队近年来开拓了软法研究的新疆域。软法指的是不能运用国家强制力保证实施的法规范。软法研究群体关注软法在推进公共治理、推进社会自治中的作用。[48] 成协中围绕实证主义法学派法律概念的三个关键要素，即强制性、规范性和实效性，来分析软法的本质，关注软法的作用机理与法的实效性，分析软法为什么有可能得到遵守。未来，应走出传统的国家主义法律观，进一步剖析软法规范与国家法律规范的关系。

由于风险的泛在性、不确定性以及危害性，加之个人欠缺相应的信息和知识，因此，无法从容不迫地去因应风险；风险问题涉及大量的科学政策问题，自由市场很难对诸多社会现象所蕴含的风险和收益进行评估，在不同的甚或难以相互权衡的价值之间进行衡量;因此,风险社会要求行政法的转型,要求结合国家和社会的力量,进行有效率的风险规制。关于风险行政法的研究,[49]有必要研究风险行政中的法理,研究风险规制中的预防原则、风险行政中的科学与民主。赵鹏指出,风险行政的目标不是彻底消除风险,而是建立与风险的共生关系,要界定风险的可接受水平,要关注风险行政中价值权衡、政治考量和科学理性的作用,理性对待知识与权力。

四、公法法理在部门法法理中的相位

"法理研究行动计划"之所以将"公法中的法理"列为诸多专题性研究中的首选专题,主要基于两方面的考虑:第一,公法特别是其中的宪法和行政法,蕴藏的法理资源十分丰富,既有的研究基础较好。[50]第二,通过对公法中的法理的凝练,不仅有助于推进公法法理研究与法理学的法理研究,而且,对于促进其他部门法以及法领域的法理研究,在国家治理现代化的时代能起到更大的作用。进言之,公法中的法理在部门法法理的研究中,具有特殊的地位,更有助于推动法理成为各部门法的共同关注。这一方面体现在公法法理的特殊性上;另一方面体现在公私互通的法理与公法法理的亲缘性上。

当然,关注这些特殊性,并非让公法法理的研究隔绝于其他部门法法理的探讨,恰恰相反,而是通过借镜公法法理研究推动各部门法或具体领域的专题性法理的研究,乃至提供可复制、可推广的经验。所不同的是,上文"公法法理的内涵结构与释义学载体"部分涉及的是可推广经验中侧重于相对而言可相同对待的那部分;而特殊性部分,则是侧重于在相互借鉴中需区别观察、变通借鉴的部分。

(一)公法法理的特殊性

公法法理的特殊性更为典型地体现在宪法法理方面,与会论文与发言讨论公法法理的特殊性的也主要是宪法学者。关于此特殊性的原因与体现的相关讨论,可以概括为如下三个方面:首先,其内涵更为直接、更大比例地涉足政治性;其次,由此决定公法法理在良法善治法理中的重要地位;最后,公法法理的特殊性体现在公法法理规范结构的开放性上。

1. 宪法法理的政治性

公法法理的政治性典型或主要地体现在宪法法理上。较之各类部门法现象,作为宪法规范之调整对象的宪法现象,与政治结合最为紧密,这决定了宪法法理具有较高的政治性乃至意识形态性。如黄文艺指出,公法作为实施公域治理、维护公共利益的法律部门,与社会政治结构的关联最为密切,对社会政治变迁的反应最为敏锐。

宪法法理乃至公法法理的政治性,首先并典型地体现在国体法理中。林来梵提出,国体法理处在"法律政治交锋的锋面上面",以那种非规范性式的条文出现,2018 年修改后的《宪法》第 1 条予以明确的"中国共产党领导是中国特色社会主义最本质的特征"的条文表述,不同于仅仅约束人的行为的一般规范,国体条款结构的各项特殊性,是凝练国体法理需要注意的方面。

李忠夏指出,在系统论的观察中,宪法是政治系统和法律系统的结构耦合,而不单单存在于法律系统当中。就政治系统的视角而言,宪法具有构建政治并制约政治的两方面功能:一是实现"政治系统身份进行自我确定的选择性机制",主要通过政治过程来进行,宪法起到了建构政治系统的作用;二是通过宪法确定"社会结构的框架条件",对政治系统加以限制,也就是解决政治系统的"社会结构相容性"问题,比如,在经济系统中,权力的符码和经济的符码有时会发生重合,宪法要考虑的是如何防止权力的符码吞噬经济的符码。在此双重意义上,宪法呈现为"社会背景中的政治宪法"。

宪法法理内涵上的政治性并不难被发现,但问题的难点和关键在于:面对具有政治属性的内涵,在宪法法理乃至公法法理的凝练方面,法学的贡献是什么?以关于国体法理的讨论为例,关于该项法理是宪法释义学意义上的一项法理还是政治宪法学意义上的一项法理的争论,一直存在于国体法理的学术脉络中。林来梵认为,如其所倡导的规范宪法学的一贯主张,国体法理尽管存在于"法律政治交锋的锋面上面",但仍可对之进行规范宪法学式的研究。这里体现出研究宪法法理所特有的方法风格:应区别"对象的政治性与方法的政治性",[51]政治性的研究对象并非只能沦为政治性方法、事实论研究的对象,而同时可以基于“方法的规范性”风格进行法释义学研究,以提炼出宪法法理及其体系脉络。无独有偶,英国公法学者洛克林(Martin Loughlin)直接将调整对象的政治性与方法论的特殊性联系在一起:“公法所调整的法律关系具有根本的政治性,这要求它采用一种与私法研究方法截然不同的独特研究方法。”〔52〕李忠夏借镜德国法社会学大师卢曼的系统论,就凝练结构耦合于政治系统和法律系统间的宪法之功能法理作出了重要尝试。对于这种尝试的重要意义,与会学者达成高度共识;讨论中显现出的分歧只是在于卢曼的描述性理论能否直接转化为公法法理中的规范性命题。

2. 公法法理在良法善治法理中的重要地位

公法法理内涵之政治性,自然决定了其在良法善治中的重要性与特殊性,这尤其体现在,其在关于国家治理的良法善治法理中具有突出地位。因此,入选会议论文均在不同程度上直接或间接与良法善治中的国家治理法理主题相关。

国家治理与社会治理均蕴含着良法善治的要义,国家治理中的良法善治则是良法善治的主要面向和关键领域,构成狭义上的良法善治。从法律运行论的框架来看国家治理中的良法善治结构,良法的法理,包含关于良法标准的内涵法理(见图 8 中的 0 区域),以及关于良法标准的具体化法理,即各部门法立法(见图 8 中的 1 区域);善治的法理,就是关涉国家治理之法律在实施中的法理(见图 8 中的 2 区域)。公法中的法理系国家治理的法理,主要关涉国家治理现代化;国家治理现代化综合运用多元法律,包括私法手段以及公私兼顾的社会法手段,国家治理中良法善治的法理仍以公法中的法理为主体和主导;进言之,如前所述,宪法法理、行政法法理分别与良法法理、善治法理对应,呈现出主体部分互相重叠的结构性对应关系。〔53〕

具体而言,宪法较之于其他部门法,“具有最高的法律效力”,包括各类部门法立法在内的“一切法律、行政法规和地方性法规都不得同宪法相抵触”。宪法正是判断良法的实定法标准,这明显地体现在如下两个方面:第一,宪法实施首先体现为通过立法行为具体化宪法内涵的直接实施,然后才是通过法律实施来实现宪法的间接实施。第二,基于合宪性审查的法理与各国实践,合宪性审查通常以法律本身或立法行为为主要审查对象,而其他公权力行为则通常首先体现为是否符合法律的合法律性问题。对应而言，宪法法理在狭义上仅指根本法意义上的宪法之法理，即辨识良法之标准的法理（见图8中的Con. 0部分）；而良法标准的实施，就是通过各类部门法立法来具体化。在广义上，宪法法理可指部门法意义上的宪法法理，除了良法标准的内涵法理外，还包含在宪法相关法中具体化的法理（见图8中的Con. Rel. L. 1部分）以及宪法相关法实施的法理（见图8中的Con. Rel. L. 2部分）。可见，广义上的宪法法理与良法法理之间仍然存在互为主体的关系。

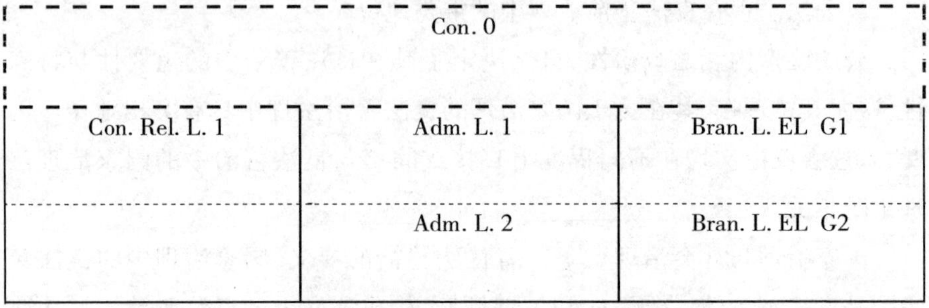

图8　良法善治法理中的公法法理结构[54]

与之对应，各类部门法中的法理，则以善治的法理为主体。部门法实施的法理通常完全体现为善治的法理（见图8中的1区域）；而部门法立法中的法理，则属良法标准的具体化法理（见图8中的2区域）。体现于各类部门法实施之中的善治法理，典型而主导地体现在行政法法理中，这一方面是因为，在调整方法上，行政法法理围绕规范行政权、保障相对人权利这一核心展开，尤为典型地体现了善治的精神与重点；另一方面是因为，在调整对象上，通过行政权实施的国家治理成为现代国家治理的各类途径中的主导途径。

3. 公法法理的开放性

国家治理现代化的重要地位和丰富实践决定了公法法理具有重要意义与丰富内涵，而公法规范在结构上的相对开放性是确保其法理内涵能够在国家治理实践中与时俱进的规范结构基础。

李忠夏指出，法教义学的封闭与开放的困境在宪法学中体现得更为明显。因为宪法作为一种“框架秩序”,为整个社会系统奠定规范框架,并更容易受社会环境变化的影响,随着社会情势和社会观念的变化,宪法法理的凝练更难通过自足的方式实现,宪法毋宁更加开放。系统论法理为宪法克服封闭性困境、实现开放性功能提供了法理基础。宪法从传统的防范国家公权力扩展至在整个社会层面“维系社会系统功能分化”,从内部开放性与外部开放性的双重意义上体现出宪法法理的开放性。正是通过“符码转换”,宪法学既不至于完全等同于对政治现实的认可或者成为政治决断的附属品,又不至于藏身于规范的真空环境中与世隔绝,从而实现宪法学的“方法的综合”和“视域的融合”。

在丰富的一般法理中,哪些法理进入规范成为部门法规范原理,哪些法理是描述性主张或规范外的价值原理,相互之间并非泾渭分明,而是动态变化的,这是规范原理之开放性的原因,且在公法法理中体现尤甚。在此意义上,雷磊聚焦于规范外的一般法理如何贡献于公法释义学上的法理的途径。他概括了其中的三种方式:其一,一般法理为公法教义学提供理性化和体系化的方法论模式;其二,一般法理本身在逻辑上蕴含着或导向了特定的公法理论;其三,一般法理与公法理论能够统一与融合。与此同时,公法学也可以对一般法理做出贡献:耶利内克的主观公法权利丰富了法理学上原初奠定于民法权利的权利概念;魏德士说一切方法问题最后都是一个宪法问题;卢曼和哈贝马斯关于法概念的争议的背后是两者关于权力分立、立法和司法关系的差异理解。

(二)公私法界分互通的法理

自两千多年前古罗马五大法学家之首的乌尔比安提出经典的公私法分类以来,公法与私法的界分与关联问题就几乎是一个伴随着法学法律产生发展的整个历史的基本法理问题,也是一项法理难题。会议为此专门将“私法与公法界分的法理基础、私权与公权界分的法理基础”作为主题之一;同时,不限于公私界分,公法私法化与私法公法化等公私互通的法理,尤其成为当前国家治理的重要话题。基于现代化国家治理背景中公法法理的主导性及其开放性,公私互通尤其给公法法理带来了更多的追问与发展契机。

汪习根以无效合同有效对待和正处于立法程序中的《基本医疗卫生与健康促进法》立法为例,指出公法和私法传统分类在现代化国家治理中遇到了法理难题,考虑公私法划分的法理标准这个老问题,应当"回应、回答、回归""法治中国建设和社会变迁的新需要",即围绕"控权和保障权力高效运行两相结合"这项"新法治的新动向"来回应公权和私权关系的新变化、回答现实的难题、回归法治的实质;并强调在法治国家,应当"公法优位",依法治权,依法掌权。

章程指出,法源的体系化使公私法的板块化的分立成为必然,公私法的板块化也促进了法教义学的发展,在立法、找法、法学教育等诸多方面提供了方便;然而,在复杂社会中,在兼涉公私法的个案问题上面临着公私法分立的挑战,公私法互通机制的薄弱,使大陆法系在类似个案的处理能力的系统性上低于英美法系。章程以立交桥作比喻,把立法互通比喻成合理设计匝道,把教义学互通比喻成合理划分车道;在此基础上,他举出了四种基本的互通形态:公法范畴转介入私法,私法概念假借至公法,私法为公法提供管制工具,公法为私法提供自治工具。在这些互通形态的类型分析所获得的启示中,公法法理具有凸显地位:一方面,立法互通的先导性,合理分配立法互通与教义学互通的适当功能,立法互通若未合理设置,将给后端的教义学平添烦扰;另一方面,宪法法理的统合功能,公私法的教义学互通必然依靠宪法基本权教义学的统合,需要在宪法释义学层面分析规范的类型属于基本权的保障范畴还是限制范畴,若属限制范畴又属于何种类型。

胡敏洁从历史的维度指出,福利行政主体涉及公与私的交错,这勾连出私主体的地位和法律责任问题。她探讨了福利行政手段中的公与私,指出利用私手段展开的福利行政,属于给付行政中的"法律形式选择自由"。她结合双阶段理论,探讨了福利行政中公私责任的分配,探讨了谁来承担责任,是民事责任还是公法责任,私主体可否承担公法责任,承担何种责任等问题。

五、余论:新时代的中国公法法理体系

张文显教授在闭幕式中总结指出,每一个时代有每一个时代的学说,每

一个时代有每一个时代的研究出发点和落脚点。“法理研究行动计划”所倡导的法理研究，是为了推进良法善治，为了把法治中国建立在法理中国的基础之上，简言之，就是形成“聚焦于新时代的中国法理”。这也从主体性的角度明确了公法法理研究的时空相位，即凝练新时代的中国公法法理体系。

面向中国，是公法法理研究的主体性与空间相位。所谓中国意识或中国特色，对于法学研究而言，包括规范性的中国意识与经验性的中国意识两个方面。后者受到较多的关注，是指关注和回应中国国家治理的实践与现象；前者同样不可忽视，是指围绕中国的实定法，就公法而言，就是围绕中国宪法、中国行政法来展开思考。

面向新时代，是公法法理研究的时间相位。黄文艺认为，每个时代的重大的社会政治变迁、变革，都会带来公法版图、理念、制度运行的深刻变动，甚至引发公法体系的颠覆性、毁灭性创新。当今世界面临百年不遇的大变局，当代中国步入了改革发展的新时代，当代公法也迎来了凤凰涅槃的关键节点。然而，依宪治国、依宪执政连同依法治国、依法执政、依法行政中先后出现的历时性课题在当前共时性地加速呈现，其叠加效果又在发展方式亟待转型升级、世界金融危机余波未定、信息时代正在来临的国内外背景中加剧呈现。这既加强了对凝练公法法理的需求，又是公法法理研究与实践的挑战和机遇。由此，国家治理体系和治理能力现代化作为全面深化改革开放的总目标，被列为第五个现代化，这既凸显了公法法理的重要性与特殊意义，也提出了诸多需要在公法法理中获得回应的时代课题。

此种时空场景中的公法法理研究，在公民与国家的二元基本结构上，围绕“民尊国范”这一核心法理，聚焦法治中国的理论与实践，凝练公法法理体系，推进良法善治。在此意义上，探索部门法中的法理，不仅是一项研究话题，也是一种法理研究方法乃至法理研究范式。由此，“公法中的法理”的学术使命可全局性地描绘为：从公法出发，雕琢扎根于部门法中，融贯于部门间的法理体系，勾勒法理中国的版图。

注 释

* 郑磊，浙江大学光华法学院副教授；宋华琳，南开大学法学院教授。受会议秘书处委托合作而成的此份述评，由郑磊主笔并统稿，宋华琳执笔撰写了行政法学部分内容。本文原载《法制与社会发展》2019 年第 1 期。

〔1〕 张文显：《法理：法理学的中心主题和法学的共同关注》，载《清华法学》2017 年第 4 期。

〔2〕 前三届会议的情况分别是：2017 年 12 月 1 日至 3 日，“法理研究行动计划”系列活动第一期在苏州大学王健法学院举行；2018 年 3 月 10 日至 11 日，“新时代中国法理研究”暨第二届“法理研究行动计划”学术研讨会在中南大学法学院举行；同年 8 月 4 日至 5 日，“新时代法理的理论想象”暨第三届“法理研究行动计划”学术研讨会在南开大学举行。

〔3〕 参见张文显：《在“公法中的法理”学术研讨会上的致辞》（2018 年 11 月 3 日），载 https://mp.weixin.qq.com/s/ED0nknxwQ_Ko2zOk7LYsww，2018 年 11 月 3 日访问。

〔4〕 “法理研究行动计划”的倡议发起人张文显教授目前策划的专题性研究有 20 多个。其中，“公法中的法理”是第一个专题，聚焦宪法与行政法领域凝练法理。关于刑法、诉讼法等领域的法理问题，后续还将举办相关的专题研讨会。

〔5〕 张文显：《在“公法中的法理”学术研讨会上的致辞》（2018 年 11 月 3 日），载 https://mp.weixin.qq.com/s/ED0nknxwQ_Ko2zOk7LYsww，2018 年 11 月 3 日访问。

〔6〕 参见张文显：《在“公法中的法理”学术研讨会上的致辞》（2018 年 11 月 3 日），载 https://mp.weixin.qq.com/s/ED0nknxwQ_Ko2zOk7LYsww，2018 年 11 月 3 日访问。

〔7〕 在与会论文和讨论中，除了关于公法法理内涵结构的直接阐述外，与会学者关于单项公法法理的提炼却未必明确指出该项法理在整个内涵结构中的逻辑层次，笔者在下文的述评中，则将各项法理分别放在宪法法理、行政法法理的三层内涵结构中予以阐述。

〔8〕 《中共中央关于全面推进依法治国若干重大问题的决定》（2014 年 10 月 23 日中国共产党第十八届中央委员会第四次全体会议通过）。

〔9〕 详见本文第五部分中关于“公法法理在良法善治法理中的重要地位”的阐述以及图 7 所示。

〔10〕 “法理”依托载体形式而呈现自身，“其载体大体分为词语、概念，谚语、格言，命题、论述，判例、案例，故事，法条等六组十种代表形式”。丰霏：《如何发现法理?》，载《法制与社会发展》2018 年第 2 期。在笔者看来，在部门法中，不同于该文排列顺序，法规范是部门法法理的第一载体。

〔11〕 在一般意义上，法释义学、法教义学、法解释学可以交替适用，本文中不再予以甄别细分。

〔12〕 参见[德]罗伯特·阿列克西:《法律论证理论——作为法律证立理论的理性论辩理论》,舒国滢译,中国法制出版社 2002 年版,第 311 页。

〔13〕《中共中央关于全面推进依法治国若干重大问题的决定》(2014 年 10 月 23 日中国共产党第十八届中央委员会第四次全体会议通过)。

〔14〕 参见许德峰:《法教义学的运用》,载《中外法学》2013 年第 5 期。

〔15〕 参见戴加佳:《探寻中国行政法释义学的体系化——评〈行政法释义学:行政法学理的更新〉》,载姜明安主编:《行政法论丛》(第 21 卷),法律出版社 2017 年版,第 241 页。

〔16〕 参见[德]格奥格·耶利内克:《主观公法权利体系》,曾韬、赵天书译,中国政法大学出版社 2012 年版,第 74 页。

〔17〕 参见张翔:《基本权利的规范建构》(增订版),法律出版社 2017 年版,第 70 页。

〔18〕 参见吴庚:《行政法之理论与实用》,中国人民大学出版社 2005 年版,第 102 页。

〔19〕 参见鲁鹏宇:《论行政法权利的确认与功能——以德国公权理论为核心的考察》,载《行政法学研究》2010 年第 3 期。

〔20〕 习近平:《决胜全面建成小康社会　夺取新时代中国特色社会主义伟大胜利——在中国共产党第十九次全国代表大会上的报告》,2017 年 10 月 18 日。

〔21〕 参见方世荣:《论行政相对人》,中国政法大学出版社 2000 年版,第 79 ~ 107 页。

〔22〕 参见李建良:《行政法基本十讲》,元照出版公司 2017 年版,第 54 页。

〔23〕 参见[德]施密特·阿斯曼:《秩序理念下的行政法体系建构》,林明锵等译,北京大学出版社 2012 年版,第 146 页。

〔24〕 参见黄锦堂:《行政组织法论》,翰芦图书出版有限公司 2005 年版,第 25 页。

〔25〕 参见[德]施密特·阿斯曼:《秩序理念下的行政法体系建构》,林明锵等译,北京大学出版社 2012 年版,第 148 页。

〔26〕 参见李东颖:《新行政法学在德国的发展及其在方法上的问题》,载东吴大学法律学系公法研究中心:《东吴公法论丛》2017 年第 10 卷,第 150 页。

〔27〕 参见李东颖:《新行政法学在德国的发展及其在方法上的问题》,载东吴大学法律学系公法研究中心:《东吴公法论丛》2017 年第 10 卷,第 148 页。

〔28〕 参见廖义男:《夏虫语冰录(九十二)——宪法平等原则在经济法领域中之具体实践》,载《法令月刊》2015 年第 9 期。

〔29〕 参见刘飞:《信赖保护原则的行政法意义——以授益行为的撤销与废止为基点的考察》,载《法学研究》2010 年第 6 期。

〔30〕 参见高秦伟:《正当行政程序的判断模式》,载《法商研究》2004 年第 4 期。

〔31〕 范剑虹:《欧盟与德国的比例原则——内涵、渊源、适用与在中国的借鉴》,载《浙江大学

学报》(人文社会科学版)2000 年第 5 期。

〔32〕 参见[德]施密特·阿斯曼:《秩序理念下的行政法体系建构》,林明锵等译,北京大学出版社 2012 年版,第 283 页。

〔33〕 参见赵宏:《法律关系取代行政行为的可能与困局》,载《法学家》2015 年第 3 期。

〔34〕 参见赵宏:《行政行为作为行政法教义学核心的困境与革新——兼论我国行政行为学理的进化》,载《北大法律评论》编辑委员会编:《北大法律评论》(第 15 卷·第 2 辑),北京大学出版社 2015 年版。

〔35〕 参见赖恒盈:《行政法律关系论之研究》,元照出版有限公司 2003 年版,第 53 页。

〔36〕 赵宏:《法律关系取代行政行为的可能与困局》,载《法学家》2015 年第 3 期。

〔37〕 参见章剑生:《现代行政程序的成因和功能分析》,载《中国法学》2001 年第 1 期。

〔38〕 参见[德]沃尔夫、巴霍夫、施托贝尔:《行政法》(第 2 卷),高家伟译,商务印书馆 2003 年版,第 198 ~ 199 页。

〔39〕 参见朱芒:《论行政程序正当化的法根据——日本行政程序法的发展及其启示》,载《外国法译评》1997 年第 1 期。

〔40〕 参见宋华琳:《政府职能配置的合理化与法律化》,载《中国法律评论》2017 年第 3 期。

〔41〕 参见李洪雷:《深化改革与依法行政关系之再认识》,载《法商研究》2014 年第 2 期。

〔42〕 参见杨登峰:《行政改革试验授权制度的法理分析》,载《中国社会科学》2018 年第 9 期。

〔43〕 参见李洪雷:《行政体制改革与法治政府建设四十年(1978—2018)》,载《法治现代化研究》2018 年第 5 期。

〔44〕 参见李洪雷:《行政体制改革与法治政府建设四十年(1978—2018)》,载《法治现代化研究》2018 年第 5 期。

〔45〕 参见李玫:《西方政策网络理论研究》,人民出版社 2013 年版,第 111 页;宋华琳:《论政府规制中的合作治理》,载《政治与法律》2016 年第 8 期。

〔46〕 参见王瑞雪:《论行政法上的治理责任》,载《现代法学》2017 年第 4 期。

〔47〕 参见张文显:《法治与国家治理现代化》,载《中国法学》2014 年第 4 期。

〔48〕 参见罗豪才等:《软法与公共治理》,北京大学出版社 2006 年版。

〔49〕 参见赵鹏:《风险社会的行政法回应:以健康、环境风险规制为中心》,中国政法大学出版社 2018 年版;金自宁:《风险中的行政法》,法律出版社 2014 年版;沈岿:《食品安全、风险治理与行政法》,北京大学出版社 2018 年版;沈岿主编:《风险规制与行政法新发展》,法律出版社 2013 年版;宋华琳:《风险规制与行政法学原理的转型》,载《国家行政学院学报》2007 年第 4 期。

〔50〕 参见张文显:《在“公法中的法理”学术研讨会上的致辞》(2018 年 11 月 3 日),载 https://mp. weixin. qq. com/s/ED0nknxwQ_Ko2zOk7LYsww,2018 年 11 月 3 日访问。此外,在 2018 年中国法学会宪法学研究会年会的开幕式致辞中,张文显教授同样指出,在各个部门法学中,宪法学领域的“法理”资源是最为丰富的。参见张文显:《在中国法学会宪法学研究会 2018 年年会上的讲话》,载 https://www. chinalaw. org. cn/Column/Column_View. aspx? ColumnID = 783&InfoID = 29355,2018 年 9 月 17 日访问。

〔51〕 日本宪法学巨擘宫泽俊义的巨擘弟子芦部信喜将“宫泽宪法学的最为基本的特征”概括为“将对象的政治性与方法的政治性加以峻别的学问方法论”这一点上。参见林来梵:《芦部宪法学是这样的体系》,载[日]芦部信喜:《宪法》(第 6 版),[日]高桥和之补订,林来梵、凌维慈、龙绚丽译,清华大学出版社 2018 年版,“译者序”。

〔52〕 [英]马丁·洛克林:《公法与政治理论》,郑戈译,商务印书馆 2002 年版,第 8 页。

〔53〕 另见前文第二部分关于“良法的法理与善治的法理”的阐述。

〔54〕 示意图结构说明:Con. 0:良法标准的内涵法理、宪法的法理(狭义)。虚线标明其更大程度的开放性。1 区域:良法标准的具体化法理、普通法律部门法立法领域的法理。0、1 区域:良法的法理。2 区域:善治的法理、法律实施的法理。1、2 区域:普通法律部门法的法理。Con. 0、Con. Rel. L. 、Adm. 区域:公法的法理。Bran. L. EL G:其他部门法法理中国家治理相关部分;其中,1 区域是立法领域部分,2 区域是实施领域部分。

畅冰蕾　雷槟硕*

传承与超越：新时代的私法法理凝练

——“私法中的法理”暨第五届“法理研究行动计划”学术研讨会述评

引　言

改革开放的四十年，是依法治国的四十年，也是法学复兴的四十年。[1]党的十一届三中全会以来，符合中国实际、具有中国特色、体现社会发展规律的社会主义法治理论不断发展，为依法治国提供了理论指导和学理支撑。依法治国的四十年间，法学的科学研究不断深化，其中，“法理”正逐渐成为中国法理学研究的中心主题，并带动部门法学研究的法理化，得到法学界的广泛关注和参与。法理既有不证自明的公理，也有需要深入论证的原则，既有普遍性的法理，也有各法律部门特有的法理，同时，法理泛在于我国的立法和司法实践，以法理作为法理学研究的对象和中心主题，有着广泛的实践基础和实践需要。[2]因此，建构中国特色的法理体系，需要联合法学各学科的力量，形成“理论法学与应用法学互相协同”的新型学术共同体，以共同迎接中国法学的法理时代。

“法理研究行动计划”于2017年12月启动，至今已历经四届学术研讨会，[3]其展现了当代法理研究守正创新的新面貌，力图探索一条法理研究的未来之路。前三届研讨会着眼于法理的整体性、宏观性研究,而第四届研讨会开始将“法理研究行动计划”转向分领域性、专题性研究,探索公法中的法理研究路径。[4]张文显教授指出,讲法治,基础在私法,基石在私权,基点在私法法理。[5]在当代中国,加强对私法中的法理研究是至关重要的:首先,这是编纂民法典的迫切需要,通过构建中国民法的法理体系,可以为民法典的编纂提供法理来源和法理依据;其次,这是公正司法、文明司法的必然之势,法治领域的“对美好生活的期待”要求司法裁判在法理上说得对、行得通、办得好。[6]因此,私法法理的研究势在必行,应以“法理”之研究,催生私法学之新的增长点,打开私法学思维的新境界,形成私法学研究的新范式。[7]

2018 年 12 月 22 日至 23 日上午,“私法中的法理”暨第五届“法理研究行动计划”学术研讨会在上海交通大学召开。会议由上海交通大学凯原法学院、浙江大学法理研究中心、《法制与社会发展》编辑部和《交大法学》编辑部共同主办,来自全国各高校和研究机构的民法学、商法学、民事诉讼法学、法理学、宪法学、行政法学、刑法学等学科的八十余名专家学者参加了本次会议。在开幕式上,上海交通大学党委副书记、纪委书记周承,上海交通大学人文社会科学资深教授、上海交通大学凯原法学院学术委员会主席、上海交通大学原党委副书记、原副校长郑成良,中国法学会党组成员、副会长、学术委员会主任,吉林大学哲学社会科学资深教授、浙江大学文科资深教授、浙江大学法理研究中心主任、《法制与社会发展》主编张文显分别代表各主办单位致辞。台湾大学法学院终身特聘教授黄茂荣,清华大学文科资深教授、教育部“长江学者奖励计划”特聘教授崔建远,复旦大学法学院教授、中国法学会民法学研究会副会长刘士国,中国人民大学法学院院长、教育部“长江学者奖励计划”特聘教授王轶作主旨发言。本次会议分为五个单元,议题包括民法典编纂中的法理、民商法中的法理、私法中的方法论、公法与私法交叉中的法理、实体法与程序法中的法理。与会专家学者从多领域、多维度、多视角凝练了私法中的法理,展示了丰硕的研究成果。本文对此次研讨会的内容进行述评,具体分为四个部分。首先,对本次会议之研讨内容的特点及逻辑关系进行必要交代,说明本文的整体思路与内在逻辑。其次,梳理新时代私法的传承与发展成果,细说法理与私法的演进,以期贯彻权利本位的理念,构建新时代的中国民法理论体系。再次,探讨私法的立法技术和方法论,关注法治时代的民法典编纂技术,探索法理时代私法研究的方法论。最后,融贯私法内外体系的法理研究,尝试从公法与私法、民法与商法、程序法与实体法等视角打通私法的法理研究,构建中国的私法法理体系。

一、私法法理的时代性、基础性、体系性

法制与社会发展传承与超越:新时代的私法法理凝练时代性、基础性与体系性是任何法学研究都需要具备的研究品格,本次研讨会的内容也集中体现了这三方面特点。尽管各位学者的研究各具特色,或宏观,或微观,或着眼于具体制度,或关注抽象理念构造,但都无一例外地表明了私法法理研究中的时代性要求、基础性要求与体系性要求。

(一)私法法理的时代性

私法内容庞杂,其诸多内容不仅产生于不同时代,而且,相同内容在不同时代的表述也不尽相同。因应于不同时代的发展,私法法理的内涵、外延也具有相应的时代特色。因此,私法法理研究关注着时代性。

第一,私法法理研究关注着历史时代背景。制度从产生、发展到最后的呈现都具有时代的烙印,表现为一定的“殊理”。[8]为充分理解制度背后的法理,需要进行历史性的考察,即考察其产生之初的深厚意蕴。比如,徐国栋教授、范进学教授、陈庆副教授等人的发言在不同程度上关注了私法的古希腊背景和古罗马背景,关注了私法的时代性特征以及蕴含其中的哲学、词语意蕴。而且,私法法理产生之初的意涵在今日仍可被作为学说资源以提供理论支撑。私法在历史中经历了最悠久的发展,产生了璀璨的制度成果,比如在罗马法与法国习惯法基础上成长起来的《法国民法典》、深具民族精神特色的《德国民法典》。采用比较法的视角,进行制度资源角度的考古与深入分析,可以夯实私法法理研究的基础。

第二,私法法理研究关注着新时代、新背景下的新问题。[9]党的十九大为我国的发展指明了新的历史方位,中国特色社会主义进入了新时代。人

民日益增长的美好生活需要与不平衡不充分的发展之间的矛盾催生了新的私法问题。为破解新时代、新背景下的私法问题,我们必须凝练新时代的私法法理。[10]比如,蔡立东教授与朱振教授关注农地三权分置与地权问题,张震教授关注私法意义上的环境权问题,高富平教授与单勇教授关注大数据与信息权问题的逻辑。而且,新时代的新问题也对传统私法法理提出了新挑战,如物权、继承权中涉及的冷冻胚胎权利与代孕问题。这些问题不仅对伦理提出了挑战,还对传统私法理论的自足性提出了挑战。因此,为有效解决新时代的新问题,需要凝练新时代中的新的私法法理。

（二）私法法理的基础性

私法法理在历史的进程中会不断受到新问题的冲击,因此,法律职业共同体应不断地创新与发展私法法理,以应对新挑战。但在应对“变”的过程中,应以“不变”的方式,坚持关注基础性理论,也就是说,要在已有的共识框架下展开私法法理研究。所以,私法法理还关注着基础性的私法问题,以夯实、拓展私法的基础法理。

其一,应汲取私法法理的基础理论资源。私法具有深厚的法理基础。张文显教授指出,私法是法的历史和逻辑的真正起点。[11]私法之所以历久弥新,一定程度上是因为基础理论资源为其提供了坚实的基础。私法体系具有很强的自足性,能够以不变应万变。因此,为有效应对新局面,就需要加强基础理论研究,通过汲取基础理论的学术资源,维持法律的稳定性,进而解决新问题。

其二,应拓展私法法理的基础理论。法律具有滞后性,而社会则是不断向前的。在法律的滞后与社会的发展之间,存在巨大的张力,但理论不能停滞不前。比如,就《法国民法典》与《德国民法典》而言,尽管拿破仑、腓特烈二世、优士丁尼禁止人们解释、注释他们的法典,但学术群体和职业群体仍不断地拓展着私法法理,推动着私法法理的稳步发展。更重要的是,在发展私法法理的过程中,应提供解决问题的新方案,在理论与实践的共振中推动私法法理的发展。

(三)私法法理的体系性

法律同其他规范的一个重要区别就是其更注重体系性。[12]同理,私法法理的研究也关注着体系性。此处的体系性不仅是指私法内部的体系性,更是指内部体系与外部体系的融贯、私法体系与其他体系的融贯、私法法理与方法论的融贯。

首先,应注意内部体系与外部体系的融贯。方新军教授以《融贯民法典外在体系与内在体系的编纂技术》为题进行了发言。他从为什么要区分内在体系与外在体系、为什么要融贯内在体系与外在体系以及怎样融贯内在体系与外在体系三个问题出发,期冀以体系化的方式编纂民法典。通过内部体系与外部体系的融贯,既可以维持体系的相对封闭自足,又可以及时应对开放社会所带来的问题。

其次,应注意私法体系与其他体系的融贯。法律秩序不仅包括私法,还包括公法。不同法律秩序体系之间存在交叉与区别。如何协调不同法域之间的关系,是私法法理研究要关注的内容,比如,实体法与程序法该如何衔接,民刑交叉法域如何排除冲突以及采取什么标准排除冲突,等等。这正是本次研讨会设计第五个专题的原因。只有有效解决这些体系之间的冲突并协调这些体系之间的关系,才能构造出法理上位阶分明、内容明晰、适用流畅的法律秩序。

再次,应注意私法法理与方法论的融贯。私法法理可以指导私法制度的设计,但唯有与私法方法论相融贯,私法才能具体适用于司法实践。从内在体系与外在体系融贯的维度看,内在体系允许私法设计开放性的法源条款,以解决外在体系封闭所带来的非自足性问题;内在体系中的开放性法源不可以违背外在体系的位阶、秩序以及内在体系中的精神价值。但是,符合这些要求不等于开放性法源便能自行运转,而是需要充分运用类推适用、目的性限缩等方法,融贯立法论与司法论两个维度。[13]

最后,体系性的融贯应贯穿于私法法理的各个维度。在会议发言中,李建华教授谈到了私权体系,邱本教授与钟瑞栋教授谈到了核心价值观体系与法律内在价值体系。而且,时代性、基础性、体系性三者之间也需要融贯。

学者的关注点尽管看起来纷繁复杂,但通过基本线索完成了内在呼应,在传承与创新的新时代,凝练了私法法理。

二、新时代私法法理的传承与发展

(一)学说法理与私法的演进

1. 私法学说资源提供了历史渊源

"法理"并非自始就是一个独立概念,它产生、发展以及相对独立的过程,深嵌于学说的发展史之中。"学说是对法理的探求,法理则在学说中得到阐述与发展。"[14]学说的发展有赖于研究质料的存在,学说以及与之相关的学术共同体仰赖法律条文、法律制度、法律实践、法律故事、法律理念等研究对象的存在。[15]因此,对"法理"的认识需要结合社会生活中的法律实践活动。系统的法律实践活动肇始于希腊。[16]"正义""善""民主"等问题在希腊先哲处得到了探讨。现代的诸多概念、认识也在彼时出现,与之相关的作品不断涌现。法律实践活动的另一个高峰出现在古罗马时代,古罗马延续并发展了古希腊时代的思想。因此,研究私法法理,需要关注古希腊、古罗马时期的法律实践以及其时代的"殊理"性。

古罗马时代是古代西方法律制度发展的巅峰时期。[17]西方法律制度的底本浸染着罗马人的特色。徐国栋教授在发言结尾处总结道:"每个民法学者在某种意义上都是罗马人。"正如张文显教授所指出的,罗马法作为古代私法的经典,不仅提出和解决了许多涉及立法、执法、司法的方法问题,而且创造了精湛的法律概念和术语,更提出了诸如契约自由等横跨万疆的法理命题,镌刻下了千年不朽的法理精神。[18]私法(ius privatum)一词最早也是由古罗马法学家乌尔比安提出的。[19]这种二分法的分类作为私法法理的重要内容之一,得到了与会专家学者的强调与探讨。因此,无论是古希腊的法律思想,还是古罗马的法律学说,都为私法的法理提供了学说渊源。私法学说资源奠定了法律制度的历史基础,即使是公法,也从私法中汲取了理论资源。所以,法治的基础在私法,基石在私权,基点在私法法理。[20]

2. 私法制度发展提供了制度渊源

私法制度肇始于古罗马,但并未止步于罗马帝国的覆灭。在中世纪之后,伴随着资本主义制度的发展,私法制度在欧洲再次迸发生机。文艺复兴、宗教改革与启蒙运动都与自然法、罗马法的复兴密不可分,其中,罗马法的复兴与自然法的发展为17世纪与18世纪的法典化运动奠定了基础。[21]而法典化运动的完成则终结了古典自然法学派的历史使命。从《利奥波德法典》《巴伐利亚民法典》到《普鲁士邦法》,再到《法国民法典》《德国民法典》《瑞士民法典》,随着民族国家的产生,欧洲大陆的各个国家开始致力于制定本民族国家的法典。在批判性继承罗马法的基础上,这些国家的立法不但体现了本民族的特色,而且体现了法典化时代的时代性。这些优秀的制度资源不但为我国当前的民法典编纂工作提供了制度资源,而且提供了体现民法典编纂之时代性的方法。

其一,对于民法典的体例安排,怎么继承,怎么创新?"民法典的体例选择,无非是在潘德克顿式(德国式)和法学阶梯式(法国式)中进行选择。"[22]若采用德国式的五编,就分为总则、债权、物权、家属、继承;若采用法国式的三编,就分为人法、财产法与财产取得法。但这两种模式并非截然对立,在历史的发展过程中,它们既有融合,也有分歧。目前公布的我国民法典分编草案分为物权编、合同编、人格权编、婚姻家庭编、继承编、侵权责任编。可见,我国更倾向于《德国民法典》的体例安排,但也有与之不同的地方,如人格权编和侵权责任编。所以,我国民法典的体例安排既有继承,也有创新。

其二,是否需要单独安排人格权编?刘士国教授的发言关注了该问题。但是,该问题是一个体系性、时代性的问题。一方面,《民法总则》中的权利能力、主体分类以及侵权责任都涉及该问题,而如何在体系上协调,法学界对此争议颇大;另一方面,诸如代孕以及基因编辑等问题,都对人格权提出了新的挑战。无论是支持者还是反对者,都需要提出自己的论证理由,为自己的立场进行辩护,通过理性的方法与共同的学术知识进行对话、探讨,在交互中提炼其中的法理。而所谓"提炼其中的法理",体现的便是共识。所以,王轶教授强调,每个人都会有自己的道理,在这样的背景下去寻找最低限度的共识,才能够让民法领域中的问题讨论得以有效展开。

其三,还有关于其他具体制度的例证。比如,崔建远教授注意到,我国《物权法》第106条规定的善意取得制度采用了“善意”的表述,将举证责任设定给受让人,而《德国民法典》第932条则采用了“非善意”的表述,将举证责任设定给物权人,但是,在司法解释中,我国最高人民法院为了平衡分配责任,却借鉴了德国法的模式。再如,蔡立东教授提出,民法典编纂中的农村土地三权分置问题到底是借鉴了罗马法上的所有权派生,还是借鉴了德国法上的权能分离?这些探讨都涉及私法制度发展中的制度资源借鉴问题。

因此,私法制度的发展为现行法律活动的开展提供了制度资源。当制度资源铺展开来之后,其中的逻辑线索、发展脉络、制度语境都需要被探究,需要结合中国的社会环境、制度需求等因素对其进行批判性借鉴。

(二)权利本位与私法坐标

1. 继续坚持权利本位思想

现代法治理念包含两块基本内容:保障公民权利与规范国家机关权力。其中,保障公民权利属于基础性目的,而规范国家机关权力的目标则在于保障公民权利。四十多年来,改革开放的历史是对权利不断重视的演变史。1988年,于吉林大学召开的“法学基本范畴研讨会”提出以权利义务为基本范畴建构法学,以张文显教授、郑成良教授为代表的一批法学家提出了权利本位思想,重塑了中国法学的品格。三十年过去了,以权利为本位的号召仍未过时。2018年,在吉林大学召开的“法学范畴与法理研究”学术研讨会再次重申了权利本位的重要性。[23] 在制定民法典的历史背景下,强调继续以权利为本位,仍是必要的。

首先,私法是权利法。从法(ius)的词源就可以看出,法与权利具有密不可分的关系。法(ius)与权利(ius)互为表里,相互联结。尽管早期的“权利”意识因认识的局限性与社会发展程度的限制而缺乏精确的概念表达形式,但这不等于不存在“权利”认知。[24] 在私法的产生和发展过程中,ius逐渐确认了利益的含义,也确立了其在私法中的核心地位。从文艺复兴开始,经过世俗化改造的法律,ius转化为rights,人的主体性也被输入到rights之中,资本主义法律制度(主要是指法典化时代的民法)更是确立了“私权神圣不可侵犯”的原则。经过几百年的发展,尽管现代法律制度不断关注社会公共利益,但这不等于否弃了私法中权利本位的制度目标。

其次,权利本位是我国《宪法》的必然要求。我国《宪法》第33条规定:“国家尊重和保障人权。”“宪法构成了民事权利体系和整个权利体系的人权和物权基石。”〔25〕构建以宪法为统帅的中国特色社会主义法律体系,必须协调宪法与民法之间的关系。一者,我国民事审判中不能直接援引《宪法》作为裁判依据,即宪法并非民事审判的法的正式渊源,〔26〕因此,需要在民法典制定中做好权利保护工作,做好宪法在民事领域的间接实施;二者,我国《民法总则》单独设立了第五章“民事权利”,共计24条,包括了人格权、身份权、物权、债权、继承权、股权等民事权利,这种设计“是我国民事立法的重大成就,凸显了对民事权利的尊重和保护,被称为权利宣言书”。〔27〕同时,《民法总则》在民事权利部分还增加了个人信息权,这不但是对时代发展的回应,更体现了国家坚持以权利为本位。

最后,诸多具体权利问题都反映出继续坚持权利本位具有强烈的现实需求。比如,蔡立东教授关注的“用益物权的发生逻辑”、李建华教授关注的“民法典与私权体系的构建”、张震教授关注的“民法典中环境权的规范构造”、朱振教授关注的“复杂地权的重塑”、刘小平副教授关注的“土地使用权:法理反思与理论重构”、肖俊讲师关注的“居住权的自发秩序与规范建构”。即使其他与会学者没有直接在发言题目中体现“权利”,但题目的背后都或多或少涉及权利的问题,比如,蒋大兴教授关注的“商法对隐名交易的立场”涉及了外观主义之下隐名物权的保护问题,高富平教授关注了“法律如何回应数据社会的需求”,其背后不可避免地关涉数据/信息的权属问题,霍海红教授的发言主题尽管是诉讼时效问题,但却是基于“优先保护权利人”的指导理念。

所以,权利本位仍是当前私法的基本要求,坚持以权利作为起点,是民事立法的根本遵循。我国民法典的编纂以及将来的立、改、废、释工作都需要继续坚持以权利为本位。

2. 明确私法的价值定位

私法作为处理私人权利义务的规定,包含规制私人之间行为的基本规范,这些规范就是私法的核心法理。张文显教授谈到了生命无价、人身自由、人格尊严、性别平等、产权神圣、契约自由、诚实守信、公平正义、公序良俗、环境正义、权利救济、定分止争等核心法理,[28]这些基本原则中蕴含着深厚的私法价值法理。[29]因此,我们需要明确私法的价值定位。

第一,夯实基本民事法律原则的价值基础。我国《民法总则》第 4 条至第 9 条分别规定了平等原则、自愿原则、公平原则、诚实信用原则、公序良俗原则、绿色原则。该 6 项原则不仅是民法的基础价值原则,也是私法的核心法理。比如,绿色原则得到了刘士国教授、王轶教授、张震教授等与会专家的关注。绿色原则体现了新时代民法典的特色。一方面,它表明中国环境问题需要在民法中被妥善安置;另一方面,它反映了民法在时代演进中提出的新要求。同时,为有效落实该原则以及环境权,需要在民法典中对其进行合理构造。基于此,需要夯实民事基本原则,因为"法律原则是规则和价值观念的汇合点"。[30]法律原则不仅是私法价值之定位的集中体现,而且还蕴含着深厚的法理,或言之,"法律原则是法理的普遍形态"。[31]明确私法中的法律原则,既是明确私法的价值定位,亦是凝练私法中的法理。

第二,融社会主义核心价值观进民法典。《民法总则》第 1 条明确提出了"弘扬社会主义核心价值观"的要求。社会主义核心价值观不仅是社会主义法治的内核和法治建设的灵魂,还是民族精神和时代精神的高度凝练,坚持走中国特色社会主义法治道路,必然要求在民法典的编纂工作中融入社会主义核心价值观。[32]但是,将社会主义核心价值观融入民法典时,要注意路径、方式,要采用法治的方式。[33]法律具有相对独立的特征,尤其是对于关乎人们日常生活的私法,法律条文需要具有可操作性。将社会主义核心价值观融入民法典,不仅要在价值层面实现共通和互助,还要在规则、条文层面能够实操。同时,应划定体现社会主义核心价值观的情形中的公私分界,为充分落实社会主义核心价值观提供可行的方案。

第三,协调私法中的个体主义与集体主义。强调社会主义核心价值观,必然会面对一个问题,即如何协调私法、私权中存在的个人主义与集体主义。或者说,如何协调权利本位与社会本位之间的关系。“德国民法典之前是刚性的权利本位时代,此后,进入柔性的权利本位时代。”[34]在“柔性权利本位时代”,主题仍是权利本位。但面对社会本位的呼吁以及社会实然的需求,必须作出符合时代发展的调整。尤其是在我国,社会主义核心价值观集中体现了建设社会主义现代化中国的价值,故而需要将其融入柔性权利本位之中。因此,朱晓喆教授指出,不能光考虑个人主义和私权。这就要求,在民法典的编纂中,应协调个体主义与集体主义之间的关系,应明晰自由与限制之间的关系。这种对自由的限制,是对现有民法的改变。对此,王轶教授指出,在第一轮的论辩中,应提出有什么足够充分且正当的理由可以证成限制民事主体自由的这种价值判断。

故此,找准私法的定位,是新时代民法典编纂所需要直面的问题。在私法发展中融入社会主义核心价值观,需要法律职业共同体参与到对个人主义与集体主义的协调中来,通过辩论达成共识,凝结私法价值定位之法理。

(三)新时代的中国民法法理特色

党的十九大报告指出,“中国特色社会主义已经进入新时代”。[35]民事法律体系关乎公民社会生活的方方面面,需要新时代的民法学研究为其提供理论指导和学理支撑。在会议上,专家学者回顾了改革开放四十年以来民法学的发展道路和研究硕果,达成了以下共识:我国的民法学研究从我国的基本国情出发,适应了改革开放的不断深化。

1. 大数据时代中的民法学研究方法创新

我国的民法学研究及时地回应了信息社会中层出不穷的新问题,探索了将信息技术应用于法学研究的新方法,积极服务于国家大数据战略,但是,尚未形成科学的、有解释力、穿透力、说服力的理论体系和方法论体系,[36]需要开展进一步研究。随着互联网的普及和信息技术的发展,对大数据技术的应用已经深入人们的日常工作和生活,提高了社会资源的配置效率。但是,这也给民事权利保护带来了新的挑战。一方面,传统民事权利保护的难度加大。比如,当事人会通过电子邮件的形式作出签订合同的意思表示,这可能会导致关于数据电文的内容是属于要约邀请还是属于要约的争议,进而产生关于合同成立与否的争议。另一方面,对新型民事权利(如虚拟财产权、个人信息权等)需要进行完整的制度建构。庞大的互联网经济模式给公民的虚拟财产和个人信息保护带来巨大挑战,在权利客体的界定、法律关系的认定、证据的获取和认定、价值评估等方面,都需要进行较为系统的制度构建。在会议上,高富平教授介绍了数据信息保护和人工智能等问题的法学研究现状,指出了大数据时代法学创新的基本思路。单勇教授分析了技术治理的现状和问题,他提出,在此过程中要关注价值分析。刘宇琼副编审分析了数据保护中的确权困难问题,提出了保护公民隐私权的立法建议。朱军讲师从劳动法视角,结合平台企业、平台工人和客户之间的法律关系,剖析了平台服务中的信息保护和监管数据采集问题,建议加强对公民基本权利的保护。

2. 改革开放进程中的民法学理论体系重构

"改革开放是党和人民大踏步赶上时代的重要法宝,是坚持和发展中国特色社会主义的必由之路。"[37]适逢我国改革开放的攻坚期和深水区,民法学者继续走在遵循法治规律、传承法理精神的研究道路上。这里的法理,"既包括人类社会共同认可的普遍法理,也包括中华传统文化中的法理基因,更应当包括中国革命、建设、改革历史征程中形成的现代法理,特别是中国特色社会主义新时代法理"。[38]在改革开放的进程中,民法学者在产权神圣、契约自由、公平正义等核心法理的指导下,运用基本法理和具体法理,重新建构民法学理论体系,营造健康有序、充满活力的社会主义市场经济环境。同时,民法学者积极开展实践调研工作,结合我国基本国情和民法学理论体系,帮助立法者调整或者重新建构法律制度,保护公民的合法权利,推动民事法律制度的改革。与会专家学者重点讨论了我国土地制度改革中的问题,比如,现有的法律制度难以实现权利主体自由行使权利和市场经济要素自由流动的诉求,现有的理论体系难以解释制度改革中新兴权利在权利体系内的自洽问题。近年来,农地三权分置制度改革正如火如荼地开展,但该制度的建构与传统民法理论体系难以直接交融;城市土地的建设用地使用权也面临陆续到期的问题,受到社会的广泛关注。对此,蔡立东教授通过对"所有权—用益物权"之他物权生成逻辑的阐释,为农地三权分置的制度建构提供了理论支撑。朱振教授从法学、政治经济学等多重视角,回应了我国城市土地改革中的自动续期问题。文学国教授提出了在民法典编纂过程中梳理土地制度权利群的建议,以促进土地制度的稳定和完善。

3. 全球化浪潮中的民事法律体系完善

多年来,我国坚持对外开放的基本国策,积极参与经济全球化的进程,为世界经济发展作出了应有的贡献,其间,民法学研究顺应全球化的趋势,积极完善我国的民事法律体系。一方面,民法学界直面经济全球化的发展机遇,利用民法典编纂的契机,调整我国的民事法律制度,推动开放型世界经济的建设。例如,针对经济全球化中交易规则趋同的客观情况,在《民法总则》肯定了习惯法源地位的前提下,目前的民法典草案合同编将部分国际性的交易习惯规则化,以促进国际贸易的发展。另一方面,民法学界关注全球化进程中的环境问题,努力为经济全球化提供优秀的法律范本,构建人类命运共同体。就环境权在民法领域中的建构问题,与会专家学者展开了热烈的讨论。刘士国教授指出,环境权既具有财产性,也具有人格性,应当被纳入民法典。张震教授认为,民法典中的环境权条款要注重内在的解释空间以及与宪法条款的协同实施问题。重视环境权的私权属性,将环境权纳入我国民法典,不仅是对公民私权利保障的强化,也是对民事法律体系的重要发展,更是引领全球资源节约和生态环境保护潮流的重要体现。

(四)民法法理的扩展

"法理"包含了基础法理、一般法理和具体法理,虽然这些法理的抽象程度不同、结构关系有别,但是它们共同构成了一个紧密联系、层次相对分明的法理体系。[39]因此,应运用概念、命题等方式,揭示民事法治领域蕴藏的法理,依托我国新时代的基本国情,构建和完善中国特色民法法理体系。

1. 新时代民法理论体系的发展

法治原则已经获得社会的普遍认同,已经成为一条不证自明的文化公理,法律至上、权利平等与社会自治是法治理念的核心点。[40]我国新时代的民法理论体系充分展现了法治原则的基本要求。一方面,民法理论体系及时回应了立法与司法实践的发展需要,为法治实践提供了学理支撑。民法与社会主义市场经济的发展密切相关,理论体系的建构也随着社会经济改革的深化而变化。在会议上,专家学者围绕社会热点问题中的理论问题展开讨论,达成了基本共识。比如,关于农村土地的民法理论体系被不断完善,从土地承包经营权、宅基地使用权的基本建构,到承包地三权分置的理论创新,再到宅基地三权分置的理论探索,理论一直紧跟实践的发展。另一方面,民法理论体系的发展注重民法法理体系的建构,实现了内部理论体系的自洽。民法理论体系的建构需要协调民法总则、物权法、合同法、侵权责任法等具体民法领域的法理,最终反映到成文法上,实现民法典编纂体例的自洽。对此,刘士国教授指出,侵权责任独立成编是中国民法体系的重要特色之一,需要在法理学的高度上重新建构法律关系;而关于人格权独立成编的问题,不同的观点都对其作出了贡献,反对意见中所提出的问题值得在理论上进行研究。

2. 合同法的法理体系建构

合同法是民事法律体系的重要组成部分,在合同法规则和原则中,蕴含丰富的法学理论,通过对其进行梳理总结,可以形成具有中国特色的合同法法理体系。在会议上,资琳副教授提出,契约法理分为理论来源、基本原则和法律教义三个层次,它们共同构成了具有融贯性的、被我国契约法所认可的法理体系。周江洪教授认为,在契约法理体系建构的问题上,需要审慎对待当事人合意的作用和效力。以合同法基本原则为例,单独从某一原则中无法把握合同法的本质,只有从这些原则的共同作用中,才能正确理解合同法。[41]因此,我国的合同法理论研究在契约自由、公平正义等民法核心法理的指导下,发现合同法中的基本法理和具体法理,探索新时代的合同法理论体系,推动合同法规则体系的完善。比如,契约自由原则贯穿《合同法》始终,从订立合同阶段到履行合同阶段,《合同法》规则都强调当事人的自愿,赋予当事人自由选择的权利,这正是契约自由法理的具体化表现。

3. 物权法制度的新型演绎

物权法的研究强调对公民财产权的保护。在社会主义市场经济的发展中,对物权法理论体系的不断丰富以及对既有制度体系的重新阐释或调整,推动着产权制度改革和生产要素的市场化配置。其一,坚守物权法核心法理的基本要求。以产权神圣为例,所有权是他物权的母权,是物权制度的基石。我国《宪法》明文规定,公民合法的私有财产不受侵犯,这为公民的所有权提供了基础保障。然而,基于对社会公众需求的考虑和对其他所有权人合法利益的尊重,所有权本身应受到一定的约束。[42]因此,法律既要保护所有权的自由行使,也要对所有权设限,以实现利益平衡。目前的民法典草案物权编对建筑物区分所有权、共有等章节进行了一定程度的修改,提高了业主作出决议的效率,加强了对共有财产的保护。其二,发展物权法的基本法理。比如,为贯彻物尽其用这一基本法理,用益物权制度顺应时代发展而变革。随着我国承包地三权分置政策和理论研究的逐渐完善,《土地承包法》明确将土地经营权纳入立法,目前的民法典草案物权编也对此予以确认。而民法学研究继续关注土地经营权的性质、生成逻辑等问题,运用法理重新阐释我国的用益物权制度。同时,目前的民法典草案物权编提及了住宅建设用地使用权届满自动续期问题,却将续期费用的缴纳或者减免问题交给了法律、行政法规去规定。对此,刘小平副教授提出了对土地使用权的理论和制度进行重构的建议。其三,丰富物权法的具体法理。比如,担保物权制度中的具体法理正在不断发展完善。担保物权的制度建构既需要遵循诚实信用原则,又需要贯彻风险分担的公平原则,此备受与会专家学者的关注。庄加园副教授建议,在担保法领域,可将美国《统一商法典》第九编的内容融入既有法律体系。

4. 侵权责任法的理念融合

侵权责任法律制度既关乎当事人之间的利益平衡,又面临与刑法、行政法、劳动法等法律规范的协调问题,既有中国传统法律文化的沿袭,又有域外法律文化的移植。与会专家学者对域内外的侵权责任法体系展开了讨论,达成了基本共识。第一,明确了侵权责任法的价值目标,区分了侵权行为与权利滥用,妥善处理了《民法总则》第 132 条与侵权责任法具体规则的关系。侵权责任法是平衡的艺术,如何平衡对受害人的权益保护与行为人的行为自由,是实现侵权责任法正义性的关键。[43]侵权责任法的首要目标不在于规范权利的行使、限制权利人的自由,而在于填补受害人的损害,此外,二者在损害事实的认定和法律责任上也存在差异,应当加以区分。[44]第二,重新审视了既有的侵权责任制度,着力解决了立法空白和司法实践中的法律适用问题,优化了侵权损害的救济路径。侵权责任法以公平正义为核心法理,所以,要注重利益衡量理论的适用,以促进社会的和谐稳定。具体而言,针对实践中经常出现的自甘风险、自助行为等法律空白,以及雇主责任、网络侵权、医疗损害责任、生态环境责任等制度缺憾,需要综合考量填补损害、平衡社会利益、预防惩戒、维护社会稳定等因素,以寻求公平合理地分配民事责任的救济路径。肖俊讲师认为,在法律移植的过程中,需要通过对域外法历史的研究和对中国实践的考察,探索自发秩序回到规范建构层面的道路。李贝博士后立足中国国情和私法法理,在既有法律制度的基础上,提出了胎儿利益保护的立法建议。

三、私法法理的立法与方法论

(一)民法典体系化的革新

社会主义市场经济在本质上是法治经济。党的十八届四中全会提出,要加强市场法律制度建设,编纂民法典。[45]法律条文的确立过程本身就是发现法理的过程,相关立法建议的背后蕴含着丰富的法理智慧,最终被讨论通过的法律条文则成为承载学界法理共识的凝结品。[46]具体到民法典的编纂工作,就是需要重视立法技术问题,妥善处理民法内部体系和外部体系的关系,编纂出一部具有中国和时代特色的民法典,引领世界潮流。

1. 民法典编纂体例的研究

党的十九大报告指出,要推进科学立法、民主立法、依法立法,以良法促进发展、保障善治。[47]“法理是立法之合法性、合理性、可行性的核心理由。”[48]我国民法典编纂体例的研究立足我国基本国情,并未直接采用潘德克吞式和法学阶梯式的编纂体例,而是从中国本土法律文化、中国基本国情、域外立法经验和理论学说等多维度出发展开研究,为立法者提供不同视角的理论支撑。目前公布的民法典草案采取的是不设定债法总则、侵权责任和人格权独立成编的体例安排。因此,民法典各编的内容和功能与大陆法系的传统民法理论体系有出入,这就需要发展我国民事法理体系,运用立法技术，编纂出一部内容充实、体系严密的中国特色民法典。在会上，王轶教授指出，民法问题大致分为事实判断问题、价值判断问题、解释选择问题、立法技术问题和司法技术问题，它们既分享着一些共同的法理，又分别对应着不尽相同的法理。在民法典的编纂过程中，学者需要寻找最低限度的学术共识。方新军教授认为，需要合理运用融贯内部体系和外部体系等不同类型的编纂技术，通过融贯理论的运用，实现民法典价值理念的最大限度的统一。

2. 民法典中私权体系的构建

我国民法理论和制度体系坚持以权利为本位，保护公民的人身权利、财产权利以及其他合法权益。权利本位范式提供了用现代法学思维和现代法律精神审视和批判现存法学理论和法律制度的武器，并在审视和批判的过程中取得了正本清源、推陈出新、破旧立新的效果。[49]法理要经得起思辨，经得起批判，唯有如此，才有公理性和权威性。在考虑将什么设定为权利时，要考虑权利的性质和要求，权利是必需的，非必需者无需确立为权利；权利是善的、有益的，具有正能量、正效应。[50]在新时代，环境权、消费者权等新兴权利以及尚存争议的"祭奠权""生育权"等常常因为缺乏可以直接适用的法律依据而在司法实践中难以得到有效保护。在会上，专家学者运用权利本位范式展开探讨，剖析传统私权体系的不周延性，达成了重视环境权、消费者权等权利的私法属性的共识，而且探讨了是否将"祭奠权""生育权"等设定为权利的问题。这些讨论为构建兼收并蓄的民法典私权体系建言献策，推动了我国私权理论体系的完善。李建华教授指出，民事权利是民法典的核心，而且在整个私权体系中具有核心地位，所以，在民法典编纂的过程中，有必要强化对私权理论的研究，需要对私权的类型、作用、特征、私权体系构建原则等基础性问题进行思考和论证。借助民法典编纂的契机，应构建一个开放且具有弹性的私权体系，使其不仅能够吸纳既有的民商事权利，而且能够吸纳新增的私权，为确认和保护新增私权提供法理和法律依据。

3. 民法典中权利保护的法理

我国民法典是全面保障公民权利的民法典，为公民提供从权利生成阶段到行使阶段的全方位保护。在民法典编纂的过程中，应主动适应改革和经济社会的发展需要,这既回应了社会经济生活中出现的新争议,又完善了整个民事法律体系的建构。与会专家学者结合目前的民法典草案,探讨了大数据时代和改革开放进程中的新问题,剖析了法律规则中蕴含的私法法理。在权利生成方面,民法典直面新时代的中国特色问题,调整传统法律制度。比如,在网络交易中,合同的订立形式不采用传统的纸质书面签字盖章形式,所以,基于尊重当事人意志自由、促进交易达成的价值取向,目前的民法典草案合同编增设了网购当事人选定并提交订单成功时合同即成立的规定。又如,目前的民法典草案物权编根据我国土地制度改革作出了适当调整,吸收了土地经营权制度,为农地三权分置改革的深化提供了法律保障。然而,土地经营权在法理上难容于传统的物权法理论体系,因此,蔡立东教授从民法学的理论视角出发,对用益物权的生成逻辑进行了重新演绎,妥善处理了土地所有权、土地承包经营权、土地经营权、土地承包权之间的关系。在权利保护方面,民法典着眼于体系的完备和法理逻辑的严谨,以完善既有法律制度。目前的民法典草案侵权责任编基于填补损害、预防惩戒等功能的考量,对网络侵权责任中的错误通知、医疗责任中的信息泄露、生态环境责任中的赔偿等问题作出了明文规定,以保障权利人的合法权益,维护良好的社会秩序。李世刚教授指出,民法典的编纂技术既包含概念的抽象化,又包含规则的体系化,他主张厘清民法概念,将独立担保等担保形式规范化,以建构有中国特色的担保制度。

(二)融贯法源条款与方法论

1. 发挥法源条款的作用

《民法总则》第10条对民事活动中的法律渊源作出了规定,明确了人民法院、仲裁机构在处理民事纠纷时从何处寻找裁判依据与理由的问题。为发挥法源条款的作用,有必要明晰《民法总则》之法源条款设计的基本思路。

第一,条文中明确了从法律到习惯的适用思路。法官在裁判案件时,需要首先寻求法律依据。此处的法律是指广义的法律,[51]即法律、行政法规等法的正式渊源。但在民事活动中,当法的正式渊源阙如,可以适用法的非正式渊源,如习惯、指导性案例等。最高人民法院《关于加强和规范裁判文书释法说理的指导意见》第13条也规定这些渊源可以被作为裁判理由，具体包括最高人民法院发布的非司法解释类审判业务规范性文件、公理、情理、经验法则、交易惯例、民间规约、职业伦理等。因此，《民法总则》第10条所确立的法律适用逻辑是“有法律的依法律，没法律的依习惯”。

第二，习惯可以作为法源来弥补法律的空缺结构。法律并非万能的，尤其是在私法领域，面对开放的社会，封闭的法律体系可能会出现空缺结构。[52]为有效规制社会生活，同时发挥司法作为公平正义最后一道防线的作用，必须为法官提供种类多样、位阶分明、针对性强的规范。但立法者不可能预见社会生活中的所有情况，因此，法律会出现空缺结构，甚至会出现法律漏洞。填补空缺结构和法律漏洞，既可以借助法律方法论，也可以运用法源条款。因此，可以在法源条款中规定习惯，借助习惯弥补空缺结构。并且，私法领域尤其是商事活动领域对习惯有着强烈的需求，而明确将习惯作为法源，可以发挥必要的补充作用。[53]因此，需要发挥习惯的法源意义。

第三，法律渊源具有开放性的特点。《民法总则》明确了法源包括“法律”与习惯，但没有规定其他规范。通过考察其他国家的立法例，可以发现此间存在一定的区别。比如，《瑞士民法典》第1条和《韩国民法典》第1条都规定了将法理作为法律渊源，而《西班牙民法典》第1条则规定了将原则作为法律渊源。可见，在法律渊源种类的设计上，其他国家的法源条款更具有开放性。《法国民法典》虽未明确法源，但在第4条规定了“禁止法官拒绝裁判”。[54]《法国民法典》之后的法典多在法源条款中明文规定将“法理”“原则”作为法源，“但不论是否明文加以规定，除非关于民法之体系，采封闭的立场，法院不得补充，否则，‘法理’在民事之裁判上的地位，最终并不受成文化与否的影响”。[55]但若采取封闭体系的方案，可能会无法解决新出现的问题，或者可能会阻碍新兴权利的生长。在会议上，蔡立东教授探讨了三权分置问题，刘小平副教授探讨了土地上的用益物权问题，高富平教授探讨了数据权问题，张震教授探讨了私法意义上的环境权问题。这些问题都表明，由于法源规范方案的阙如以及民法体系的封闭，致使新兴问题难以得到妥善解决。因此，在某种程度上，设计法源条款时，应保持其开放性，以使法官在司法裁判中可以从开放性的体系——法源——中寻求裁判方案。[56]

因此,为明晰《民法总则》第 10 条法源条款背后的法理,充分发挥法源条款在司法裁判中的作用,就必须明确法源条款的逻辑性、体系性以及融贯性,通过动态开放性体系去应对民事活动的快速发展,保持私法的活力。

2. 私法法源需要借助方法论践行

习惯、指导性案例等法的非正式渊源只能被作为裁判理由,以用于司法裁判中的补充说理。尽管法官不能在裁判依据部分以非正式渊源作出裁判,但是,当抽象规则(法的正式渊源)与具体社会事实相遇时,非正式渊源经常会被用于填平抽象规则与具体事实之间的间隙。钱玉林教授与韩长印教授都谈到了商事习惯对于司法裁判的重要性,但问题在于,承认法的非正式渊源的地位之后,该如何将其运用于司法实践当中?这必然要涉及法律方法论,具体包括法律论证、法律解释、法律推理、法律修辞等。因此,为解决法源的使用问题,需要强化对方法论的研究,以合理、有效地将法源从静态文本转化为动态规范。

其一,如何将法理适用于司法程序?黄茂荣先生认为,法院在实证法之既有规定的基础上,利用类推适用、目的性限缩、目的性扩张或创制性推演等法律补充的方法,可以将法理或一般法原则(allgemeine Rechtsprinzipien)制度化为实证法的组成部分。比如,韩长印教授指出,保险法并不存在"损失填补原则",该原则尽管被保险法学界所公认,但作为法理,其不能被直接在裁判文书中表述为"根据损失填补原则的法理,判决……"因为这种表述有违我国的成文法体制,也不符合法治国家的基本要求。因此在其他法律渊源缺位或者存在缝隙时,应运用法律方法对其进行缝合,这既落脚于法秩序的范围之内,也有助于实现合理裁判的目标。

其二,如何适用指导性案例?指导性案例不能作为裁判依据,而只能作为裁判理由。因此,指导性案例的适用方式只能是"参照",而不能是"依据"。而且,与其他法的非正式渊源不同,指导性案例是"应当"参照,而其他法的非正式渊源往往是"可以"参照。因此,在性质、效力、适用方式上,指导性案例有别于以往的渊源。为实现统一法律适用与"类案类判"的目标,需要在符合我国现行法律体制的前提下,充分利用法律方法,以融贯渊源的特殊定位与司法实践的实际需求之间的缝隙。首先,指导性案例并非抽象规则,而且其并非法的正式渊源,不能直接被作为裁判依据/大前提直接运用于演绎推理;其次,指导性案例作为个案,应该遵循个案适用的逻辑,满足个案之间的类比推理要求;再次,对于指导性案例的运用,不能通过类比推理的方式直接推演出裁判结论,因为这既不满足演绎推理的要求,也突破了成文法体制对法律渊源的要求;最后,为满足演绎推理与类比推理的要求,为遵循成文法体制和法源适用理论的要求,需要将类比推理附着在演绎推理之下。因此,当待决案件出现法律规范的空缺结构时,由于法官对大前提的理解存在差异,所以,需要将相应的法律规范作为关键词,到指导性案例库中去检索。获得特定指导性案例之后,不能直接将该指导性案例适用于待决案件,或者直接适用演绎推理以得出结论。相反,应该将待决案件与特定指导性案例进行类比推理,只有在类比推理结果满足相似性时,才能将指导性案例中的"裁判要点"作为待决案件大前提的辅助补充,进而回归演绎推理,得出裁判结论。[57] 如此,可使指导性案例既能发挥"统一法律适用"与"类案类判"的目标,也能符合整体法律秩序的要求。

因此,在司法实践中适用法源,需要借助方法论。这既可以规范法官的自由裁量权,又可以提高制度的实际操作性。同时,以透明、合理、逻辑化的方法论适用法源,可以使司法裁判更具有可接受性与正当性,有助于达成法律职业内外的认同与共识。

四、私法内外体系的融贯

(一)公私二分视角的创新认识

1. 对公法私法二分法的再认识

类型化划分可以帮助我们清晰地界分和认识事物。"自两千多年前古罗马五大法学家之首乌尔比安提出经典的公私法分类以来,公法与私法的界分与关联问题就几乎是一个伴随着法学法律产生发展的整个历史的基本法理问题。"[58] 两者并非截然分裂,在社会法被提出以后,公法私法二分法受到了很大的冲击。当下,对此观点,需要进行再认识。

第一,公法私法二分法是否属于"法律分类方法"? 陈庆副教授从《法学阶梯》与《学说汇纂》原文出发,分析了拉丁文、英文以及德文的语词表述。通过考证公私法划分的缘由与方法,他揭示了公私法划分背后的法观念:一是“法—法律(ius - lex)”的二阶法观念;二是“人道—天法(ius fasque)”的二元论秩序观。他认为,公法私法二分法并非法的分类,而是法研习立场的分类。这为公法私法二分法的认知提供了一个不同的视角,但“名无固宜,约定俗成”,公法私法二分法的功能意义可能并不主要在于研习认识本身,而是在于认识的对象。因此,公法私法二分法的“法律分类方法”意义仍然大于“研习立场分类”意义。

第二,公法私法二分法面临新的问题。[59]由于前文所谈到的个体主义与集体主义的调和问题,随着社会主义国家、福利国家、社会法等新事物的出现,公法私法二分法不再稳固。而且,对于社会法是否足以成为第三法域的问题,也存在较大争议。因此,关于法域划分的问题,至少存在三类观点:其一,不存在第三法域,实际上,只是由于社会的发展,才出现了公法私法化与私法公法化的现象,导致公法与私法之间不断发生交叉融合;其二,存在第三法域,即存在公法、私法与社会法的三分法;其三,存在狭义的社会法,即存在同宪法及其相关法、民商法、行政法、经济法、刑法、诉讼及非诉程序法并列的社会法。[60]但是,无论如何,各种观点都认识到了传统法律分类方法的不敷适用之处。大量的新生事物、新生现象使公法私法二分法捉襟见肘,比如,共享单车、区块链、大数据等问题已经使发展传统法律分类方法具有了迫切的理论与实践需求。[61]

第三,私法宪法化冲击二元分立格局。姜峰教授探讨了私法宪法化中的“社会强力”问题。从公法角度切入,该问题便是宪法横向效力问题,涉及宪法是否可以突破传统框架,发挥横向效力,以及怎么发挥横向效力等具体问题。姜峰教授认为,“社会强力”不足以成为私法宪法化的理由。之所以论及该问题,主要是基于社会发展过程中出现的强大社会主体。在传统私法领域,企业与自然人处于平等地位,但因为在社会资源支配程度、协商空间、议价能力等方面的差距,所以会引发公法意义上的不平等。德国法上的宪法横向效力理论针对该问题,根据是否认为可以直接将宪法适用于私法领域,分为直接效力与间接效力两种观点。[62]反对者多基于私法自足性、历史先发性、规范与事实分野等理由进行驳斥。因此,一方面,私法实践中存在纵向化的事实,传统私法规制不力;另一方面,宪法可以提供纵向化方案,进入传统私法调整的场域,解决私法无法充分解决的“社会强力”问题,但宪法的介入也可能导致宪法对私法领域的过当渗透,影响私法自治。

可见,传统的二元划分视角不断受到新兴问题与既定事实的冲击。在事实与规范分离的“休谟难题”诘难下,第一个需要解决的问题是,如何跨越事实与规范之间的鸿沟;第二个需要解决的问题是,在不同规范之间,应该抱持何种立场。而无论封闭、开放抑或交叉领域开放,都需要我们立基原有理论,兼及实践需求,提炼共识性法理,以提供智力支持。

2. 调和民刑法域之间的冲突

法理不仅是抽象的,更是具体的,不仅在法学理论或者法理学上具有意义,而且在部门法中亦具有重要意义。比如,关于民刑交叉领域,崔建远教授提及了最高人民法院历时十多年仍未能出台的《关于审理民刑交叉案件若干问题的规定》。未能出台的原因是,草稿获得了民法学者的支持,却遭到了刑法学者的批评。因此,不能只在一个学科上解决交叉领域的问题,而是需要将交叉领域的问题上升到更高层次的法理,在基础法理的层次予以探讨,梳理两大法域之间的关系,调和民刑交叉中的冲突。举例来说,2013年8月,最高人民法院公布了《关于审理民间借贷案件适用法律若干问题的解释》,其第16条规定:“借款人或出借人的借贷行为涉嫌犯罪,或者已经生效的判决认定其有罪,民间借贷合同并不当然无效。”该规定属于我国第一次对民刑交叉案件合同效力问题的规定,但“并不当然无效”意味着,其可能有效,也可能无效。何时有效,何时无效,需要进一步明确。于改之教授则将注意力放在了更抽象的层次:法域冲突的排除。她着眼于民刑法域冲突的类型与排除方案、解决冲突应持有何种立场、“刑法相对从属”的范围以及“相对从属”的司法适用四个问题。

(二)民法与商法的体系化衔接

1. 民商法法理思维的共通性

随着社会主义市场经济的不断发展,以促进交易便捷、保障交易安全为价值目标的商法制度日臻完善,不仅维护了正常的市场交易秩序,还推动了商事规范的全球化。在我国,民法和商法都属于私法范畴,与会专家学者在民商法法理思维的共通性问题上达成了一定共识。首先,民法和商法在价值目标上具有一定的重合性。在我国,民法和商法都是调整社会主义市场经济的法律制度,都关注平等、公平、诚实信用等法律价值。需要注意的是,民法的最高价值取向是公平,商法的最高价值取向是效益,在立法上,二者分别表现为公平优先原则和效益优先原则。[63]其次,民法与商法有一定的共同法源基础。商法最初源于交易习惯。交易习惯是商主体的自发秩序,体现了私法的意思自治原则,时至今日,其仍然是众多商法规则的法源。《民法总则》第10条确立了习惯的法源地位,为司法实践中交易习惯的适用提供了法律依据。通过对商事习惯法在中国、日本、韩国等国家的比较法研究,钱玉林教授认为,商事习惯法属于商事特别法的范畴,可以优先适用。李宇副教授结合司法实践探讨了商事习惯法的法源地位问题,建议促进法理和教义、规则、判例之间更精准的结合。最后,民法与商法在主体制度等方面存在共通性。主体制度是民法制度的重要内容,商主体可以作为民事主体参与民事活动,接受民法规范的调整。我国《民法总则》规定了法人和非法人组织,并区分了营利法人与非营利法人,在一定程度上体现了商法的营利性思维。

2. 商法法理思维的特殊性

商法以营利性的商事关系为调整对象,注重对经营性活动的确认和保护,形成了一系列具有特色的商事法律原则和机制,如外观主义、严格责任等。[64]因此,建构商法法理体系需要关注商法思维的特殊性。与会专家学者以立法和司法实践为依托,发现、提炼商法制度体系中的特殊法理,共话商法的法理体系。以外观主义为例,民法中的占有、善意取得等制度中蕴含了外观主义理念,但是该理念在商法规范中更为常见,成为商法的基本原则。商法以促进交易便捷和保护交易安全为价值目标,在衡量真实法律关系中当事人的利益与相对人的信赖利益时,商法的营利性追求决定了外观主义的适用,从而维护交易秩序。蒋大兴教授以隐名交易背后的法理为例,结合合同法和公司法规则,具体分析了商事立法中的外观主义秩序与司法实践中的利益平衡问题,建议修正以个案限缩外观主义立场的做法,构建一个有秩序的商业社会。同时,在具体制度的建构上,商法与民法也存在诸多差异,需要进一步厘清关联法条的适用问题。钱玉林教授以有限责任公司股权转让合同为例,探讨了该类合同的订立、效力和履行等方面的法律适用问题,妥善处理了公司法与合同法的适用关系。傅穹教授认为,在未来的公司法修改和私法法理研究中,需要充分关注商法的营利思维、团体法思维、自治思维和外观思维,认真对待公司章程。韩长印教授以保险法基本原则为例,探讨了商事习惯法的法源地位问题,并剖析了司法实践中追求个案正义而忽视商事理念的问题,强调要尊重公司法中的商事理念,指出区分商事思维和非商事思维的重要性。

(三)程序法与实体法的法理联通

1. 程序法与实体法的遥相呼应

法律工作者在理论研究及司法实务中,需要关注实体法与程序法的衔接和配合,将其整体把握、予以运用,方为正途。[65]本次会议齐聚民事程序法与实体法的多位专家学者,从不同视角研讨民事法理体系的建构,充分展现了程序法和实体法在法理思维上的共性。其一,实体法和程序法在价值目标上具有一定的共性。实体法和程序法都追求作为公平的正义,不同的是,实体法强调法的实体正义,程序法更为注重程序正义。纯粹的程序正义中存在一种正确的或公平的程序,如果能被恰当地遵守,结果也会是正确的或公平的,无论可能得出何种结果。[66]程序法正是以程序自身的过程价值为立法目标。其二,实体法和程序法存在内容上的交织。我国民事实体法中有很多程序性规则,如强制执行规则等。民事诉讼法中也有实体法规则,如证明责任的分配规则。对于何种程序性内容应被规定于民法典或民事诉讼法的问题,可以采取"特殊与一般分配法",对于相对特殊的、具体的程序性规范,应考虑将其规定在实体法中,对于相对一般、抽象的程序规范,应将其规定在民事诉讼法中。[67]其三,实体法和程序法存在规则上的相互作用。比如,实体法中关于诉讼请求的规则与程序法中关于诉讼请求、诉讼标的等的规则存在互动,程序法中证明责任问题更是需要结合实体法规则加以研究。

在会上,王福华教授概括介绍了中国民事诉讼法的发展全景。他指出,目前,民事诉讼法的角色逐渐转型为保障型的程序法,在明确民事诉讼支配性的同时,还关注民事诉讼法中的私法因素。崔建远教授指出,民法与民事诉讼法是遥相呼应的。结合《物权法》与《民事诉讼法》的具体条文,他探讨了举证责任分配的公平正义问题,进而提出了民法典编纂的立法建议。

2. 新时代程序法的发展展望

"权,然后知轻重;度,然后知长短。"[68]法律是对社会尺度的权衡分割,具有"定分止争"的内在属性。[69]我国的民事实体法和程序法不仅都具有定分止争的功能,还都是以权利为本位的法律制度,其中,民事程序法是权利救济法,规定了民事实体权利在无法得到实现之时的救济路径,是我国法治建设中的重要环节。在中国特色社会主义新时代,通过"以当事人为中心"和"以当事人为主体"的制度建构,民事程序法既可以调和个人自由与社会正义的关系,满足纠纷解决的需求,又可以发挥民事司法在市场经济与社会管理、权利本位与社会本位之间的沟通媒介功能,体现司法为民的宗旨。[70]关于民事诉讼法律体系的自我完善问题,部分专家学者建议,制定单行的民事执行法,进一步修改民事诉讼的其他各项制度。霍海红教授认为,应当反思优先保护权利人理念,追求权利人和义务人利益的平衡,完善诉讼时效的规则体系。刘水林教授通过探讨公共利益和个人利益的关系,回应了公共物品保护的诉讼路径选择问题。赵秀举讲师强调,在程序法规则设计中,要注重对实体法需求的呼应。吴泽勇教授则希望,未来能有更多的程序法学者参与民法典的编纂,从公法和私法的视角,共同开展研究,以构建有中国特色的程序法体系。

结　语

张文显教授在本次会议的闭幕式上指出,面对新的时代挑战,面对新的法理问题,我们需要进一步凝练关于民法学的法理共识;面对泛在的"法理",需要更多的法学理论学者、民法学者、商法学者等法学研究者参与新时代的私法法理总结活动;面对呈现出时代性、体系性、基础性的私法法理,法学学者应把握变局中的不变,巩固与发展基础私法法理,通过基础法理,应对时代问题的不同面向。他进一步指出,法学学者需要体系化地理解私法内部、私法与其他法律体系之间的法理;在新时代的新背景下,法学学者需要凝练新的私法法理,为新问题提供新方案;法学界应在时代性、体系性、基础性的法理凝练活动中,达成法理共识。

法理便是共识。作为社会价值的统合工具,社会规范具有多元性特征。法律之外的其他社会规范很难像统一的法律制度那样凝聚共识,相反,它们常常存在分歧。而且,法律制度倘若缺乏法理支撑,其凝聚共识的力度便会被削弱。因此,私法学者、法理学者等法学学者应通过法理凝练,使私法体现更多的社会共识,以弥合不同价值持有者之间的分歧。

"私法中的法理"暨第五届"法理研究行动计划"学术研讨会吹响了私法法理研究的号角,其聚焦于凝练私法法理的研究范式,在传承中创新,形成了私法法理/共识,推进了私法的发展。

注　释

* 畅冰蕾,上海交通大学凯原法学院博士研究生;雷槟硕,上海交通大学凯原法学院博士研究生。本文受会议秘书处委托合作而成,畅冰蕾负责民商法以及实体法与程序法交叉部分的撰写,雷槟硕负责法理学、法学方法论以及公私法二元划分部分的撰写。彭诚信教授、范进学教授对文章框架、内容提出了重要意见,在此致以谢忱。本文原载《法制与社会发展》2019 年第 2 期。

〔1〕 参见《张文显教授在"私法中的法理"学术研讨会上的致辞》,载 http://www. yidianzixun. com/article/0KtpwSWV,2019 年 1 月 20 日访问。

〔2〕 参见张文显:《法理:法理学的中心主题和法学的共同关注》,载《清华法学》2017 年第 4 期。

〔3〕 前四届会议的情况分别是:2017 年 12 月 1 日至 3 日,"法理研究行动计划"系列活动第一期在苏州大学王健法学院举行;2018 年 3 月 10 日至 11 日,"新时代中国法理研究"暨第二届"法理研究行动计划"学术研讨会在中南大学法学院举行;同年 8 月 4 日至 5 日,"新时代法理的理论想象"暨第三届"法理研究行动计划"学术研讨会在南开大学法学院举行;同年 11 月 3 日至 4 日,"公法中的法理"暨第四届"法理研究行动计划"学术研讨会在浙江大学光华法学院举行。

〔4〕 “法理研究行动计划”的倡议发起人张文显教授目前所策划的专题性研究有 20 多个,继“公法中的法理”“私法中的法理”之后,后续还将继续举办关于“经济法中的法理”“环境法中的法理”“诉讼法中的法理”“国际法中的法理”“法理思维和法律方法论”“中西经典文献中的法理”等内容的研讨会。

〔5〕 参见《张文显教授在“私法中的法理”学术研讨会上的致辞》,载 http://www.yidianzixun.com/article/0KtpwSWV,2019 年 1 月 20 日访问。

〔6〕 参见《张文显教授在“私法中的法理”学术研讨会上的致辞》,载 http://www.yidianzixun.com/article/0KtpwSWV,2019 年 1 月 20 日访问。

〔7〕 参见《张文显教授在“私法中的法理”学术研讨会上的致辞》,载 http://www.yidianzixun.com/article/0KtpwSWV,2019 年 1 月 20 日访问。

〔8〕 参见李晓辉:《论法理的普遍性:法之“公理”、“通理”与“殊理”》,载《法制与社会发展》2018 年第 3 期。

〔9〕 参见张文显:《法理:法理学的中心主题和法学的共同关注》,载《清华法学》2017 年第 4 期。

〔10〕 参见张文显:《新时代社会主要矛盾变化与中国法治现代化》,载《法治现代化研究》2018 年第 4 期。

〔11〕 参见《张文显教授在“私法中的法理”学术研讨会上的致辞》,载 http://www.yidianzixun.com/article/0KtpwSWV,2019 年 1 月 20 日访问。

〔12〕 参见邱本:《如何提炼法理?》,载《法制与社会发展》2018 年第 1 期。

〔13〕 参见黄茂荣:《民法中的法理》,载《北方法学》2018 年第 3 期。

〔14〕 张文显:《法理:法理学的中心主题和法学的共同关注》,载《清华法学》2017 年第 4 期。

〔15〕 参见丰霏:《如何发现法理?》,载《法制与社会发展》2018 年第 2 期。

〔16〕 参见[爱尔兰]约翰·莫里斯·凯利:《西方法律思想简史》,王笑红译,法律出版社 2010 年版,第 1 页。

〔17〕 参见张文显主编:《法理学》(第 5 版),高等教育出版社 2018 年版,第 7 页。

〔18〕 参见《张文显教授在“私法中的法理”学术研讨会上的致辞》,载 http://www.yidianzixun.com/article/0KtpwSWV,2019 年 1 月 20 日访问。

〔19〕 参见[意]朱塞佩·格罗素:《罗马法史》,黄风译,中国政法大学出版社 1994 年版,第 109 页。

〔20〕 参见《张文显教授在“私法中的法理”学术研讨会上的致辞》,载 http://www.yidianzixun.com/article/0KtpwSWV,2019 年 1 月 20 日访问。

〔21〕 参见舒国滢:《17、18 世纪欧洲自然法学说:方法、知识谱系与作用》,载《比较法研究》

2014 年第 5 期。

〔22〕 梁慧星:《对民法典编纂若干理论问题的思考》,载《河南社会科学》2017 年第 4 期。

〔23〕 参见郭晔:《追寻和感悟中国法学的历史逻辑——“法学范畴与法理研究”学术研讨会述评》,载《法制与社会发展》2018 年第 5 期。

〔24〕 参见[美]阿拉斯戴尔·麦金太尔:《追寻美德:道德理论研究》,宋继杰译,译林出版社 2003 年版,第 88 页。

〔25〕 张文显:《制定一部 21 世纪的中国民法典》,载《法制与社会发展》2015 年第 4 期。

〔26〕 参见王轶、关淑芳:《民法典编纂需要协调好的六个关系》,载《法学杂志》2017 年第 1 期。

〔27〕 李适时主编:《中华人民共和国民法总则释义》,法律出版社 2017 年版,第 335 页。

〔28〕 参见《张文显教授在“私法中的法理”学术研讨会上的致辞》,载 http://www. yidianzixun. com/article/0KtpwSWV,2019 年 1 月 20 日访问。

〔29〕 参见丰霏:《如何发现法理?》,载《法制与社会发展》2018 年第 2 期。

〔30〕 [英]尼尔·麦考密克、[奥]奥塔·魏因贝格尔:《制度法论》,周叶谦译,中国政法大学出版社 2004 年版,第 90 页。

〔31〕 张文显:《法理:法理学的中心主题和法学的共同关注》,载《清华法学》2017 年第 4 期。

〔32〕 李适时主编:《中华人民共和国民法总则释义》,法律出版社 2017 年版,第 8 页。

〔33〕 参见刘风景:《社会主义核心价值观入法的理据与方式》,载《当代世界与社会主义》2017 年第 4 期。

〔34〕 郑成良:《权利本位与社会本位的关系》,载张文显主编:《思想与修辞:“法学范畴与法理研究”学术研讨会全实录》,法律出版社 2018 年版,第 86 页。

〔35〕 习近平:《决胜全面建成小康社会 夺取新时代中国特色社会主义伟大胜利——在中国共产党第十九次全国代表大会上的报告》,载《人民日报》2017 年 10 月 28 日,第 1 版。

〔36〕 参见张文显:《新时代全面依法治国的思想、方略和实践》,载《中国法学》2017 年第 6 期。

〔37〕 习近平:《在庆祝改革开放 40 周年大会上的讲话》,载《人民日报》2018 年 12 月 19 日,第 2 版。

〔38〕 张文显:《中国法治 40 年:历程、轨迹和经验》,载《吉林大学社会科学学报》2018 年第 5 期。

〔39〕 参见瞿郑龙:《如何理解“法理”?——法学理论角度的一个分析》,载《法制与社会发展》2018 年第 6 期。

〔40〕 参见郑成良:《论法治理念与法律思维》,载《吉林大学社会科学学报》2000 年第 4 期。

〔41〕 参见[德]卡尔・拉伦茨:《德国民法通论》,王晓晔、邵建东、程建英、徐国建、谢怀栻译,法律出版社 2003 年版,第 63 ~ 64 页。

〔42〕 参见[德]鲍尔、施蒂尔纳:《德国物权法》,张双根译,法律出版社 2004 年版,第 3 ~ 4 页。

〔43〕 参见张新宝:《民法分则侵权责任编立法研究》,载《中国法学》2017 年第 3 期。

〔44〕 参见彭诚信:《论禁止权利滥用原则的法律适用》,载《中国法学》2018 年第 3 期。

〔45〕 参见《中共中央关于全面推进依法治国若干重大问题的决定》,载《人民日报》2014 年 10 月 29 日,第 1 版。

〔46〕 参见丰霏:《如何发现法理?》,载《法制与社会发展》2018 年第 2 期。

〔47〕 参见习近平:《决胜全面建成小康社会　夺取新时代中国特色社会主义伟大胜利——在中国共产党第十九次全国代表大会上的报告》,载《人民日报》2017 年 10 月 28 日,第 1 版。

〔48〕 张文显:《法理:法理学的中心主题和法学的共同关注》,载《清华法学》2017 年第 4 期。

〔49〕 参见张文显、姚建宗:《权利时代的理论景象》,载《法制与社会发展》2005 年第 5 期。

〔50〕 参见邱本:《如何提炼法理?》,载《法制与社会发展》2018 年第 1 期。

〔51〕 参见李适时主编:《中华人民共和国民法总则释义》,法律出版社 2017 年版,第 34 ~ 35 页。

〔52〕 参见[英]H. L. A. 哈特:《法律的概念》(第 2 版),许家馨、李冠宜译,法律出版社 2011 年版,第 123 页。

〔53〕 参见钱玉林:《商法漏洞的特别法属性及其填补规则》,载《中国社会科学》2018 年第 12 期。

〔54〕 《法国民法典》(上册),罗结珍译,法律出版社 2005 年版,第 31 ~ 32 页。

〔55〕 黄茂荣:《民法中的法理》,载《北方法学》2018 年第 3 期。

〔56〕 参见陈金钊:《体系思维的姿态及体系解释方法的运用》,载《山东大学学报》(哲学社会科学版)2018 年第 2 期。

〔57〕 参见雷槟硕:《如何"参照":指导性案例的适用逻辑》,载《交大法学》2018 年第 1 期。

〔58〕 郑磊、宋华琳:《良法善治,民尊国范——"公法中的法理"暨第四届"法理研究行动计划"学术研讨会述评》,载《法制与社会发展》2019 年第 1 期。

〔59〕 参见张文显主编:《法理学》(第 5 版),高等教育出版社 2018 年版,第 92 页。

〔60〕 参见《全国人民代表大会常务委员会工作报告》,载《人民日报》2001 年 3 月 20 日,第 1 ~ 2版。

〔61〕 参见钱叶芳:《“社会法法域说”证成——大陆法系和英美法系融合的一个例证》,载《法学》2017 年第 4 期。

〔62〕 参见[德]克劳斯—威尔海姆·卡纳里斯:《基本权利与私法》,曾韬、曹昱晨译,载《比较法研究》2015 年第 1 期。

〔63〕 参见赵万一:《论民商法价值取向的异同及其对我国民商立法的影响》,载《法学论坛》2003 年第 6 期。

〔64〕 参见赵旭东:《民法典的编纂与商事立法》,载《中国法学》2016 年第 4 期。

〔65〕 参见崔建远:《实体法与程序法相辅相成——法释 5 号之解读、评论与升华》,载《现代法学》2016 年第 6 期。

〔66〕 参见[美]约翰·罗尔斯:《正义论》,何怀宏、何包钢、廖申白译,中国社会科学出版社 1988 年版,第 82 页。

〔67〕 参见张卫平:《民法典与民事诉讼法的连接与统合——从民事诉讼法视角看民法典的编纂》,载《法学研究》2016 年第 1 期。

〔68〕 《孟子·梁惠王上》。

〔69〕 参见王奇才:《法谚与法理》,载《法制与社会发展》2018 年第 4 期。

〔70〕 参见王福华:《民事诉讼的社会化》,载《中国法学》2018 年第 1 期。

吕玉赞　吴冬兴*

聚焦与拓展:法理思维的纵深展开

——第六届“法理研究行动计划”暨“法理思维与法律方法”学术研讨会述评

以新时代为底色的中国社会正在经历着由“法律之治”到“良法善治”的历史性转型,而法理就是能够精准表述这一“良法善治”转型之本质的现成概念。[1] 新时代的法理研究已经明确意识到,中国法理学的叙事必然以中国社会的固有特征为理论背景。借着舶来的法学知识,自清末引进西律以来,尤其是改革开放四十多年以来,后发的中国法理学带着学术的谦虚与自信,不断探索与重塑着自身的法理话语权,在一个被误解为没有法学的国度里孜孜以求,将历史的包袱转化为前行的动力,在世界上努力呐喊出法理研究的中国声音。正如张文显教授所言:“中国法理学以其得天独厚的法律文化涵养和前所未有的依法治国实践根基,以其鲜明的中国特色和社会主义定力,正跻身世界法理学之林。”[2]“法理研究行动计划”也从整体性、宏观性的研究扩展至分领域、专题性研究,[3]“公法中的法理”“私法中的法理”等议题极大地开拓了法理研究的领域和范式。作为对象的“法理”研究蒸蒸日上,而作为方法的“法理”研究之迫切性也日渐凸显。“法理”如何与传统的法律方法研究相融合?“法理”如何为法律方法研究注入新的生命力?

诸如此类的问题困惑着我们,同时也启迪着我们。作为方法的“法理”研究,必须以“思维”这个最基本的方法范畴入手,“法理思维”既是研究的起点,又是研究贯彻始终的主线。法理思维还是沟通作为对象的“法理”与作为方法的“法理”的重要纽带。“法理思维集范畴(概念)、理念、方法三者于一体,所以其在法理研究中的地位独特、意蕴深刻。”[4]

“法理思维与法律方法”学术研讨会是“法理研究行动计划”的第六次学术会议,其最初的理论设想在于,将法理思维引入法律方法论这一研究思维规则的领域,让法理思维成为法学思维的引领性思维,最终型构由法律思维、法治思维和法理思维共同铺陈的法学思维格局。2019 年 3 月 16 日至 17 日上午,第六届“法理研究行动计划”暨“法理思维与法律方法”学术研讨会在华东政法大学召开。会议由华东政法大学科学研究院、《法制与社会发展》编辑部、“法理研究行动计划”秘书处、浙江大学法理研究中心、华东政法大学法律方法研究院、《法律方法》编辑部共同主办,来自全国各高校和研究机构的法理学、宪法学、民商法学、法律史学、行政法学、刑法学、诉讼法学等学科及期刊界、出版界、法律实务界的一百余名专家学者参加了此次会议。在开幕式上,华东政法大学科学研究院院长陈金钊,华东政法大学党委书记郭为禄,上海市法学会党组副书记、专职副会长施伟东,中国法学会党组成员、副会长、学术委员会主任、吉林大学哲学社会科学资深教授、浙江大学文科资深教授、浙江大学法理研究中心主任、《法制与社会发展》主编张文显分别代表各主办单位致辞。西北政法大学教授严存生,上海师范大学教授、中国法学会法理学研究会副会长刘作翔,复旦大学法学院教授、中国法学会法理学研究会副会长孙笑侠,华东政法大学教授、中国法学会法理学研究会副会长胡玉鸿,中南财经政法大学法学院教授、中国法律逻辑学会会长张继成,中山大学法学院教授熊明辉,华南理工大学法学院教授、院长蒋悟真,上海交通大学法学院教授范进学,山东大学法学院教授、副院长李忠夏分别作了主旨发言。

本次研讨会共设有法理思维、法律思维、法治思维、法律逻辑和法律方法五个中心议题,明确了法理思维的重要特征,阐释了法理思维与法律思维、法治思维的关系,加强了法理思维与法律逻辑的对话,促进了法理思维与法律方法的交融。与会专家学者从多学科、多视角、多领域论道法理,思辨方法,阐明了法理思维与法律方法的理论和实践维度。他们以"法理"激发思想高潮,以"方法"凝聚学术共识,展开了"法理思维"与"法律方法"的学术之旅,让"法理"春风吹开了"方法"之花,使"思维"之葩装扮了"法理"之苑,绽放出一派繁荣的学术盛景。

一、法学思维的法理转向

在开幕式上,张文显教授指出,法学思维有法律思维、法治思维和法理思维三种主要形态。在法学史上,对法律的研究最早、最为系统、最为深入,经典论述很多,以法律概念为支点的法律理论体系早已形成且已定型。而且,经过改革开放以来40年的探索,以法治概念为支点的中国特色社会主义法治理论体系也已经形成并日渐成熟。但是,与已经在路上的法律研究、法治研究相比,法理和法理概念的研究却刚刚起步。[5]在历史的向度上,理论界对法律和法治的长期关注,使法律思维和法治思维日臻完善。然而,对法理和法理概念的忽视,必然导致法理思维的概念、结构和功能等诸面向难以彰显。中国特色社会主义进入新时代以来,中国法理学人在认清法学新时代历史站位的基础上,更加积极地融入中国特色社会主义法治现代化建设,更加深刻地感受到"良法善治"的法理力量。本次会议为法学思维的转型升级提供了契机,与会专家学者依靠独到的问题意识和理论应对,以集成性创新的气魄,提出了法理思维的理论模型,型构了法学思维的三维格局。

(一)洞察法理思维的时代底蕴

以张文显教授为代表的中国法理学人,凭借敏锐的事实洞察力和恢弘的理论创造力,采撷中西法学中的法理思维因素,塑造出法理思维的中国话语。由此,与法理研究相伴而生的,便是新时代法学思维的法理转向,这一转向正是在借鉴中西方法学思维研究成果的基础上,对法学思维最新发展方向的精准把握。新时代法学思维的法理转向,不仅创造性地提出了法理思维的概念,认识到了法理思维的时代性地位,还科学地将法律思维、法治思维和法理思维这三大思维范式统摄于法学思维之下,张扬出法理思维对

“法理型法治”的思维引擎功能。

法学思维的法理转向来源于新时代的呼唤。施伟东副会长在致辞阶段旗帜鲜明地提出了“法理建构,中国声音”的豪迈宣言。在法学的学科体系中,法理学的政治性和意识形态性是最为突出的。伴随着全面依法治国和全面建成小康社会的顺利推进,面对着两个一百年的奋斗目标和实现中华民族伟大复兴的历史使命,法理建构不能缺位。法理思维的研究,肩负着开创法学基础理论研究新境界、全面建构中国特色社会主义法学学术体系和法治话语体系、在全球法学法律界点亮标志性中国红的重要使命。针对法理思维研究的问题意识,陈金钊教授指出,法理思维的提出是为了顺应当下中国法治建设的实践呼唤。在公民对法治的需求愈加旺盛的大背景下,法治要求“讲法说理”,而“讲法说理”则要求塑造法理思维规则。蒋海松副教授在发言中认为,随着我国法治建设的深入开展,法律思维和法治思维日益获得重视,此以党的十八大、十八届三中全会和十八届四中全会的召开为标志性事件,而在全面推进依法治国的背景下,我们不但应该重视法律思维和法治思维,还应进一步加强对法理思维的重视。

法学思维的法理转向来源于法学发展的内在逻辑,其以深厚的理论基底,支撑起良法善治的时代使命,推动着法学思维的转型升级。张文显教授深刻地揭示了法学思维中的递进关系:法律思维其实就是规则思维,概括而言,就是权利义务思维;法治思维是依法治理、依法办事的思维方式,是把对法律的敬畏、对规范的理解转化为思维方式和行为方式;法理思维是基于对法律、法治本质意义和美德的追求,基于对法律精神和法治精神的深刻理解,以及基于良法善治的理性实践而形成的思维方式。[6]范进学教授从法学发展史的角度清晰地刻画了法学思维的法理转向。他认为,法学思维在我国的发展可以被划分为三个阶段。在第一阶段,法学思维就是法律思维,法律思维承担了法治思维和法理思维的功能。在第二阶段,自 2012 年中央明确提出法治思维和法治方式以来,法治思维成为法学思维的第二种思维方式,此后,学者将法理思维中的一些内容添加到法治思维之中。在第三阶段,张文显教授提出了法理思维,法理思维的基本内容由此被剥离出来,成为独立的法学思维方式。

(二)追溯法理思维的中华传统

从梁代政治家、史学家萧子显(489~537年)提出“匠万物者以绳墨为正,驭大国者以法理为本”,到唐代政治家、史学家杜佑(735~812年)提出“不习经史,无以立身;不习法理,无以效职”,“法理”这一词汇深深蕴藏在中国的传统文化土壤之中,而且,它所表达的正是“良法善治”的核心要义。[7]在中华法系的德法共治传统中,始终张扬着良法善治的法理诉求。所以,尽管法理思维是新近被提出的概念,但是,法理思维的传统早已深深融入了中国法律文化的脉络之中。

严存生教授认为,关于古代中国法律思想的考究以及在哲理基础上形成的关于中国的法观念,都可以被视为法理思维的具体体现。例如,我国古代的“法”具有多种起源,如“兵”“祭祀”“神判”等;又如,我国古代的“法”具有多个称呼,如“刑”“律”“礼”“灋(法)”等。古代中国的“法”也有多“义”,如“道之用”“规矩”“刑”“一政”等,甚至诸子百家都具有不同的法律观。然而,若只有“多元”而没有“一体”,就不能成为一个事物,所以,古代中国法观念的“多元”是不断走向一体化的。

陈翠玉教授以宋代司法官员的法理思维为论域,从判词及其内部结构等角度论证了古代司法判决中的法理要素。古代中国的法理主要包含三重意义:其一,引出对法条的解释;其二,评价当事人的行为;其三,评价其他法官的判决。在宋代官员的司法裁判用语中,判词以及裁判的内部结构、论证方法与现代法律逻辑具有高度相似性。这些法理用语和律令解释中所使用的法律推理工具均是法理思维要素的具体表征。

(三)寻找法理思维的西方线索

在西方法学中,没有法理思维这一概念,但是,这并不意味着在西方没有法理思维的要素。自德国法学家恩吉施于1956年出版《法律思维导论》之后,法律思维这个概念便带有法学方法论的丰富意涵。[8]西方法理学、法律理论、法教义学以及法学方法论不但包括了丰富的法理思维要素,而且在某种意义上,也正经历着由法律思维、法治思维到法理思维的历史性嬗变。

就概念法学到目的法学的转向,卢鹏教授专题探究了耶林法理思维的诗性特征。耶林法学的特点通常被概括为“转变”。其实,耶林的法学还具有“跨越”“复调”等诸特征:法学不仅具有逻辑性,还具有诗性。这种“诗性法学”的当代启示包容了从“法律人工智能与社会变革”到“中华法律文化的创造性转型”这两大法学主题,推动着法官从“涵摄机器”到“法感诗人”的蜕变,也奠定了从“法律逻辑学”到“法律诗学”的跨越的基础。

陈洪杰副教授以“法律人之治”的法哲学追问为线索,力图发掘实用主义法学、现实主义法学、具体秩序论、法律实证主义、新自然法学说、商谈理论等西方法学传统中的法理思维要素。他认为,上述诸法学流派均未对“法律人之治”的正当性基础予以充分回答。

韩正文副教授以卢埃林的法律现实主义观为线索,反向考证了“预判确定性命题的证立与捍卫”这一法理命题。预判确定性命题能够穿越错综复杂的司法决策,在一定程度上满足民众对纠纷解决的公正期待。尽管霍姆斯、卡多佐、卢埃林、弗兰克等美国法律现实主义者对这一命题提出了严峻的挑战,但是,通过内外二阶视角,恰恰可以澄清预判确定性命题。卢埃林为此提供了操作技艺约束、事实导向型决策与现实生活规范等理由,并且提供了更细化的上诉法院裁判中的十四种稳定性因素。卢埃林建构了普通法传统的宏大风格,其已经无声地修正甚至消除了命题内部的质疑。

马斌讲师着重考察了作为法理思维重要组成部分的体系思维的历史脉络。体系是事理,即法理的必然,但它不一定是实证法材料所具有的属性。对于体系思维进入法学领域,我们必须从历史法学、概念法学、利益法学、评价法学来进行梳理。历史法学家萨维尼早期强调,法源是制定法,法律材料指的是成文法材料,而他后期则认为,体系是一种制度体系,并非规则体系。虽然历史法学派反对自然法,反对抽象的形而上学,但是,在历史法学派的理论当中,也存在高位阶和低位阶的法。高位阶的法类似于事物的本质,也叫作事理,体系性也就是全面性和无矛盾性;身处体系下位的则是实证法材料,包括法官的判决,它们不具备体系性。

(四)探索法理思维的法学路向

与会者着眼于法理思维,探索了诸多具有创新价值的法学研究路向。

1. 法概念研究中的法理思维导向

刘风景教授探讨了"准X"型法律概念背后的复杂思维活动及其深刻法理根基,从而展示了法理思维在法律方法领域的具体运用。法律规范词作为虚词、助词,在法律语言中起到构建法律逻辑的作用。魏治勋教授不仅运用道义逻辑等逻辑工具对"必须"、"应当"、"得"与"不得"等规范词之间的内在关联进行了剖析,而且还触及了这些规范词背后的基本法理和价值判断。

2. 部门法中的法理思维逐渐成型

为了证成"法理不仅可以成为行政审批过程中的依据,而且法理思维也是法治中国如何实现'良法善治'的必然要求",王奇才副教授遵循法理思维的分析路径,把社会主义核心价值观转化为行政审批制度领域的价值要求和法理根据,并以典型的法学命题和法理命题加以表达。李敏副教授则从法理与学说在民法上的法源地位切入,不仅总结了作为法源的法理的具体形态,而且还从法教义学的高度,详细探讨了法理的范围、载体以及适用规范。方瑞安博士以条约冲突为例,主张引入类比思维,呼吁国际法研究要关注类比思维的建构性研究,以最终生成解决条约冲突的制度模型。

3. 立法中的法理思维更为明晰

以法理作为法理学的研究对象和中心主题,并不是一个纯粹的学理逻辑问题,而是有其广泛的实践基础和实践需要。法是法律科学的产物,这就要求立法的科学化。就此而言,法理思维的任务在于三个方面:其一,对既有的法材料进行体系化加工;其二,为改善法律提供必要的建议;其三,澄清作为整个法秩序之基础的基本价值。[9]刘睿博士关注修法理由,他运用法律逻辑的工具,刻画了修法理由各要素与修法结论之间的论证结构,为我们展示了修法者科学、规范的修法思维。立法过程中的理由思维是一种为立法结论提供充分理由并进行论证的思维方式。在立法过程中,树立并运用理由思维,不仅是现代法治思维的重要体现,也是建构立法方法论的核心要素。李光恩博士以立法阶段的理由说明义务和对立法结果的推理证成义务为支点，擘画了一幅立法过程中的生动的法理思维图景。

4. 司法中的法理思维更为精细

基于严格司法和法律正确实施的基本法理，王国龙教授建构了一种规范法官自由裁量的法理思维：为最大限度地取消不必要的裁量，更好地规范必要的裁量，法官需要就裁量的依据展开公开说理和法律论证。“法理指未以条款形式体现的法学基本原理或者被共同认同的学说”，[10]因此，法律学说本身也是一种法理。彭中礼教授分析了法律学说在司法判决中的引用现状及成因，同时，还提出了法官如何正确对待法律学说的法理思维。法理思维理论不仅在内部而且也在外部服从于无矛盾的要求。张静焕教授以“彭宇案”为例，生动地阐释了司法过程中的法理思维：必须恪守价值和逻辑，理性论辩，全面看待问题，积极主动选择，勇于承担责任。王林敏副教授以“‘北雁云依’案”为素材，基于公私法二元分立的视角，着重探析了对裁判说理路径的矫正策略。孙梦娇讲师则立足于公序良俗原则的司法应用实践，建构了一种可充分发挥公序良俗法理之司法功用的“可接受性”的裁判路径。雷槟硕博士从法官法理思维的角度出发，重点关注了法官判断类案的标准、逻辑与方法。

5. 新领域中的法理思维得到拓展

在中国特色社会主义法治实践中，无论是立法、司法、执法、守法抑或法律监督，都需要运用法理思维将各类具体法治实践予以理论形塑，使其具有最大限度的合理性与可接受性。郭春镇教授和曾钰诚博士关注了党内法规中的法理思维，他们主张，对于党内法规，应该在当下法理型法治的布局中贯彻良法善治的法理思维。以人工智能算法建构的困境为视角，熊明辉教授提出，要重视发挥法理思维在提升算法设计上的重要意义。魏胜强教授基于严格司法的理念认为，应从三个方面塑造生态司法的法理思维：一是完善生态立法，推动生态理念的法律化；二是削减司法意见，废除与司法无关的联动机制；三是强化法官作用，通过法律方法贯彻生态理念。司法者在裁判案件时，不能仅仅依靠法律，还需要依靠法律之外的各种因素。宋旭光副教授提出，应将推论主义理论引入法律解释领域，并塑造出基于语言语境、体系语境、最佳解释原则的实践推论模型。朱世海副教授以《澳门特别行政区基本法》的司法适用为中心,探析了特区法律解释的基本法理和解释规则。

二、法理思维的理论剖面

法理思维的内涵及其特质,作为本次研讨会最为核心的议题,自然构成了与会专家学者的核心关注。法理思维的多元争论,既表现为特殊的法理思维,也表现为普遍的法理思维;既存在社会治理意义上的法理思维,又存在个案裁判意义上的法理思维;既包含法理思维的法教义学关注,又呈现法理思维的法社会学表达。正如李桂林教授在会上所概括的那样,为应对法学研究的经典问题,即法学何以可能,法学选择把研究对象看成一个整体和体系,而面对杂乱的研究对象,科学的使命就是在杂乱中整理联系,用联系重构关系。这同样也是法理思维研究所秉持的方法理念。张文显教授更是直接指出,法理思维本身即具有整合性:首先,法理思维包容了法律思维和法治思维;其次,法理思维是借助综合因素而进行的整全性思维;最后,法理思维还具有重要的社会整合功能。[11]

从与会专家学者的探讨来看,尽管法理思维被给予了多面的注解,但是,对于法理思维的基础性地位,达成了共识;尽管法理思维是高度抽象化的理论范式,但是,法理思维的具体化能力不容被忽视;尽管法理思维强调思维的外在广度,但是,法理思维同样注重思维要素间的内在关联;尽管法理思维强调对实在法体系的尊重,但是,法理思维同样具备超越实在法的评价能力;尽管法理思维强调对社会要素的认知开放性,但是,法理思维同时也能维系思维自身的运作封闭性。总体来说,法理思维的突出特征可以被概括为:法理为本、逻辑支撑、经验融贯。

(一)法理思维应贯彻作为思维本体的法理

1. 法理思维呼唤再次聚焦法理

法理泛在于法律和社会的广阔领域,具体包括法之道理、法之原理、法之条理、法之公理、法之原则、法之美德、法之价值、法之依据、法之条件和法之理论这十个方面。[12]法理思维,从字义上来讲,即根据或基于法理进行的思维。法理思维的内容由作为本体的法理来提供。换言之,“什么是法理”直接决定了法理思维的特征。迄今为止,法学界尤其是法理学界对何谓法理、宏观法理和微观法理、一般法理和特殊法理等问题都进行了深入细致的探讨。因循以往的思路,对作为法理思维本体的法理之内涵和外延的关注也贯穿于本次研讨会的始终。与会专家学者不仅从法学研究的高度充分揭示了“法理”的丰富内涵,而且还对“法理”的不同类型或形态进行了细致刻画。

施伟东副会长在致辞中饱含深情地讲到,万法归宗,不外法理。所有法律研究,包括应用型法律研究,最终都要追踪到法理。刘作翔教授在发言中严肃地指出,只要有法,就有法理,法条、制度、判决的背后都有法理。法理研究应当在回归常识的导向下,重点关注法的元问题。他提出了五个应当被重点关注的法理:法的概念问题、法的形式问题、司法的概念问题、党规与国法的关系问题、民间法的学说问题。

孙笑侠教授认为,法理实际上是法理思维的核心关注。换言之,法理思维应当以法理为本,关注法理的形态是法理思维的核心前提。他认为,法理是社会各领域道理的理性沉淀,包括日常生活情理、人类生活伦理、学理、医理、政治之理等,它不仅是领导干部的思维前提,更是一线执法者、决策者,乃至社会一般民众的思维前提。根据法理的存在形态,他将法理分为五种子类型:制度上明确的法理、国际通行的法理、潜在的法理、特殊的法理、未来的法理。杨建军教授认为,法理存在四种形态:一是学科上的法理,即法理学;二是形式上的法理,即法理的表现形态,如自然法、学说等;三是实质的法理,如事物的本质、规律等;四是普世性的公理,即本土的法理,以及我们在追求公平正义价值和道德选择时在制度设定上的法理。

王奇才副教授以行政审批为论域,着重探究了关于法律渊源的法理、关于法效力冲突的法理、关于良法善治的法理。法律渊源的法理,涉及法的渊源与分类、政策与法律这两大范畴;法效力冲突的法理,核心在于处理好根本法与普通法的关系、上位法与下位法的关系、新法与旧法的关系、特别法与一般法的关系;良法善治的法理,包括稳定性、连续性、公开性、协调一致性、普遍性,它们不仅是形式意义上的标准,也是法律实际运行中的标准。在良法的基础上,还需要回答“如何达到善治”的问题,而善治的三个层次包括形式合法性、公平正义性、人民主体性。

2. 法理思维的法理面向

法理的不同面向衍生出了法理思维的不同面向。张文显教授基于法理的反思面向和规范面向提出了法理思维的反思性和规范性。法理思维的反思性意味着:在法律的有效性之上,要提升法律的合规律性、合目的性;在法治的程式性之上,要强调法治的体系性、生动性;在法理的法源性之上,要增强法理的说理性、论辩性。法理思维的“规范性”并不是通常用来表明法律基本特征的概念,而是用来表达法理思维属于对待法律秉持“内在思想”“内在观点”“内在陈述”等的特征。

胡玉鸿教授立足于法理在法学上的本源性地位,提出了法理思维的本源性特征。法理思维的本源性,是指法理思维以法学根本问题为思维对象。如果说法是调整人际关系的准则,那么,我们应当从关系本身来思考法律规则背后的原理,也就是思考人的尊严、人的理性、人的智力、人的独特性等。

范进学教授以法理的原理性、价值性、目的性、原则性和公理性总结出法理思维的五个特性,分别为原理思维、价值思维、目的思维、原则思维、公理思维。而且,他认为,法律思维、法治思维和法理思维之间并没有高低之分。一个法律职业者,尤其是公职人员,应当同时具备这三种思维。法学教育的过程就是使受教育者依次掌握法律思维、法治思维、法理思维的过程。蒋海松副教授也从法理的本体论特征出发,归纳出了法理思维的本源性、统摄性、普遍性、析理性和思辨性特征。

(二)法理思维要遵循作为思维媒介的逻辑

无论是明确的法理,还是待发掘的法理,都包括逻辑之理。法理思维,作为一种法学思维形式,包含了逻辑思维的要素。然而,法理思维的研究对逻辑的关注不应仅限于此。因此,除了要识别既有法理的逻辑要素,还应塑造在理论上和实践中对新型法律逻辑加以恪守、保持敬畏的法理思维。当法理思维参与法学命题的建构时,合逻辑性是对法理思维最基本的要求。

因为,“逻辑思维乃一切准确思维之基础,除了个别强调直观与感性的领域(如艺术外),举凡在法律、经济、政治、历史等诸学科中具有不可或缺的作用”。[13]

1. 法理思维强调对逻辑的关注

武宏志教授重点关注非形式逻辑在法理思维建构中的作用。逻辑与修辞经历了从一体到分离对立,再到接近融合的历史。由于论辩(argumentation)和论证(argument)关系密切,加之新修辞学浪潮对经过数学逻辑洗礼的导论逻辑(introduction theory)冲击不小,因此,以论证作为传统研究对象的逻辑学反倒比修辞学更加关注国际论辩理论的发展。

张继成教授认为,逻辑与法律的关系有两个重要方面:第一,逻辑与法律尽管属于不同的学科,但是,在发展的过程中,二者存在相互促进的关系。这一点在西方表现得尤其突出,很多逻辑规则和逻辑形式都是在法律实践的过程中被抽象、总结出来的。第二,法律与逻辑属于内容与形式的关系。法律是关于权利和义务的,但是,若要形成法律,就必须要用概念的方式和判断的方式。一旦进入法律规范层面,命题就必须要明确。每一条法律都有自身的逻辑形式。立法者在创设法律的同时,也在创设逻辑关系。因此,关注法理之理性的法理思维自然离不开逻辑思维规则的支撑。

2. 法理思维的逻辑面向

陈金钊教授主张,法理思维不能不讲法理,但是,法理思维也不能只讲法理。法理思维是在尊重法律规范、法治秩序的基础上的综合决断思维,包含逻辑哲学上的批判性、体系性和反省性三大特性。法理思维作为一种批判性思维,就是将逻辑作为规则的辨识工具,目标在于建构正确的判断;法理思维作为一种反省性思维,是把逻辑思维规则作为评价思维的标准,目标在于发现错误的判断;法理思维作为一种体系性思维,也要求运用逻辑思维规则,目标在于弥合断裂的要素之间的逻辑关系。

杨建军教授认为,法理思维的逻辑包含了三个层次:一是规范建构的逻辑;二是规范运作的逻辑;三是规范解释的逻辑。这就需要在实践中对法律与实践进行不断调试,然后进一步明晰法理思维的过程。当然,法理思维还与社会相关联,即关联于社会的价值和秩序。

张静焕教授提出,对基本逻辑规则的忽视会留下非理性地处理法学问题的空间。法理思维遵循的基本逻辑规则包括:(1)无矛盾性,即不得自相矛盾;(2)相对真或相信其为真,即只允许主张本人所相信的东西;(3)全面性、有效性,即不得就相同情况形成相异判断;(4)一致性,即不允许以不同意义来作相同表述;(5)理由充足律,即理由真实且足够推出结论;(6)排中律,即要么A要么非A,二者必居其一;(7)陈述尽可能具体、详细。

(三)法理思维须重视契合法学的实践逻辑

"实践智慧的应用模式,先有的理论绝不是完整而正确的,它只是一种一般的筹划、设想或观念,或康德的图式(schemate),它需要通过实践加以修正和完善。"[14]作为富含实践特质的法学思维,法理思维应当满足实践诉求,从社会经验中发掘思维要素,维系向社会经验领域保持开放的思维秉性。法理思维应向经验要素保持开放,这意味着,法理思维应当关注法的历史经验,关联法的现实图景,消解存在与当为之间的截然对立。

1. 法理思维呼吁对经验要素的开放

法理思维对经验要素开放的正当性之疑问,涉及中国当下的法教义学与社科法学之论争。我们对待这种争论的正确态度应是:一方面,正如考夫曼所说,作为一种体系范围内的论证,不触及现行有效的体系的思考方式,这是完全正当的,其可疑之处在于其拒绝超体系的思考方式;[15]另一方面,经验面向的社科法学,作为体系外经验因素的输入途径,不应招致合法性的拒斥。"在权力分立原则的影响下,法律与政治的分离,在十九世纪末期达到巅峰,然而,随着现代福利国家的出现,这种区分渐渐不再明朗,因为法律成为政治借以改变社会的手段,与此同时,司法亦为政治提供了新的合法性标准。"[16]在这种背景下,拒绝超实证法体系的思维要素的介入就难谓是一种明智的理论态度。

李忠夏教授认为,社科法学和法教义学之间的争论构成了宪法方法论的争论背景。在宪法方法论领域,社科法学和规范法学的争议集中呈现为规范宪法学和政治宪法学之争。宪法方法除了应当关注立场维度、文本维度外,还应关注社会维度。法律并非处于社会生活的真空领域,因此,我们必须在社会的大环境中讨论法律。社会维度又可被分为两个方面，一方面是现代性的社会维度；另一方面则是基于中国社会独特性的维度。

杨帆副教授的关注点在于，如何澄清对法社会学不能处理规范问题的误解。事实与规范二元对立的观点虽然为西方诸法学流派所秉持，但是，这种区分具有特定的历史和文化语境，而且在一定程度上为现代语言哲学所打破。一方面，经验面向的法社会学可以通过对“差异制造事实”“社会规范”等进行描述的方式参与到法律规范性的建构当中；另一方面，法社会学自身也有着不容易被关注到的理论和规范属性。无论是理论面向的法社会学，还是经验面向的法社会学，都有其自身的方法论优势，都能助力于中国特色社会主义法治理论和实践对规范性基础的寻找。

侯学宾教授恰当地指出，法理研究必须甄别社会理论法学的规范性立场，并探明以下问题：什么是社会理论法学？它的规范性立场是什么？与纯粹的法学或社会学有什么不同？社会学研究确实仅强调经验研究而不关注规范性问题吗？这到底是一种误解，还是法社会学在发展过程中也需要考虑规范性问题？中国的法理学能不能等同于法社会学？我们的法理学研究究竟在哪个层面上？中国法理学的功能何在？对于这些问题，需要深入探究。

王方玉教授指出，法学研究应抛开立场之争，告别争议，面向实践。法教义学不仅是一种立场，更需要为现实服务，尤其是在进行法律漏洞填补时，更需要超越部门法，运用法理进行思考。中国作为现代法治建设进程中的后发国家有特殊的国情。在这种转型现实下，司法实践对于增强法治信心和树立法治权威意义重大。强化法教义学在司法实践乃至其他法律实践领域中的作用，首先必须实现形式法治的纵深发展，然后再走向稳定的、以法治为基础的善治之路。

2. 法理思维的经验面向

法并非是抽象规则的总和，而是一种活的、被实践的秩序。[17] 法理思维的实践逻辑要求反映了法理思维的开放性要求和法理思维的实践性特质。法理思维并非单纯追求作为概念体系的法律之逻辑合理性和体系性，而是在同“否定之禁止”命题保持适当距离的前提下，适当保持对系统外部信息

“输入”的开放性。

面对法理思维的经验面向,张文显教授指出,法理思维具有强烈的“实践性”或“目的指向”,其不但确保法律的运行稳定有序,而且确保其有着良好的价值方向。胡玉鸿则指出,法理思维是学习性思维,这表明,法理思维应立足实践需求,持续更新,旨在解决疑难问题。立法、执法、司法过程中都会有冲突和疑难的问题,所以,从这个角度来说,法理思维就是纯粹的日常思维,即通过不断的学习来解决法律实践过程中所出现的重大疑难问题。

郭建平教授主张,法理思维并非关于概念、法条、理念、标准性语言的知识,而更多的是源于现实世界的经验和经验总结。法理思维的问题土壤乃至成型是由能动的人致力于法治信仰的行动和实践汇集而成的。法理思维包括两个方面:一是关于个案结果的多维演绎与对制度的问题考量;二是以社科法学的思维解决实践后果和社会格局变化的问题。在这个意义上,社科法学对教义学的不足有了反思的可能,其是从比较角度、非教义学角度告诫法体系化、秩序化的后果。

三、法理思维的现代方法论使命

“法理”是法理学的中心主题,应成为中国法学的共同关注,这已经取得了法学界越来越广泛的认可,中国法学家群体对法理概念的理论自觉已经形成。[18]在法理研究的既有成果之上,张文显教授再次高屋建瓴地发出了研究法理思维的号召。法理思维的功能,即法理思维的意义指向,无疑构成了这一号召的核心议题。理论研究者和实务者更加明确地意识到,法理作为一种“超越法律信条”的“高级信条”,[19]必须强化自身在法学思维层面的理论供给能力。

当中国法学旗帜鲜明地提出关注法理、深化法理的研究目标时,对法理思维功能的关注必定是“法理研究行动计划”绕不开的理论命题和实践命题。在法学思维转型升级的背景下,对法理思维的功能论探究构成了本次研讨会的重要论题。事实上,张文显教授早就对法理思维的意义表达了深切关注,他认为,法理思维同时具有六大意义:“解释和分析意义”“推理和思辨意义”“论证和证成意义”“沟通与凝聚意义”“反思或批判意义”。[20]

（一）张扬法理思维的方法论意义

“法理思维既以法律思维和法治思维为基础，又包容了法律思维和法治思维，并以实现对法律思维和法治思维的超越为目的。”[21] 循着法律思维、法治思维和法理思维的商讨进路，法理思维对法律思维和法治思维的超越在与会专家学者之间引发了尤为热烈的研讨。与会专家学者一致认为，应当认真对待法理思维的超越使命，以法理思维为媒介，点燃法律方法的思维革命，推进法治方法论的探索征程。

1. 法理思维催生法律方法的思维革命

张文显教授指出，法理思维反映了法学思维和法学方法论（法律方法论）研究与实践的最新成果，也标志着我国法理学研究的深化和拓展。从根本上说，法理对于法律方法的意义，首先就在于它催生出一场思维革命。法理思维使得原有的法学思维更新为三维思维，更重要的是，法理思维自身也成为新时代法律方法的重要研究对象和概念。法理像是神奇的魔法棒，它轻点“法律方法”这片土壤，便生出“法理思维”这一具有生命力和创造性的研究对象。

法官如何依据现有法律体系针对具体案件给出一个“正确的”判决，是当代法律方法论的核心议题。然而，作为规则思维的法律思维，经常被个别的法律规范撕裂成“法思想的碎片”，因此，教义学式的思考在协调个案正义与普遍正义时难免捉襟见肘。蒋海松副教授认为，法律思维较局限于法律规范本身，偏于技术分析，尽管其行为规范功能和裁判规范功能意义重大，但是，法律思维的经验化、技术化、庸俗化也愈发凸显其困境。郭建平教授也指出，教义学思维实际上存在通过条文、普适性概念重复演绎案件的缺陷。

随着法律方法研究的进一步深入，学者越来越清晰地认识到，不仅在疑案裁判中会不可避免地超越法律诠释学和法律方法论本身，进入哲学思维及其特殊认识方式领域，[22] 甚至在所谓的“法适用”领域中，涉及的也不仅是单纯的涵摄，而是评价性的归类或“具体化”。[23] 因为，在法律裁判中，除了实现正义的任务之外，法律方法还应该考量法律的安定性，并最优地、合目的地调和各种利益。[24]在现代法律方法论中,经常可以看到一种"在事实与规范之间的目光流转",裁判者试图超越立法者的直接意志,走向位于制定法背后的法律思想。如今,这种倾向必将随着法理思维的提出逐步确立其正当地位。因为,恰恰如胡玉鸿教授所言,法理思维构成了法律方法的正当性基础。某种法律方法是否合理以及是否恰当,从根本上取决于其能否得到特定法理的支撑。

因此,张静焕教授认为,法理思维的提出,蕴含着四大突出意义:第一,法理思维是对传统法理思维要素,尤其是寄托在法律思维中的法理思维要素的创造性凝练。第二,法律技巧的获得取决于法理思维能力,没有法理思维的支撑,法律技巧不可能上升至法律技艺的层面。第三,法理思维存在于一般法律方法之中,在明晰法理思维的基础上,可以借由司法过程,使法理思维融入人们的思维空间。第四,个案的特殊性需要法理思维。王方玉教授也提到,通过与法教义学的联姻,法理思维能够体系化地整理现行法和现行法规范背后的道理,为司法实践建构一种更加宏观的法律方法论,从而形成法律实施的一种指引性理论。

2. 法理思维推进法治方法论的研究进程

一方面,来自西方的法律逻辑或者法律方法论知识只能分析具体案件而难以化解社会矛盾。[25]换言之,法律思维无法有效承担起法治方法论的使命。另一方面,在形式法治和实质法治的张力之间,立足于宏观的法治思维始终难以有效地展开法治方法论的研究。法治方法论难以有效展开的理论困境所导致的实践难题就是法治实施中的各种问题。陈洪杰副教授关注实证主义视角下的法治实施难题,他认为,在实证主义的视角之下,法律如何治理的问题可能存在被过分简化为"合法律性"之嫌。

郭春镇教授开宗明义地指出,在从"形式法治"到"法理型法治"的转变过程中,良法善治导向下的中国特色社会主义法治进程不仅对制度规范提出了要求,也对法的实施提出了价值和人文精神要求。在这种情形下,从法学思维层面适应"法理型法治"的运作要求,就构成了法理思维的理论重任。良法善治作为一种治理思维和治理方式,与法理互为表征,良法善治就是法理思维在实践中的生动表达。陆宇峰副研究员精准地认识到了法理思维在法治方法论中的特殊地位。从系统论的视角来看,如果说法理的作用是维持法律系统的统一运转,那么,法理思维就是维系法律系统统一运转的思维基础。

良法善治的诉求对我们提出了超越法治思维、塑造法治方法论的时代要求,毋庸置疑的是,这一任务需要通过法理思维来实现。正是因为法理思维比法律思维和法治思维具有更多的想象力和更大的思维空间,正是因为它把民主、人权、公正、秩序、良善、和谐、自由等价值精神融入法律和法治之内,因此,法理思维具有重要的社会整合和社会矛盾化解功能。[26]对此,张文显教授提出:"我们要在法律的有效性之上提升法律的合规律性、合目的性。我们要在法治的程式性之上强调法治的体系性、生动性,我们要在法理的法源性之上增强法理的说理性、论辩性。归根结底,法理思维的反思性特征正是新时代中国法治蓬勃生命力的一个注脚。"[27]

(二)打造"法理型法治"的思维引擎

法理思维之所以成为法律思维和法治思维的基础和指导,比它们具有更强的提出问题和解决问题的能力,不仅是因为法理思维可以诉诸更广阔的超出法律范围的政治道德原则或理想,进行整全性的考量,更关键的原因还在于,法理思维始终坚守法律的自我理解,将规范性的陈述作为基本构成要素,追求"更广泛的体系视角"。法理既是一种理念,也是一种方法。作为理念的法理,为法学思考提供基本的价值要素;作为方法的法理,为法学思考提供可操作性的技艺。很显然,法理思维方法论功能的展开,应当建立在法理概念的双重剖面之上。从与会专家学者的研讨来看,对于法理思维的功能维度,可以从认知、建构和反思三个方面来把握。

1. 认知深化:重视法理思维的认知功能

正如孙笑侠教授所说,法理是社会各领域之理的理性沉淀,因此,基于法理的思维形式无疑包含着丰富的认知功能。法理思维的认知功能,体现为对法现象的解释和分析。法理思维在认知法现象时的作用方式,主要表现为塑造理解前见和提供分析模型。按照哲学诠释学的基本观点,"一切诠释学条件中最首要的条件总是前理解"。[28]在认知法现象时,法理思维可以通过前见的形式给予思维者一定的思维定式,使思维主体能够因循法理思维达致对法现象的正确理解。同时,法理思维中还包含大量解答问题的模式(Lsungsmodellen)、区分和视角,这将引发一些似乎是不可能的或依然存在于视野之外的提问和回答。[29]法理思维具有一种与法教义学相同的"自我描述"倾向,这种倾向以其所形成的命题体系,使法理思维呈现为一种特殊的理性实践论证。法理思维不仅可以确定法律论证所需的特定的概念性、体系性或其他普遍认可的前提,而且还可以供给有约束力的基础概念和意义模式,尤其是提供关于法律论证标准的秩序意见。[30]因此,法理思维具有一种"促使判决得以理性化或合理化的功能,同时也具有'经济效应',亦即将思考或工作流程合理化、体系化,以便减轻重复思考与尝试错误之成本,使思考或工作更有效率"。[31]

法理思维不仅应致力于实现对法现象的认知,而且,相较于法律思维和法治思维,法理思维更能胜任对法现象的解释和分析任务。因为,基于法理思维的认知往往在思维的广度和深度上都会大大超越原有的法律思维和法治思维。胡玉鸿教授在阐释法理思维的分析意义时提出了一个证据法上的经典问题:为什么对非法证据必须加以排除?答案在于,在法理上,程序优先于正义。相反,法律思维的解释路径只能是"该规则系法律规定";而法治思维的解释路径则在于限制公权力的要求和保障人权的要求。很显然,基于法理思维所作出的诠释更具有说服力。

2. 建构升级:关注法理思维的建构功能

法理思维的建构功能,指向的是法理思维在法学概念和法学命题建构中的独特作用。在人文社会科学领域,特定的思维方式往往是特定命题得以建构的前置性条件。因为,从思维与判断的关系来看,"思维要求判断,思维使判断成为可能。但是思维不是判断本身"。[32]同样,法学概念、法学命题必须借助法理思维这一思维工具,以判断的方式实现概念或命题的建构。其实,在法学史上,基于法理思维的法学建构有着非常广泛的应用。法学家、立法者和司法者等法律职业群体都会自觉或不自觉地运用法理思维来建构特定的法学概念或命题。例如,基于信赖保护的法理,德国法学家耶林首创了关涉缔约过失责任的法学命题,该命题主张,"于契约成立以前,在特定要件下缔约当事人已进入一个具体的、可以产生权利义务的债之关系,其责任标准应依当事人所订立或所欲订立的契约决定之"。[33]又如,《查士丁尼民法大全》建立在三项最基本的法理之上,即为人诚实、不损害他人、给每一个人其应得的部分。[34]再如,在英国法的发展过程中,普通法法官基于衡平的法理,以法律拟制的方式创设出大量的法学概念和法学命题,其对普通法所进行的补充甚至被视为衡平法最重要的历史贡献。[35]

不同于取向权威拘束、取向一般法律命题、取向概念—命题体系的法教义学的建构方式,[36]依托法理思维的概念或命题建构更强调超实证法体系的检验;强调事物本质、类型思维等法理要素的介入,以克服概念思维的局限;[37]强调借助法律论证,在敞开的法理体系中进行观点的证成。法理思维的建构功能是获得法理共识、法学共识的重要路径,是依托法理凝聚共识、强化沟通的具体体现。

3. 反思超越:省察法理思维的反思功能

"为了防止法律科学停滞不前乃至失去其重要性,法律科学必须不断进化。而法律科学的进化,乃是通过持续性的反思,深化对被视为其基础的主要问题,或被视为新的但是并非次要问题的法律判决,或是谈论较少但仍然重要的话题的理解。"[38]法理包括法律之理、法治之理和法学之理,甚至可以说,法理是社会各领域之理的法学概括。关于法理思维反思功能的实现方式,正如陈金钊教授所指出的,须对所有的法律假定、拟制使用批判思维、体系思维和反省思维,以保证决断的正当性。因此,对于法学上的概念、命题及其体系,均需要经由法理思维进行不断的批判性检讨,在辩证否定观的指引下,实现法学的自我进化。对于法律思维和法治思维是否合乎基本的法理,需要经由法理思维来甄别和评价。

面对不符合法理的法律思维和法治思维,法理思维必须对其加以反思,乃至进行补正。也就是说,法理思维反思功能的一个重要使命是对法律思维和法治思维进行反思,以在自我反思中实现超越。例如,面对法律思维的缺陷,法理思维主张,法理可通过法源概念,借助法律论辩进入规范领域,协调一般正义与个案正义之间的冲突;面对法治思维的困顿,法理思维主张,应超越形式法治论、实质法治论、程序法治论的争议,以"法理型法治"作为社会治理的基本目标,使法治思维的谋篇布局更符合法理的要求,甚至在法治思维不足之处承担起“法理型法治”的方法论使命。当然,法理思维还要求自我反思,通过对法理思维要素及其结构的批判性检讨,确立法理思维的现代化坐标。

结　语

张文显教授在开幕式上指出:“‘法理’研究不但体现了法学概念科学发展的规律,而且彰显了中国特色社会主义的新时代特征,也表明了中国法学家在传承中进步、在坚持中创新、在求真中尚善的学术品格。”〔39〕与以往的“法理研究”相比,一方面,本次研讨会实现了对法理理念单向关注的超越,全面聚焦“法理”之理念与方法双重属性,深刻揭示了法理思维的概念和特征;另一方面,本次研讨会还创造性地实现了法理思维与法律方法的沟通融合,以法理的智慧之光点亮了法律方法思维范式变革的光明前景。

“法学思维”的法理转向,源于新时代的实践呼唤,源于法理发展的内在逻辑,更源于中国法理学人引领理论变革、助推治理实践的工匠精神。如法理这一概念一样,法理思维也绝非信手拈来的装饰性概念,它是法理学、法教义学以及法律方法论等诸法学研究所共享的思维模式。以张文显教授为代表的中国法理学人不仅敏锐地洞察到中西方法学思维发展的递进关系,而且赋予“法理思维”经得起推敲与检验的科学内涵。可以预见的是,西方法学思维也必将因循从法律思维、法治思维到法理思维的演进脉络。以法学思维的转型升级为目标,本次研讨会成功地勾勒出法理思维的理论模型,充分地证成了法理思维的科学性和时代性,顺利地型构了法学思维的三维格局,精准地描绘了一幅从法律思维、法治思维到法理思维依次演进的生动历史画卷。

以法理思维的概念范式为指引,立基法理思维的法理之维、逻辑之维和经验之维,本次研讨会创造性地建构出法理思维的本体范式。如果说法理构成了法理思维的本体,那么,逻辑和经验就犹如法理思维的两翼,它们的合作和互动造就了法理思维的合理性和实践性。法理与逻辑的结合,催生了法理思维理性表达的优良秉性;法理与经验的交融,培育了法理思维服务治理的实践智慧。法理、逻辑与经验的三位一体,充分张扬出法理思维的反思性、思辨性或批判性,既完美回应了法律逻辑的论证转向,又有效深化了法律解释的诠释学升级。在法理、逻辑和经验的合力之下,法理思维既可以构筑自身的整全体系,又能够保持对法律实践的认知开放性。

立足于法理思维对法律思维和法治思维的超越,本次研讨会通过"法理思维何为"的中国追问,不仅点燃了革新法律方法论思维范式的革命,还催生出法治方法论研究的崭新进路。通过法理思维功能的研讨,法理思维对法律思维和法治思维的超越性不仅更加明晰,而且,法理思维这种"哲学级"思维在打造"法理型法治"中的独到功能亦愈加凸显。法理思维就犹如领航员和指南针,它拥有更好的思考工具和方法理念,它既可以增强法律的融贯性和清晰度,又可以对法治运行的各种目标加以通盘考虑。本次研讨会不仅如期实现了法理研究的精细化、纵深化、专题化目标,更重要的是,着眼于法理思维的立体应用,本次会议还有力地拓展了法理思维的论域,探索出诸多具有创新价值的法学研究路向,升华了法理思维在法概念论、立法学、司法方法论、法治理论等领域的应用价值。"法理思维"既承载着良法善治的实践性价值,也预示着中国法学在理论上的转型升级。

第六届"法理研究行动计划"暨"法理思维与法律方法"学术研讨会,既体现了"聚焦法理"的经典情怀,又实现了"拓展法理"的理论突破;既成功诠释了由法律思维、法治思维到法理思维的历史转型,又有效丰富了哲学、逻辑学、社会学等学科与法学的交流对话。本次研讨会的成功召开必将成为中国法律方法论研究史上的里程碑事件,有效推进"法理研究行动计划"的纵深化发展。

注　释

* 吕玉赞,华东政法大学法律方法研究院助理研究员;吴冬兴,华东政法大学法律方法研究院硕士研究生。本文受会议秘书处委托合作而成,吕玉赞负责本文第一部分和第二部分的撰写,吴冬兴负责引言、第三部分和结语部分的撰写。张文显教授、陈金钊教授、侯学宾教授对本文的研究框架、内容提出了重要意见,在此致以谢忱。本文原载《法制

与社会发展》2019 年第 3 期。

〔1〕 参见《张文显在"法理思维与法律方法"学术研讨会上的书面致辞》,载 http://www. fxcxw. org/index. php/Home/So/artIndex/id/16629. html,2019 年 3 月 18 日访问。

〔2〕 张文显:《法理:法理学的中心主题和法学的共同关注》,载《清华法学》2017 年第 4 期。

〔3〕 参见畅冰蕾、雷槟硕:《传承与超越:新时代的私法法理凝练——"私法中的法理"暨第五届"法理研究行动计划"学术研讨会述评》,载《法制与社会发展》2019 年第 2 期。

〔4〕 《张文显在"法理思维与法律方法"学术研讨会上的书面致辞》,载 http://www. fxcxw. org/index. php/Home/So/artIndex/id/16629. html,2019 年 3 月 18 日访问。

〔5〕 参见《张文显在"法理思维与法律方法"学术研讨会上的书面致辞》,载 http://www. fxcxw. org/index. php/Home/So/artIndex/id/16629. html,2019 年 3 月 18 日访问。

〔6〕 参见《张文显在"法理思维与法律方法"学术研讨会上的书面致辞》,载 http://www. fxcxw. org/index. php/Home/So/artIndex/id/16629. html,2019 年 3 月 18 日访问。

〔7〕 参见张文显:《法理思维的基本特征》,载 http://www. legaldaily. com. cn/fxjy/content/2019 - 03/20/content_7805511. htm,2019 年 3 月 29 日访问。

〔8〕 参见[德]英格博格·普珀:《法学思维小学堂》,蔡圣伟译,北京大学出版社 2011 年版,译者序第 2 页。

〔9〕 参见雷磊:《法教义学能为立法贡献什么?》,载《现代法学》2018 年第 2 期。

〔10〕 费安玲等:《民法总论》,高等教育出版社 2011 年版,第 23 页。

〔11〕 参见《张文显在"法理思维与法律方法"学术研讨会上的书面致辞》,载 http://www. fxcxw. org/index. php/Home/So/artIndex/id/16629. html,2019 年 3 月 18 日访问。

〔12〕 参见《张文显到云南大学法学院做"新时代中国法理"的主题讲座》,载 http://www. law. ynu. edu. cn/info/1059/2211. htm,2019 年 3 月 18 日访问。

〔13〕 雷磊:《法律逻辑研究什么》,载《中外法学》2017 年第 4 期。

〔14〕 洪汉鼎:《实践哲学 修辞学 想象力——当代哲学诠释学研究》,中国人民大学出版社 2014 年版,第 3 页。

〔15〕 参见[德]考夫曼:《法律哲学》,刘幸义等译,法律出版社 2004 年版,第 15 页。

〔16〕 Marc A. Loth, "Private Law and the Limits of Legal Dogmatics", in Erik Claes, Wouter Devro, BertKeirsbilck (eds.), *Facing the Limits of the Law*, Springer, 2009, p. 29.

〔17〕 参见[德]莱因荷德·齐佩利乌斯:《法哲学》(第 6 版),金振豹译,北京大学出版社 2013 年版,第 21 页。

〔18〕 参见张文显:《法理思维的基本特征》,载 http://www. legaldaily. com. cn/fxjy/content/2019 - 03/20/content_7805511. htm,2019 年 3 月 29 日访问。

〔19〕 [德]伯恩·魏德士:《法理学》,丁晓春、吴越译,法律出版社 2013 年版,第 13~14 页。

〔20〕 《张文显到云南大学法学院做"新时代中国法理"的主题讲座》,载 http://www.law.ynu.edu.cn/info/1059/2211.htm,2019 年 3 月 18 日访问。

〔21〕 《张文显在"法理思维与法律方法"学术研讨会上的书面致辞》,载 http://www.fxcxw.org/index.php/Home/So/artIndex/id/16629.html,2019 年 3 月 18 日访问。

〔22〕 参见[德]卡尔·恩吉施:《法律思维导论》,郑永流译,法律出版社 2008 年版,第 246~247 页。

〔23〕 参见[德]卡尔·拉伦茨:《法学方法论》,陈爱娥译,商务印书馆 2004 年版,第 103 页。

〔24〕 参见[德]伯恩·魏德士:《法理学》,丁晓春、吴越译,法律出版社 2013 年版,第 7~14 页。

〔25〕 参见陈金钊:《法律如何调整变化的社会——对"持法达变"思维模式的诠释》,载《清华法学》2018 年第 6 期。

〔26〕 参见《张文显在"法理思维与法律方法"学术研讨会上的书面致辞》,载 http://www.fxcxw.org/index.php/Home/So/artIndex/id/16629.html,2019 年 3 月 18 日访问。

〔27〕 《张文显在"法理思维与法律方法"学术研讨会上的书面致辞》,载 http://www.fxcxw.org/index.php/Home/So/artIndex/id/16629.html,2019 年 3 月 18 日访问。

〔28〕 [德]汉斯-格奥尔格·加达默尔:《真理与方法——哲学诠释学的基本特征》,洪汉鼎译,上海译文出版社 1999 年版,第 378 页。

〔29〕 参见[德]罗伯特·阿列克西:《法律论证理论——作为法律证立理论的理性论辩理论》,舒国滢译,中国法制出版社 2002 年版,第 335 页。

〔30〕 参见许德风:《法教义学的应用》,载《中外法学》2013 年第 5 期。

〔31〕 刘壹强:《法律知识论的建构——以法律教义学的探讨为基础》,辅仁大学法律学研究所 2008 年博士学位论文,第 193 页。

〔32〕 Michael W. Jackson, "Thinking and Judging", *Windsor Y. B, Access Just*, Vol. 7, (1987), p. 97.

〔33〕 王泽鉴:《民法学说与判例研究》,中国政法大学出版社 2003 年版,第 10 页。

〔34〕 参见[古罗马]查士丁尼:《法学总论——法学阶梯》,张企泰译,商务印书馆 1989 年版,第 5 页。

〔35〕 See Mary A Glendon & Michael W Gordon & Paolo G Carozza, *Comparative Legal Traditions in a Nutshell*, West, 1999, p. 159.

〔36〕 参见雷磊:《法教义学观念的源流》,载《法学评论》2019 年第 2 期。

〔37〕 按照考夫曼的说法,概念总是封闭的,越抽象的概念越显空洞,基于抽象概念的涵摄也

就越忽视事物具体差异。为了克服概念的局限,作为事物本质的类型构成了普遍与特殊之中点,比较来说,作为事务本质的类型是一个具体者、一个特殊中的普遍者。参见[德]亚图·考夫曼:《类推与事物本质——兼论类型理论》,吴从周译,颜厥安校,新学林出版股份有限公司 1999 年版,第 109 页。

〔38〕 Cormac Burke, "Progressive Jurisprudential Thinking", *Jurist*, Vol. 58, No. 2 (1998), p. 437.

〔39〕《张文显在"法理思维与法律方法"学术研讨会上的书面致辞》,载 http://www.fxcxw.org/index.php/Home/So/artIndex/id/16629.html,2019 年 3 月 18 日访问。